LA IMAGINACIÓN PATRIARCAL

LITERATURE AND CULTURE SERIES

General Editor: Greg Dawes
Series Editor: Ana Forcinito
Copyeditor: Gustavo Quintero

La imaginación patriarcal

Emergencia y silenciamiento de la mujer escritora en la prensa y la literatura ecuatorianas, 1860–1900

Juan Carlos Grijalva

Complete Library of Congress Cataloging-in-Publication data is available at
https://lccn.loc.gov/2023047465

ISBN: 978-1-4696-7942-6 (paperback)
ISBN: 978-1-4696-7943-3 (EPUB)
ISBN: 978-1-4696-7944-0 (UPDF)

This is a publication of the Department of World Languages and
Cultures at North Carolina State University. For more information visit
http://go.ncsu.edu/editorialacc.

Distributed by the University of North Carolina Press
www.uncpress.org

A Rocío, Blanca,
Sofía, Camila, Jaque,
Pilar, Eugenia y Teresa,
mujeres de mi vida

ÍNDICE

"Influencia de la educación de la mujer en las sociedades modernas"
(1885), Rita Lecumberri. Composición premiada
con una medalla de plata.
"Himno", Rita Lecumberri
"Monsieur Le President", María Ascásubi
(texto original en francés).
"La mujer" (1880), Emilia Serrano de Wilson.
"Una novela ecuatoriana. Cumandá ó un drama entre salvajes por
Juan León Mera" (1879), Soledad Acosta de Samper.
"Las invasiones de Las mujeres" (1885), Juan Montalvo.
"Mi fantasía" (1890), Dolores Veintimilla de Galindo.
"Duelo nacional" (1889), Dolores Flor.
"Juana Manuela Gorriti" (1892), Lastenia Larriva de Llona.

Esta investigación se ha escrito y reescrito a lo largo de varios años de investigación en distintos archivos históricos y bibliotecas de Ecuador, Perú, Colombia, Argentina y Estados Unidos. En Guayaquil, la Biblioteca Carlos A. Rolando, las bibliotecas de la Universidad de las Artes y del Colegio Rita Lecumberri, y el Archivo Histórico de la Biblioteca Municipal de Guayaquil me fueron de inmensa ayuda. En Quito, me resultaron imprescindibles la Biblioteca del Ministerio de Cultura, la Biblioteca-Archivo Aurelio Espinosa Pólit y el Archivo Histórico de la Asamblea Nacional. Fuera del Ecuador, las bibliotecas nacionales de Perú, Colombia y Argentina, así como las bibliotecas del Colegio Nacional en Buenos Aires y Luis Ángel Arango en Bogotá, me permitieron acceder a documentos inusitados. En Estados Unidos, finalmente, me han sido indispensables las bibliotecas generales Hillman, W. E. B. Du Bois y Widener de las universidades de Pittsburgh, Massachusetts-Amherst y Harvard, respectivamente.

Me gustaría agradecer, también, el apoyo fundamental de varias becas de investigación financiadas por la Universidad de Assumption, el Centro de Estudios Latinoamericanos de la Universidad de Pittsburgh y la Universidad Andina Simón Bolívar, Sede Ecuador. He tenido el privilegio, además, de discutir varios avances y temas específicos de este libro en distintas charlas y conferencias organizadas por la Universidad Católica Santiago de Guayaquil, la Universidad Andina Simón Bolívar, la Universidad Central del Ecuador, la Universidad San Francisco de Quito y el Centro Internacional de Estudios Superiores de Comunicación para América Latina (CIESPAL), en Ecuador; la Pontificia Universidad Javeriana, en Colombia; la Universidad de París VIII y la Embajada del Ecuador, en Francia; la Universidad de Génova, en Italia; y las universidades de Duquesne, Tennessee-Knoxville y Vanderbilt, en Estados Unidos. Mil gracias a todas y todos los colegas, amigas y amigos que me han permitido compartir ideas y argumentos.

Por el lapso de tres años, aproximadamente, la investigadora Alexandra Astudillo y yo realizamos varias exploraciones de archivo, financiadas por la

Universidad Andina Simón Bolívar, sobre la participación pública de la mujer ilustrada en la prensa decimonónica de Quito y Guayaquil, dentro del período 1850-1900. Aunque no pudimos completar todo lo planeado, este libro, potenciado por los resultados de estas investigaciones, está en deuda con Alexandra. Quiero agradecer de manera especial, además, a las y los colegas y amigos que han contribuido de distintas maneras al desarrollo de esta investigación: Emmanuelle Sinardet, Ximena Grijalva Calero, Alexandra Astudillo, Tatiana Salazar Cortez, Galaxis Borja, Adela Subía, Nury Bayas, Carmen Fernández Salvador, Rosmarie Terán-Najas, Agustín Grijalva, Michael Handelsman, J. Enrique Ojeda, Rubén Chababo, Enrique Abad Roa, Guillermo Bustos Lozano, Carlos A. Jáuregui, Fernando Checa Montúfar y Marcelo y Eduardo Erazo. La excelente corrección editorial de este libro merece mi agradecimiento especial a Grace Sigüenza. La rigurosa evaluación y publicación final de esta investigación ha estado bajo el cuidado de *Editorial A Contracorriente*, y de su editor general, Grew Dawes, y Ana Forcinito, editora de la seccion de literatura y cultura. Mil gracias por aceptar este modesto aporte a su fondo editorial.

Este estudio está dedicado a Rocío Fuentes, mi esposa y suspicaz interlocutora de tantos y tantos argumentos, y promotora número uno de esta publicación.

Algunas secciones de esta investigación han aparecido en ensayos previamente publicados, si bien se trata ahora de un material reescrito y ampliado de forma inédita. Una parte del capítulo dedicado a los travestismos letrados de Montalvo fue publicada en el n.º 27 de *Kipus. Revista Andina de Letras*, en 2010; un primer avance sobre la edición de Mera de las obras selectas de sor Juana Inés de la Cruz apareció en *Ecuador y México. Vínculo histórico e intercultural (1820-1970)*, libro publicado por el Museo de la Ciudad de Quito, en 2010; la visión de género en la obra de Mera fue explorada de manera previa en un ensayo publicado en el n.º 67 de la *Revista de Crítica Literaria Latinoamericana*, en 2008; dos avances del capítulo "La nueva era de la mujer" aparecen en el n.º 27 de la *Revista Casa de la Cultura Ecuatoriana*, en 2017. Finalmente, una pequeña parte del capítulo sobre *El Tesoro del Hogar* fue publicada en inglés, también en 2022, en el libro *Ici, là-bas, ailleurs. Le transnationalisme dans les Amériques (XVIe -XXIe siècle)*, editado por Marie-Christine Michaud, Emmanuelle Sinardet y Bertrand Van Ruymbeke, en Francia.

Introducción

L A PRENSA Y LA literatura ecuatorianas del siglo XIX no solo
convirtieron a la mujer en un ser inferior, trágico y sufriente, también
asociaron su emergencia pública como escritora e intelectual con lo
raro y anormal. Dos relatos funestos, uno real y otro imaginario, ponen en
evidencia estas fantasmagorías.

En una nota de prensa titulada "Un suicidio", el periódico quiteño *El
Artesano* del 11 de junio de 1857 republicaba una hoja suelta, anónima, que
había circulado pocos días antes por las calles de Cuenca, pequeño poblado
austral del Ecuador. El impreso informaba sobre el trágico suicidio de una
joven, quien se habría envenenado como resultado de una "descomposición
cerebral".[1] No sin una buena dosis de morbo, *El Artesano* publicaba además
el fragmento de un poema "que fué escrito cuando ella habia resuelto darse la
muerte". En estos supuestos versos suicidas, que hoy sabemos falsificados, se
declaraba en tono personal: "Llegué al instante postrimero... amiga/ Que mi
destino cruel me señaló.../ Propicio el cielo siempre te bendiga.../ De mi vida

---

1. "EL 23 DE MAYO DE 1857. Al amanecer de este día, el vecindario de Cuenca ha
   sido testigo del mas fatal acontecimiento que pudiera suceder en este suelo. Este
   pueblo que, por escelencia puede llamarse el *Pueblo católico*, ha visto con pesar
   el desprendimiento de la vida de la Señora DOLORES VEINTIMILLA DE
   GALINDO, y la ha compadecido en su fatalidad... Ella ha sufrido una descomposición cerebral, no cabe duda, pues su corazón estaba nutrido de las cristianas
   lecciones que había recibido de su virtuosa madre". Este es quizá, si no el primero,
   uno de los primeros impresos sobre la joven poeta quiteña de 28 años. Reim-
   preso por Manuel Eloi Salazar en *El Artesano*, periódico popular, semanal, artístico, económico e industrial. Véase también la excelente reconstrucción histórica
   del suicidio de Dolores Veintimilla hecha por María Helena Barrera-Agarwal en
   Dolores Veintimilla. Más allá de los mitos.

la antorcha se apagó...!".[2] El nombre de Dolores Veintimilla de Galindo y su misma producción poética quedaban así estigmatizados con el oprobio de su supuesta locura, pecado e inmoralidad.

En otro relato trágico, esta vez ficticio, *Cumandá*, joven heroína de la conocida novela romántica de Juan León Mera, muere asesinada a manos de una tribu de jíbaros de la selva. Mera, sin embargo, idealiza este final sombrío como una forma de autosacrificio amoroso, y transforma a su protagonista en una santa secular, una suerte de encarnación selvática del Sagrado Corazón de la Virgen María.[3] En *Cumandá, o Un drama entre salvajes* (1879), la joven heroína sacrifica su propia vida para salvar la de su amante, Carlos de Orozco, quien más tarde se revelará como su propio hermano. La novela de Mera, además de satanizar el incesto, traza un camino progresivo de santificación femenina —que es también de silenciamiento— que culmina con la exalta- ción religiosa del suicidio/asesinato de la protagonista. Mera escribe: "Unas cuantas doncellas se apoderaron del cadáver, le llevaron en hombros al templo y le pusieron en un altar improvisado... Bendita sea el alma y alabados el nom- bre y la memoria de la dulce virgen de las selvas, que se entregó a la muerte por nosotros" (*Cumandá* 192–193).

A pesar de sus múltiples distancias, los relatos de las trágicas muertes de Dolores y Cumandá convergen en una cuestión fundamental: su locura o santidad fueron espectros creados por la *imaginación patriarcal* de la época como una forma de idealizar o demonizar el comportamiento moral de las mujeres en general. Dicho de una manera más política: las santas, locas o cri- minales son seres silentes, que no escriben en la prensa ni conquistan títulos profesionales, y mucho menos votan.[4]

---

2. Estos versos suicidas, como lo explica Barrera-Agarwal, no fueron escritos por Dolores, sino incorporados y adjudicados a la poeta quiteña de forma póstuma. El poema en que aparecen, "La noche y mi dolor", es, de hecho, un texto del que existen varias versiones (*De ardiente inspiración* 19–26).

3. El modelo femenino que subyace a *Cumandá* es la figura celestial de la Virgen María (protección, castidad sexual, abnegación ante el dolor); su asesinato es romantizado como parte de un camino de ascensión espiritual. Véase un mayor desarrollo de esta idea en el capítulo cuatro.

4. La mujer decimonónica es considerada como una "propiedad masculina", un sujeto de obligaciones y deberes domésticos, carente de derechos jurídicos, eco- nómicos y políticos. El artículo 9 de la *Constitución de 1884*, de forma ejemplar,

Acorraladas entre el pedestal de la sagrada familia y la reclusión del convento —cuando no el burdel, el sanatorio o la cárcel—, las mujeres realmente existentes fueron seres invisibilizados, eclipsados por las representaciones masculinas hegemónicas de lo femenino.[5] Esta invisibilización de la mujer decimonónica puede entenderse como el resultado de lo que llamo en este libro la *imaginación patriarcal*: un orden dominante de exclusiones y formas de disciplinamiento, control, censura, borradura, moralización y silenciamiento masculinos que naturalizaron y normalizaron la supuesta inferioridad femenina, haciéndola formar parte del mismo sentido común de la época. A través de la prensa y la literatura, entre otros medios, la *imaginación patriarcal* se extendió a todo lo largo y ancho de la vida social ecuatoriana, y emergió custodiada, además, por una vasta *intelligentsia* de letrados, escritores, pensadores, académicos, políticos, religiosos, etc., que pertenecieron tanto a los sectores conservadores como a los liberales del país.[6] La prensa y la literatura de este período se convirtieron en instrumentos fundamentales

---

instituye que: "Son ciudadanos los *ecuatorianos varones*, que sepan leer y escribir, y hayan cumplido veintiún años, ó sean ó hubiesen sido casados" (10; la cursiva es mía). No hasta hace mucho en la Constitución ecuatoriana (2021), uno de los derechos privativos de las mujeres dementes era el aborto en caso de violación sexual, la maternidad se asumía así como una misión moral ciudadana, natural y obligatoria de todas las mujeres en pleno uso de sus capacidades mentales.

5. La representación victoriana de la mujer como ángel o hada del hogar (*the Angel in the House*) fue la forma de invisibilización femenina más recurrente en esta época. Se trataba de una mujer doméstica maternal, sacrificada, sumisa, encantadora, leal, pura. Rosario Castellanos pregunta: "¿Qué connotación tiene la pureza en este caso? Desde luego es sinónimo de ignorancia" (13). La bibliografía sobre el ángel del hogar es abundante. Véase, por ejemplo, Rosario Castellanos, *Mujer que sabe latín...*; Remedios Mataix, *La escritura (casi) invisible;* Evelyn P. Stevens, "Marianismo"; María Arrillaga, "Resistencia feminista y el Angel del Hogar"; Joan Torres-Pou, "Clorinda Matto de Turner y el ángel del hogar"; Catherine Jagoe, "Women's Mission as Domestic Angel"; el famoso poema en inglés de Conventry Patmore, *The Angel in the House* (1854), está disponible en https://www.gutenberg.org/files/4099/4099-h/4099-h.htm.

6. En adelante, me referiré a estos letrados e intelectuales como parte de una *inteligencia patriarcal* defensora de una nación y Estado ecuatorianos excluyentes de los derechos educativos, económicos y políticos de las mujeres, principalmente.

para la preservación de los privilegios masculinos existentes, la demarcación de los límites de la subjetividad femenina en lo social, o la censura sobre esos primeros destellos de las mujeres librepensadoras. Si el patriarcado, como lo define Erin O'Connor, es "la manifestación e institucionalización del dominio masculino [...] en la sociedad en general, basado en la asunción de que los hombres son una figura de autoridad natural en la familia nuclear" (xv),[7] esta forma de dominación, por otra parte, no se construyó como una mera imposición represiva y violenta, sino como Foucault, Bourdieu y Butler entienden el poder en la época moderna, esto es, como un *orden de sujeciones* que requiere la aceptación y consentimiento de los mismos sujetos subyugados.[8] Se trató, así entendido, de un poder masculino pastoral, subjetivizante, seductor y consensuado, no únicamente coercitivo, punitivo y externo a los individuos.[9] Uso aquí el término *imaginación*, precisamente, para insistir en el carácter imaginario, socialmente construido y creativo de estas formas de dominación masculina subjetivas en la cultura letrada decimonónica ecuatoriana. Dominación que, además, necesitó reproducirse y reinstituirse de forma constante y

7. En su libro *Gender Indian, Nation*, O'Connor sugiere la incapacidad del Estado y la sociedad ecuatorianos para generar una nación de individuos iguales ante la ley. "El espectro del liberalismo individual" aparece como una fachada ideológica que encubre las efectivas relaciones de poder desigual, discriminación racial y desigualdad de género entre las poblaciones indígenas, los poderes locales y el Estado. Existe una cultura patriarcal que aparece como un elemento fundacional y de larga duración en el desarrollo histórico de la nación ecuatoriana.

8. Las nociones de "poder pastoral" en Foucault, "sujeción" en Butler o "dominación masculina" en Bourdieu siguen una línea de interpretación teórica que mira al poder como una realidad subjetiva consentida. Ideología, poder y violencia simbólica son aquí conceptos colindantes. Véase Judith Butler, *Mecanismos psíquicos del poder*; Pierre Bourdieu, *La dominación masculina*; y, Michel Foucault, "El sujeto y el poder" y *Vigilar y castigar*.

9. Poder y seducción siempre han estado íntimamente asociados, no solo porque el poder supone siempre alguna forma de consentimiento y aceptación subjetiva, sino porque no existe el poder permanente, todopoderoso y absoluto, como bien lo sugieren Foucault y Butler. En el siglo XIX en Latinoamérica, además, las relaciones entre poder y deseo son especialmente visibles en el caso de las ficciones románticas: la fundación nacional tiene siempre alguna forma alegórica de fundación sexual en la ficción, como muy bien lo demuestra Doris Sommer en *Ficciones fundacionales*.

variada para preservar su hegemonía.[10] La *imaginación patriarcal*, argumento, no fue un poder social ya dado, establecido y todopoderoso en la sociedad de aquel entonces, sino un orden de subordinaciones que tuvo que recrearse como tal de forma constante, precisamente porque su pretensión era —y es todavía— la de ocupar todos los mundos posibles, incluidos los de la imaginación, deseos y sueños de las mismas mujeres, convertidas en carceleras virtuosas de sí mismas.

En este libro estudio en particular cómo, hacia el último cuarto del siglo XIX, un grupo heterogéneo de mujeres escritoras nacionales y extranjeras, muchas de ellas librepensadoras católicas, empezaron a participar de forma progresiva en la prensa ecuatoriana, desnaturalizaron su invisibilidad en el orden de la cultura letrada y cuestionaron abiertamente, en ciertos casos, las mismas desigualdades y exclusiones de género existentes. La emergencia y participación pública de estas mujeres educadas e intelectuales puede considerarse como un hito en la historia cultural del país, no solo porque esta fue la primera generación de escritoras que intervinieron en la prensa nacional, sino porque su presencia inusitada tuvo consecuencias significativas en la defensa de sus derechos educativos, sociales y políticos.[11]

El objetivo central de este libro es precisamente hacer visible lo invisible-femenino en el orden de la dominación masculina subjetiva de la mujer ecuatoriana y sus propias formas de representación pública en la prensa y literatura del período 1860–1900. Esto es, entre el ascenso de Gabriel García Moreno al poder del Estado (1861–1865; 1869–1875) y el inicio de la Revolución Liberal (1895). Este estudio se sitúa así en un vértice ambiguo, turbio, en el que se entrecruzan, apoyan y/o enfrentan distintas formas dominantes de sujeción

---

10. La reproducción ideológica de una sociedad dada es siempre una actividad *productiva*, que no solamente oculta sino que también devela lo real. La hegemonía, entendida como una forma de representación dominante del mundo, es siempre un proceso de dominio en construcción. Para una reinterpretación importante de los conceptos de ideología y hegemonía, véase Ernesto Laclau, *Emancipación y diferencia* y "The Death and Resurrection of the Theory of Ideology".

11. Insisto aquí en el carácter generacional y colectivo de estas *primeras* mujeres escritoras de la prensa, lo cual no debe confundirse con la presencia individual sobresaliente de otras mujeres decimonónicas ilustradas como Manuela Cañizares o Manuela Sáenz, entre otras. Véase, por ejemplo, dos trabajos de Alexandra Astudillo: *La emergencia del sujeto femenino en la escritura de cuatro ecuatorianas de los siglos XVIII y XIX* y "La mujer en Quito durante el siglo XIX".

masculina y las voces emergentes de las mismas escritoras —y sus posibles aliados— en la defensa de su identidad y derechos de género específicos. Hacer visible lo invisible-femenino significa, en este contexto, revertir el silenciamiento de la mujer decimonónica; escuchar esas voces femeninas estigmatizadas, parodiadas, corregidas, desautorizadas, acalladas; develar las contradicciones, incoherencias y dobleces en sus representaciones patriarcales; leer desde la violencia y desigualdad de género naturalizadas; restituir el rostro masculino abyecto de lo considerado como normal, inocente o moralmente bueno; y entender de una buena vez que la participación pública de la mujer ilustrada en esta época no solo que existió de forma múltiple, sino que estableció un campo simbólico de lucha y crítica que abonaría el terreno de las reivindicaciones feministas del siglo XX.

Hacer visible lo invisible-femenino decimonónico implica, en suma, comprender los alcances de esta coyuntura fascinante de la historia cultural del Ecuador y, en particular, de sus mujeres escritoras e ilustradas, reconociendo sus logros y limitaciones, así como sus relaciones de cooperación, apoyo y/o resistencia conflictiva con respecto a la imaginación patriarcal de la literatura y la prensa de la época.

La irrupción de Dolores Veintimilla de Galindo (cuya obra empezó a ser publicada luego de su suicidio),[12] Mercedes González de Moscoso, J. Amelia Narváez, Jacinta P. de Calderón, Antonia Mosquera, Carolina Febres Cordero, Dolores Flor, Dolores R. Miranda, Dolores Sucre, J. Amelia Narváez, Lucinda Pazos, Rita Lecumberri, Marietta de Veintemilla, sor Juana Inés de la Cruz (mexicana), Lastenia Larriva de Llona y Clorinda Matto de Turner (peruanas), Juana Manuela Gorriti (argentina), Emilio Pardo Bazán y Emilia Serrano (españolas), entre otras voces femeninas ecuatorianas, latinoamericanas y europeas, obligó a reformular las formas de disciplinamiento y sujeción de la mujer, por un lado, y abrió paso a la existencia de un pensamiento femenino específico, por el otro. Ahora, hacia el último cuarto del siglo XIX, ese sujeto invisible de la imaginación patriarcal —la mujer silente, inferior y obediente— empezó a apropiarse de la palabra escrita y se convirtió a sí misma en productora de sus propias representaciones escritas, incluyendo sus mismos disimulos y artificios.

---

12. Todos los textos de Dolores son publicados de forma póstuma. La recuperación y recopilación más completa de su obra, hasta donde se conoce, y su información histórica de origen, han sido editadas por Barrera-Agarwal en *De ardiente inspiración*.

El *silencio femenino* (opuesto al silenciamiento patriarcal) como estrategia de resistencia fue un arma fundamental de las escritoras decimonónicas. Una de las maestras de esta forma oblicua, indirecta o velada de decir una verdad fue, sin duda alguna, Dolores Veintimilla. Pero hubo otras poetas como Dolores Sucre o Dolores Flor, quienes emplearon también este recurso. El rumor de los versos de la famosa poeta mexicana del siglo XVII, sor Juana Inés de la Cruz —editados y republicados por Mera—, parece resurgir aquí con fuerza en el contexto del Ecuador decimonónico: "Óyeme con los ojos,/ Ya que están tan distantes los oídos,/ Y de ausentes enojos/ En ecos de mi pluma mis gemidos;/ Y ya que a ti no llega mi voz ruda,/ Óyeme sordo, pues me quejo muda" (*Lírica personal* 5306). La voz poética de Veintimilla, Sucre, Flor y sor Juana, entre otras, resignificaba así el silenciamiento impuesto y lo convertía en una forma de protesta silenciosa.

Aunque los estudios de género sobre las representaciones de la mujer en la cultura decimonónica ecuatoriana han adquirido mayor interés por parte de historiadores y críticos en las últimas décadas, la participación pública de la mujer ilustrada en la prensa del siglo XIX continúa siendo un campo muy poco o superficialmente estudiado. No existe un registro nacional de los periódicos, revistas y folletos publicados en esta época; mucho menos de las publicaciones realizadas por mujeres o sobre ellas.[13] Esta ausencia de evidencia material ha llevado muchas veces a afirmaciones superficiales e incorrectas sobre lo producido, limitándose a la presencia de ciertas individualidades

---

13. El estudio general de la mujer en la prensa decimonónica ecuatoriana no existe. No hay todavía ni siquiera un corpus documental que haya rescatado y catalogado la producción *sobre y de* la mujer ilustrada en la prensa decimonónica ecuatoriana. Algunos de los periódicos y revistas revisados para esta investigación fueron hallados, además, incompletos o semidestruidos, lo cual dificultó saber de manera exacta qué, cuándo y cuánto fue lo publicado por estas mujeres. Los periódicos y revistas utilizados aquí se encontraron en las bibliotecas Aurelio Espinosa Pólit y Ministerio de Cultura, en Quito; y Carlos Rolando y Biblioteca Municipal, en Guayaquil. Esta investigación requirió la revisión aproximada de unas 5800 fotografías correspondientes a cada una de las páginas de las publicaciones y documentos localizados. Una honrosa excepción en este gran vacío es la obra, publicada en tres tomos, de José Antonio Gómez Iturralde, *Los periódicos guayaquileños en la historia*. Se trata de un estudio monumental que va desde 1821 a 1997, y que no solo propone una cronología histórica por períodos, sino que también provee una descripción general de cada publicación.

sobresalientes como Zoila Ugarte de Landívar, Marietta de Veintemilla o Dolores Veintimilla. No resulta sorprendente, en este contexto, que *El Tesoro del Hogar. Semanario de Literatura, Ciencias, Artes, Noticias y Modas* (1887), el primer periódico femenino del Ecuador, editado en Guayaquil por la escritora peruana Lastenia Larriva de Llona, haya permanecido olvidado; o que la primera edición como folletín de la novela *Cumandá* (Bogotá, 1879) de Mera, prologada por la escritora Soledad Acosta de Samper en *El Deber. Periódico Político, Literario, Industrial y Noticioso,* sea aún hoy desconocida. Esta investigación recupera, en realidad, algunas de estas publicaciones femeninas ignoradas, censuradas o simplemente mal estudiadas.[14] Si el progresivo desarrollo de la prensa ecuatoriana decimonónica fue fundamental en la unificación nacional —así como en la formación de una opinión pública ciudadana y la consolidación de una institución literaria nacional—, la emergencia de la mujer escritora, en particular, produjo un campo de producción específico que no ha sido estudiado todavía de manera atenta.

Los estudios históricos y crítico-literarios existentes sobre las representaciones de la mujer, y más específicamente la mujer escritora decimonónica, han terminado repitiendo, además, lugares comunes, limitando sus análisis a ciertos estereotipos (como la santa o prostituta) o determinados roles sociales funcionales (madres, esposas o hijas), dejándose de lado las dinámicas de seducción y consentimiento del disciplinamiento masculino, así como la reproducción y representación de las mujeres escritoras sobre sí mismas. La perspectiva de una dominación masculina impuesta, impositiva, represiva, por un lado, y otra femenina, caracterizada por la pasividad, sumisión y obediencia, ha llevado a esquematizar nuestra comprensión de los imaginarios patriarcales de esta época y sus contrarrespuestas más críticas.

---

14. "Una novela ecuatoriana. Cumandá ó un drama entre salvajes por Juan León Mera" (Bogotá, 1879), de la colombiana Soledad Acosta de Samper; "Literatura y otras hierbas. Carta al Señor Don Juan Montalvo" (Madrid, 1887), de la novelista, dramaturga y ensayista española Emilia Pardo Bazán; "La mujer" (Quito, 1875), de la viajera española Emilia Serrano de Wilson; "Influencia de la educación de la mujer en las sociedades modernas" (manuscrito original, Guayaquil, 1884), de Rita Lecumberri Robles, y "Disertación sobre los derechos de la mujer" (Guayaquil, 1884), de Pedro Carbo, son algunos de estos textos notables, poco estudiados o desconocidos. No es casual, asimismo, que la primera edición crítica de las obras de Dolores Veintimilla, *De ardiente inspiración*, se haya publicado recién en el siglo XXI, en 2016, gracias al trabajo de archivo de Barrera-Agarwal.

Releer a Juan Montalvo, por ejemplo, como un "escritor ventrílocuo" que parodia de forma travesti la voz femenina para atacar los derechos políticos de las mujeres y los movimientos feministas en Europa; redescubrir al político José Modesto Espinosa como un humorista satírico de la violencia simbólica contra la mujer literata; o reinterpretar a Juan León Mera como un confesor/inquisidor del santo oficio literario masculino en su crítica a la poesía de Dolores Veintimilla o la obra de sor Juana Inés de la Cruz, permite visibilizar cómo estos y otros letrados decimonónicos buscaron disciplinar subjetivamente a las mujeres librepensadoras y escritoras, así como a sus posibles lectoras.

Otra de las limitaciones importantes que arroja la revisión de los estudios realizados sobre la participación pública de la mujer ilustrada decimonónica y sus autorrepresentaciones es que se ha presupuesto una correspondencia casi natural entre la defensa de los derechos de la mujer, la emergencia de los primeros grupos y revistas feministas de principios del siglo XX y el ascenso y consolidación del Estado liberal. La mujer ilustrada decimonónica y la defensa de sus derechos en el Ecuador ha sido caracterizada sin mayores matices como parte de una historia lineal de ascenso progresivo, de logros y conquistas liberales-feministas. En este esquema histórico, el Estado garciano y el liberal han sido identificados como dos "épocas históricas" irreconciliables y contradictorias de la historia nacional, en que se determinó de forma profunda el funcionamiento de toda la sociedad ecuatoriana en su conjunto, incluyendo formas diferenciadas de representación de la mujer y lo femenino. Gladys Moscoso, por ejemplo, ha argumentado que la "época garciana" y la "época liberal" constituyeron política e ideológicamente "dos etapas antagónicas del desarrollo social del país, con sus propios valores y concepciones" (87). Para Lucía Moscoso Cordero, "Los intelectuales liberales apoyaron el discurso femenino y los escritores conservadores las juzgaron y criticaron" (53). En la época garciana, se ha dicho, la mujer católica aparece representada como un ser esencialmente religioso, pasivo y doméstico; mientras que en la época liberal, mercantil y burguesa, emergería una nueva mujer, vinculada a la vida pública, al mercado de trabajo y a las reivindicaciones feministas. Ana María Goetschel ha utilizado también este antagonismo histórico-estructural para explicar los orígenes del feminismo en el Ecuador, entendiendo al período garciano como una suerte de momento de incubación o prólogo en que la ideología liberal ascendería progresivamente hasta su consolidación política y encuentro con las primeras feministas ecuatorianas a principios del siglo XX. Goetschel afirma:

En el ambiente de transformaciones económicas, políticas y sociales propiciado por el liberalismo, algunos grupos de escritoras iniciaron la publicación de revistas en las que defendieron principios de equidad y de mejoramiento de la condición de la mujeres: *El Tesoro del Hogar* (1890), *La Mujer* (1905), *El Hogar Cristiano* (1906–1919), *La Ondina del Guayas* (1907–1910), *La Mujer Ecuatoriana* (1918–1923), *Flora* (1917–1920), *Brisas del Carchi* (1919–1921), *Arlequín* (1928), *Nuevos Horizontes (1933–1937), Iniciación* (1934–1935) y *Alas* (1934). Estas revistas crearon espacios alternos abiertos a la circulación de ideas, constituyéndose en medios de relación y de unidad de grupos de mujeres, así como un estímulo para su participación en la escena pública (*Orígenes del feminismo* 16).

En la visión estructural de Goetschel, las transformaciones propiciadas por el liberalismo, una vez que termina el orden represivo de García Moreno, se convirtieron en el detonante de la participación pública de la mujer en la prensa. Goetschel cuestiona, en este sentido, la tesis de Michael Handelsman sobre un supuesto "feminismo marianista" en el naciente feminismo ecuatoriano de principios del siglo XX, el cual supondría una suerte de regresión histórica a esa mujer garciana, católica y doméstica. Florencia Campana insiste, también, en esta identificación feminismo/liberalismo, dentro de una visión histórica de ascenso y progreso del periodismo de mujeres. Campana afirma: "el discurso feminista surgió en el contexto de la Revolución Liberal [...] los años anteriores a la Revolución Liberal me permitieron ilustrar cómo las ideas liberales se asentaron en diferentes niveles de acuerdo a las condiciones históricas concretas" (13).

El problema central de estos enfoques es que han pasado por alto, para usar la terminología de Pierre Vilar, las coyunturas históricas regionales más específicas, así como la agencia de sujetos y subjetividades femeninas mucho más difusas. Juan Maiguashca ha propuesto, precisamente, una lectura oblicua del proyecto político-católico de García Moreno, el cual no solo tuvo el fin político de la unificación nacional, sino que también sirvió de base a sus reformas administrativas y programas de desarrollo material (educación, obras públicas, reorganización del ejército, etc.). García Moreno "siempre sostuvo que su gestión político-religiosa y su gestión modernizante formaron parte de un todo coherente" (388). En su visión religiosa-modernizadora, el catolicismo nunca fue un enemigo de la civilización moderna sino su gran propulsor material, social y político. Para Maiguashca, el orden social y político garciano postuló

el ideal de una "modernidad católica".[15] En esta misma línea de argumentación, la emergente participación pública de mujeres católicas ilustradas en la
prensa guayaquileña durante el último cuarto del siglo XIX, la existencia de
un pensamiento católico modernizante que abogó por la profesionalización
universitaria, la defensa de una propiedad económica femenina y el derecho
al voto político de la mujer; o en el reverso de la moneda, la presencia de un
liberalismo-misógino, sexista y moralizante, evidencian los claroscuros de un
período histórico anterior a la Revolución Liberal mucho más rico, complejo
y paradójico que el trazado por la historia de un liberalismo-feminismo progresivo, ascendente y triunfante.[16]

Gracias a sus redes de colaboración, apoyo, admiración y amistad nacionales y transnacionales (sororidades literarias), varias mujeres escritoras latinoamericanas pudieron visibilizarse a sí mismas y sus obras, siendo también en
ciertos casos fundadoras y editoras de algunas revistas y periódicos femeninos
de la época. El desarrollo de un círculo de lectoras afines fue también el origen
de una práctica social femenina nueva, inusitada, considerada como trans-
gresora por los sectores más conservadores y sexistas. Estas sororidades entre
escritoras proveyeron, además, la inspiración y contenido de su misma producción literaria o poética: ensayos biográficos femeninos, poemas de homenaje entre mujeres, notas de prensa de escritora a escritora, o simplemente el

---

15. La tesis de una "modernidad católica" es retomada en este estudio como un redi-
    mensionamiento de la actividad pública de varias escritoras católicas durante el
    último cuarto del siglo XIX. En otras palabras, la ideología católica moderniza-
    dora implementada por García Moreno, en la lectura de Maiguashca, no habría
    terminado con su asesinato y el fin de su régimen teocrático, sino que tendría
    otras repercusiones y confluencias con el pensamiento liberal católico-moderni-
    zador posterior. Para un desarrollo de la idea de "modernidad católica" en García
    Moreno, véase Juan Maiguashca, "El proceso de integración nacional en el Ecua-
    dor: el rol del poder central, 1830–1895".
16. Los estudios a los que me refiero aquí son: *Y el amor no lo era todo*, editado por
    Martha Moscoso; *De cisnes dolientes a mujeres ilustradas*, de Lucía Moscoso Cor-
    dero; la compilación de Ana María Goetschel, *Orígenes del feminismo en el Ecua-
    dor*; y *Escritura y periodismo de las mujeres en los albores del siglo XX*, de Florencia
    Campana. Para el concepto de "feminismo marianista", véase Michael Handels-
    man, *Amazonas y artistas*. El concepto de "feminismo marianista" se discute en
    el capítulo dedicado a *El Tesoro del Hogar*.

reconocimiento público de que la fama de una mujer sobresaliente —antes que la confirmación de la inferioridad del resto— era un modelo a seguir. El homenaje que recibieron Dolores Sucre y Marietta de Veintemilla en la portada de *El Perú Ilustrado* de Lima, la selección poética de Mercedes González, Dolores Sucre y Dolores Veintimilla publicada en Barcelona por Emilia Serrano (*América y sus mujeres*, 1890; y *El mundo literario americano. Escritores contemporáneos. Semblanzas. Poesías. Apreciaciones. Pinceladas*, 1903), así como la recepción internacional de las colaboradoras de *El Tesoro del Hogar*, ponen en evidencia que el llamado cosmopolitismo del letrado masculino fue también un escenario compartido con ciertas escritoras decimonónicas.

No intento afirmar con esto que estas primeras mujeres escritoras e intelectuales de la prensa ecuatoriana emergerían naturalmente como un sujeto libre, crítico y homogéneo. Todo lo contrario. La identidad de la mujer escritora nace en lucha conflictiva consigo misma, pues no solo estuvo subordinada a un orden letrado de instituciones, saberes y practicas sociales masculinas opresivas e impositivas; sino que también su misma *subjetividad creativa* surgió atada, sujetada y constituida por el poder masculino hegemónico.[17] La imaginación patriarcal de la época, insisto, convirtió los territorios letrados de la prensa, la novela, el cuento, la poesía, el ensayo, el trabajo editorial y la misma crítica literaria en mecanismos disciplinarios de la subjetividad de la mujer, y la mujer escritora, en particular.[18] En el orden de las ficciones masculinas novelescas, por ejemplo, una temática central de heroínas como Rosaura Mendoza o Cumandá fue, precisamente, la transformación subjetiva de la obediencia e inferioridad femenina en una conducta virtuosa, deseada y querida voluntariamente. En *La emancipada*

17. La lectura romántico-heroica de estas mujeres ilustradas exacerba su carácter libertario individual. Defender la tesis del nacimiento de un *sujeto letrado femenino sometido* supone entender, por el contrario, cómo se constituyó histórica y culturalmente su subjetividad y cómo sus prácticas de crítica y resistencia al poder supusieron una reelaboración y reapropiación de las mismas formas de dominación masculina hegemónicas, así como una reinvención y reapropiación de su propia identidad.

18. Es significativo observar, además, que esto sucede en un momento en que la novela, el cuento o la crítica literaria nacen como géneros en el Ecuador; en otras palabras, se podría decir que la sujeción de la mujer escritora está entremezclada con el nacimiento mismo de la "literatura ecuatoriana" como institución.

y *Cumandá*, la obediencia femenina incondicional se convierte en ficción novelesca, haciendo que sus protagonistas transiten por argumentos distintos, pero llegando a tragedias comunes como resultado: el autosacrificio y el suicidio virtuoso. La perversidad masculina que subyace a estas ficciones amorosas revela, intencionadamente o no por parte de sus autores, cómo la dulzura, bondad y templanza de la mujer se convierten en una forma de obediencia incondicional que justifica su cautiverio doméstico y automartirio. No existió género literario de la época, en realidad, que no hubiera glorificado el sacrificio de la maternidad. En *Ojeada histórico-crítica de la poesía ecuatoriana*, Mera afirmó, por ejemplo, desde las filas del conservadurismo católico: "La mujer buena es el regocijo de la casa; la mujer laboriosa es la fortuna de su familia [...] es la bendición de Dios, el encanto de su marido y la providencia de sus hijos" (18). Y en *El Cosmopolita*, Montalvo, desde una posición liberal anticlerical, declaraba: "Si es buena hija alimentará á su padre moribundo con la leche de sus pechos, como ya lo hizo la romana antigua [...] Si es buena esposa, se sepultará con su marido, cual otra Eponima [...] Si es buena madre criará Escipiones, dará Gracos [...] Estas son las hijas, las esposas y las madres que querríamos formar" (29).

La buena hija, esposa y madre cimentaban la base ideológica y real de la misma construcción nacional, entendida como una familia extendida, una familia de familias notables. En *Entre civilización y barbarie. Mujeres, nación y cultura literaria en la Argentina moderna*, Francine Masiello explica precisamente que las naciones latinoamericanas nacieron adoptando a la familia unificada como un modelo fundamental para la reproducción de los valores oficiales y el fortalecimiento ideológico de los mismos Estados en proceso de consolidación. Según Masiello, "en Latinoamérica las nuevas naciones estaban constituidas por las grandes familias. Más que una empresa de individuos selectos, fueron las redes familiares las que controlaron el poder político durante por lo menos tres generaciones después de la independencia" (30). Doris Sommer se ha referido también a este modelo nacional-familiar como una forma de solventar el "relativo vacío de las estructuras sociopolíticas" de los nuevos Estados, dotando de estabilidad y dirección a los poderes ejecutivo, legislativo, militar y financiero, por medio de las alianzas particulares entre familias notables (36). Para Sommer, "las familias constituían una fuerza estabilizadora, una 'causa' de seguridad nacional. Pero podríamos también considerar que la excesiva importancia atribuida a los lazos familiares es un 'efecto' de la nación. Sin una meta nacional, las alianzas y la estabilidad habían sido tal vez menos deseables" (37). Miguel Gomes, por su parte, explica que la correspondencia entre familia y colectividad nacional buscaba conservar las estructuras de dominio colonial; de esta manera, esclavitud y servidumbre, por ejemplo, eran consideradas parte de la familia figurada del señor esclavo. La idea misma de patria sugiere, de manera temprana, la existencia de un padre y una familia que involucraran relaciones de amor, el bien general de sus miembros y un orden autoritario. En este sentido, el rol político de las mujeres en la sociedad patriarcal fue percibido como una amenaza a la unificación nacional y al orden letrado-masculino hegemónico. Femineidad y maternidad se volvieron realidades sinónimas: ser mujer en sentido pleno fue equivalente a ser madre, lo cual significó también asumir el cautiverio doméstico-familiar como una condición natural del ser femenino. La mujer-madre decimonónica ecuatoriana tuvo así la misión sagrada, patriótica y moralizadora de salvaguardar la unificación familiar-nacional-estatal.

Entender que la mujer escritora nace como un *sujeto del poder masculino* supone visibilizar sus dinámicas de autoafirmación, crítica y resistencia conflictiva con respecto a cómo su propia identidad fue conformada y sujetada, cómo se miraba a sí misma subjetivamente, y no tanto en relación con un poder masculino exterior, meramente represivo e impuesto.[19] Los artículos de prensa de mujeres escritoras como María del Pilar Sinués e Isabel Paggi en defensa de las esposas y madres virtuosas guayaquileñas, el homenaje de Dolores Sucre a una historia patriótica masculina, los poemas religiosos y devotos de Emilia Serrano y su misión católica de la mujer, o la defensa de la maternidad de Rita Lecumberri, entre otros muchos ejemplos, ponen en evidencia ese sujeto letrado femenino subyugado subjetivamente, que emerge defendiendo conflictivamente los principios y valores de la cultura patriarcal hegemónica; y a la misma vez, busca una identidad y derechos sociales femeninos propios. El caso de la censura y acoso extremos que recibieran Dolores Veintimilla y Marietta de Veintemilla en la prensa y producción literaria de la época es particularmente revelador en este sentido. La rebeldía extrema de Dolores y Marietta no solo representó un estigma para el orden patriarcal, sino

---

19. Vuelvo aquí a Butler y a Foucault para proponer que el nacimiento de la mujer escritora en la cultura ecuatoriana de la época representa el nacimiento de una nueva forma de sujeción, lo cual explica también por qué sus dinámicas de resistencia y crítica surgirán como una reapropiación simbólica que invierte los mecanismos subjetivos de control que la someten, como lo demuestra bien la poesía de Veintimilla, Sucre o Lecumberri, entre otras.

también su quiebre en un sentido simbólico. Ambas mujeres llegaron a retorcer el cerco de la sujeción doméstica de forma escandalosa, y podría decirse, en palabras de Butler, que transformaron el poder patriarcal que las constituyó, en el poder al que se opusieron de forma frontal. Dolores y Marietta visibilizaron los "límites" del poder patriarcal subjetivo entendido como una resistencia potencial de la propia identidad femenina sometida. Estas dos escritoras no solo fueron las ecuatorianas más ultrajadas de la prensa y la literatura de la segunda mitad del siglo XIX, sino también las más excepcionales en su crítica a cómo una mujer debía imaginarse a sí misma. La irrupción de Dolores y Marietta convirtió a la prensa y a la literatura de este período en un campo de lucha simbólica en torno a la participación de las mujeres ilustradas en la vida pública y la afirmación de sus nuevos derechos sociales y políticos.

Hacia las dos últimas décadas del siglo XIX resulta claro que la defensa de la ilustración e inteligencia femeninas como una fuente de progreso y desarrollo nacionales contrastaba con el sexismo y conservadurismo de escritores e intelectuales como Montalvo, quien en *Las Catilinarias* (1880–1882) defendía de manera férrea que el estudio femenino de las ciencias como la botánica, la física o la geología, así como el derecho al voto de la mujer no eran sino aberraciones. "No aspiramos siquiera a esas profesiones [...] una buena esposa vale más que un abogado, y una buena madre de familia más que un buen médico" (225), afirmaba. En contrapartida, Rita Lecumberri, ilustre poeta y maestra guayaquileña, argumentaba de manera soberbia por aquellos mismos años:

> El siglo 19, vasto laboratorio de las ideas, donde se ha depurado el adelanto humano con las conquistas de la ciencia [...] ha exaltado su justicia concediendo á la mujer el derecho de fecundar su inteligencia con toda clase de estudios y ejercer la profesión á que aspire, saliendo para siempre del estrecho círculo en que odiosas y antiguas preocupaciones la tenían encadenada ("Influencia de la educación" 1).

La revisión del material de la prensa de esta época revela, en realidad, no solo el sexismo existente en el supuesto pensamiento de avanzada de ciertos escritores y políticos liberales, sino también la formación de una coyuntura regional desigual en cuanto a la participación pública de las mujeres ilustradas. Luego del asesinato de García Moreno en 1875 y el final de su teocracia represiva, la prensa guayaquileña sufrió, en particular, un proceso de ampliación y diversificación en lo cultural. En este contexto, los periódicos quiteños restringirían fuertemente la participación pública de la mujer, mientras que la prensa guayaquileña, por el contrario, abonaba a su progresivo desarrollo ilustrado y visibilización social. Una nota de prensa publicada en Ambato, en 1885, lamenta precisamente cómo, en la Sierra, las mujeres que conocen de historia, literatura o poesía son estigmatizadas como "pedantes", "cándidas" y "bachilleras"; a la vez que en Guayaquil, las mujeres ilustradas son el "orgullo de nuestra patria" y un "generoso egemplo de virtud republicana"; y así también son estimuladas con "honores", "condecoraciones" y "aplausos" ("La Sta. Dolores R. Miranda").

La publicación de *El Tesoro del Hogar*, en este contexto, marca un momento cúspide y único de la participación pública de la mujer escritora en la prensa nacional. Este primer periódico de mujeres permite entender, además, las complejidades de las sororidades literarias femeninas decimonónicas, sus dinámicas de autosilenciamiento, queja y transgresión frente a la cultura masculina dominante, así como la existencia importante de un activismo femenino católico, entre otros temas.[20]

La irrupción de la mujer escritora en la cultura letrada ecuatoriana estuvo avalada también por una época de cambios sociales y políticos importantes en el ámbito internacional: la creación de varias universidades e institutos profesionales para mujeres, las luchas de los movimientos sufragistas en defensa del voto femenino, la participación laboral de mujeres en ciertas ocupaciones y dependencias públicas, así como la nueva presencia de mujeres científicas, artistas y políticas en Estados Unidos y Europa, principalmente. En su singular ensayo "Disertación sobre los derechos de la mujer", Pedro Carbo elabora un recuento pormenorizado de todas estas transformaciones, contribuciones y nuevos derechos de las mujeres en la época. Este intelectual y político guayaquileño defiende aquí y ahora, desde una perspectiva católica pionera y modernizadora, el derecho de las mujeres a la educación universitaria científica, la propiedad económica personal y la legalización del voto político. Carbo escribe de forma visionaria: "como reconozco que ellas [las mujeres] están dotadas como los hombres de inteligencia, y son susceptibles

---

20. El impacto modernizador producto del auge cacaotero que se inicia hacia 1880 en el Ecuador cambió la estructura del Estado y la relación entre las regiones, concentró la propiedad de la tierra, asalarió a los campesinos y favoreció la acumulación de una gran riqueza entre hacendados y comerciantes. Todo esto daría lugar al nacimiento de una pequeña burguesía comercial y bancaria en Guayaquil. Estos cambios y su influencia en el desarrollo de la prensa guayaquileña son estudiados en el capítulo dedicado a *El Tesoro del Hogar*.

de instruccion, creo que no hay razón para negarles que tengan iguales derechos que los hombres, para ejercer las profesiones científicas y para elegir y ser elegidas para los puestos públicos" (*El Telégrafo*, 17 de mayo de 1884).

Uno de los últimos capítulos de este libro, dedicado a la coyuntura histórica que Lecumberri llamó la "nueva era de la mujer", analiza cómo los diputados más conservadores y sexistas de la Asamblea Constituyente de 1883 votaron a favor de la masculinización explícita de la ciudadanía ecuatoriana, teniendo precisamente como uno de sus argumentos más amenazantes, el peligro de que los nuevos derechos de las mujeres en Estados Unidos y Europa llegaran también al Ecuador, país consagrado al Sagrado Corazón de Jesús.[21]

La "nueva era de la mujer" fue, en efecto, una realidad conceptualizada y defendida por varias escritoras e intelectuales latinoamericanas y europeas sobresalientes del momento. La producción literaria, editorial e intelectual de las peruanas Lastenia Larriva de Llona y Clorinda Matto de Turner, la argentina Juana Manuela Gorriti, la colombiana Soledad Acosta de Samper, la mexicana sor Juana Inés de la Cruz o las españolas Emilia Serrano y Emilia Pardo Bazán, entre otras, formaron parte de un entramado de voces femeninas que justificaron estos cambios y nuevos derechos de la mujer. Esto no significó que todas estas mujeres compartieran una misma visión ideológica o política, o pertenecieran incluso a una misma época, como fue el caso de sor Juana. En el capítulo dedicado a esta fabulosa poeta mexicana analizo por primera vez, un siglo y medio después, los poemas que Mera censuró en sus *Obras selectas* de la célebre poeta y que han permanecido despedazados e incompletos hasta ahora.[22] Si la imaginación patriarcal hizo de las mujeres

---

21. El 18 de octubre de 1873, durante la segunda presidencia de Gabriel García Moreno, el Ecuador se convirtió en el primer país en el mundo en ser consagrado al Sagrado Corazón de Jesús. En el contexto de la pandemia de COVID-19, la Congregación de Padres Oblatos de los Corazones Santísimos decidió renovar esta consagración el 25 de marzo de 2020.

22. La presencia de sor Juana, muerta en 1695, en las letras ecuatorianas del siglo XIX, fue fruto del trabajo de selección y edición de Mera en 1873. Para este escritor, sor Juana no solo representó un modelo de escritura religiosa femenina, sino también un ejemplo de autocensura moralizante que era necesario imitar. Mera reposicionó la obra poética y literaria de sor Juana, relegada casi por dos siglos, en el mapa de la producción cultural ecuatoriana y latinoamericana del momento. Véase Juan León Mera, *Obras selectas de la célebre monja de Méjico, sor Juana Inés de la Cruz, precedidas de su biografía y juicio crítico sobre todas sus producciones.*

excepcionales como sor Juana, Dolores o Marietta una suerte de anormalidad, *rara avis*, la "nueva era de la mujer" defendió, por el contrario, la excepcionalidad femenina como un modelo ejemplar a seguir. Este fue el momento en que apareció un pensamiento social femenino, defensor de nuevos derechos y propulsor de una nueva producción literaria nacional.

Baste decir, para concluir, que existe una deuda pendiente con la cultura de silenciamiento masculino impuesta sobre la mujer decimonónica. En el caso de nuestras primeras escritoras no se han estudiado todavía, por ejemplo, sus generaciones intelectuales, sus sororidades letradas y redes de apoyo, sus formas de colaboración y tutelaje, su participación diversa en la prensa extranjera o sus posiciones múltiples en defensa de sus nuevos derechos, entre otros temas. Se necesitaría desarrollar también estudios mucho más orgánicos de lo producido históricamente, que consideraran tanto las publicaciones literarias como las de la prensa en general y que involucraran la participación literaria femenina extranjera y las sororidades trasnacionales que forjan más allá de patrioterismos estériles. Este libro no pretende dar respuesta a todos estos vacíos, pero me gustaría pensar que lo propuesto aquí desbroza en algo el terreno, de forma que otras investigaciones futuras puedan complejizar y profundizar lo hasta aquí hecho. La conquista de la visibilidad pública de la mujer ilustrada decimonónica fue resultado de su progresiva emancipación en el orden de sus autorrepresentaciones, de sus búsquedas de autodeterminación y autodefinición de una identidad propia. Al hacerse dueña de una voz pública, la mujer escritora, en muchos casos católica, produjo formas de valorización y reconocimiento colectivos que justificaron sus mismas sororidades literarias. Este proceso de participación pública, insisto, es el que pavimentará el terreno de las demandas y propuestas feministas de principios del siglo XX.

Estudiar la cultura de silenciamiento impuesto sobre la mujer decimonónica permite repensar también esta problemática en conexión con nuestro presente; en tanto que esta historia, que es nacional, regional y latinoamericana, en más de una manera, nos continúa recordando distintas formas de exclusión y sujeción femeninas que todavía siguen existiendo en la actualidad. La "nueva era de la mujer" proclamada por Lecumberri ("Influencia de la educación") hace casi un siglo y medio atrás, puede ser reinterpretada además como un horizonte de lucha en devenir plenamente contemporáneo, un proyecto de construcción en marcha, inacabado, hacia una sociedad ecuatoriana más justa, equitativa e inclusiva de las mujeres y sus derechos todavía no reconocidos.

I

Espectros de la mujer en la prensa ecuatoriana, 1860–1900

aquí una mujer no puede estudiar, no puede hablar de historia, de
literatura, de poesía, de nada sin correr el riesgo de que la califiquen
de pedante, de cándida, de empalagosa, de bachillera.
("La Sta. Dolores R. Miranda").

E L DECIR PÚBLICO DE la prensa decimonónica ecuatoriana fue una
expresión cargada de violencia, exclusión y desprecio hacia las mujeres y lo femenino. Ya desde el período de Independencia, la palabra
impresa de los periódicos, gacetas, folletines, opúsculos y otras publicaciones
volátiles estaría sujeta a un mundo masculino de lucha y enfrentamiento polí-
tico-ideológicos. Los títulos y contenidos de los primeros periódicos ecuatorianos hablan de un universo fraccionado, violento y abocado al combate: *El
Patriota de Guayaquil* (1821), *El Chispero* (1825), *El Impugnador Justo* (1825),
El Garrote (1827), *El Atleta de la Libertad* (1829), *El Centinela* (1833), *El
Sufragante* (1839), *El Censor* (1845), *El Vengador* (1846), entre otros.

En este contexto de enfrentamiento, la prensa decimonónica había
construido una tautología perfecta: los hombres ilustrados —que eran los
que podían escribir en los periódicos— masculinizaron su propia escritura
y la monopolizaron, cargándola de ideas y valores patriarcales. La letra de la
prensa decimonónica rinde culto a la virilidad, la arrogancia e intransigencia
masculinas, el sexismo y la agresividad sexual; y a la vez, en contrapartida,
idealiza a las mujeres resignadas, sexualmente castas, buenas madres, hijas y
esposas. No es tanto que la escritura de la prensa *sirviera para expresar* estos
valores del domino masculino existente, sino que escribir era ya, en sí mismo,
un ejercicio de poder, un comportamiento dominante y excluyente: era hacer

algo que solo los hombres ilustrados podían hacer y solo ellos *sabían* cómo hacerlo bien.[1]

En un trabajo anterior, *Montalvo: civilizador de los bárbaros ecuatorianos*, exploro, precisamente, cómo en los panfletos políticos de *Las Catilinarias*, el liberal-católico Juan Montalvo transfiguró las letras en "armas" y la escritura en un campo de batalla político-ideológico. Para Montalvo, al igual que para muchos otros patricios decimonónicos latinoamericanos, empezando por el propio Simón Bolívar, las letras eran una "espada noble", "el puñal de la salud".[2] Las palabras-armadas convulsionan, ilustran y moralizan al pueblo, ironizan y escarnecen a los corruptos, socializan en la conciencia los imaginarios de la imprenta y la memoria histórica. Montalvo, civilizador *en* y *del* lenguaje de Cervantes, descargó la violencia de este sobre todo aquello que contradijera su gramática, su pureza normativa. Sus ensayos, afirmó, estaban hechos de flechas, no de palabras.[3]

Escribir en la prensa fue considerado así parte de un *saber* privilegiado que requería un conocimiento preciso de las regulaciones de la gramática y el "buen decir". Julio Ramos explica que este *saber decir* no era simplemente

---

1. En *La Ciudad Letrada*, Ángel Rama afirma que la escritura fue solidaria del poder, constituyéndose en una suerte de "religión secundaria" en el siglo XIX; "su supremacía se debió a la paradoja de que sus miembros fueron los únicos ejercitantes de la letra en un medio desguarnecido de letras, los dueños de la escritura en una sociedad analfabeta y porque coherentemente procedieron a sacralizarla dentro de la tendencia gramatológica constituyente de la cultura europea" (33). Pero si la escritura decimonónica (constituciones, novelas, manuales, gramáticas, etc.) rinde culto al poder, esta perspectiva ha sido muy poco trabajada desde el fenómeno de su "masculinización". No interesa discutir aquí si existe o no una escritura masculina o femenina intrínsecas, sino cómo una determinada forma de poder y escritura, históricamente existente, ha sido parte constitutiva de un orden patriarcal dado. Por eso hablo aquí de "masculinización", sugiriendo la idea de proceso y apropiación en términos del género.

2. "El puñal de la salud es el puñal de Sijeriano i Parteniano; el puñal de la salud es el puñal de Quereas; el puñal de la salud es el que mandó aguzar Cevino; el puñal de la salud... ah! Esperad... el puñal de la salud es el de Carlota Corday. Si hay quien condene a estos santos matadores, ese es un asesino del jénero humano" (Montalvo, *El Cosmopolita* 21).

3. Véase "De las letras y las armas" (Grijalva, *Montalvo: civilizador* 35–46).

saber hablar, sino más bien una codificación escrita del lenguaje hablado. La gramática que Andrés Bello publicó en 1847 fue la materialización normativa de la escritura como una forma de poder, una forma de culto a la lengua. Ramos explica:

> La gramática no es solamente un registro del uso de la lengua, sino un aparato normativo que provee, partiendo del ejemplo de la 'gente instruida' (aquellos con acceso a las letras), las leyes del *saber decir* [...]. La gramática abstrae de las letras las leyes que podían disciplinar, racionalizar, el uso *popular* de la lengua (46–47).

El argumento de Ramos pasa por alto, sin embargo, un aspecto fundamental: se trataba de un *saber decir* esencialmente masculino. El hecho de que no haya existido una *gramática de la lengua castellana destinada al uso masculino de los americanos*, parafraseando el título de la obra de Bello, sugiere lo naturalizada e invisibilizada que estaba la masculinización del decir público en esta época. Aún hoy en día, la supuesta neutralidad con que el *Diccionario de la Real Academia Española* define varios términos del castellano produce controversia y disputa.[4]

Naturalizar, invisibilizar y normalizar la violencia del decir público masculino fue una función fundamental de la prensa ecuatoriana de la segunda mitad del siglo XIX.[5] Los periódicos y revistas decimonónicos se posicionaron como medios poderosos de instrucción y moralización cotidiana de sus lectores, transformando la inferioridad y sometimiento de las mujeres, en específico, en parte del sentido común: el sexismo habitó de manera natural e inocente una broma sarcástica, una nota póstuma a la madre abnegada, una pieza literaria o poética dedicada a la amada, un sermón religioso sobre la moralidad femenina, o la simple custodia masculina del debate político. Aunque la retórica variara, el mensaje era siempre el mismo: la mujer debía estar a cargo del "arte de gobernar la casa [...] el primer deber, y el más serio de la mujer, es hacer la casa agradable á su marido" ("Economía doméstica").

---

4. Este es el caso del término "fácil", por ejemplo, definido así por la RAE hasta marzo de 2018: "Dicho especialmente de una mujer: Que se presta sin problemas a mantener relaciones sexuales", entre otras acepciones.

5. La idea de que la misión fundamental de la prensa es informar a sus lectores puede entenderse aquí como in-*formar*, dar forma, conformar la subjetividad de sus lectores.

La defensa dogmática de la familia patriarcal descansaba en la base de la domesticidad femenina, entendida como un modelo estable de organización social, capaz de preservar los valores ciudadanos y el control social. La misma nación ecuatoriana en proceso de consolidación estaba estructurada en términos familiares y la prensa creaba así el espectro de esa comunidad masculina imaginada.[6]

Hacia el último cuarto del siglo XIX, la emergente participación pública de varias mujeres ilustradas en la prensa nacional, sobre todo mujeres católicas y guayaquileñas, y en algunos casos extranjeras, produjo el nacimiento de una identidad y práctica social femenina insólita para la época: la mujer escritora y lectora. Una mención preliminar, desigual e incompleta debería incluir aquí los nombres de Ana G. de Diago, Emilia Serrano (Baronesa de Wilson —española—), Dolores Sucre, Dolores R. Miranda, E. de L., Dolores Veintimilla de Galindo, Lastenia Larriva de Llona —peruana—, Marietta de Veintemilla, Soledad Acosta de Samper —colombiana—, Mercedes Cabello de Carbonera —peruana—, Trinidad Celis Ávila, D. C. de D., Amelia Denis, Carolina Febres Cordero, J. L. Febres Cordero, Mercedes González de Moscoso (M.G. de M.), G. C. L., Gertrudis Gómez de Avellaneda —cubana—, Anjela Hartwigsen, Zoila Clemencia Lecaro, Rita Lecumberri, Clorinda Matto de Turner —peruana—, María Mendoza de Vives, Francisca Montenegro, J. Amelia Narváez, Lucinda Pazos, J. H. Peña de Calderón, Juana Rosa de Amézaga, Madm. Ch. Reybaud, Dolores Sucre o María A. Valdez, además de otras mujeres anónimas como Berenice, Rosa, Olnacira, Dalia, Herminia, Esther o Lelia, entre otras.

Los sectores más sexistas y moralizantes percibieron esta presencia femenina letrada como una amenaza e invasión al orden público-masculino instituido.

---

6. Me refiero, obviamente, a la tesis de Benedict Anderson sobre el rol que tuvo la prensa en la formación de las comunidades nacionales modernas. En efecto, "Anderson ha afirmado el carácter inventado de las naciones modernas. Para Anderson, como es conocido, las naciones son un producto creado por las ideologías nacionalistas auspiciadas desde el Estado, a través del sentido de comunidad que proyecta el 'capitalismo impreso'. La nación es aquella 'comunidad política imaginada como inherentemente limitada y soberana" (Grijalva, *Montalvo: civilizador* 28). El tema de lo nacional se explora con más detenimiento en el cuarto capítulo de este libro, que compara *La emancipada*, de Miguel Riofrío, y *Cumandá*, de Juan León Mera.

Una nota del periódico *El Combate*, publicada en 1885 en Ambato, califica agresivamente a estas mujeres —que podían hablar de historia, literatura o poesía— como "bachilleras", "cándidas", "pedantes" y "empalagosas".[7] Las bellas letras —la poesía, el ensayo, la novela, los artículos de prensa, la crítica literaria, etc.— fueron instrumentalizadas, en particular, como una forma de contención y censura. Estas primeras mujeres de letras emergieron así siendo el sujeto (sujeto/sujetado) de múltiples reprobaciones, correcciones, silenciamientos y no pocas sátiras burlescas.[8]

A continuación, propongo analizar tres formas de representación/sujeción de estas mujeres ilustradas en la prensa de Quito y Guayaquil durante el período 1860–1900. Se trata, hay que decirlo, de una primera aproximación general y provisional a un corpus documental muy poco estudiado, y cuya existencia física aparece muchas veces incompleta y fragmentada en distintos archivos y bibliotecas del país. Las distinciones que elaboro aquí entre mujeres "ultrajadas", "admiradas" y "excepcionales" forman parte de esos "espectros" creados por la percepción masculina de la época, la cual usualmente contrastaba con la autorrepresentación de las mismas mujeres. La existencia de escritoras fuertemente ultrajadas y censuradas, como Dolores Veintimilla o Marietta de Veintemilla, no debe confundirse entonces con su falta de excepcionalidad o con el hecho de que no hubieran sido admiradas por otras mujeres. Son estas

---

7. Esta nota de prensa continúa en los siguientes términos: "uno de los más bellos distintivos del carácter guayaquileño, sin duda, es ese afán, ese entusiasmo incesante por educar á la muger y colocarla en el alto puesto á que esta llamada para la regeneración de las sociedades modernas"; en Guayaquil, las mujeres ilustradas son el "orgullo de nuestra patria" y un "generoso egemplo de virtud republicana"; y así también son estimuladas con "honores", "condecoraciones" y "aplausos" ("La Sta. Dolores R. Miranda").

8. En *La cultura popular en la Edad Media y en el Renacimiento*, Mijail Bajtin explica que la sátira del siglo XIX solo conoce la risa puramente negativa, retórica y triste. El autor satírico "solo emplea el humor negativo, se coloca fuera del objeto aludido y se le opone, lo cual destruye la integridad del aspecto cómico del mundo" (11). Y más adelante añade: "El siglo XIX burgués solo tenía ojos para la comicidad satírica, una risa retórica, triste, seria y sentenciosa (no en vano ha sido comparada con el látigo de los verdugones)" (43). Reírse de la mujer escritora fue, en efecto, una forma de latiguearla y escarnecerla con la finalidad de *sujetar* su subjetividad.

variantes, combinatorias posibles y cambios de sentido los que obligan a pensar en las complejidades de las fantasmagorías que se crearon alrededor de estas primeras escritoras de la prensa ecuatoriana. El orden de la representación, después de todo, puede entenderse como un campo de hegemonía en constante disputa, y esto supone procesos de participación y lucha de los sujetos censurados y subordinados en la construcción de nuevos significados.[9]

Ultrajadas

Reírse públicamente de la mujer fue una forma de reafirmar su inferioridad como sujeto doméstico sin derechos, lo cual normalizaba la violencia de género existente en la prensa.[10] Este es el caso, por ejemplo, de la nota humorística "Definiciones científicas de la muger", publicada por *El Gladiador*, en que la mujer era definida desde "la gramática" como "un artículo indefinido que necesita estar unido á un nombre masculino para significar algo"; desde "la ética", como "un argumento apetecible a favor del comunismo"; o desde "la zoología", como "un bípedo lindo pero indomesticable" (n.º 10). Un texto similar se puede leer también en "Las mujeres pintadas por los hombres", publicado por el *Scyri. Diario liberal de la mañana*, donde la mujer es definida como "un hombre imperfecto", "el verdugo de la razón del hombre", y alguien

---

9. El problema de la representación o autorrepresentación de la mujer y su emancipación es un tema de poder y hegemonía que está sujeto a la "contingencia de la lucha política", como afirma Laclau, y no a una simple "reproducción ideológica" o "falsa conciencia" preestablecida y asumida pasivamente. El patriarcado puede entenderse como un orden hegemónico de representaciones de la mujer, lo cual implicó la búsqueda activa y contingente de consensos en torno a su inferioridad y servidumbre doméstica ("The Death" 201–220).

10. Las diatribas, los libelos, los cuadros de costumbres, como se sabe, institucionalizaron la risa satírica como una forma de escritura. La risa moderna, la risa del *Quijote*, es una forma de escarnio social; una manera de insultar, maldecir, ironizar o cuestionar. Montalvo, el gran insultador ecuatoriano de la época, explica el sentido humorístico de Cervantes en los siguientes términos: "La espada de Cervantes fue la risa [...] pincha y corta, deja en la herida un filtro mágico que la vuelve incurable [...] La risa fue el arma predilecta del autor del *Quijote*, mas no la única [...] en obras de ese género todo debe ir encaminado a la ironía burlesca y a la risa" (citado por Grijalva, *Montalvo: civilizador* 39).

que "no puede ser más que una gallina desplumada", pues "no se debe contar á las mujeres en los individuos de la especie humana" (n.º 41). La presencia emergente de la mujer escritora, en específico, tampoco fue ajena a esta clase de sátiras. Un ejemplo paradigmático es el artículo de costumbres titulado "Las literatas", publicado en *La Verdad*, el 11 de marzo de 1872, y republicado luego en las *Obras Completas* (Alemania, 1899) del escritor y político quiteño José Modesto Espinosa (1833–1915).

En "Las literatas", Rudecindo, casado recientemente con Florinda, le cuenta a su amigo Bonifacio las penas que sufre en su vida matrimonial. Rudecindo explica: "Me casé sin largo trato ni perfecto conocimiento de la mujer que elegí... Rabio, me desespero, no sé qué hacerme. ¿Tiene madre de mal carácter? me dirás... ¿Tiene lepra?... ¿Qué puede ser?... Es literata, con humos de poetisa... ¡Literata, amigo mío! ¡poetisa! ¡gramática! ¡lectora de novelas!" (*Obras completas* 83–84). Las analogías que Rudecindo establece entre una mujer de letras, una suegra de mal carácter y una mujer con lepra ejemplifican bien la *ansiedad cultural* que estas mujeres producían en los sectores masculinos más sexistas y conservadores. La feminización de los términos "literato", "gramático" y "lector" causa el clímax final, "¡lectora de novelas!". Lo que le molesta a Rudecindo, en realidad, es la *anormalidad doméstica* que las letras producen en una mujer: el descuido en el arreglo de la casa, el olvido de la felicidad del marido. Rudecindo, además, quien es más ignorante que Florinda, no tolera sentirse inferior a ella. No entiende sus conversaciones eruditas, ni sus decires en latines, sus referencias ilustradas a la Sapho, Espronceda, Zorrilla, Horacio, o las correcciones gramaticales que ella le hace cuando él habla. Florinda, por otra parte, no solo es lectora de poesía, sino que quiere escribirla y vivir poéticamente. Esto lo demuestra cuando le entrega "la lista" de la ropa sucia a la empleada:

> Lleva Nereida, mi lavandera,
> Cinco camisas de lino puro,
> Ocho fustanes, diez pañuelitos,
> Dos trajes claros y un verde-oscuro.
>
> Pares de medias van diez y nueve,
> De Fabio bello tres calzoncillos,
> Tres camisetas y dos chalecos,
> Y de su amada cuatro manguillos.

> Límpidas ondas lo laven todo
> En argentada, rauda corriente:
> Séquelo presto sobre la grama
> Del rubio Febo la lumbre ardiente (87–88).

Modesto Espinosa ridiculiza así, poéticamente, a la mujer poeta, como si lo único que pudiera poetizar son sus labores domésticas. El desorden del hogar no es, en realidad, la única consecuencia de la dedicación a la lectura, también lo es el desorden mental que esta provoca en Florinda: "¿Dirás que mi mujer está loca?... Loca de atar está, Bonifacio mío; y lo peor es que no veo remedio á tan extraña locura" ("Las literatas" 88). Entendida como una rareza, una anormalidad, la locura fue la manera más frecuente de identificar a la mujer intelectual y escritora. Rudecindo sentencia: "No, amigo mío: mi mal no tiene remedio, sino es la muerte" (88). El problema de Rudecindo, como él mismo explica, es que no puede volver atrás, no puede simplemente borrar las lecturas y conocimientos de la cabeza de su mujer, y ciertamente tampoco quiere ser considerado como un "enemigo" de la ilustración femenina. Así, la solución la tiene la misma Florinda:

> ¿Dirás que soy muy injusto, enemigo de que las mujeres se ilustren y luzcan sus preciosas dotes? Dios me libre de merecer cargo tan grave. Lo que yo digo es: bueno es cilantro, pero no tanto. Que la mujer se ilustre, santo y bueno; que aprenda cuanto aprender deba: pero que la primera lección sea de no imaginarse que sabe; y la segunda, de no dar á entender que es sabia (89).

En definitiva, la mujer ilustrada, para Modesto Espinosa, debe aprender a ser sumisa y callada. Debe enmudecer aun sabiendo, fingir que no sabe, elegir siempre su ignorancia por sobre su saber, autosilenciándose. Espinosa plantea aquí un argumento que va al corazón mismo de la censura patriarcal a la mujer ilustrada ecuatoriana: el saber que no dice que sabe, la ignorancia fingida, el autosilenciamiento como una forma de virtud femenina. En *Mujer que sabe latín...*, Rosario Castellanos sugiere que la sociedad patriarcal opera como un espejo que distorsiona la imagen que la mujer recibe de sí misma: esta reflexión deformada hace que ella vea belleza donde reina la ineptitud, pureza donde lo que hay es ignorancia, inocencia en lugar de su confinamiento doméstico, virtud cuando lo que existe es autonegación de sí misma; o una condición natural cuando lo que se afirma es su deficiencia mental. Son estos mecanismos de dominación subjetiva de la mujer los que impiden que ella se vea a sí misma en lo que es, o lo que puede llegar a ser. Castellanos escribe: "¿Qué connotación tiene la pureza en este caso? Desde luego es sinónimo de ignorancia. Una ignorancia radical, absoluta de todo lo que sucede en el mundo [...] Pero más que nada, la ignorancia de lo que es la mujer misma" (13).

Lo significativo de esta máxima patriarcal de autosilenciamiento femenino es que, para muchas mujeres escritoras, fue una de las estrategias privilegiadas de su mismo saber decir: una manera indirecta, velada o fingida en que pudieron expresar su crítica y desacuerdo público con el orden patriarcal hegemónico. El mismo mecanismo de la censura deviene así en arma femenina de autodefensa. Saber excusarse para poder hablar, escribir de manera oblicua y encubierta, decir sin decirlo todo y sin decir todo lo que se sabe, y también decir con el silencio, fueron estrategias fundamentales en la poesía de escritoras como Dolores Veintimilla (1829–1857), Dolores Sucre (1837–1917), o incluso en una poeta tan lejana —y cercana a la vez— como la monja mexicana sor Juana Inés de la Cruz (1651–1695), entre otras.[11]

Atreverse a decir con el *silencio radical del suicidio* fue quizá lo que llevó a Juan León Mera (1832–1894), figura literaria prominente del conservadurismo-católico de la época, a enjuiciar y condenar la vida y obra poética de Dolores Veintimilla. El suicidio de la poeta quiteña, ocurrido en Cuenca en 1857, a la edad de 28 años, puede entenderse como un *decir silencioso radical*, un grito mudo de protesta. Los versos lejanos de sor Juana, escritos casi dos siglos antes, no pueden ser más apropiados para expresar este *silencio diciente* del suicidio de Veintimilla: "Óyeme con los ojos,/ Ya que están tan distantes los oídos,/ Y de ausentes enojos/ En ecos de mi pluma mis gemidos;/ Y ya que a ti no llega mi voz ruda,/ Óyeme sordo, pues me quejo

---

11. La crítica argentina Josefina Ludmer ha puesto de manifiesto, precisamente, cómo estas dos operaciones fueron esenciales en la escritura de sor Juana Inés para evadir la censura de su tiempo. Ludmer explica: "Saber y decir, demuestra Juana, constituyen campos enfrentados para una mujer; toda simultaneidad de esas dos acciones acarrea resistencia y castigo. Decir que no se sabe, no saber decir, no decir que se sabe, saber sobre el no decir: esta serie liga los sectores aparentemente diversos del texto (autobiografía, polémica, citas) y sirve de base a dos movimientos fundamentales que sostienen las tretas que examinaremos: en primer lugar, separación del campo del saber del campo del decir; en segundo lugar, reorganización del campo del saber en función del no decir (callar)" (1).

muda" (*Lírica personal* 5306). Veintimilla habría usado su cuerpo, su misma vida, para quejarse muda a través de su muerte.

Mera y la cultura católico-conservadora de la época condenaron esta manera de *quejarse muda* de Veintimilla como un acto pecaminoso, enfermizo y criminal: se lo juzgó como el comportamiento anormal de una loca. En su ensayo "Doña Dolores Veintimilla de Galindo. La educación de la mujer entre nosotros" (1868), Mera afirma: "el envenenamiento de la cristiana Dolores, no podemos explicarnos, sino buscando su desesperada resolución en la perturbación de sus facultades mentales" (12). Pocos años después de esta condena, el propio Mera ofrecería un contrapunteo poético implícito con su edición y republicación selecta de la obra de la poeta mexicana sor Juana Inés de la Cruz, muerta casi dos siglos atrás.[12] Luego de ser prolijamente corregida y censurada, las *Obras selectas de la célebre monja de Méjico* (1873) probaban que las escritoras devotas y excepcionales existían, y podían ser un modelo de virtud y moralización femenina para otras mujeres. La defensa del patriarcado, en definitiva, no era un dominio de representaciones exclusivo de los hombres, sino que involucraba también la colaboración y apoyo de las mismas mujeres, tanto reales como imaginarias.

El espectro de la locura femenina atribuida a las mujeres ilustradas y escritoras decimonónicas se propagaría, a pesar de todo, como un virus en las representaciones masculinas sobre ellas. Modesto Espinosa la usa para caracterizar a su Florinda poeta; el novelista Miguel Riofrío la pone en boca de Pedro de Mendoza, padre de Rosaura, en la novela *La emancipada*; Montalvo la esgrime para descalificar así a las feministas europeas de la época; Mera se la imputa a Dolores Veintimilla. Declarar demente a la mujer escritora significaba, como diría Foucault, hacerla sujeto de un sistema disciplinario que buscaba corregir sus anormalidades, reafirmando la necesidad de un comportamiento doméstico virtuoso.[13]

---

12. El contrapunteo entre sor Juana y Dolores Veintimilla resulta fundamental y es analizado en el tercer capítulo de este libro, dedicado a esta importante publicación de Mera.

13. En la sociedad patriarcal, la familia se convierte en un orden disciplinario del comportamiento de la mujer. Planchar, lavar, cocinar, cuidar a los hijos, educarlos, no son un simple quehacer doméstico, sino un orden de conductas reguladas, vigiladas y castigadas. Tal como explica Foucault: "A estos métodos que permiten el control minucioso de las operaciones del cuerpo, que garantizan la sujeción

En ese sentido, se puede decir que la inteligencia patriarcal convirtió la escritura de la prensa, y la literatura y poesía en específico, en una *forma de disciplinamiento* del comportamiento anómalo de la mujer escritora y sus conductas en general. Este fue el propósito, sin duda perverso, de responder *poéticamente* al suicidio de Dolores Veintimilla, ultrajándola y condenándola en sus propios términos. En la colección de poesía *Lira ecuatoriana* (1866), editada por Vicente Emilio Molestina, la censura y violencia patriarcales aparecen en la forma de varios poemas de oprobio, reprobación y lástima hacia la poeta quiteña. "La mujer liviana", de Ignacio Casimiro Roca, por ejemplo, declara: "I tu sangre pura, ardiente,/ Con el vicio prostituyes [...] Sobre ti, severa arroja/ La sociedad su desprecio,/ Se burla de tu congoja/ I se acuerda de tu precio! [...] Desgraciada, consumida,/ No lloras en tu afliccion,/ Porque la mujer perdida/ Ya no tiene corazón" (175). En "A una amiga suicida", Antonio Marchán escribe: "Amargo el cáliz de la vida hallaste/ En tus horas de negro sufrimiento,/ I mártir de un sublime sentimiento/ Tu mísera existencia abominaste" (256). Otro poeta, Miguel Anjel Corral, en una composición titulada "A la infausta memoria de la señora Dolores Veintemilla", expresa su condena así: "Infeliz! qué sentirías/ Cuando toda confundida/ Te hallaste despavorida,/ Sola, delante de Dios!" (285).

Significativamente, la poesía de Dolores Veintimilla parecería sobrepasar la vida trágica de la poeta, impugnando los ataques que esta sufriría después de muerta. En "A mis enemigos", poema republicado en "Producciones literarias" de Dolores Veintimilla de Galindo (1898), un folleto editado por Celiano Monge, la poeta quiteña escribe:

¿Qué os hice yo, mujer desventurada/ Que en mi rostro, traidores, escupís/ De la infame calumnia la ponzoña/ Y así matáis a mi alma juvenil?
[...]/ ¿Por qué, por qué queréis que yo sofoque/ Lo que en mi pensamiento osa vivir?/ Por qué matáis para la dicha mi alma?/ ¿Por qué ¡cobardes! a traición me herís?/ No dan respeto la mujer, la esposa,/ La madre amante a vuestra lengua vil.../ Me marcáis con el sello de la impura.../ ¡Ay! nada! nada! respetáis en mí! (7).

---

constante de sus fuerzas y les imponen una relación de docilidad-utilidad, es a lo que se puede llamar las 'disciplinas'" (*Vigilar y castigar* 141). Estamos aquí en el terreno de los manuales de urbanidad, higiene, buenas costumbres, moralidad, etc., donde la sujeción de la mujer a todas estas tareas domésticas es fundamental.

Leída bajo el estigma de la locura, ella misma, Dolores, la poeta suicida, marcada con "el sello de la impura" y "la infame calumnia", empieza este poema interrogándose sobre los porqués de este comportamiento masculino violento. Si bien su voz poética afirma ser un modelo de los valores más queridos del patriarcado —la esposa respetable, la madre amante—, por otro lado, su decir femenino hace visible el reverso de este discurso opresivo, devolviéndoselo a quienes lo afirman como un *boomerang*. Se muestran así las inconsistencias, la hipocresía, la infamia, la "lengua vil" de los que la condenan y calumnian. La mujer-esposa-madre-virtuosa es la condición de ser, no la figura antagónica, de la mujer impura, desventurada, suicida. La mujer virtuosa como condición de ser de la mujer desventurada, suicida, es un tema no solo de la poesía, sino también de la novela: *Cumandá* es precisamente eso, la historia de una mujer virtuosa que termina suicidándose. Solo que en este caso se trata de un "sacrificio cristiano", una autoinmolación abnegada que salva la vida de su propio hermano y previene el incesto con él. Esta es la infamia que el poema de Dolores continúa sacando a la luz, incluso luego de su muerte. *Álbum Ecuatoriano. Revista Ilustrada Mensual de Literatura* (1898), cuestionará el folleto editado por Monge observando que "bien habríamos deseado —para honra de la autora— que algunas de ellas [las composiciones] permanezcan desconocidas" (n.º 5). Ninguna de las poesías o textos en prosa de Dolores serán republicados por esta revista en los doce números revisados.[14]

Los ataques moralizantes y católico-conservadores a Dolores Veintimilla y otras mujeres "anómalas" fueron parte de la defensa de un orden patriarcal que traspasaba las divisiones ideológicas y partidarias. Los intelectuales liberales, defensores del progreso y la razón, no dejaron de afirmar este modelo de censura humillante hacia la mujer ilustrada. En la "república de las letras" de Montalvo, por ejemplo, las escritoras ecuatorianas emergentes fueron simplemente borradas: no existe ni una sola escritora ecuatoriana de esta época

---

14. En su prospecto, *Álbum Ecuatoriano* indica que se publicará con la "colaboración permanente de los más distinguidos escritores nacionales", entre los cuales destaca una sola mujer: la quiteña Mercedes González de Moscoso. Se publican las siguientes poesías de su autoría: "A Eugenia de Jara en su álbum", "Balada", "En el álbum de mi hermana Delia", y los textos de narrativa "Memoria" y "* * *", sin título. En periódico *El Scyri,* Mercedes publica, además, el poema "En el Álbum de la Sra. Lastenia L. de Llona".

que haya sido comentada seriamente en la obra del escritor ambateño. Montalvo, explícitamente, consideró a la mujer escritora como una aberración, una contravención al orden natural de su misión doméstica como esposa, madre e hija. Si bien es cierto que este ensayista liberal defendió la educación de la mujer, lo hizo sometiéndola férreamente a su cautiverio doméstico y silenciamiento público. Montalvo fue un representante ejemplar de lo que se podría llamar liberalismo misógino, el cual expresaría abierta y militantemente la exclusión de la mujer del mundo literario, la educación científica y la vida política. Los silenciamientos de Montalvo hacia la mujer plagan sus obras: además del silencio de no decir nada sobre las escritoras ecuatorianas de su época, habría que sumar su sarcasmo hacia las mujeres que participan en política, los travestismos en que su escritura se apropia de voces femeninas, o su indiferencia hacia ciertas mujeres que lo han enfadado y ofendido, como fue el caso de su intercambio intelectual con Emilia Pardo Bazán. *Las Catilinarias, El Cosmopolita* o *El Regenerador*, por mencionar solo algunos ejemplos, condenan de manera vigilante las pretensiones literarias, intelectuales o políticas de las mujeres ilustradas. En *Las Catilinarias,* Montalvo simula una voz femenina que comenta sobre la novelista, periodista y feminista francesa Victoire Léodile Béra (1824–1900), conocida popularmente como André Léo:

Nosotras —las mujeres—, en verdad, no queremos ser legisladoras, ni presidentas, ni ministros como *esa loca de André Léo* que en París da conferencias de socialismo-hembra, y pide un sillón en el cuerpo legislativo. No aspiramos siquiera a esas profesiones [...] una buena esposa vale más que un abogado, y una buena madre de familia más que un buen médico (225; la cursiva es mía).

En *El Cosmopolita*, asimismo, al referirse a las mujeres librepensadoras y feministas que en Inglaterra y Francia, en los siglos XVIII y XIX, se dieron a conocer como *Bluestocking* o *Bas Bleu* (medias azules), Montalvo afirma:

Por los años de 1871 privaban mucho en Inglaterra las sociedades literarias cuyos principales miembros pertenecían al bello sexo, empeñado en tratar con los sabios acerca de las materias más abstrusas y ajenas á la mujer. Uno de los personajes más eminentes de esas reuniones era Mr. Stilligfleet, tan notable por su sabiduría como por su modo de vestir, pues entre otras rarezas, llevaba siempre medias azules (blue stockings).

Eran tales la excelencia de su conversación y principalidad, que cuando
este señor fallaba, las señoras sabían exclamar: We can do nothing
without the blue stockings —nada podemos hacer sin las medias azules.
Un francés distinguido tradujo este blue stockings por bas bleus apli-
cándolo literalmente á las literatas de esas sociedades, equivocación que
hizo reir mucho á las mismas sabiondas, que empezaron á ser llamadas
con ese nombre —Croker's Bowell. Ese término ha quedado admitido
para designar á las mujeres importunas que dejan la casa por el Liceo
(30–31).

La mujer librepensadora y su lucha por la defensa de sus derechos intelectuales
y políticos es un ser despreciado por Montalvo. El modelo de la buena mujer,
para él, no está en el presente ni en el futuro, sino en el pasado: en Grecia y
Roma. "¿Qué importa [Montalvo pregunta] ese barniz de sabiduría con que
de cuando en cuando han pretendido malamente brillar las mujeres modernas? [...] No, no queremos medias azules: queremos mujeres instruidas en
la virtud" (29). Y así lo aclara, una vez más, para que no quede dudas: "Si es
buena hija alimentará á su padre moribundo con la leche de sus pechos, como
ya lo hizo la romana antigua... Si es buena esposa, se sepultará con su marido,
cual otra Eponima [...] Si es buena madre criará Escipiones, dará Gracos [...]
Estas son las hijas, las esposas y las madres que querríamos formar" (29). En *El
Regenerador*, el ensayo "Métodos e invenciones para quitarles a las mujeres la
gana de meterse en lo que no les conviene" anticipa ya desde su título la necesidad de enseñar, guiar y disciplinar esa naturaleza femenina siempre "infantil" y "poco inteligente". Montalvo compara la participación de las mujeres
en la política con su fealdad física y maldad mítica: "Gigantes, minotauros,
sátiros feroces no son las más terribles invenciones de la fábula: las Furias, las
Arpías, las Gorgonas [las mujeres en la política] son las que causan espanto
con su fealdad y maldad" (49; los corchetes son míos). Y al preguntarse cómo
quitarles a estas mujeres "la gana de meterse en lo que no les conviene", Montalvo contesta:

En las dos esquinas están emboscadas unas máquinas que parecen caño-
nes: santo cielo, el bruto del viejo (el presidente) no va a dejar vicho con
enaguas. Se abren los soldados; largos cuellos como de cisnes inferna-
les se extienden hacia la plaza: fuego...! Qué tumulto, gran Dios, qué
gritería! [...] Hizo aquel día el presidente una sopa de viejas que no la
comiera Arízaga con toda su inmortal apetencia. Maltraídas, aturdidas

y descosidas, entraron las revolucionarias a sus casas con las orejas llenas de agua; y como más de veinte de las principales perdieron el oido, ni volvieron jamás a conspirar ni hacer motines (75).

La imagen patriarcal victoriosa de los "bichos con enaguas" que retornan a sus casas "maltraídas", "descosidas" y "con las orejas llenas de agua", presagia, sin embargo, el reverso de su materialización histórica. El ascenso de Marietta de Veintemilla Marconi (1855–1907) a la política nacional en 1876 es la pesadilla de Montalvo hecha realidad. No hay nadie más en este momento que condense con igual intensidad las aprehensiones sexistas de este escritor ambateño sobre la mujer ilustrada ecuatoriana: belleza, saber, inteligencia, valentía, capacidad de mando y poder político en el gobierno. En *Las Catilinarias*, Montalvo solo puede ridiculizar a Marietta, sobrina del presidente: "Sus caballos (los caballos de Ignacio de Veintemilla), sí señores, sus caballos tienen sueldo aparte. Su sobrina, sueldo de general" (96).

"Marietta" es el personaje central del artículo "Las Veintemillas", publicado en el periódico *Los Principios*, el 10 de febrero de 1883. La Generalita o Mayasquerita, como la llamaron los soldados de provincia, es retratada aquí desde una suerte de metamorfosis: desde sus días felices como "niña", al lado de su madre, la cantante italiana Marietta Marconi Missiarelli, y su padre, el general José de Veintemilla Villacís, hasta la llegada al poder de su tío, Ignacio de Veintemilla, momento en que surge como primera dama de la nación y "gobernadora del Estado". Estas son las dos Mariettas:

> Fué notable por la hermosura de sus formas físicas y la dulzura de su carácter... En los primeros meses de la dictadura, fué angel que desarmó algunas veces la mano sanguinaria de su tío; pero el tiempo cambió el carácter de la niña, y comenzó a ser la gobernadora del Estado, con más firmeza y tiranía que el Papá. De entonces ya no hubo balla á sus caprichos, á sus cóleras, á sus venganzas... antes era una rosa... hoy es pálida, majestuosa, rie mucho y no se ruboriza de nada. Ha sido muy calumniada en su honra: creemos sin razón; y solo por la ligereza de su carácter... aspira á pasar por heroína; pero se indigna cuando se le habla de dinero (n.° 6).

"Las Veintemillas" es un artículo que responde a los acontecimientos del 9 y 10 de enero de 1883. La metamorfosis de "niña" en "gobernadora" lo dice todo: el artículo se publica poco después de que Ignacio de Veintemilla se declarara dictador, y mientras este defendía su gobierno en Guayaquil, su sobrina, sola, con la tropa de los soldados leales al régimen, hacía frente a las protestas que se desataban en Quito. En este contexto, Marietta asumió el mando y luchó con heroísmo por mantener el control de la capital. En *Los Principios*, Marietta es representada como una "marimacha de la política". Su caracterización como "heroína" —en las protestas de Quito— se desvanece rápidamente ante su corrupción: "sus cóleras", "sus venganzas". Y es que ella misma es una mujer pervertida, vestida de hombre, de "voz algo ronca", "pálida", ya sin belleza y sin las virtudes de la inocencia infantil. La Generalita ha dejado de ser la rosa, la niña, el ángel, para convertirse en un ser que envilece su propio género. El artículo declara: "La viuda de Lapierre se cree la reina destronada de Francia. Viste poloneza de casimir negro, corte de varón [...] Alta, de barba redonda y partida, ojos azules chispeantes; aunque de voz algo ronca [...] ¿Por qué no cria Dios seres perfectos? Pero la imperfección mayor es la moral" (n.º 6).

A partir del derrocamiento de su tío,[15] Marietta fue encarcelada por ocho meses y luego decidió autoexiliarse por quince años del país. Una nota periodística de *El Perú Ilustrado*, publicada en primera plana, junto a su retrato grabado el 11 de agosto de 1888, testimonia —a diferencia de la prensa ecuatoriana de la época— el gran aprecio y admiración que se llegó a tener de ella en Lima, otorgándole incluso la nacionalidad peruana.

La nota en cuestión declara: "La señora Marietta de Veintemilla es peruana, por la circunstancia de un destierro que sufriera su padre el general ecuatoriano don José de Veintemilla... Hoy [Marietta] es encanto de la sociedad limeña que borra en parte la amargura de su ostracismo, con el honor que hace á las prendas de tan distinguida huésped. La señora Marietta Veintemilla prepara la publicación de sus memorias que son interesantísimas [...] Quédenos la satisfacción, sin embargo, de haber sido justos y nada más que justos, delineando á grandes rasgos el tipo de una mujer americana, de la que un día se ocupará la historia y con aplauso" (226–227). De las cenizas del pasado político de Marietta nació, así, la mujer escritora. *Páginas del Ecuador*, publicada en Lima en 1890, es la reconstrucción histórica y autobiográfica de esta época política turbulenta. La propia autora escribe, valerosamente, a manera de introducción:

---

15. Mario Ignacio Francisco Tomás Antonio de Veintemilla y Villacís fue el onceavo presidente del Ecuador, entre el 8 de septiembre de1876 y el 10 de enero de 1883.

FIG. 1. Retrato de Marietta de Veintemilla.

Fuente: *El Perú Ilustrado*, n.º 66, 11 de agosto de 1888.
Biblioteca Nacional del Perú.

No pretendo llamar la atención con hechos de mero carácter individual
[...] Mi empeño es algo más elevado, pues conduce á hacer luz sobre
acontecimientos políticos del Ecuador [...] ni persigo el aplauso, ni me
intimida el insulto. Cumplo con una necesidad de mi espíritu y acepto
sin temor las consecuencias (3–4).

La publicación de *Páginas del Ecuador* provocó un torbellino de críticas.
Marietta pisaba un terreno agreste: las letras armadas, "el puñal de la salud",
era empuñado por primera vez por la mano de una mujer. *La verdad contra
las calumnias de la Sra. Marietta Veintemilla* (Quito, 1891), publicado por

el sacerdote José Nieto, es un opúsculo que muestra bien cómo cierta mentalidad católico-patriarcal poco o nada había cambiado hasta finales del siglo XIX con respecto a las mujeres librepensadoras. Así leemos en el principio del texto:

> Indudablemente la Sra. Marietta Veintemilla renegó de su sexo cuando del tocador pasó al escritorio, para trabajar á escote en el libelo famoso intitulado *Páginas del Ecuador* [...] Con él trató de glorificarse, y no ha conseguido sino bajar á un abismo. 'Ni la mujer ha de parecer hombre, ni el soldado monje, ni el sacerdote filósofo á lo Voltaire" (3).

En su crítica a Marietta, Nieto, al igual que Espinosa y Montalvo, afirma que las letras no son cosas de mujeres; el escritorio y la pluma son antinaturales al sexo femenino. Y así, Nieto advierte: "Si os empeñáis en continuar por el camino que, en mala hora, habréis emprendido, Dios no quiera, seguiréis los pasos de Madama Roland y de otras, á quienes [...] la vanidad y los malos libros extraviaron su entendimiento y acabaron por perderlas" (95). Las advertencias de Nieto son, en efecto, proféticas. En su ensayo "Madame Roland", publicado por la *Revista de la Sociedad Jurídico-Literaria*, en 1904, Marietta parecería resumir un siglo de injurias a la mujer ecuatoriana intelectual y escritora. Así afirma:

> A despecho de nuestra civilización, la mujer sudamericana es la esclava recién manumisa que ensaya sus primeros pasos en el terreno de la literatura, donde felizmente ha cosechado ya grandes triunfos precursores de otros de más valía con el transcurso del tiempo. Ella no puede aún aventurarse en el campo especulativo sin la obligada compañía de un hombre; ella en el aislamiento, no encuentra ni siquiera respeto fuera de su hogar, pues le acechan por una parte la brutalidad callejera y por otra la murmuración social, cuando no las feroces dentelladas de la calumnia. Para llevar al poder una idea, aunque sea la más pura y desinteresada, se expone al miserable tratamiento de favorita. No tiene, en una palabra, la culta, racional independencia que la mujer de Europa o de Norte América, y sus ímpetus generosos, mal comprendidos ante los ojos del vulgo, la empequeñecen (147).

Las actitudes de la inteligencia patriarcal de la época hacia las mujeres escritoras son extremas y contradictorias. Si, por un lado, Dolores Veintimilla es calificada de "infeliz señora", "criminal" o "perturbada mental", y André Léo y Marietta de Veintemilla, entre otras, son despreciadas por su participación política y sus pretensiones sociales de reforma, del otro lado del espectro, los roles de madre, esposa e hija son idealizados como comportamientos divinos. Dicho de manera más simple, la mujer ilustrada decimonónica ecuatoriana parecería estar atrapada entre la locura y la santidad; entre el desorden emocional y mental, y la búsqueda religiosa, obediente y sufriente de la virtud cristiana. A pesar de sus distancias ideológicas y políticas, Montalvo y Mera se complementan en su vigilancia sobre la mujer escritora: si el primero actúa como un inquisidor de oficio, ejerciendo con violencia su censura, el segundo acepta la confesión y el arrepentimiento femeninos como formas de corrección moral y literaria, estableciendo que las buenas escritoras privilegian la cocina y el hilado sobre la letra. No resulta raro, entonces, que Dolores y Marietta, en su búsqueda por visibilizar una identidad propia y cuestionar la violencia del decir público masculino, hayan sido férreas defensoras de su derecho a ilustrarse sin sumisión y sin callarse. Estas mujeres, consideradas hoy en día como las dos escritoras ecuatorianas más importantes de la segunda mitad del siglo XIX, fueron también las más ultrajadas.

Admiradas

Aunque es notorio que buena parte de la poesía, narrativa y ensayo escritos por mujeres en esta época, especialmente los de temática patriótica y maternal, respondieron a una lógica moralizante y masculina (el hogar, la maternidad, los héroes, la patria, etc.), esta misma producción femenina no dejó de ser, a la misma vez, un escenario conflictivo de silencios, paradojas y estrategias discursivas de resistencia, a través de las cuales la mujer ilustrada se construyó para sí misma una voz pública y rompió así su aislamiento doméstico.

Sorprende, en este sentido, que varios periódicos quiteños conservadores de la época hayan tenido mucha mayor apertura que otros de corte liberal hacia la participación y visibilización de la mujer ilustrada en la escena pública. Este fue el caso de *El Fénix* (1879), por ejemplo, que se autodefinía como un periódico "animado de ardiente amor á la verdad y la justicia y encaminado al bien de la patria; confesamos que lo hacemos en nombre de Dios" (n.º 1). En sus páginas, *El Fénix* acogió la publicación de varios textos de la poeta guayaquileña Dolores Sucre[16] y de la viajera española Emilia Serrano

---

16. Dolores Sucre Lavayen (1837–1917) fue sobrina de Antonio José Francisco de Sucre y Alcalá, conocido como Gran Mariscal de Ayacucho. Gracias a una educación esmerada y privilegiada, Sucre incursionó en la poesía clásica desde edad

FIG. 2. Retrato de Dolores Sucre. La poeta en la prensa peruana de la época.

Fuente: *El Perú Ilustrado*, n.º 127, 11 de octubre de 1889. Biblioteca Nacional del Perú.

Baronesa de Wilson. En el poema "En la inauguración de la estatua de Roca-fuerte" (n.º 12), Sucre abre su evocación lírica haciendo referencia a la "Patria", la "ilustre" figura del expresidente Vicente Rocafuerte (1783–1847) y su "her-mandad" con el diplomático y poeta José Joaquín de Olmedo (1780–1847).

temprana y su fama rebasó las fronteras nacionales. La prensa de Venezuela publicó varios de sus poemas, el Congreso de Bolivia decretó que se le diera una pensión vitalicia y el Ateneo de Lima, en 1897, ofreció una velada en su honor en que se exaltaron sus talentos. Años más tarde sería también reconocida y homena-jeada por el Gobierno ecuatoriano con una pensión vitalicia. Véase Jenny Estrada, *Mujeres de Guayaquil, siglo XIX al siglo XX*.

A estas imágenes preliminares le siguen la "alta cordillera" y el "cruento sacrificio" de los mártires libertarios. Rocafuerte, "hijo del Guayas", "resplandece, en los fastos de la historia/ Radiante precursor de la victoria" (94), escribe Sucre. Al igual que Bolívar en la *Victoria de Junín*, cantada por Olmedo, Rocafuerte es también aquí un "héroe mítico", cuyo destino se encuentra cifrado en su gloria libertaria. El poema de Sucre se sitúa en la retórica del homenaje a los héroes patrios y la escritura nacionalista de la época.

La grandeza de Rocafuerte y de los que lo acompañan es toda y solamente masculina. Sucre escribe: "Varon egregio que la patria admira/ De cívicos laureles coronados./ Mas destino más alto/ Os reservó la providencia justa" (94). Sucre parecería desvincular su poema de cualquier conflicto vinculado al género o al hecho de que ella misma, una mujer, es quien está discurriendo sobre la patria, el héroe guayaquileño y sus hazañas. Hacia la mitad del poema, sin embargo, Sucre cambia repentinamente de destinatario poético y habla de sí misma, de su voz autorial y su misma autoridad como mujer escritora; afirma: "Mas yo, infeliz, no aspiro,/ De insólito anhelar haciendo alarde,/ Que sonoro y viril vibre mi canto;/ Y si dado le fuera/ A la voz femenil alcanzar tanto,/ Entonces os dijera" (94). Muy al estilo de una poeta como sor Juana Inés siglos antes, Sucre usa el recurso de la "falsa modestia" como una manera de hacer más leve su "invasión" en esta historia de héroes varones. Hablar de su insignificancia, de su "alarde" e imposibilidad de llegar a ser una voz "sonora" y "viril", supone minimizarse y negarse ("Mas yo, infeliz, no aspiro"), pero haciendo pública su queja y exclusión ("Y si dado le fuera/ A la voz femenina alcanzar tanto").[17] Estratégicamente, Sucre se autoriza a

---

17. Hacia la última década del siglo XIX, la insigne poeta guayaquileña recibirá el homenaje público de *El Perú Ilustrado*. El 12 de octubre de 1889, este importante diario peruano, dirigido en este momento por Clorinda Matto de Turner, publicaría una litografía grabada de Sucre en primera plana. Dos hermandades femeninas literarias de Sucre acompañan su retrato. Clorinda Matto a nombre del periódico escribe: "Dolores Sucre, cuya cuna bañó el poético Guayas, es actualmente nuestro huésped y que la sociedad limeña la distingue con los honores á que es acreedora la florida escritora ecuatoriana [...] al leer sus composiciones, se vé que la lectura de los clásicos españoles, le es familiar, y que el conocimiento del idioma, ha sido su principal cuidado [...] Sus más bellas é inspiradas composiciones, son aquellas en que el amor á la libertad y á la justicia se refleja" (758–759). Y Mercedes Cabello de Carbonera anota: "A semejanza de ciertos mares de los

sí misma a participar de la gloria negada a través de su modestia y presencia intrascendente ("entonces os dijera"). La breve interjección poética de Sucre sobre sí misma, en este poema dedicado a Rocafuerte, expresa bien el lugar conflictivo y excluyente que habita la escritura femenina en el discurso patriótico patriarcal, y la clase de "tretas" que poetas como ella debieron usar para esquivar el escarnio. Para decirlo en palabras de Josefina Ludmer:

> La treta (otra típica táctica del débil) consiste en que, desde el lugar asignado y aceptado, se cambia no solo el sentido de ese lugar sino el sentido mismo de lo que se instaura en él. Como si una madre o ama de casa dijera: acepto mi lugar pero hago política o ciencia en tanto madre o ama de casa. Siempre es posible tomar un espacio desde donde se puede practicar lo vedado en otros; siempre es posible anexar otros campos e instaurar otras territorialidades (53).

La censura a la mujer escritora, en realidad, no solo se impuso a lo que esta escribía, sino también a lo que leía, a su misma educación. Por eso, su control formó parte de una discusión mucho más amplia sobre la ilustración social de la mujer en general. Mera y Montalvo, por ejemplo, coincidieron en la necesidad de defender a una "mujer/madre" ilustrada. Esta visión patriarcal, tanto conservadora como liberal, afirmó una educación femenina de finalidades domésticas, que educara a madres virtuosas. Resulta significativo, en este sentido, la emergencia de varias *mujeres de letras* en la prensa guayaquileña que apoyaron esta ideología. En el artículo "La mujer en la sociedad" en *El Comercio* del 12 de junio de 1877, Isabel Paggi afirma:

> La mujer es la fuerza moral de la sociedad. Ella la conduce á la cumbre de la perfección, ó la empuja á los abismos de su rutina [...] sabido es que de la mujer envilecida, de la mujer sin dignidad nacen esos séres espúreos, que manchan sus almas con toda clase de crímenes [...] no hay duda que la esposa y la madre cristiana forman la aureola de gloria que corona la gran epopeya del cristianismo! (n.° 221).

Para Paggi, la mujer que se realiza solo como mujer, sin llegar a ser una madre responsable, es un ser egoísta, que termina corrompiendo y desmoralizando

---

trópicos ha producido pocas perlas; pero todas de primera orden. En el género sentimental que es sin duda el más apropiado para adaptarse á la versificación, es en el que más ha sobresalido la Musa de la poetisa del Guayas" (758).

a la sociedad. La misión de la mujer/madre cristiana es moralizar a sus hijos, alejándolos del crimen y el pecado. "La madre abandonada —afirma—, la que se concreta á ser solo mujer, dá á su patria, nó hombres que la honren, nó seres que la ennoblezcan, sino fieras que la destrozan con sus perniciosos ejemplos" (n.º 221).

En una línea de pensamiento similar, María del Pilar Sinués publica "La belleza y la gracia", en *Los Andes* del 12 de agosto de 1876, donde defiende la idea de que la belleza femenina no es suficiente, pues ha de tener "el supremo encanto de la gracia intelijente". De acuerdo con Sinués, "la gracia es la reunión encantadora del candor púdico, de la decencia irreprochable, de la naturalidad cultivada, que se manifiesta en el lenguaje dulce i cortés: la gracia es un compuesto de benevolencia, de elegancia natural i perfecta, de maneras distinguidas" (n.º 1288). En otras palabras, la educación de la mujer debe estar modelada en torno a los principios disciplinarios y vigilantes de la moral religiosa, los manuales de urbanidad y la moda elegante.[18]

El artículo anónimo titulado "La educación de la mujer", publicado por el *Diario de Avisos* el 9 de abril de 1888, establece claramente que la educación de la mujer debe considerarse como "un asunto de importancia nacional", pues de su instrucción y adelanto intelectual depende el mismo progreso y moralidad de la sociedad. "Allí donde está relajada —anota el artículo—, la sociedad se haya envilecida; allí donde ella es pura é ilustrada, la sociedad se encuentra floreciente. Instruir a la mujer es ilustrar al hombre" (n.º 53).

---

18. Para Beatriz González Stephan, los manuales de urbanidad, al igual que las constituciones y las gramáticas, buscaron suprimir los comportamientos bárbaros del ciudadano en su proceso de formación moderna, encausándolo y disciplinándolo en una vida urbana ordenada y civilizada. "*Constituciones, gramáticas* y *manuales* comparten en su espíritu nuclear el ser discursos que en su forma de leyes, reglamentos y normas no solo previenen de la infracción o error, del castigo o culpa, sino que asumidos sistemáticamente a través del ejercicio continuo van formando un cuerpo policial subjetivado, una represión interiorizada en cada individuo. No persiguen el castigo sino la prevención. Se mueven en el campo de las prohibiciones y de las amenazas sistemáticas para infundar la adecuada dosis de temor en cada individuo ante su posible exclusión o marginamiento de los escenarios legitimados por la autoridad estatal" (19). Este disciplinamiento de cuerpos y subjetividades fue especialmente notorio en el caso de la mujer.

En definitiva, lo que estas voces femeninas defienden es la ilustración de las madres —identificadas con el ser mujer— en sus roles de educadoras y moralizadoras domésticas. Se presupone que la "mujer/madre", por naturaleza, tiene roles sociales diferentes a los del hombre: "el hogar es el campo de su actividad legítima, la maternidad su más alto destino sobre la tierra" (n.º 53). Al transformar la educación de la "mujer/madre" en una forma de determinación ideológica de su obediencia doméstica, el orden patriarcal hegemónico garantizaba la continuidad de sus privilegios y desigualdades en manos de las propias mujeres. Esta es la razón de la fuerte idealización de la "mujer/madre" como una construcción masculina fundacional de la nación.

En el artículo "Eduquemos a la mujer", publicado por *Los Andes* el 17 de marzo de 1880, la "mujer/madre" es definida como la base de la familia y la sociedad, pues "la buena madre es la primera educadora [...] la personificación de todos los desvelos, de todos los sacrificios, de todas las generosidades... la buena madre es como un sol en el hogar doméstico, que lo anima i embellece con su infinito cariño" (n.º 1663). En esta lógica de *sujeción*, la servidumbre y cautiverio domésticos de la mujer, explícitamente mencionados, son romantizados bajo la fórmula del ángel del hogar. Rosario Castellanos, siguiendo a Virginia Woolf, ha definido este ideal de mujer en los siguientes términos: "es extremadamente comprensiva, tiene un encanto inmenso y carece del menor egoísmo. Descuella en las artes de la vida familiar. Se sacrifica cotidianamente... en una palabra, está constituida de tal manera que no tiene nunca un pensamiento o un deseo propio sino que prefiere ceder a los pensamientos y deseos de los demás. Y, sobre todo —¿es indispensable decirlo?—, el hada del hogar es pura. Su pureza es considerada como su más alto mérito, sus rubores como su mayor gracia" (13). Para Castellanos, en definitiva, el ángel del hogar defiende una virtud femenina demencial, que afirma la autonegación, ignorancia y servilismo domésticos de la mujer. En efecto, en el artículo "Eduquemos a la mujer", antes mencionado, se lee de forma casi gráfica: "El esposo, los hijos, los criados, son otros tantos adoradores de aquella mujer que se convierte en ánjel; de *aquella señora que se transforma en esclava, porque a todos sirve i proteje*; cubriéndoles i dándoles dulce calor bajo las blancas alas de su cariño i de su interés sin interés" (la cursiva es mía). Y más abajo se añade: "En la casa de la buena madre [...] todo es felicidad, aunque la fortuna no haya derramado en ella sus bienes materiales. La pobreza misma se hace imperceptible, donde brilla una buena administración, donde la conformidad no deja entrar a la impaciencia" (n.º 1663).

En estos pasajes, el discurso idealizado de la maternidad y el ángel del hogar materializa de manera paradójica los antagonismos de su propia ideología, dejando expresamente manifiesto el carácter semiesclavo de la mujer doméstica y su borradura como sujeto económico-propietario.[19] La mujer, como diría Castellanos, queda reducida a no ser más que una fábula, un mito forjado por la religión y moralidad patriarcales de la época.

En el artículo titulado "Importancia de la educación de la muger", divulgado por el *Diario de Avisos* el 29 y 30 de agosto de 1888, Uriguen Exequiel vincula este mito a la obra divina de la creación, precisamente; pero esta vez, después del destierro del paraíso, hay la necesidad de perfeccionar el alma femenina a través de la educación. El mito de la creación bíblica justifica así la posición del hombre como "rey de la naturaleza", ser "privilegiado" y "libre", y la de la mujer como su compañía y apoyo en la conformación de la familia. Uno podría decir, además, que la misma educación de la mujer es ese mecanismo idóneo para perpetuar su identidad como mito, borrándose así la historia de su opresión y lucha por nuevos derechos y libertades. En el artículo mencionado, leemos:

---

19. Esta "esclavitud" económica de la mujer, que carece de bienes materiales y se conforma con vivir su pobreza con idealismo, según la legislación civil y religiosa imperantes, fue cuestionada y denunciada duramente, en este mismo tiempo, por Pedro Carbo. Influenciado por el pensamiento de John Stuart Mill, Carbo, en su "Disertación sobre los derechos de la mujer", argumentó que se trataba de un "despotismo doméstico" en que la mujer casada no puede hacer demandas ni defensas legales, no puede ni comprar ni vender sus bienes, tampoco puede contratar, ni ser contratada, ni pagar deudas o aceptar pagos; y no puede enajenar, hipotecar o empeñar ningún bien; en definitiva, por sí misma, no tiene ningún derecho sobre los bienes económicos familiares. No solo que la crítica de Carbo es plenamente contemporánea, sino que evidencia también las ideologías católicas encontradas en relación con el "despotismo doméstico" que vive la mujer. El sexto capítulo de este libro, dedicado a "La nueva era de la mujer ecuatoriana", desarrolla este punto en mayor profundidad.

cualquiera que fuese el estado en que considerásemos á la muger educada, la veríamos siempre como á un Enviado de la Providencia para aliviar nuestras penalidades sobre la tierra... y como su misión es tan trascendental en los destinos de la humanidad, *debemos educarla si queremos ser felices, si queremos recuperar, siquiera en parte, la felicidad con que Dios nos obsequió al constituirnos Reyes de la naturaleza* (n.º 168).

En otra serie de artículos, anónimos, titulados "Educación de la mujer", publicados en el semanario *La Instrucción Escolar*, en 1893, se insiste, una vez más, en la naturaleza distintiva de hombres y mujeres. "La mujer —se afirma— es el ángel tutelar de la familia: ella endulza las amarguras y decepciones de la vida; ella trae la paz a la casa y establece la concordia" (2 de julio de 1893). Y si bien en la historia han existido "mujeres ilustres que han sobresalido en las ciencias, las armas y el gobierno de los pueblos, todas ellas no son sino excepciones, y las excepciones, lo repetimos, no constituyen la regla general" (2 de julio de 1883). El artículo en cuestión ridiculiza la participación política de la mujer cuando establece que: "risible sería [...] ver un ejército de señoritas o señoras, asistir a un congreso en que las políticas y literatas discutiesen de los asuntos de interés público y dictasen leyes relativas á la organización de la sociedad" (9 de julio de 1883). La vida pública de las "reuniones mundanas", de las "tertulias" y "bailes sin término", que exceden los "paseos moderados" al aire libre, son conductas femeninas condenables. Es loable que "estudie la mujer el mundo desde los bancos de la escuela", pero para forjar "una voluntad enderezada al bien y un entendimiento poseedor de la verdad" (16 de julio de 1883).

La misión moralizadora y doméstica de la "mujer/madre" ecuatoriana que defienden las notas de prensa y artículos femeninos aquí recuperados pone en evidencia cómo el patriarcado y sus valores sexistas fueron asumidos y defendidos por varias mujeres ilustradas católicas-conservadoras del último cuarto del siglo XIX. Aunque la producción poético-literaria de estas mujeres en periódicos como *El Comercio, Los Andes, Álbum Ecuatoriano, El Fénix* o *El Scyri* puede ser cuestionada por su falta de criticidad frente al orden patriarcal dominante, esta escritura femenina no deja de arrojar un testimonio importante sobre cómo estas escritoras desarrollaron diversas estrategias encubiertas para sortear su posible censura y silenciamiento. Existió, en realidad, un desfase entre el discurso femenino católico patriarcal y la misma práctica social escrituraria de estas mujeres. Aun la escritora más tradicionalista y conservadora no dejaba de ser en su misma práctica escrituraria una excepción a la regla de la domesticidad y maternidad que ella afirmaba, abriendo así un lugar incómodo y potencialmente disruptivo en la ideología dominante.[20]

Es necesario revisitar la manera cómo los estudios de género existentes sobre la participación de la mujer ecuatoriana en la prensa decimonónica han explicado su emergencia, identificándola de forma esquemática con una ideología liberal modernizadora u otra de corte conservador católico-patriarcal. Algunas escritoras católicas como Sucre manifestaron una identidad mucho más conflictiva y crítica. La identificación esquemática del ascenso del liberalismo con los procesos de modernización cultural y social de finales del siglo XIX, así como su apoyo definitivo a la participación pública y nuevos derechos de la mujer, debe ser relativizada.

Excepcionales

En octubre de 1879, una famosa viajera y escritora católica española llegaba al puerto de Guayaquil. Emilia Serrano (c. 1833–1923), conocida popularmente como la Baronesa de Wilson, arribaba de gira internacional por el continente sudamericano. La llegada al Ecuador era parte de su segundo viaje trasatlántico desde España. A lo largo de su vida, Emilia Serrano cruzaría el océano seis veces en total, peregrinando por toda América. No existió otra mujer ilustrada en el Ecuador de la época —y, sin duda, habría muy pocas en el continente— comparable a ella. Emilia fue una de las primeras ensayistas literarias que escribió sobre literatura femenina ecuatoriana decimonónica, y fue también la única escritora que publicó extensamente en la prensa ecuatoriana, moviéndose libremente entre la poesía, el cuento y el ensayo. Para la inteligencia patriarcal de la época, la Baronesa fue una rareza, una excepción: no solo porque su extensa y variada producción ponía en cuestión la pretendida inferioridad racional de la mujer, defendida a fuego y espada por los sectores más sexistas y conservadores, sino también porque su reconocido prestigio y fama internacional eran aplastantes y una prueba incuestionable

---

20. Las *escritoras* decimonónicas, si excepcionalmente aceptadas y toleradas, debían ser primero y antes que nada *señoras*, mujeres morales y virtuosas, buenas madres; lo cual suponía una paradoja esencial, pues ser mujer significaba estar sujeta al cautiverio e invisibilidad domésticos, mientras que la escritora aspiraba al reconocimiento y visibilidad públicos. Tal como explica Pura Fernández, "La autora ideal era el modelo de la 'mujer, esposa y madre, antes que escritora'" (169).

del valor de su obra. El miércoles 8 de octubre de 1879, *Los Andes* daba aviso del arribo de "La Baronesa de Wilson" a través de una carta escrita por ella misma y que había sido enviada al director de este periódico. En ésta detalla las razones de su llegada al Ecuador, su proyecto editorial, sus contactos culturales y políticos en distintos países, y envía como regalo de presentación uno de sus libros publicados en Perú. La carta en cuestión, escrita el 7 de octubre, detalla:

> Mui señor mio i de mi distinguido aprecio: tengo el gusto de enviar a U. un ejemplar de mi obra 'Las Perlas del Corazon', edicion hecha en Lima por cuenta del Estado [...] Continuando el itinerario que me he propuesto seguir, visitaré el interior del Ecuador, investigando el pasado i recojiendo datos para mi obra 'América' que debe empezar a publicarse en breve en Paris [...] los gobiernos y la prensa han prestado su valiosa cooperación para mi pensamiento, i ayudada por tales elementos he llevado a efecto el sueño de toda mi vida (n.º 1617).

La noticia sobre la llegada de esta ilustre visitante continua el sábado 11 de octubre. Una nueva nota de prensa también de *Los Andes* declara:

> Consideramos de interes las líneas que tomamos de *La Patria* de Lima del 1.º de este mes: 'La Baronesa de Wilson parte por el vapor de mañana con destino al Ecuador, donde permanecerá por algunos meses. La señora baronesa continuará después su viaje a las demás repúblicas de América, a fin de colectar los datos necesarios para una gran obra que se propone publicar. *América* es el título de la publicación que prepara la señora baronesa: contará de 16 a 18 tomos del formato de la *Historia del Perú* por D. Sebastián Lorente, con números grabados ejecutados por artistas de reconocido mérito. Esta obra se publicará en París por la casa A. Bouret, edición de lujo [...] El asunto de la obra i la reputación de la que goza su autora, hacen esperar que *América* será de gran interes (n.º 1618).

La nota sobre Emilia Serrano no podía ser más categórica, soberbia e inusual. Se trataba de una aristócrata europea, intelectual, escritora, viajera por tierras americanas, que tenía en mente escribir una obra monumental, ya comisionada por una editorial parisina. La figura descomunal de Emilia concentraría no solo admiración y curiosidad, sino también las ansiedades, prohibiciones y miedos masculinos de la época con respecto a las mujeres ilustradas.[21]

El miércoles 17 de diciembre de 1879, *Los Andes* republicaba también un poema de homenaje que Quintillano Sánchez había dedicado "A la Baronesa de Wilson en su llegada a Quito". La escritora española es aquí ampliamente aclamada y celebrada: "Bajo este azul purísimo, sereno,/ la reina aquí serás de los cantores [...] Canta, risueña poetisa, canta,/ I, al sacro fuego que tu mente ajita [...] Deja tu nombre eterno en tus cantares" (n.º 1637). En *El Fénix*, en Quito, unos pocos días antes, el mismo Juan León Mera se sumaba a este homenaje literario publicando otro poema, "A la Señora Baronesa de Wilson, en su visita a la República del Ecuador" (sábado, 13 de diciembre). En su poema, Mera escribe elogioso:

> Desde esa antigua patria de la gloria,/ Y de la fe de Cristo sede antigua,/ De la América libre enamorada,/ Viene una noble, ilustre peregrina... ¡Salve, huéspeda ilustre,/ De las letras amiga!/ ¡Mi patria te bendiga,/ Cual te bendice América,/ Cual te bendigo yo,/ Mi patria!... De sus males/ Narra, narra la suma./ ¡Mi patria!... ¡Oh! Que tu pluma/ Diga: '¡Es infausta y mísera/ Pero culpada, no!' (n.º 3).

Años después, el 7 de junio de 1896, asumiendo que no se trata de una republicación posterior, el periódico *El Scyri* publicó un ensayo de homenaje que esta

---

21. Todo esto resulta todavía más sorprendente cuando se descubre hoy en día el carácter ficticio, fabricado, de la supuesta nobleza de Emilia Serrano, su posible nacimiento como hija natural de un padre no determinado, su situación como amante de José de Zorrilla, la hija no reconocida que tienen juntos y su misma educación como autodidacta. Si Pura Fernández tiene razón al afirmar que "la autora de centenares de artículos, cuentos, leyendas, poemas, dramas, traducciones, novelas, biografías y libros de viajes fue, a la vez, la gran impostora de las Letras decimonónicas; la impostora que logró conquistar el reconocimiento en España y los países americanos con un férreo control de su imagen pública" (5); lo mismo podría decirse de la cultura artificiosa ecuatoriana que le rindió homenaje, basaba en el moralismo religioso católico y el prestigio social. Emilia Serrano, la impostora, pone de relieve la impostura de la cultura letrada que la convierte en una rareza.

vez la Baronesa dedicaba a Mera. "D. Juan León Mera" es un texto en que la escritora española comenta sus impresiones sobre *Cumandá*. Este es, en otras palabras, uno de los primeros comentarios femeninos públicos en el siglo XIX sobre esta novela. La Baronesa escribe:

> Descuella en el ingenio ecuatoriano la pureza del lenguaje y se saborea en sus obras el buen gusto adquirido en el estudio de los clásicos españoles [...] Tenía espíritu artístico, y en su primera juventud rindió culto á la pintura; pero las musas, al entrar en competencia, ganaron la victoria. No está por demás decir que su novela *Cumandá* ha tomado carta de naturaleza en el idioma y patria de Schiller, así como también deleita en lengua francesa, siendo la primera producción ecuatoriana que ha tenido los honores de la traducción (n.º 96).

Más allá de los elogios compartidos, el singular contrapunteo literario entre Mera y Serrano evidencia cómo la "excepcionalidad literaria" de ciertas escritoras católicas fue, efectivamente, altamente respetada y valorada por algunos escritores y círculos literarios e intelectuales de la prensa conservadora. Los aplausos de Mera hacia Serrano son consistentes, de hecho, con su interés por la poesía y la literatura femeninas en general, y más particularmente en el caso de una escritora católica tan reconocida. Emilia Serrano, en efecto, es una escritora que dedicó varios de sus poemas a la crucifixión de Jesús o la Virgen María.[22] En "La Cruz", publicado por *El Fénix*, Emilia escribe:

> ¡Salve egregio símbolo del cristianismo, enseña de todas las virtudes, enseña de la gloria, del patriotismo [...] ¡Salve cruz augusta que enseñas á perdonar las injurias [...] ¡Salve sublime y puro manantial de nuestra regeneración, que nos inspira el respeto á las leyes, la resignación en las angustias de la existencia, la conformidad en los reveses de la suerte, que nos presta consuelo en el infortunio y seca el llanto del dolor! (n.º 3).

La litografía de Emilia que se reproduce aquí pertenece a su libro *Las perlas del corazón. Deberes y aspiraciones de la mujer en su vida íntima y social* (1880), y fue producida por la quiteña Emilia Rivadeneira de Héguy, considerada la

---

22. La obra recuperada de Emilia Serrano en la prensa ecuatoriana incluye: "A mi buena amiga, Doña Carmen Martin de Morales, en el aniversario de su enlace", "La purificación de nuestra señora", "La Cruz", "El padre de los pobres", "La rosa del Valle", "La mujer" y "D. Juan León Mera".

FIG. 3. Litografía de Emilia Serrano.

Tomado de: *Las perlas del corazón. Deberes y aspiraciones de la mujer en su vida íntima y social.* Quito: Fundición de Tipos Manuel Rivadeneira, XXIX-XLII, 1880. Casa de la Cultura Ecuatoriana, repositorio digital. http://repositorio .casadelacultura.gob.ec/handle/34000/18407.

primera grabadora del país. Este retrato se publica con una nota al pie que dice: "La Señora Baronesa de Wilson se dignará aceptar esta ovacion de su atenta amiga E. R. de Héguy, como prueba de expresion muy superior á la que suele emplearse para admirar el talento" (1880). En el grabado puede verse como la cruz cristiana ocupa un lugar central, como símbolo de las profundas

convicciones católicas de la autora.[23] El carácter marcadamente devoto de
Emilia Serrano, sin embargo, puede ser engañoso. Su devoción religiosa no
debe confundirse aquí con conservadurismo. La producción global de esta
escritora resulta compleja y no se corresponde exactamente con la ideología
católica-patriarcal hegemónica.

En "La mujer", ensayo publicado en *El Ecuador* el 23 y 30 de enero de 1875,
la escritora española defiende de forma apasionada uno de los argumentos
protofeministas más soberbios, radicales y avanzados alguna vez publicados
por la prensa quiteña —y acaso ecuatoriana— de la época.[24] El ensayo de
Emilia Serrano es una defensa radical del derecho de la mujer a su emancipación moral, intelectual y política. "La mujer" es la prueba contundente
de la existencia de un pensamiento femenino católico-modernizante que
abogó, desde el último cuarto del siglo XIX, por los derechos intelectuales
de la mujer ecuatoriana, su emancipación doméstica, su educación científica
y artística universitaria, y su derecho político al voto.[25] La Baronesa defiende

---

23. En 1880, Emilia republicó en Quito tres libros: *Las perlas del corazón, La ley
    del progreso (Páginas de instrucción publica para los pueblos sud-americanos)* y *El
    camino de la cruz. Poema religioso.* Este último, reporta Pura Fernández, había
    vendido para 1883 más de 300 000 ejemplares en América (615). Además de esto,
    Una página en América (Apuntes de Guayaquil a Quito) se publicó también este
    mismo año. En *Las perlas del corazón,* la Baronesa explica las razones por las que
    escribe, las cuales tienen tres nombres y apellidos: Alejandro Dumas, Martínez
    de la Rosa y Alfonso de Lamartine. "La pequeñez de mi nombre se encontró
    protegida y amparada por el de aquellos colosos de la literatura, y trabajé sin des-
    canso [...] los acontecimientos me impulsan a escribir y expreso lo que siento: es
    una necesidad del corazón, recorrer, aun cuando sea en alas de la imaginación,
    las ciudades, las selvas, los montes [...] Por eso escribo: la pluma es mi amiga, mi
    compañera inseparable y con ella trasmito mis pensamientos" (xxvii-xxviii).

24. La publicación de "La mujer" se adelanta a la llegada de Emilia Serrano a tierras
    ecuatorianas, pero es precisamente en 1875 cuando la viajera española llega a Bue-
    nos Aires y poco después publica la primera edición de *Las perlas del corazón.*

25. "La mujer" forma parte de la republicación quiteña de *Las perlas del cora-
    zón* (1880), esta vez como prólogo. La defensa explícita del voto femenino, sin
    embargo, es ahora eliminada. El texto en cuestión dice: "Lejos de mí la exagera-
    ción; pero no veo el porque en los *tiempos que alcanzamos,* si el hombre rudo
    tiene voto, á la mujer ha de negársele criterio y opinión suya propia, y derechos

una sociedad ecuatoriana igualitaria en el género, no violenta ni embrutecedora de la mujer, y circunscrita a una ideología católica-modernizante. Escribe descomunal, visionaria:

Hace algunos años que he dedicado mi pluma, mi pensamiento y mis aspiraciones á desarrollar en la mujer el deseo de instruirse, porque su educación descuidada influye poderosamente en el porvenir de las familias, en la felicidad doméstica y en los intereses generales de la sociedad [...] En la gran solidaridad humana, el hombre y la mujer se complementan para todos los fines de la sociedad [...] En Schwitz se han concedido derechos políticos á las mujeres [...] En Inglaterra los han pedido 18 000 señoras y nadie ha reido [...] En Zurich ha obtenido en estos días una señorita el grado de doctor en Farmacia [...] [En] Estados Unidos hay muchas mujeres que ejercen la medicina con tanto crédito como los doctores de más fama [...] Sé que hay una obra de altas matemáticas, escrita por una mujer, por Mda. Widis [...] Hace poco se ha muerto Mda. Sommerville, á quien era familiar la mecánica de Laplace [...] En Inglaterra hace tiempos los telégrafos están á cargo de mujeres. En España honran á las letras castellanas Gertrudis Gómez Avellaneda, Carolina Coronado, Concepción Arenal, Fernán Caballero, Pilar Sinués de Marco [...] La mujer tiene un puesto social que el hombre no puede disputarle sin absurdo y sin visible tiranía. La mujer es el alma del hogar [...] ¿cuál no será su influencia, cuando rotos los diques levantados por la preocupación, se eleve á espacios mas dignos y menos superficiales? A la mujer no pueden, no deben ser vedadas las artes [...] la geografía, los elementos matemáticos, la física, la química, y muchas de las demás ciencias naturales [...] *Léjos de mí la exageración, pero no veo porque en los tiempos que alcanzamos, el hombre rudo tiene voto, no ha de tenerlo su mujer, mas culta casi siempre; ni porqué ha de negársele criterio y opinión propia, ni derechos que la coloquen á la altura de su misión y de su dignidad en*

---

que la coloquen a la altura de su misión y de su dignidad en las clases sociales" (XXXII-XXXIII). El autosilenciamiento de Serrano muestra, me parece, cómo la censura opera de forma subjetiva y la escritora opta por una posición mucho menos controvertida y radical. La defensa del voto de la mujer en este texto resulta ahora algo sólo evocado de forma indirecta. La octava edición de *Las perlas del corazón* (1911), publicada en Barcelona, todavía mantuvo este importante cambio.

las clases sociales. ¿No puede la mujer, como hija, madre y esposa, llegar
á ser un individuo de esos centros, en donde el hombre descuella por
el estudio, por lo florido, por lo grandioso ó por lo útil? [...] Si el siglo
XIX esta llamado á ser en la historia un astro de luminosos resplandores
[...] preciso le es comprender que la mujer tiene, no solo que reinar en la
familia no como inferior, sino al par del hombre, y que, por lo tanto, se
le debe la ilustracion de su inteligencia y la emancipacion de las sujeciones en que vive; porque tal es su derecho, necesidad imprescindible de
la sociedad moderna [...] Pero ¡ay! ¡Cuánto queda por hacer! ¡Cuánta
es la fuerza del error! ¡Cuánto penetran en las sociedades las infamias de
los siglos pasados, y las terribles enfermedades de la historia! [...] Antiguamente la mujer no era una persona: era un mueble, era una cosa que
se podía vender y destruir, y todavía, ¡horror causa el decirlo! son muebles, son cosas, ¡son acaso algo peor! mas de 200 millones de mujeres en
el mundo [...] La mujer tiene delante de sí horizontes infinitos; sendas
sin términos, mundos desconocidos [...] la mujer debe tomar parte en la
transformacion del mundo y de la sociedad, y ver eternizadas las gracias
de su ingenio y las siempre vivas de su instrucción en sus hijos y en sus
nietos, y transmitir de generación en generación los adelantos de cada
época y los progresos de cada civilizacion. Esta será la misión de la mujer
del porvenir (n.º 8–9; la cursiva es mía).

Frente a declaraciones como esta, tanto el conservadurismo católico-
patriarcal como el liberalismo-misógino de la época reaccionaron de manera
violenta y militante. Aunque la defensa de la mujer ilustrada formaba parte de
los debates de la prensa nacional, y se había convertido en una política insti-
tucionalizada del Estado en tiempos de García Moreno, el estudio femenino
de las ciencias físicas y naturales, así como de las leyes o la política, estuvieron explícitamente excluidos. Montalvo y Mera, por ejemplo, abogaron muy
cercanamente por una educación femenina que sirviera a la vida doméstica
y familiar. Algunas mujeres ilustradas católicas censuraron directamente el
estudio de la política para sí mismas, y solo una minoría se aventuró a defender su instrucción científica, o en temas relacionados a las leyes y el gobierno.
La discusión entre los conservadores y liberales de esta época no fue sobre si
la mujer debía educarse o no, sino sobre los límites políticos que debía tener
esta educación. Montalvo prescribe directamente, por ejemplo, que aprendan
a leer, escribir y contar, que tengan nociones de geografía física y humana,

historia, dibujo, música, literatura, una lengua extranjera y "mucho amor a la sabiduría doméstica" (*Las Catilinarias* 225–226). Los argumentos de Emilia Serrano sobre los derechos de la mujer se adelantan en décadas a las ideas defendidas por las primeras feministas ecuatorianas como Zoila Ugarte de Landívar, o un poco más de medio siglo a la legalización del voto femenino en 1929.

La "excepcionalidad" de Emilia Serrano como escritora y librepensadora católica deja de ser aquí un ejemplo de rareza femenina —frente a la afirmación de la "inferioridad racional" de la mujer— y se convierte en una motivación poderosa para la defensa de los derechos educativos, sociales y políticos de todas las mujeres. Ellas, las excepcionales, mujeres intelectuales, escritoras y editoras latinoamericanas como Juana Manuela Gorriti, Juana Manso, Soledad Acosta de Samper, Clorinda Matto de Turner, Gertrudis Gómez de Avellaneda, entre otras, fueron la regla, el modelo a seguir, no la excepción. Luminosa, Marietta de Veintemilla lo explica así:

> Que una mujer así nada tiene de común con las de su sexo, es un error muy vulgarizado y que merece combatirse con la razón [...] Y que, a medida que aumentan sus facultades, aumenta el radio de su acción benéfica por el mundo. Los males que afligen a la humanidad serán siempre más lamentados por el sexo débil que por el fuerte ("Madame Roland" 69).

Estas mujeres de "poderosas dotes intelectuales", "fama merecida por sus valientes e inspiradas composiciones", "sólida instrucción", "elevación de pensamiento" y "brillantez de estilo" serán precisamente las que posibilitarán como colectivo, hacia finales de la década de 1880, la publicación del primer periódico de mujeres del Ecuador, *El Tesoro del Hogar. Semanario de Literatura, Ciencias, Artes, Noticias y Modas* (1887). Aquí se redefinirá la excepcionalidad de la mujer escritora como una legitimación, un ejemplo, un incentivo de su derecho a tener un periódico dirigido, escrito y consumido por mujeres ilustradas católicas.[26]

---

26. *El Tesoro de Hogar* fue una publicación tardía en el contexto del periodismo femenino latinoamericano. *La Aljaba. Dedicada al bello sexo argentino*, editada en Buenos Aires por Petrona Rosende de Sierra, data de 1830. La participación de la mujer en la creación de una prensa femenina, escrita y editada por mujeres, es

La emergencia pública de la mujer ilustrada en la prensa ecuatoriana, quiteña y especialmente guayaquileña, durante el último cuarto del siglo XIX, intensificó la violencia del decir masculino de la prensa.[27] La pandemia espectral de convertir a la mujer ilustrada y escritora en una loca, una invasora, una intrusa, extremó el antagonismo en sus formas de representación, colocando del otro lado a las escritoras más religiosas y conservadoras.

Marietta de Veintemilla, Dolores Veintimilla, Dolores Sucre y Emilia Serrano, entre otras, buscaron redefinir los principios y valores del orden patriarcal hegemónico, apropiándose de ellos y convirtiéndolos en un arma letrada femenina de sus propias sensibilidades e ideas. El silenciamiento impuesto se convirtió así en una "queja muda", como diría sor Juana, y la "excepcionalidad" de ciertas mujeres sobresalientes, en una norma a seguir. Las escritoras que emergen en la prensa ecuatoriana durante este tiempo exhiben, en realidad, una gama de posiciones heterogéneas, a veces conflictivas, en torno a cómo se definen a sí mismas o cómo ejercen o no su crítica a la sociedad patriarcal hegemónica.

No existió, de ninguna manera, un sujeto femenino universal, homogéneo, cohesionado o abstraído de sus determinaciones ideológicas, económicas, étnicas, geográficas o culturales. Mas allá de la clasificación que se ha propuesto aquí y de pretender esencializar tipos fijos de una identidad

---

ya visible desde la segunda mitad del siglo XIX en la región. Este periódico es motivo de un capítulo completo en este libro.

27. ¿A qué factores respondió, entonces, que no se haya desarrollado una mayor participación pública de la mujer ilustrada en la prensa quiteña de la época; y no haya existido, como en Guayaquil, un periódico dirigido, escrito y leído primordialmente por mujeres? Esta pregunta obliga a desarrollar un estudio más complejo y extenso, todavía por hacerse, sobre las generaciones intelectuales de escritoras que tuvo el Ecuador durante esta época y su participación en la prensa ecuatoriana del último cuarto del siglo XIX. Comparar el desarrollo, diversificación y expansión de la prensa quiteña con la guayaquileña, en el período 1875–1900, y en particular el grado de participación pública de la mujer ilustrada, abre un rico campo de interrogantes y diferencias que no se han estudiado con la suficiente atención todavía. Es significativo que la única publicación quiteña con un título explícitamente femenino durante todo el último cuarto del siglo XIX haya sido un folletín liberal satírico *Doña Prudencia* (1893). El capítulo sobre *El Tesoro del Hogar* arroja más luces sobre esta problemática.

femenina determinada, he intentado mostrar cómo la misma obra de varias de estas escritoras emergentes confronta tales representaciones estereotipadas y, en ciertos casos, las hace fracasar. Si resulta útil analizar las percepciones masculinas sobre la mujer ilustrada en la prensa de la época, lo es solo para hacer evidente cómo fallan tales clasificaciones, producen fantasmagorías que excluyen a las mujeres reales y su pensamiento efectivo. Es ese "lugar ciego" de la representación, por llamarlo así, el que me parece más productivo: el momento en el que la representación masculina deja de representar para revelar cómo excluye. Sacar a la representación masculina del orden pacífico y feliz de la verdad para entenderla como una forma de lucha por la hegemonía es una necesidad crítica, todo lo cual llega a este punto importante: la piedra de toque de todas estas formas de representación sobre la mujer escritora decimonónica fue que se enfrentaron a un sujeto activo, capaz de autorrepresentarse a sí mismo de forma pública. Son mujeres que empiezan a producir un saber decir de sí mismas y sus derechos. Incluso aquellas escritoras más conservadoras, abocadas a la defensa de la maternidad y la familia patriarcal, no dejan de expresar, en su misma práctica social en la prensa, la anormalidad y lugar paradójico desde el que escriben.

La progresiva participación de la mujer ilustrada, y particularmente católica, en la prensa decimonónica ecuatoriana abrió un escenario público nuevo, en el que de forma diversa y conflictiva se empezaron a debatir sus nuevos derechos como sujeto creativo, librepensador y autónomo. Un sujeto femenino inalienable en su derecho a la educación superior y su acceso a la cultura, necesario en su misión moralizadora y civilizadora de la familia y la sociedad, y fundamental en su participación política y ciudadana.

II

Montalvo revisitado

Ventriloquismo y parodia de voces femeninas

> Muy señor mío: Por cuanto mi señor padre
> me ha dicho lo que la Santa Iglesia nos enseña,
> conviene saber: Que los padres son para los
> hijos segundos dioses en la tierra y que se han
> de cumplir sus designios con temor de Dios...
> Firmado: Rosaura Mendoza.
> (Riofrío, *La emancipada* 119).

EN UN "DISCURSO" PRONUNCIADO por la niña Soledad Valencia, estudiante de la Escuela de Santa Ana, publicado en el periódico *El Combate*, en Ambato, el 23 de agosto de 1884, la incapacidad intelectual de la mujer para ser independiente, participar en política y existir más allá de su reclusión doméstica es defendida con inocencia y candidez. Si bien la autoridad pública masculina sometió a la mujer con la fuerza de la ley civil y religiosa, y la violencia represiva directa, su opresión implicó también formas de poder seductor, que buscaron su misma aceptación y consentimiento subjetivos. Violencia y seducción fueron la cara y contracara de la defensa del mismo discurso masculino de la mujer doméstica-virtuosa. La pequeña Soledad candorosamente declara: "nosotras no podemos ser iguales á ellos (los hombres) en deberes; luego no podemos aspirar á los mismos derechos... no, nosotras no queremos ser amazonas: más nos gusta la mujer de Virgilio, esa mujer casera que se levanta á las cinco de la mañana, alaba a sus dioses, barre la casa, prende el fogón humilde" (n.º 51).

En este capítulo se exploraran los *travestismos de la escritura masculina*,[1] esto es, aquellos discursos, pasajes, fragmentos en que la voz del escritor masculino decimonónico parodia una identidad femenina infantil, pretendiendo hablar como una niña o jovencita inocente que está convencida de su inferioridad y subordinación frente a los hombres. Analizaré, primero, algunos de estos travestismos en la prensa ecuatoriana de la segunda mitad del siglo XIX, lugar en el que varias de estas voces travestis defendieron el lugar doméstico de la mujer. Luego, me referiré explícitamente a los travestismos letrados en la obra de Juan Montalvo, escritor liberal que ejerció una vigilancia y censura celosas sobre la ilustración femenina, perpetuando sus roles tradicionales como hija, madre y esposa virtuosa. Analizaré, después, otros textos paródicos de Montalvo en que este se imagina a sí mismo como un nuevo Don Juan Tenorio. Aquí retomo, desarrollo y respondo también a las críticas de un libro anterior, *Montalvo: civilizador de los bárbaros ecuatorianos. Una relectura de Las catilinarias* (2004), donde afirmo que este polemista católico-liberal, si bien fue crítico de la corrupción política de su tiempo, no dejó de reafirmar una sociedad patriarcal y racista con respecto a las poblaciones indígenas, afrodescendientes y al pueblo pobre y analfabeto.

Finalmente, exploraré el homenaje póstumo de este escritor, fallecido en París en 1889, desde la emergencia de algunas voces femeninas que toman la palabra. Al hacerlo, argumento que estas escritoras convierten el homenaje póstumo a este escritor en un escenario de reclamo y reapropiación simbólica de su palabra frente al silenciamiento al que están sometidas en la sociedad ecuatoriana de la época.

---

1. Uso aquí el término *travestismo* en un sentido negativo, como una conducta engañosa de camuflaje del género en el ejercicio de la escritura. Esto no tiene nada que ver, sin embargo, con la orientación sexual e identidad de género de los grupos sociales que se identifican como *travestis*, y que se apropian y redefinen el travestismo como una conducta e identidad legítimas.

Nosotras no podemos ser iguales a ellos

Una posible entrada al universo de los travestismos de la escritura masculina decimonónica ecuatoriana aparece en la novela *La emancipada*, de Miguel Riofrío, publicada como folletín en 1863.[2] Al inicio de la tercera sección de la primera parte, Rosaura, joven heroína de la novela, forzada por las amenazas y extorsiones de su padre, Pedro de Mendoza, acepta casarse en un matrimonio arreglado con Anselmo de Aguirre y Zúñiga, un viejo rico terrateniente del pueblo donde vive. En este contexto, el padre de Rosaura escribe por ella, fingiendo ser ella misma, una pequeña carta a Eduardo, el gran amor de su hija. La carta en cuestión dice:

> Muy señor mío: Por cuanto mi señor padre me ha dicho lo que la Santa Iglesia nos enseña, conviene saber: Que los padres son para los hijos segundos dioses en la tierra y que se han de cumplir sus designios con temor de Dios, recibo por esposo al señor don Anselmo de Aguirre, porque será una encina a cuya sombra viviré como buena cristiana, trabajando para mi esposo, como la mujer fuerte, y para los hijos que Dios me dará, sin mirar mis grandes pecados y sólo por su infinita misericordia; por ende, podrá Ud. tomar las de villadiego. Dios guarde a Ud. por muchos años. Firmado: Rosaura Mendoza (119; Libresa).

En la carta del padre de Rosaura —escritura de ficción dentro de la ficción— surgen los ingredientes básicos de la escritura travesti masculina decimonónica: se trata de una narración o discurso que supone la intervención de dos voces heterogéneas en su género: por un lado, *la voz narrativa del discurso* (carta, charla, etc.) que es una voz femenina en primera persona, y que está identificada generalmente como una niña o señorita. En *La emancipada*, este sería el caso de la identidad fingida de Rosaura producida por la escritura de Mendoza. Por otro lado, está *el autor del discurso o narración*, el escritor masculino de carne y hueso —ficticio en la novela—, que se presenta a sí mismo de manera anónima e invisible. Mientras la voz narrativa femenina se identifica con todas las mujeres en general, utilizando a veces la tercera

---

2. No voy a analizar aquí esta novela, sino a referirme específicamente a un pasaje. Un análisis comparativo extenso de *La emancipada* y *Cumandá*, las dos novelas más importantes del siglo XIX en el Ecuador, se ofrece como capítulo independiente en este libro.

persona femenina del plural, el autor masculino intenta desaparecer de su propia narración. Recuérdese que en la novela Rosaura está sujeta al tutelaje de su padre. Por eso, la carta la caracteriza bajo esta identidad infantil. Un elemento adicional fundamental, además, es que esta escritura travesti es asumida, consentida y deseada por una figura femenina real. En la novela de Riofrío, Rosaura firma la carta de su padre como suya; y en otros casos, como veremos, hay una niña o jovencita que recita esta escritura como su propio discurso. La voz narrativa femenina de la escritura travesti, en realidad, no es más que una ficción del autor masculino, que parodia una voz femenina para seducir a otros. Esta forma de escritura puede verse, en este sentido, como una manifestación narcisista del poder autoritario y despótico masculino, encubierto bajo el ropaje de la seducción. Este ejercicio de poder que habla *por* la mujer, *en lugar de* la mujer, *fingiendo ser* ella misma, no solo se ejerce en la forma, sino también en el contenido: el padre de Rosaura escribe sobre lo que él piensa de sí mismo. Y así lo dice: "los padres son para los hijos segundos dioses en la tierra" (119). Estamos, en definitiva, ante la presencia de una escritura heterogénea, en la que habitan varias voces, y que es, además, problemática, en tanto que el género de la voz narrativa y el género del autor no coinciden, y una voz quiere parodiar a la otra.[3]

A diferencia de la carta ficticia de *La emancipada*, en el "Discurso pronunciado por la niña Ignacia Borja y Yerovi, en la noche de certamen del Colejio de Santa María del Socorro", publicado por *El Industrial*, el 10 de enero de 1861, estamos frente a un evento real en el que una joven estudiante de Quito declama un discurso en un concurso de oratoria, y lo hace presumiblemente ante un público y un jurado. Aunque Ignacia aparece como autora y voz narrativa de este discurso, la lógica de su argumentación sexista, el desarrollo de su contenido complejo y el lenguaje erudito empleado sugieren la existencia de

---

3. La escritura paródica travesti no debe confundirse con la voz del autor literario que podría escribir un cuento o novela con personajes femeninos. En este último caso, el autor no se oculta, no se confunde a sí mismo con la voz de sus personajes ni pretende relatar una historia real. Lo que sí resulta posible es que esta forma de escritura sea contada como ficción dentro de una ficción más grande, tal como sucede en la novela *La emancipada*. El mensaje secreto que Rosaura le escribe a Eduardo en el reverso de su carta podría leerse entonces como un momento de resistencia y auto-afirmación del sujeto femenino antes excluido. Posible, precisamente, porque Rosaura puede leer y escribir por cuenta propia.

un autor mucho más culto, reflexivo y adulto, que es, además, un varón. El "Discurso" de Ignacia empieza así:

> El tiempo, Señores, en su rápido camino, ha ido presentando á la mujer á veces como una diosa y á veces como una esclava. El destino de nuestro sexo parece haber dependido de la virtud expansiva del pensamiento humano, y de los arcanos que se ocultan en aquella entraña noble y misteriosa que llamamos *corazón* (n.º 12).

Resulta claro que la infantil Ignacia difícilmente es la autora de una reflexión que involucra al "tiempo", al "pensamiento humano" y al "destino de la mujer". Estamos ante la presencia de una escritura masculina travesti que Ignacia memoriza y declama. Más adelante veremos cómo el mismo Montalvo explica que componer "discursos" para las niñas y señoritas que participaban en distintos eventos en sus escuelas era una práctica más o menos común de la época. En realidad, el intento del escritor masculino por hacerse invisible y pasar desapercibido dejaba ciertas marcas fatales. Se trataba, hemos dicho, de discursos autocomplacientes y narcisistas en que la voz femenina parodiada alababa al orden masculino y convertía a la mujer en un ser servil. Ignacia declama:

> Que nunca se nos hable de cosas que aun siendo de interes social, nosotras no debemos tocarlas sin valer ménos á vuestros propios ojos [...] Sin llamarnos nunca á participar de vuestras deliberaciones varoniles, recorred las esferas que están adjudicadas, con la seguridad de que si nos educais cristianamente, no sereis interrumpidos, sino con algunas plegarias y plañidos [...] con la elocuencia de nuestras lágrimas (n.º 12)

En su "Discurso", Ignacia afirma que la ilustración cristiana de la mujer es garantía de esposas obedientes de las "deliberaciones varoniles" y respetuosas de aquellas cosas de "interés social" que no son de su incumbencia. A diferencia de las sociedades orientales paganas —dice Ignacia—, en que el embrutecimiento del hombre ha provocado la esclavitud de la mujer, en el mundo cristiano, "el Verbo", es decir, "la palabra del Eterno", ha tomado "cuerpo humano en las entrañas de una Vírjen, el pensamiento y la moral" (n.º 12). Pero la imagen del "Verbo" hecho carne femenina es aquí sintomática de algo más: la voz suprema del escritor masculino que se encarna e interioriza en la voz y cuerpo infantil de la niña que recita su discurso. Esta imagen de la ideología patriarcal encarnándose como parte del cuerpo de la mujer, y específicamente de una niña, sugiere la manera contemporánea en que Foucault piensa los órdenes disciplinarios: ese conjunto de procedimientos que controlan, miden y encauzan a los individuos, y los hacen "dóciles y útiles", sujetos de múltiples vigilancias, maniobras, calificaciones, rangos, lugares, exámenes y registros, que someten sus cuerpos, dominan sus multiplicidades y manipulan sus fuerzas. Ignacia afirma: "Educadnos, Señores, y os haremos felices porque sabremos educaros [...] Fomentad la educación de nuestro sexo, y todos los encantos de la moderna civilización quedarán patentes á vuestros ojos" (n.º 12).

La presencia de una voz masculina casi divina, paternal y protectora aparece una vez más en el caso de los discursos pronunciados por las señoritas María Ascásubi y Matilde Herrera, estudiantes del Colegio de Niñas de las Hermanas de los Sagrados Corazones de Quito, publicados en *El Correo del Ecuador*, el 26 de agosto de 1864. El primer discurso, "Monsieur Le President", es un texto en francés en que la señorita Ascásubi, a nombre de su escuela, agradece al presidente García Moreno por su protección y apoyo, y elogia la gestión de su gobierno y su liderazgo político.[4]

Una metáfora central en el discurso de Ascásubi es la de la escuela como una gran familia, donde las estudiantes son las hijas y el presidente de la República, un padre protector. Ascásubi dice: "Nosotras somos hijas privilegiadas, Bueno y Venerado Padre: Qué no deberemos hacer para hacer realidad las intenciones de vuestro corazón tan noble y tan generoso" (n.º 26). La posición infantil de Ascásubi convierte a las mujeres en seres débiles, inmaduros, necesitados de protección y aprobación, y no siempre muy responsables. Ascásubi declara: "Oh muy digno Presidente, desea perdonarnos, si, por nuestra poca aplicación, nosotras no siempre hemos respondido a sus expectativas, aquellas que Usted se había propuesto cerrando este establecimiento" (n.º 26). García Moreno, por otra parte, es representado como un padre noble, generoso, admirable y santo. La apología a García Moreno termina convirtiéndose en una oración religiosa a su figura política. Ascásubi dice:

¡Oh Señor! Nosotras te conjuramos, conserva mucho tiempo, sí, por mucho tiempo todavía a este Benefactor tan generoso, este Presidente, tan digno de ser Él, cuyos pasos se cuentan con nuevos beneficios.

---

4. Agradezco a Emmanuelle Sinardet por su ayuda generosa en la traducción al español de este discurso, el cual fue publicado en su idioma original.

Dígnate recompensar, largamente en este mundo y en el otro mundo a aquel cuyo elogio aquí abajo (en la tierra) es aligerar las penas de los infelices, de consolar al huérfano y de hacer el bien a todos (n.º 26).

El discurso de Herrera, en segundo lugar, hace eco de la "gratitud" y "admiración" de Ascásubi a García Moreno. Herrera declara: "Así sucedió, y veis aquí, Señores, que por la misericordia del cielo y la incontrastable firmeza de un Gobierno cuya energía es superior á la desgracia, todo se ha salvado y ha continuado nuestra educación bajo los auspicios del órden y la paz y bajo la paternal protección del Presidente de la República" (n.º 26). García Moreno es ungido como protector y benefactor de la educación femenina: padre poderoso que, a través de la escuela de los Sagrados Corazones, provee a sus hijas "variados conocimientos", "hábitos de orden y trabajo" y "principios de moral y virtud". Se trata de una educación que disciplina a la mujer con una "sólida piedad y abnegación evangélica", es decir, a ser un modelo de obediencia y moralidad. Herrera termina: "si algo prometemos á la patria, lo debemos á la ilustración y relevante patriotismo del digno Presidente de la República, el EXCELENTISIMO SEÑOR GABRIEL GARCIA MORENO, y que por esto su gloria será inmarcesible y nuestra gratitud imperecedera" (n.º 26).

El "Discurso" (1884) de Soledad Valencia, ya mencionado al inicio, es quizá el que mejor expresa la forma cómo la violencia patriarcal de la época buscó transmutarse en una narrativa inocente y dulce en boca de una niña. Valencia empieza su discurso justificando la superioridad de los hombres. La niña afirma: "Con harta frecuencia andamos las mujeres quejándonos de la superioridad que los varones se abrogan sobre nosotras; y muchas veces no estamos en lo justo" (n.º 51). Valencia argumenta así: no existe la superioridad natural de los hombres sobre las mujeres, pero ambos sexos tienen virtudes y facultades distintas. Mientras que los hombres gozan de "la elevación del pensamiento", "el ímpetu del corazón" y "el vigor del brazo", las mujeres tienen "la sensibilidad íntima", "la delicadeza", "la perspicacia". Sobre la base de estas diferencias, las profesiones entre hombres y mujeres son distintas: "á ellos la política, la ciencia de gobierno, la sabiduría del Senado, los tumultos del Foro; á nosotras, el imperio del hogar, la amable pericia de la mujer [...] el silencio de la casa. Ellos la guerra, el campo de batalla, la cólera, la sangre, nosotras la paz, la paciencia, las lágrimas" (n.º 51). Valencia insiste en que las mujeres tienen miedo al "ruido de las armas", el "degüello" y la "muerte". Y así, a nombre de todas ellas, proclama: "si á las mujeres nos animara el furor guerrero, perdido seria el mundo. Las amazonas no saben hilar, coser, hacer guisos, nada... No, nosotras no queremos ser amazonas: más nos gusta la mujer de Virgilio, esa mujer casera que se levanta á las cinco de la mañana, alaba a sus dioses, barre la casa, prende el fogón humilde" (n.º 51).

De esta manera, así como las mujeres no realizan los mismos deberes que los hombres, no deben tener tampoco sus mismos derechos. Para Valencia, la exclusión hace la regla, y la regla justifica la exclusión. La inferioridad idealizada de la mujer cristiana es parte de un orden divino, natural y moral conservadores; lo cual evidencia, por otra parte, su supuesta superioridad frente a mujeres de otras religiones, especialmente las musulmanas y turcas. Valencia concluye: "no somos siervas", "nos es dado aprender", "adornarnos con las letras humanas", "somos señoras en nuestro reino que es el hogar" (n.º 51).

El problema obvio con el discurso de Valencia es que comienza afirmando que no existe la "inferioridad natural" de la mujer, pero la confirma, una y otra vez, en los hechos: las facultades, actividades y virtudes de la mujer no solo son distintas a las del hombre, sino que son parte de su misma "naturaleza". Valencia pregunta: "á que titulo hemos de pretender los honores y ventajas de los héroes? profesiones hay incompatibles con nuestra naturaleza femenina" (n.º 51). Al naturalizar conductas y roles sociales atribuidos a la mujer, estos no solo se vuelven esencias inamovibles, sino privilegios incuestionables que justifican el mismo mito de la inferioridad femenina. El discurso de Valencia, por lo demás, no tiene nada de infantil ni inocente: su declamación pública sucede en un momento en que la Asamblea Constituyente de 1883 discutía el derecho a la ciudadanía política de la mujer ecuatoriana. El discurso travesti de Valencia puede leerse así como una respuesta reaccionaria a la participación pública y luchas femeninas en torno a los nuevos derechos y libertades de las mujeres.

Los travestismos letrados de Montalvo

Quizá sorprenda a algunos lectores que Juan Montalvo —uno de los escritores liberales-católicos más prominentes de la época, venerado por la tradición patriótica ecuatoriana como un "héroe nacional", defensor de las libertades políticas, "crítico implacable" de las dictaduras y corrupción de su época, y exquisito esteta de las "bellas letras"— haya producido también esta clase de escritura travesti, autoritaria y sexista. En *Montalvo: civilizador de los bárbaros ecuatorianos* he argumentado que la fascinación de Montalvo por la alta cultura letrada greco-romana como modelo de la civilización y, en contrapartida, su desprecio hacia las poblaciones indígenas y afroecuatorianas, el pueblo analfabeto e ignorante, así como su defensa acérrima de una sociedad patriarcal, justifican, a lo largo de su obra, una nación ecuatoriana profundamente elitista, sexista y racista. Montalvo no cuestiona estas formas de *colonialismo interno* existentes, sino que las asume y defiende de forma velada. Es decir, su visión del pueblo ecuatoriano es ambivalente: por un lado, heroica y patriótica cuando lo alecciona e idealiza como una fuerza social ilustrada capaz de oponerse a la tiranía; y por otro, abyecta y beligerante cuando constata la existencia real de un pueblo ignorante y bárbaro, de acuerdo con sus modelos europeos de lo civilizado.

Carlos Burgos ha cuestionado esta lectura de Montalvo en *Entensión. Olmedo, Riofrío, Montalvo: cultura, literatura y política en el siglo XIX ecuatoriano*, revalorizando el cosmopolitismo del escritor ambateño, entendido como un "proyecto de emancipación, estabilidad y apertura" (87). Para Burgos, el proyecto cosmopolita de Montalvo sería, en último término, un plan de crítica anticolonial contra España, entendida como una nación "antítesis del cosmopolitismo", representante del "autoritarismo" y el "hermetismo" (87).

No solo Burgos, sino también otros críticos como Handelsman, Ángel Esteban y Leonardo Valencia se han ubicado en este paradigma de lectura.[5] El cosmopolitismo de Montalvo, en clave anticolonial, permitiría reinterpretar de forma positiva el quijotismo americano del "gran imitador" de Cervantes. El problema de fondo continúa siendo, sin embargo, el rancio linaje hispánico (lingüístico, cultural y racial), sexista y conservador defendido por Montalvo:

---

5. En su ensayo "Juan Montalvo y su defensa 'semi-bárbara' de Cervantes", Michael Handelsman afirma que *"Capítulos que se le olvidaron a Cervantes* [...] más que una celebración de las virtudes de Cervantes, sus disquisiciones constituyen una afirmación ferviente de su propia capacidad intelectual y, por extensión, de la de una emergente intelectualidad latinoamericana llena de juventud frente a una España ya gastada que se había desviado de sus grandezas de antaño. Si bien es cierto que esa valoración crítica de Montalvo evocará una retórica atrapada dentro de demasiados esencialismos más imaginados que reales, también apunta a una historiografía sociocultural que pone de relieve las ineludibles tensiones y contradicciones inherentes a los múltiples procesos de descolonización que siguen marcando a una América Latina escindida entre lo que Pedro Henríquez Ureña había categorizado como 'el descontento y la promesa' " (2).

el discurso anticolonial frente a España en lo político se vuelve rabiosamente hispanista en lo cultural, y elitista y racista al interior de la misma composición nacional. Lo que la literatura de Montalvo perpetúa, en este sentido, es una forma ideológica de "colonialismo interno" que los sectores ilustrados terratenientes, con los que Montalvo se identificaba, habrían afirmado frente a un pueblo ecuatoriano analfabeto, pobre y percibido como corrupto. La tiranía, en este sentido, revela para Montalvo la existencia de una barbarie que es también política y que se sostiene gracias a la ignorancia de estas poblaciones étnicas (indígenas y afrodescendientes, principalmente).

Entender el cosmopolitismo de Montalvo a la luz de esta visión interna negativa y prejuiciosa de la realidad nacional-popular ecuatoriana conduce fatalmente a la afirmación de un cosmopolitismo abstracto, elitista, que no solo desprecia al pueblo efectivamente existente, sino también las mismas luchas y conquistas sociales más importantes de la Europa de la época. ¿Cómo puede hablar Burgos de un cosmopolitismo emancipador y crítico en Montalvo cuando este, por ejemplo, usa su experiencia europea para despreciar los movimientos feministas y participación pública femenina de avanzada de su época, y defender, en contrapartida, los roles más tradicionales de la mujer ecuatoriana?

El Cosmopolita, como Montalvo se autoidentifica a sí mismo, defiende, en realidad, una posición bastante parroquial y provinciana frente a los nuevos derechos de la mujer europea y norteamericana moderna, sufragista, profesional y librepensadora. La experiencia histórica y vital de Montalvo fue cosmopolita, no hay duda; pero él, insisto, decidió defender conscientemente una posición retardataria, elitista y patriarcal, que no solo cuestionó los mismos avances sociales de los que tendría noticias gracias a su experiencia europea, sino que se opondría también al mismo pensamiento ecuatoriano católico y liberal más democrático y progresista de su época. En "Disertación sobre los derechos de la mujer" (1884), el intelectual y político guayaquileño Pedro Carbo y Noboa defenderá, por ejemplo, con argumentos cosmopolitas provenientes de la doctrina católica, las ideas de varios pensadores liberales de la época, y la actualidad educativa y política en Estados Unidos y Europa, el derecho de las mujeres ecuatorianas a la educación científica universitaria, la propiedad económica personal y el voto como derecho político.[6]

---

6. El análisis de este ensayo de Carbo y de la "nueva era" de la mujer, así como la existencia de un pensamiento femenino crítico latinoamericano de fin de siglo, es desarrollado en el sexto capítulo de este libro.

La estatura real del cosmopolitismo de Montalvo aparece de forma nítida no frente a Cervantes, sino en relación con sus contemporáneos, y las luchas y demandas sociales más progresistas que en Europa y su propio país despreció. Como veremos en el séptimo capítulo de este libro, Montalvo será dura y frontalmente criticado en España por Emilia Pardo Bazán a causa, precisamente, de su conservadurismo religioso y estética moralizante.

Regresando al tema puntual de este capítulo, las identidades travestis que Montalvo adopta para dictaminar lo que las mujeres "necesitamos" y "deseamos" aparecen publicadas en *El Regenerador* (1876-1879) y *Las Catilinarias* (1880-1882). En estos textos, Montalvo no solo rechaza una educación femenina cosmopolita y universal, sino que repudia también sus derechos económicos y políticos. Su cruzada es la de resguardar un orden de obediencia, pasividad y moralidad femeninas.[7] "Las niñas del examen" (*El Regenerador* 28) relata cómo dos niñas desesperadas, "con los ojos llenos de lágrimas", piden ayuda al escritor para aprobar un examen de oratoria. Las niñas Merceditas Quirola y Maclovia Hervas recitan sus textos, comenta Montalvo, con "gentil desenvoltura", "gracia" y como si estuvieran "improvisando". Una narración similar aparece también en *Las Catilinarias*, compilación de doce panfletos políticos. El escritor ambateño se refiere aquí al caso de otra niña, esta vez sin nombre, que lo visita en su propia casa para pedirle otro discurso. Montalvo escribe:

Un día vi entrar a mi aposento a una niña de diez o doce años: Señor Don Juan, dijo, estoy nombrada para el certamen: vengo a pedirle un favor. El que tú quieras, mi vida. Deme un discurso, como suyo. Serás servida,

---

7. El gesto retórico y discursivo ventrílocuo de "hablar por otro" tiene aquí una correspondencia con el indianismo decimonónico y colonial, si bien en el indianismo las fronteras de la "otredad" son lingüísticas, culturales, raciales y geográficas, tómese *Cumandá* (1879), de Mera, como referente. Sobre la base de esta realidad, Antonio Cornejo Polar desarrolla su idea de las "literaturas heterogéneas y su doble estatuto sociocultural" en América Latina. Cornejo las define así: "Caracteriza a las literaturas heterogéneas, en cambio, la duplicidad o pluralidad de los signos socio-culturales de su proceso productivo: se trata, en síntesis, de un proceso que tiene por los menos un elemento que no coincide con la filiación de los otros y crea, necesariamente, una zona de ambigüedad y conflicto" (12). Tal parecería que la escritura travesti decimonónica permite una reformulación de la idea de Cornejo, desde la perspectiva del género.

chica: desde mañana te pones a ensayarlo. En tres días lo tenía, no en la memoria solamente, sino también en los ojos, la boca, las manos, el cuerpo: ¡tan declaradas eran su inteligencia y sus dotes oratorias! (223).

La narración de Montalvo es incisiva: estas niñas no solo memorizan sus discursos, sino que los hacen parte de su misma corporeidad. Montalvo se refiere aquí, sin duda, a un proceso de sujeción, de internalización de la dominación. En *Mecanismos psíquicos del poder*, Judith Butler observa que *sujeción* no es lo mismo que *subordinación*, pues no es un poder exterior que se impone a un cuerpo para que actúe de cierta manera. Para Butler, "el poder no solo *actúa sobre* [*acts on*] el sujeto, sino que *actúa* [*enacts*] al sujeto, en sentido transitivo, otorgándole existencia" (24). El poder, en otras palabras, decreta, estatuye, constituye lo que un sujeto social es; lo hace posible y conforma, y es, además, un poder consentido, asumido, adoptado por el mismo sujeto. Entendido así, no habría un cuerpo infantil e inocente que memoriza el discurso de Montalvo, sino que el mismo cuerpo es infantilizado, degradado, reconstituido y conformado bajo la forma del discurso que estas niñas asumen corporalmente. En realidad, este discurso del poder masculino ha tenido que destruir su cuerpo, colonizarlo por decirlo así, para constituirlo como un sujeto femenino virtuoso. Butler lo explica así:

> El cuerpo no es un lugar en el que se lleva a cabo una construcción, sino una destrucción a raíz de la cual se forma el sujeto. La formación de este es simultáneamente el enmarcado, la subordinación y la regulación del cuerpo, así como la modalidad bajo la cual la destrucción es preservada (en el sentido de sustentada y embalsamada) *en* la normalización (105).

Sujetadas a su inocencia y obediencia, inferiorizadas en su intelecto, construidas como cuerpos sexuales castos, bellos, deseosos de aprender y ser guiados, así son las niñas de Montalvo: una alegoría-modelo de la mujer ecuatoriana perfecta. "Si el arcángel Gabriel —escribe— tomara forma humana cuando el Todopoderoso le envía con sus embajadas a la tierra, esa carita [la de Merceditas Quirola] tomara, no me cabe duda" (*El Regenerador* 30). En el imaginario moralizante de Montalvo, la mujer angelical es un ser pueril, carente de juicio racional propio, y por ello, su necesidad constante de una figura adulta masculina que la proteja y hable por ella. Las voces travestis de Montalvo idealizan la sumisión de la mujer y aceptan esta subordinación e inferioridad resignadamente, como una condición natural de su inocencia y virtud.

Recuérdese, en efecto, que la sujeción requiere que el sujeto subyugado actúe desde esta subordinación asumida. Para Cristina Burneo, Montalvo se representa a sí mismo como un titiritero invisible, y las mujeres de sus historias son como marionetas que anhelan y desean comportarse desde los roles familiares de la tradición, la moral católica-conservadora y la represión sexual. Para Burneo, "resulta tentador pensar en la escritura de Montalvo como en el guion de un titiritero que se apresta a dotar de vida a sus marionetas; en ellas se ve el anhelo de una mujer no carente de voluntad, sino consciente de consagrarse a la guía de un hombre como su padre, su hermano, su sacerdote o su esposo" (72). A través de sus inocentes personajes, Montalvo, en efecto, sugiere que las determinaciones del comportamiento virtuoso de la mujer no son simples imposiciones sobre una conducta, sino que deben ser asumidas como una forma de autorreconocimiento y subjetividad propias, deben naturalizarse y transformarse en un mundo subjetivo de deseos y esperanzas femeninas.

La aceptación de esta subordinación e inferioridad de la mujer es, así, una condición de su inocencia y virtud. En otras palabras, el poder, como sugieren Bourdieu y Butler, tiene que ser subjetivo porque la dominación —en este caso la dominación masculina— solo es integral cuando es asumida por las mismas mujeres.[8] La voz travesti de Montalvo es ese mecanismo discursivo que hace posible un sujeto dependiente y sumiso en la imaginación patriarcal del escritor y su época. Montalvo afirma: "No aspiraremos a competir con ellos [los hombres]; pero sí hagamos lo posible por merecer su estima. Dejémosles sus ciencias, sus leyes, su política; nuestro encargo es mejor, más amable: nosotras, cultivemos las virtudes" (*El Regenerador* 33).

En *Entre civilización y barbarie. Mujeres, nación y cultura literaria en la Argentina moderna*, Francine Masiello observó que esta clase de travestismo letrado fue usado también por el argentino Domingo Faustino Sarmiento, quien intentó así producir un sentido de intimidad y privacidad femenina entre él y sus lectoras del periódico. Para Masiello, la apropiación de Sarmiento de una voz femenina puede explicarse como un deseo de controlar todos los

---

8. Seducción y temor forman parte de este proceso constante de interiorización de la dominación. El miedo, sin embargo, a diferencia de la seducción, parece suponer siempre una resistencia, un sujeto sometido por la fuerza de la represión directa. La seducción, por el contrario, supone aceptación, entrega y consentimiento voluntario.

discursos, trascender los límites prohibidos y glorificar su propia autoridad masculina. En una columna periodística, anónima, titulada "Al oído de las lectoras", publicada por el periódico chileno *El Mercurio*, Sarmiento escribe:

> Nadie que no sea una criatura femenina ponga sus ojos en esta parte del diario. Es un asunto reservado de que tengo que hablar con mis lectoras, y muy pelmazo ha de ser el que se ponga a oír nuestra conversación sin nuestro consentimiento... Vamos a hablar de nuestras cosas; porque quiero que tengamos una conferencia privada. Aquí en confianza, al oído (citado por Masiello 38).

A diferencia de Sarmiento, sin embargo, la voz travesti de Montalvo es mucho más explícitamente política. Mientras Sarmiento centra su escritura en la moda, los peinados y otros tópicos similares, con el fin de seducir a sus lectoras, las niñas de Montalvo discuten los límites de su propia educación y su negativa a participar en la vida política. Aunque siempre se podría hacer también el argumento inverso con la voz travesti de Sarmiento: hablar de la moda y los peinados femeninos es precisamente *no hablar de la política directamente* con las mujeres. Al final, la serpiente se muerde la cola: en ambos escritores, hablar por la "otredad femenina" es una forma de silenciamiento político. Las dóciles y patéticas niñas de Montalvo pueden verse, en un sentido alegórico, como un rechazo político a las luchas y movimientos feministas internacionales de la época y la defensa de los nuevos derechos sociales, económicos y políticos exigidos por las mujeres.

Las primeras críticas feministas en Europa, como se sabe, surgieron influidas por la Ilustración y la Revolución francesa (1789-1799), casi tres cuartos de siglo antes de que Montalvo llegara autoexiliado a París. El código napoleónico, en este contexto, instituyó el matrimonio como un contrato desigual, en donde la obediencia, abnegación y sacrificio de la mujer fueron vistos como sus virtudes obligatorias. Las luchas feministas del siglo XIX transformaron el derecho al voto y la educación profesional en una de las mayores reivindicaciones para las mujeres. Los múltiples exilios de Montalvo en la Europa de esta época (primero, de 1857 a 1860; luego, de 1869 a 1870; y finalmente, de 1881 a 1889, que totalizan algo más de once años) no solo le permitieron conocer esta realidad política y cultural de primera mano —Francia, Italia, España y Alemania, principalmente—, sino también escribir una obra en buena medida testimonial y reflexiva sobre estos viajes y experiencias.

Montalvo, en efecto, tuvo las condiciones históricas y culturales para convertirse en un intelectual cosmopolita de primer orden, un pensador progresista aliado de la comuna de París o de los movimientos feministas de la época; tuvo la oportunidad histórica de valorar la participación de las mujeres en la política francesa y ser un defensor pionero de los logros y contribuciones de las mujeres ilustradas, científicas y artistas europeas. Nada de esto sucedió. Su obra revela a un pensador extremadamente sexista, moralizante y provinciano, que se quedó muy atrás de lo que pudo ser. Frente a las mujeres politizadas francesas, "marimachos de la política", la voz travesti de Montalvo afirma su autoexclusión y lanza sus insultos más violentos:

> Nosotras, en verdad, no queremos ser legisladoras, ni presidentas, ni ministros como esa loca de André Léo que en París da conferencias de socialismo-hembra, y pide un sillón en el cuerpo legislativo. No aspiramos siquiera a esas profesiones [...] una buena esposa vale más que un abogado, y una buena madre de familia más que un buen médico [...] No queremos, repito, ser electoras ni elegibles; diputados, ministros de la Corte Suprema ni otra cosa (*Las Catilinarias* 225).

Al apropiarse de una voz femenina, Montalvo produce fatalmente una escritura heterogénea y conflictiva que oscila ambiguamente entre la voz femenina colectiva que *desea* su exclusión política y ciudadana, aceptándola de manera inocente ("Nosotras, en verdad, no queremos ser legisladoras, ni presidentas"), y la voz masculina, autoritaria y egocéntrica del propio escritor, ambiguamente presente en el subtexto, en primera persona ("No queremos, repito"). En otros momentos, el "nosotros" de Montalvo cambia repentinamente al género femenino, como un lapsus indeseado del discurso paródico. El escritor ambateño oscila así, conflictivamente, entre un punto de vista femenino totalizador, que pretende representar a la mujer en general, y sus ataques e ironías machistas contra las feministas y escritoras políticamente comprometidas en Francia y Europa.

En "Las invasiones de las mujeres" (1885), Montalvo deja a un lado su travestismo letrado para defender de forma clara y directa los privilegios masculinos, autoritarios y sexistas que siempre afirmó: "De buena razón, de instrucción escogida, honesta, diligente pero lega; mujeres sabias, ni pensarlo. Primero, nos casamos con una vieja idiota que con una joven médica. Las mujeres doctoras son invasoras; invasoras del aula, la universidad, el hospital;

y sus pasos atrevidos... son invasiones que los hombres de juicio debemos rechazar, a mano armada, si es necesario" (519). Aquí aparece el reverso de la inocencia femenina en la imaginación patriarcal de la época: desprecio, desconfianza, escarnio y ridiculización hacia la mujer profesional e ilustrada. Aunque Montalvo defiende el derecho de las mujeres a ser educadas, lo cual resulta coherente con los principios humanistas de la Revolución francesa y la independencia de Estados Unidos (1766), los límites domésticos de esta educación son inquebrantables. En otras palabras, liberalismo sí, pero subordinado siempre a los principios morales y religiosos patriarcales. Montalvo quiere una educación femenina para producir mejores madres, esposas y educadoras domésticas. Si de un lado, la educación de la mujer y las tareas domésticas establecen una equivalencia entre sí, por otro, esta educación busca producir sujetos sociales que voluntariamente acepten su subordinación, como parte esencial de su propia virtud. Y una vez más, aquí se revela la verdadera voz del cosmopolita: "Si todos nos sostenemos en este propósito, nos libertaremos seguramente de las médicas, las abogadas, las ingenieras y más sabias que en Francia, Inglaterra, Alemania, y particularmente en los Estados Unidos están amenazando con echarnos a perder reposo y felicidad" (519).

Los travestismos letrados de Montalvo y otros escritores decimonónicos de la época no dejan de revelar, en suma, una escritura heterogénea y conflictiva, que oculta y revela a la vez las tensiones, disonancias y exclusiones del intento de silenciar e invisibilizar a la mujer y sus diferencias. Es desde las fracturas de esta identidad femenina impuesta, desde la construcción masculina de un deseo e identidad femeninos en constante autocensura y autonegación, que las voces de ciertas escritoras emergentes empezaron a cuestionar esta lógica de representación, reapropiándose de la imaginación patriarcal como un espacio productivo y crítico de la propia subjetividad de la mujer ilustrada.

Montalvo y sus parodias del amor mistificado

En su *Geometría moral* (obra póstuma, 1902), Montalvo da un paso más allá en su defensa mistificada de la virtud femenina, la cual revela esta vez el lado egocéntrico y moralizante de su idealización romántica. Al parodiar la figura de Don Juan Tenorio, el legendario libertino que goza seduciendo y deshonrando la virtud de las mujeres, Montalvo intenta ofrecer ahora un redimensionamiento del personaje literario. Don Juan de Flor es un anti-Don Juan que, a diferencia del primero, es capaz de enamorarse, preocuparse por sus conquistas y aspira a ser, en general, mucho más humano y veraz. Escribe Montalvo:

> Don Juan de Flor no es como don Juan Tenorio, sino más feliz, más sincero, menos veleidoso y mucho menos pícaro. En cuanto enamorado, su vida ha sido amar, amar en todo tiempo, en toda forma; porque éste sí que ha amado con el corazón, ha amado con el amor, no con la vanidad, como los necios; ni con la codicia, como los ruines (163).

A primera vista, el Don Juan de Montalvo parece ser una pobre imitación de la forma romántica en que José Zorrilla reinterpreta a *El Burlador de Sevilla* de Tirso de Molina. En el drama de Zorrilla, recordémoslo, el alma de Don Juan es salvada por su conversión religiosa, su capacidad de amar y su arrepentimiento final. En la primera jornada de la obra de Tirso, Catilinón interroga a Don Juan (el Don Juan libertino) sobre si pretende "gozar" a Tisbea, la pescadora. Don Juan le responde: "Si burlar es hábito antiguo mío,/ ¿qué me preguntas sabiendo mi condición?" (177). En su escabroso camino de mentiras, promesas incumplidas, medios indignos y artilugios astutos, el Don Juan de Tirso encontrará finalmente su perdición y castigo al cenar con el fantasma de don Gonzalo, muerto que él mismo debe. La obra de Tirso concluye con un mensaje totalmente moralizante: "esta es la justicia de Dios:/ 'quien tal hace, que tal pague' " (240). La reinterpretación romántica de Zorrilla, sin embargo, humaniza al libertino, permitiéndole no solo enamorarse, sino además salvarse de su perdición eterna a través de su conversión personal. Zorrilla escribe: "yo, Santo Dios, creo en Ti:/ si es mi maldad inaudita,/ tu piedad es infinita.../ ¡Señor, ten piedad de mí!" (224). Y un poco más adelante: "Misterio es que en comprensión/ no cabe de criatura:/ y sólo en vida más pura/ los justos comprenderán/ que el amor salvó a don Juan/ al pie de la sepultura" (225).

Lo que resulta nuevo en el Don Juan de Flor de Montalvo es la manera cómo este ficcionaliza sus propias relaciones románticas y parodia las cartas de amor que habría recibido de sus amantes. Para Isaac J. Barrera, "las historias de amor de este libro nos dejan ver la facultad imaginativa de Montalvo; es una cristalización imaginativa. Los amores que pudo tener en toda su vida los reviste con caracteres fantásticos" (66). Don Juan de Flor se convierte en el alter-ego ficticio de la vida y personalidad del propio escritor. Montalvo, en realidad, aparece como enamorado de sí mismo: él es el centro y el héroe apasionado de sus narcisistas y ególatras relaciones amorosas. En *Montalvo*, Julio E. Moreno comenta de manera bastante aguda y crítica:

> Se ve a sí mismo en conexión con un fantasma, fantasma al que da cuerpo literariamente como realidad de su vivir. El hombre se comporta alucinada o fraudulentamente con su propia existencia. Su emotividad suena así a falso, como la de un sujeto que alardea de amar y ser amado ante las cuartillas. Por dentro, un hombre fogosamente nostálgico del amor; nostalgia que, al ser sofocada, volviéndose ensimismamiento egolátrico, revienta por fuera en caricaturesca imagen de aquel hombre interior (189-190).

El hecho es que las cartas de amor que Montalvo (re)escribe —y que parodia en su ficción— para su propio personaje convierten a la mujer en un objeto de sus deseos moralizantes. *Geometría moral* es, en efecto, un ensayo figurativo sobre la moral, y no el amor. Leopoldo Benites Vinueza ha sugerido que la figura del Don Juan es, esencialmente, una figura moralizadora que representa la venganza del catolicismo contra la mujer diabólica. En palabras de Vinueza, Don Juan —el personaje de Tirso de Molina— "es la reacción del sentido teologal de la carne, la venganza contra el pecado encarnado en la mujer" (32). "Burlarla", "dejarla sin honor" es una misión masculina purificadora, una forma de reprender la tentación sobre el cuerpo femenino. No es casual que Stendhal haya afirmado, en este sentido, que Don Juan cobra valor y fructifica como símbolo, al amparo de la censura cristiana que le dio sus condiciones de vida y luego lo satanizó. Lo que cuenta para el personaje libertino, finalmente, no es el erotismo o el amor sensual que se ponen en juego, sino el desorden social que desencadena su burla: la profanación del honor perdido de los nobles caballeros y, por extensión, del rey. El carácter negativo del erotismo femenino (pecaminoso, sucio y diabólico) se contrapone así, por otra parte, a la imagen de la mujer idealizada por Don Quijote: Dulcinea simboliza la virtud inalcanzable por la que un hombre sería capaz de batirse contra temibles "gigantes" o bravíos "ejércitos". Las actitudes del Montalvo católico frente al amor sensual oscilan así entre Don Juan y Don Quijote, entre el amor que se profana y se regala, o el que se conquista y sublima.

El problema de Don Juan de Flor es que está dogmáticamente convencido de su inherente bondad, y considera sus perversiones y agresiones a la mujer como una prueba de su espíritu abnegado y virtuoso. Las mujeres angélicas de Montalvo resultan así una proyección ególatra e individualista del propio escritor, una fantasmagoría sustituta de sus amores frustrados, y acaso una justificación mistificada de las perversiones y agresiones que efectivamente se ejercen sobre las mujeres existentes. Después de poseer el corazón de Flora y de llevarla a la desesperación casi demencial, Don Juan de Flor declara: "Flora, ¡pobre Flora! bella es y apasionada; mas no conoce ni las virtudes de su sexo, ni las delicadezas con que se angelizan las mujeres para quienes amor es felicidad mundana y gloria eterna" (*Geometría moral* 176). Teodosia, Lucrecia, Laida, Estrella, Juanchita, Fruela, Celinina, Elvirita, Eufrosina, Inés, Aifosa, entre otras conquistas donjuanescas del personaje de Montalvo, son solo fantasmagorías de la misma y única mujer idílica: aquella que "si es buena hija alimentará a su padre moribundo con la leche de sus pechos [...] si es buena esposa, se sepultará con su marido [...] si es buena madre criará [...] el hombre más valiente é ingenioso" (*El Cosmopolita* 28-29). Montalvo parece así haber sumado el insulto a la herida: la mujer que se niega a sí misma, siendo obediente y virtuosa, debe también tolerar y aceptar el despotismo y egolatría del hombre donjuanesco.[9]

La violencia y perversión moralizante del Don Juan de Montalvo revela, en realidad, un paralelo intrínseco con los travestismos letrados del escritor. Erotismo libertino y escritura travesti no solo definen formas de control patriarcal sobre la mujer, sino que buscan constituir su subjetividad como una *pura negatividad*: el deseo de no participar en política, la represión moral de su deseo erótico y carnal, o la ignorancia sobre "las virtudes de su sexo". Hay, pues, una violencia donjuanesca (si puede llamarse así) que actúa en el ámbito de lo literario y lo político, y no solo la moral católica conservadora. Me refiero a aquellas prácticas sociales concretas de violencia material que se ejercen contra la mujer independiente y políticamente activa. Ridiculizar a estas mujeres, burlarlas, castigarlas en sus deseos de conspiración, es también una misión donjuanesca, moralizante. Y esto es, precisamente, lo que a la moral conservadora le resulta tan imperdonable de la figura de Don Juan: que dé rienda suelta a su deseo y sensualidad, más allá de las represiones que las constriñen. Las feministas, las poetas descarriadas, las mujeres rebeldes y

---

9. Se trata, en realidad, de una idea recurrente en la época. En el marianismo, precisamente, este autosometimiento y tolerancia de la mujer al hombre déspota se considera como una forma de superioridad moral femenina. La mujer es la encargada de mantener la paz social y la felicidad, y, por lo tanto, debe demostrar una capacidad ilimitada de resignación y aceptación del mal. El personaje de Cumandá, en la novela de Mera, es un ejemplo paradigmático de este principio.

amotinadas revelan esta pulsión por liberar el deseo femenino en distintos aspectos de la vida social e incluso para transformar la misma represión masculina en un ejercicio afirmativo de su propio pensamiento y subjetividad.

Un homenaje póstumo entre féminas

La muerte inesperada de Montalvo el 17 de enero de 1889, en París, desencadenó una serie de reconocimientos póstumos en la prensa ecuatoriana de la época. *La Revista Literaria,* editada por José L. Tamayo y Manuel Tama en Guayaquil, publicó, en particular, cuatro números de homenaje.[10] En una nota de portada del 24 de febrero, bajo el título "Juan Montalvo", Rafael M. Mata informaba al país:

> La gran familia ecuatoriana está de duelo; en torno á la bandera nacional, plegada y ceñida de fúnebre crespón, deben agruparse los patriotas, para honrar en un comicio cívico la memoria del ecuatoriano ilustre que ha muerto legándonos las más bellas páginas de la Literatura Nacional. En la República de las Letras, Juan Montalvo fué algo más que un simple ciudadano: fué un magnate (n.º 8).

Otros ensayos apologéticos y poesías dedicadas a Montalvo fueron parte de este homenaje póstumo en clave literaria. No interesa leer aquí, sin embargo, el "duelo patriótico" de la trayectoria y contribuciones del "escritor-magnate" recientemente fallecido, sino el inesperado cortejo literario-femenino que lo acompaña y que nunca había escrito nada sobre su obra. Este homenaje póstumo se convirtió en un escenario retórico sinigual, inusitado, que abrió paso a los emergentes destellos, quiebres y esplendores de la participación de la mujer ilustrada en la prensa guayaquileña de finales del siglo XIX. Jacinta P. de Calderón, Antonia Mosquera, Carolina Febres Cordero, Dolores Flor, Dolores R. Miranda, Dolores Sucre, J. Amelia Narváez, Lucinda Pazos y Rita Lecumberri aparecen aquí compartiendo las mismas páginas y números de la *Revista Literaria,* con escritores de la talla de Federico González Suárez, Numa Pompilio Llona, Juan León Mera, Pedro Fermín Cevallos y el propio

---

10. Me refiero, específicamente, a los números 8, 9, 10 y 11, publicados entre el 24 de febrero y el 14 de abril de 1889. Esta publicación entró en circulación el 6 de enero del mismo año, esto es, pocos días antes de la muerte de Montalvo. Poesías, cuentos cortos, ensayos y artículos de contenido literario forman el espectro de su contenido, limitado estrictamente a escritoras y escritores ecuatorianos.

escritor recientemente fallecido, entre otros. Es esta relación de contigüidad física, pero sobre todo literaria y cultural, lo que resulta más significativo. La muerte de Montalvo provee un escenario retórico de pérdida y lamentación ante una literatura que ya no se escribirá —la de la obra futura o inconclusa del escritor fallecido—; pero también abre un lugar de visibilidad desde el que la escritura femenina, antes censurada y bajo sospecha, ahora es escuchada. Las voces de estas escritoras se apropian de ese silenciamiento creado por la cultura patriarcal dominante, convirtiendo sus exclusiones y parodias en el objeto mismo de su escritura. Las poesías y ensayos escritos por estas mujeres lamentan la muerte del famoso escritor, pero a la vez no dejan de quejarse de los límites y omisiones a sus propias voces poéticas y literarias. En el poema titulado "Lo que soy y lo que anhelo" (15 de marzo de 1889), la guayaquileña Rita Lecumberri pregunta con ironía:

¿Quién soy yo? Mísera y vana
Sombra, cuyo leve paso
Deja apenas signo escaso
A la indiferencia humana

....

Nada soy, la débil nota
Que exhala mi poesía,
Carece de la armonía
Que del rico ingenio brota.
Ni la ciencia
Alumbra mi inteligencia
Como fervorosa anhelo,
Ave de ligero vuelo

....

Mas, ¿cómo, si no soy nada
Ni ostento laurel humano
Reprueba el error mundano
Mi voz desautorizada?...
[Y ella mismo responde]
Del talento y la virtud
que iluminan la razón (n.º 10).

Lecumberri parecería aquí acercarse a la falsa modestia de una poeta como sor Juana Inés, quien, plenamente consciente de su "voz desautorizada" por el sexismo existente en la sociedad novohispana del siglo XVII, justifica la existencia de sus escritos, no en un deseo o voluntad personales —pues ella misma no ostenta ningún laurel—, sino en una fuerza superior a ella misma, esto es, en los "talentos" que Dios le ha otorgado. Lecumberri usa esta misma lógica: ella es una "sombra" que apenas deja "signo escaso" de su existencia. Ese signo, claro está, es la poesía que surge de su razón, su inteligencia, pero que está sobre todo iluminada por su talento y virtud. La falsa modestia se convierte así en una excusa para escribir y autoafirmarse como una "mujer de signos". La coincidencia entre Lecumberri y sor Juana, por lo demás, no es arbitraria: Lecumberri fue lectora de la poeta mexicana, a través de la edición hecha en Quito por Mera. De hecho, la distingue como una mujer ejemplar y un modelo de la ilustración femenina latinoamericana en un ensayo anterior.

En "Duelo nacional", otro texto de homenaje póstumo publicado en la *Revista Literaria*, Dolores Flor declara: "Hoy, día sábado, acabo de leer en 'El Globo', una noticia que me ha sorprendido y agobiado: la de haber fallecido don Juan Montalvo. Como si los hombres superiores no debieran morir, he quedado muda de asombro" (n.º 11). El autor de los *Siete Tratados*, para Flor, fue un alma repleta de "amor" y "justicia"; alma "entusiasta", "noble" y "generosa"; "amante de lo bello y de lo bueno"; escritor de "páginas de ardiente, enérgico, vigoroso lenguaje". Flor lamenta que el escritor, exiliado en París, haya muerto lejos de su tierra, en pobreza y soledad, y solo ahora ya muerto lleguen los "lauros", "estatuas" y "coronas". Todo lo cual lo sintetiza así: "para los grandes hombres, grandes amarguras" (n.º 11). Hasta aquí, Flor sigue la retórica patriótica del héroe literario fallecido, pero al final, el sujeto de su texto cambia, ya no habla de Montalvo, sino de ella misma. Flor escribe: "Por qué escribo estas líneas? No lo sé! Ellas no pueden añadir a su memoria [la de Montalvo] un átomo de gloria. Yo sé que mi voz se perderá. Pero, qué importa? Los pesares ahogan: no pueden estar encerrados" (12). ¿Es Montalvo aquí un pretexto, una excusa, para denunciar los silencios, censuras y exclusiones impuestas a las mujeres ilustradas que son consideradas "nada" y cuya voz "se perderá"? Resulta extremadamente significativo que la muerte de Montalvo, que provoca el silenciamiento de su pluma, permita ahora hacer audibles las voces femeninas antes acalladas; y que sea sobre su muerte que estas nuevas voces adquieran vida.

Los (des)encuentros entre la escritura sexista de Montalvo y las voces femeninas que toman la palabra después de su muerte no terminan aquí. *La Palabra. Revista de Literatura Nacional,* dirigida por Amadeo Izquieta, inaugurada en Guayaquil en 1890, republicó de forma inusitada, en diferentes números, seis textos de Dolores Veintimilla: "Mi fantasía" (n.° 5), "Tristeza" (n.° 7), "Deseos" (n.° 11), "Al público" (n.° 25), "A mi madre" (n.° 23) y "Mis visiones" (n.° 26). La poeta que pocas décadas atrás había sido criminalizada, tachada de demente y censurada como inmoral, es ahora reconocida por *La Palabra* como parte fundamental del parnaso poético nacional. No solo esto: el 1 de noviembre de 1890 aparece publicada a pie juntillas junto al fallecido Montalvo. El ensayo "El último mandato de Matriates", del escritor ambateño, es seguido por el texto en prosa poética "Mi fantasía", de la poeta quiteña. Por primera vez en la historia literaria, Montalvo y Veintimilla se equivalen como iguales, no solo en términos de su contigüidad espacial, sino literaria y cultural. Recuérdese que no por menos, Mera había publicado su ensayo injurioso y violento contra la poeta quiteña, cuando este había sido incluido junto a ella en *Lira ecuatoriana* (1866), una colección de poesías nacionales seleccionadas por Vicente Emilio Molestina. Y esta fue también, sin duda, la clase de contigüidad letrada, entre iguales, que el propio Montalvo jamás permitió en sus intercambios literarios con Pardo Bazán en España.

En "El último mandato de Matriates", el difunto escritor ambateño cuenta la historia de un sultán en el Asia que al verse vencido en una guerra, pide a sus mujeres que se envenenen para que no sean parte del botín de guerra de su oponente. Escrito con una prosa de gran calidad, el mensaje del relato no puede ser más sexista: el sentido de la vida de la mujer es hacer la voluntad del hombre y apoyarlo hasta con su propia muerte, si es necesario. Nada nuevo que no hayamos discutido anteriormente. Al final de su historia, Montalvo escribe: "La fantasía es en ocasiones suplente abominable de la realidad: el cuerpo muerto es nada; en esa nada han buscado algunos frenéticos el universo del placer, explayando las pasiones contra el orden de la naturaleza" (n.° 5). Aunque el narrador parece crítico a la decisión del sultán en esta suerte de moraleja, su mención a la "imaginación" es significativa: no se trata de cualquier forma de "imaginación", sino de la "imaginación patriarcal" que es la que crea sustitutos abominables de la realidad para la mujer. Y es a estas realidades abominables a las que disfraza después llamándolas virtud, sacrificio, santidad femenina, etc.

La "fantasía" de Dolores Veintimilla es muy distinta, en este sentido. Es el amor mismo de su vida, el poder de imaginar, de fugarse a otros mundos: "sí, mi dulce fantasía; cuando te contemplo soy feliz y mi alma siente ese dulce y melancólico placer que experimenta el viajero que ha atravesado un árido camino y que después de muchos días encuentra un lirio sobre el cual fija sus ávidas miradas" (n.º 5). La "fantasía" de Dolores está identificada con un "lirio" en un "árido camino" o "el poder de inspiración de la poeta" en medio de la soledad de su vida. Y así lo confiesa, "pues más tristes son las horas que paso lejos de ti". Para Dolores, "cielo" e "infierno" tienen como diferencia mayor el goce o la ausencia de la fantasía. Ella es un bálsamo del dolor y soledad de la poeta, y su ausencia, una causa de ellos. La fantasía crea mundos perfectos en que se puede "ser feliz como los ángeles", aunque no deja de ser en sí misma un producto de la imaginación. La poeta pregunta: "¿Dónde estás mi dulce fantasía? ¿Existes, eres una realidad ó un ensueño de mi mente?". La voz narrativa no lo sabe, solo puede buscarla en la soledad de la noche, y desear poder asirla de alguna manera, aunque sabe que es imposible, pues "el alma que sufre carece de lenguaje" (n.º 5).

Mientras que la fantasía de Montalvo es un ejercicio erudito, exótico y claramente moralizante, pues impone a la mujer la obligación virtuosa de su sacrificio, Dolores identifica la fantasía con su libertad, su exploración de otros mundos posibles y su búsqueda lírica de esas palabras que puedan expresar lo que "carece de lenguaje".

El homenaje póstumo a Montalvo parece revelar así la existencia de un momento clave en que aparecen definidos dos universos literarios —y, acaso, culturales— paralelos, a momentos cómplices el uno del otro; a momentos, antagónicos: por un lado, el orden literario-patriarcal privilegiado que Montalvo defendió, y desde el que no dudó en travestirse, parodiar y silenciar a la mujer de la época; y, por otro lado, la progresiva emergencia de un grupo de mujeres ecuatorianas ilustradas, "mujeres de signos" cuya palabra, en distintos géneros literarios, y entre quiebres y silencios, empezarán el duro camino de justificarse y autorizarse a sí mismas en su existencia como escritoras, convirtiendo la misma muerte (el silencio) de Montalvo en uno de sus lugares de autoafirmación.

III

Sor Juana Inés o las correcciones de la fe, según Juan León Mera[1]

Estos versos, lector mío,
que a tu deleite consagro,
y sólo tienen de buenos
conocer yo que son malos [...]
En tu libertad te pongo,
si quisieres censurarlos
(De la Cruz, *Lírica personal* 641).

O*BRAS SELECTAS DE LA célebre monja de Méjico, sor Juana Inés de la Cruz, precedidas de su biografía y juicio crítico sobre todas sus producciones,* publicada por Juan León Mera en la Imprenta Nacional de Quito, en 1873, no solo es una rareza literaria y un proyecto editorial en buena medida desconocido dentro de la extensa y variada obra del escritor ambateño; también es una obra de autorización estética y moral de la monja poeta mexicana, y de su triunfante redención religiosa final, como resultado de un proceso complejo de corrección, borramiento y manipulación de su obra seleccionada. En suma, sujetar el alma de sor Juana y canonizar su escritura poética y literaria fue la gran intención moralizadora de Mera.

La edición de sor Juana hecha por Mera representa nada menos que la primera publicación moderna en Latinoamérica de las obras selectas de esta ilustre poeta mexicana del siglo XVII, después de su muerte en 1695. En su vasto

---

1. El título de este capítulo se inspira, obviamente, en la famosa biografía de Paz sobre la monja escritora. Agradezco las valiosas observaciones y comentarios de las historiadoras Guadalupe Soasti Toscano y Carmen Fernández-Salvador, del poeta y ensayista Vicente Robalino y del crítico literario J. Enrique Ojeda.

estudio histórico-crítico-biográfico sobre la monja escritora, *Sor Juana Inés de la Cruz o las trampas de la fe* (1982), el crítico y poeta mexicano Octavio Paz declara:

> Las ediciones del primer tomo de sor Juana se sucedieron rápidamente; según Abreu Gómez fueron nueve en total. En 1692 apareció en Sevilla el segundo tomo; este volumen alcanzó, como el tercero (1700), cinco ediciones. Pocos poetas modernos han visto publicadas sus obras tantas veces en tan pocos años. En 1725 se publicaron por última vez los tres tomos. Después, nada —hasta bien entrado el siglo XIX. La primera edición moderna no es de México sino ecuatoriana: *Obras selectas de la celebre monja de México, Sor Juana Inés de la Cruz,* prólogo de Juan León Mera (Quito, 1873). Fue el comienzo de lo que, sin exageración, podría llamarse *el regreso de sor Juana* (364).

La edición de Mera zanja así un siglo y medio de rechazo e indiferencia hacia la obra de la monja escritora, y revela, además, una de las actividades literarias menos conocidas del autor de la novela *Cumandá*: la de lector, editor y crítico de poesía femenina. Mi objeto de estudio aquí no es, pues, la obra de sor Juana como tal, sino la manera cómo se produce la recepción, reedición y republicación de sus obras selectas en el contexto de la obra, pensamiento y época de Mera. ¿Por qué reeditar a sor Juana en este preciso lugar y momento? ¿Cuáles fueron los criterios de su selección y reedición? ¿Cómo se produce su corrección y censura en específico? ¿De qué manera la poesía de sor Juana y la emergente poesía femenina ecuatoriana de la época podrían vincularse? ¿Cuáles fueron, finalmente, las contribuciones, límites y/o contradicciones de Mera en este proyecto editorial?

Empezaré afirmando que la obra selecta de sor Juana en manos de Mera es un referente paradigmático de cómo la crítica literaria católica, moralizante y conservadora de la época utilizó ciertas formas dominantes de representación, control y censura patriarcal para determinar la producción emergente de la escritura creativa de las mujeres ilustradas. Mera es aquí el artífice de una crítica literaria que autoriza, prohíbe y sanciona lo que estas escritoras pueden decir y lo que no.

La obra de sor Juana, seleccionada y editada por Mera, transita así, en el siglo XIX, por los territorios de lo que Foucault llamaría el "orden del discurso", esto es, esos mecanismos que prohíben el "derecho a decirlo todo, que no se puede hablar de todo en cualquier circunstancia, que cualquiera, en

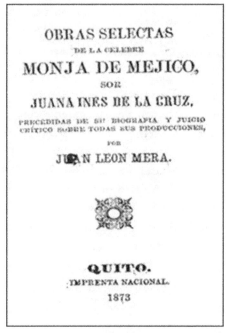

FIG. 4. Portada del libro de Juan León Mera, *Obras selectas de la célebre monja de Méjico, sor Juana Inés de la Cruz precedidas de su biografía y juicio crítico sobre todas sus producciones*. Quito: Imprenta Nacional, 1873.

Fuente: Internet Archive. https://ia904702.us.archive.org/3/items/obrasselectasdeloojuan /obrasselectasdeloojuan.pdf.

fin no puede hablar de cualquier cosa" ("El sujeto y el poder" 5). Un decir que, además, en el caso de las mujeres poetas, estaría doblemente censurado: no solo porque invadieron con su palabra el decir público masculino, sino también porque la poesía, como diría Paz, "es *siempre* una transgresión de la racionalidad y la moralidad de la sociedad burguesa [...] la poesía es, por naturaleza, extemporánea" (16).

Sor Juana mismo visibilizó estas formas de control y silenciamiento cuando, a manera de prólogo en *Inundación castálida* (1689), su primera obra, escribe: "Esos versos, lector mío,/ que a tu deleite consagro,/ y sólo tienen de buenos/ conocer yo que son malos [...] En tu libertad te pongo,/ si quisieres censurarlos".[2]

---

2. Dada su pertinencia a este ensayo y al hecho de que Mera no incluye este poema de sor Juana en su edición, lo reproduzco aquí de forma completa. "1 Prólogo al

Una mujer notable, pero no una notable poetisa

En la España imperial, entre 1689 y 1725, se imprimieron más de veinte mil ejemplares y veinte ediciones de las obras de Juana Inés de Asbaje y Ramírez de Santillana (Juana Ramírez, San Miguel de Nepantla, 1648). Para Margo Glantz, sor Juana —como popularmente se la conoce—, llenó con su fama las dos Españas; fue extensamente elogiada y admirada, y su obra fue considerada como el "oro intelectual" que venía del Nuevo Mundo. Glantz observa: "no es exagerado afirmar que mientras vivió su fama alcanzó los límites del inmenso mundo hispánico y que esa fama perduró todavía muchos años" (17). En su "Aprobación" a *Fama y obras póstumas* (1700), el mismo padre Diego Calleja, primer biógrafo español de sor Juana, escribe: "no seré demasiadamente inoportuno (y qué sé yo si demasiadamente obsequioso), si a vueltas de esta

lector [...] Esos versos, lector mío,/ que a tu deleite consagro,/ y sólo tienen de buenos/ conocer yo que son malos,/ ni disculpártelos quiero/ ni quiero recomendarlos,/ porque eso fuera querer/ hacer de ellos mucho caso./ No agradecido te busco:/ pues no debes, bien mirado,/ estimar lo que yo nunca/ juzgué que fuera a tus manos./ En tu libertad te pongo,/ si quisieres censurarlos;/ pues de que, al cabo, te estás/ en ella, estoy muy al cabo./ No hay cosa más libre/ què el entendimiento humano;/ pues lo que Dios no violenta,/ ¿por qué yo he de violentarlo?/ Di cuanto quisieres de ellos,/ que, cuando más inhumano/ me los mordieres, entonces/ me quedas más obligado,/ pues le debes a mi Musa/ el más sazonado plato,/ que es el murmurar, según/ un adagio cortesano./ Y siempre te sirvo, pues/ o te agrado, o no te agrado:/ si te agrado, te diviertes;/ murmuras, si no te cuadro./ Bien pudiera yo decirte/ por disculpa, que no ha dado/ lugar para corregirlos/ la prisa de los traslados;/ que van de diversas letras,/ y que algunas, de muchachos,/ matan de suerte el sentido,/ que es cadáver el vocablo;/ y que, cuando los he hecho,/ ha sido en el corto espacio/ que ferian al ocio làs/ precisiones de mi estado;/ que tengo poca salud/ y continuos embarazos,/ tales, que aun diciendo esto,/ llevo la pluma trotando./ Pero todo eso no sirve,/ pues pensarás que me jacto/ de que quizás fueran buenos/ a haberlos hecho despacio;/ y no quiero que tal creas,/ sino sólo que es el darlos/ a la luz, tan sólo pòr/ obedecer un mandato./ Esto es, si gustas creerlo,/ que sobre eso no me mato,/ pues al cabo harás lo què/ se te pusiere en los cascos./ Y adiós, que esto no es más dè/ darte la muestra del paño:/ si no te agrada la pieza,/ no desenvuelvas el fardo". (*Lírica personal* 640–664).

Aprobación, les doy noticia cierta (tales son los apoyos que constarán) del principio, progresos, y fin de esta ingeniosísima mujer, que tiene al presente, por los escritos de otros dos tomos, llenas las dos Españas con la opinión de su admirable sabiduría" (31–32).

Las ediciones de su obra, repartidas en tres libros,[3] materializaron un reconocimiento solo comparable al que recibiera Lope de Vega, figura sobresaliente de la literatura barroca española. Luego de su muerte, sin embargo, ocurrida en la Ciudad de México, el 17 de abril de 1695, la obra de sor Juana empieza progresivamente a decaer en la indiferencia y el olvido. Glantz observa que "la moda neoclásica —que abominó del barroco y sus excesos— empieza a despojarla de su fama, sus obras van cayendo en el olvido como las de Góngora, y, aunque solemos verla mencionada, es casi un lugar común advertir que ya no se le toma en cuenta como poeta, sino solo como una docta, erudita, grande mujer" (17). El juicio despectivo sobre la monja escritora se inicia desde el segundo tercio del siglo XVIII y continúa hasta finales del siglo XIX. Se trata de un eclipse prolongado, situado en el contexto de la decadencia virreinal de España, la emergencia de Inglaterra como nuevo imperio mundial, el "afrancesamiento" de la vida social, y, en lo específicamente literario, la marginación de Luis de Góngora y el llamado Siglo de Oro español.[4] A

---

3. Sor Juana publicó tres libros en España, el último de manera póstuma: *Inundación castálida* (Madrid, 1689), reedición ("corregida y mejorada por su autora") con el título de *Poemas* (Madrid, 1690; Barcelona, 1691; Zaragoza, 1962; Valencia, 1709 [1.ª y 2.ª ed.]; Madrid, 1714 y 1725 [1.ª y 2.ª ed.]). *Segundo volumen de las Obras* (Sevilla, 1692), reedición ("añadido [...] por su autora"; Barcelona, 1693 [1.ª, 2.ª y 3.ª ed.]); con el título de *Obras poéticas* (Madrid, 1715 y 1725). Y, finalmente, *Fama y obras póstumas* (Madrid, 1700; Barcelona, 1701; Lisboa, 1701; Madrid, 1714 y 1725). Estos títulos, usados de manera estándar, no dan cuenta de la titulación completa original, muchísimo más larga y exhaustiva del contenido, finalidad, aprobaciones y calificativos elogiosos que recibió su autora, donde se la nombra "musa décima", "única poetisa americana" y "fénix de México".

4. El Siglo de Oro español fue un período de gran florecimiento de las letras y las artes en España, que empezaría de forma imprecisa con la reconquista, el descubrimiento de América y la publicación de la *Gramática* de Antonio Nebrija, y se extendería hasta la muerte de Calderón de la Barca y la decadencia política de la dinastía de los Austrias o Habsburgo españoles. Algunas de sus poetas, dramaturgos y novelistas sobresalientes fueron Luis de Góngora y Argote (1561–1627),

principios del siglo XIX se sumó, además, el surgimiento de los movimientos independentistas y republicanos que estigmatizaron el período colonial como un equivalente del medioevo, y se apoyaron en la preeminencia cultural del neoclasicismo como un discurso estético fundado en la claridad explicativa, antagónico con la riqueza ornamental del barroco y la retórica jesuítica.

No es extraño, entonces, como observa Francisco de la Maza, que el historiador mexicano Joaquín García Icazbalceta defienda una "absoluta depravación" del lenguaje de sor Juana, el filólogo español Marcelino Menéndez Pelayo cuestione la pedantería y aberración del barroco, el crítico mexicano Francisco Pimentel comente que sor Juana escribió pasablemente, si bien "todo lo arrasa el gusto pervertido", el escritor José María Vigil no deje de acusarla de un "enmarañado e insufrible gongorismo", y aun la Academia Mexicana de la Lengua le conceda un espacio menor en sus publicaciones (393). En *Carta a una poetisa* (1871), un ensayo en que Ignacio Manuel de Altamirano, novelista liberal mexicano, da algunos consejos a una escritora novicia, sugiere, entre otras cosas, dejar a sor Juana "quietecita en el fondo de su sepulcro". Altamirano escribe:

> Hay que dejar el discreteo y la palabra inútil. Por eso no seré yo quien recomiende á Ud. á nuestra Sor Juana Inés de la Cruz, nuestra Décima Musa, á quién es necesario dejar quietecita en el fondo de su sepulcro y entre el pergamino de sus libros, sin estudiarla más que para admirar de paso la rareza de sus talentos [...] Los retruécanos, el alambicamiento, los juguetes pueriles de un ingenio monástico y las ideas falsas, sobre todo, hasta sobre las necesidades físicas, pudieron hacer del estilo de Sor Juana el fruto doloroso de un talento mártir, pero no alcanzaron a hacer de él un modelo (citado por Maza 393).

La revalorización y publicación moderna de la monja escritora sucederá dos años después de lo dicho por Altamirano, lejos del valle de México y sus intelectuales. Fue Juan León Mera quien preguntó en tono de admiración e intriga: "¡Las obras! ¡Las obras de la *Décima Musa*! ¿Dónde dar con ellas

---

Francisco Gómez de Quevedo y Santibáñez Villegas (1580–1645), Félix Lope de Vega y Carpio (1562–1635), Miguel de Cervantes Saavedra (1547–1616) y Pedro Calderón de la Barca (1600–1681), el último gran dramaturgo del período. Sor Juana, al igual que sus prestigiosos predecesores, ensayaría su pluma en varios de estos géneros, pero especialmente en la poesía.

en nuestra tierra en que es tan difícil hallar libros antiguos y en que casi no existen bibliotecas públicas? [...] las buscaremos [...] leeremos esas obras con la diligencia que cumple á un americano, y sin duda hallaremos en ellas mucho bueno" (*Obras selectas* vii). Fue, sin duda, un propósito extraño, por no decir excéntrico, que un escritor romántico tardío, nacido en la región andina, haya querido leer esas obras perdidas, atribuidas a una religiosa mexicana, que había sido famosa como poeta un siglo y medio atrás en el tiempo. ¿Cuál fue la motivación de Mera? ¿Cómo esta búsqueda por leer a sor Juana entrecruzaba sus caminos con su propia búsqueda como escritor y político? Lo primero que hay que decir es que, en ese lugar y momento, Mera no era cualquier lector. *Poesías de Juan León Mera* (1858), *La virgen del sol* (1861), la letra del *Himno Nacional del Ecuador* (1866) y *Ojeada histórico-crítica de la poesía ecuatoriana* (1868) acreditaban a Mera como una de las voces líricas y crítico-literarias más renombradas del país.

Militante acérrimo del conservadurismo católico-clerical del teócrata Gabriel García Moreno —que dominó la escena política por quince años y fue asesinado en 1875—, Mera manifestaba un interés especial por defender la preservación de la familia cristiana, la ilustración católica de la mujer y la convicción de que la literatura —la poesía, la crítica, la novela, la escritura de prensa— era una expresión poderosa del espíritu creador, que debía contribuir de manera fundamental a la moralización, unidad y mejor conocimiento de la historia y tradiciones de la nación.

La poesía, en particular, es definida por Mera como una expresión espiritual del pensamiento y los afectos, "animada por dotes misteriosas" de la naturaleza, que en forma de metro y rima daba a conocer la verdad, armonía y belleza que Dios había puesto en sus obras. La poesía "es eterna como el alma", está "encarnada en la naturaleza", despierta a la "razón", cultiva la "virtud", inventa las "bellas artes", es "universal", pues está más allá de las geografías, los climas y las razas. La poesía es, en definitiva, la expresión artística más elevada del espíritu humano y la civilización (*Ojeada* 15–17).

En *Ojeada histórico-crítica de la poesía ecuatoriana*, obra ensayística que inaugura la crítica literaria de la producción poética en el Ecuador, Mera dedica uno de sus capítulos a la importancia de la ilustración católica de las mujeres, y específicamente a la poeta quiteña Dolores Veintimilla. Es su ensayo, Mera crítica el abandono y negligencia con que se acepta la ignorancia de las mujeres y la mala dirección moral que ciertas mujeres ilustradas, como Dolores Veintimilla, habrían recibido. Mera verbaliza aquí su anhelo de que en un futuro cercano, la patria pudiera llegar a entregar flores y laureles a sus mujeres más ilustradas, virtuosas y grandes poetas. Mera escribe:

> Ojalá cuanto en el [en este ensayo] dejamos dicho sirva de estímulo á nuestras bellas y sensibles jóvenes, para que estudien, lean y escriban, y busquen lauros para sus frentes y honra para su patria. ¡Cuán bien sentaria á muchas la verde y fresca diadema de las musas, en lugar de las sartas de perlas y prendedores de diamantes con que sujetan su cabellera! [...] ¡He ahí las diosas de la inteligencia! ¡he ahí la gloria de nuestra patria! Y nos descubriríamos á su paso, y regalaríamos flores en su camino (22–23).

Es esta línea de pensamiento, precisamente, la que abre el primer párrafo de *Obras selectas de la célebre monja de Méjico, sor Juana Inés de la Cruz*. Mera empieza así: "El sexo llamado débil y mirado con desden, especialmente al considerarle por sus facultades intelectuales, ha venido de siglo en siglo, ántes y despues de la era cristiana, dando pruebas de que ese desden ha sido injusto, y protestando á la faz del mundo contra él" (i). Para Mera, sor Juana representa el modelo ejemplar de una mujer religiosa, ilustrada, americana, virtuosa y notable escritora, que puede servir de inspiración en el estudio, lectura y educación católica de las mujeres ecuatorianas y, en particular, de esas primeras escritoras que empezaban a emerger por aquel entonces. "Un nombre de mujer —escribe Mera—, y de mujer americana, fué motivo bastante poderoso para despertar nuestras simpatías por ella, y hacernos desear el conocimiento de sus obras" (iii).

Editar a sor Juana no es un proyecto aislado y casual en la producción literaria de Mera. Muy por el contrario, es un trabajo fundamental para entender su visión crítico-literaria de la emergente poesía femenina en el Ecuador; sus discusiones sobre la educación católica de las mujeres; su indianismo y cercanía con las literaturas populares, e inclusive el universo de sus ficciones novelescas. No parece coincidencia que *Cumandá* (1879), novela posterior en pocos años a *Obras selectas*, no solo tenga como protagonista a una heroína que es sexualmente casta y virgen como una monja de claustro, sino que al igual que sor Juana, en la versión biográfica de Mera, represente un modelo de mujer que busca la virtud abnegada y la santidad. Cumandá, la "virgen de las selvas", es una heroína patriarcal que sacrifica su propia vida y es venerada como santa al final de la novela. El carácter confesional de la monja mexicana, esposa de Jesucristo y comprometida a estrictos votos de obediencia, castidad,

clausura perpetua y pobreza, fue, sin duda, material de inspiración en la caracterización novelesca de Cumandá.

A pesar de sus múltiples distancias históricas, sor Juana y Mera estuvieron
unidos por órdenes sociales en que la Iglesia católica era intrínseca al poder
político y la cultura, a saber, el barroco del Estado monárquico del siglo XVII,
en el virreinato de Nueva España, y el régimen teocrático de García Moreno,
durante la segunda mitad del siglo XIX, en el Ecuador.[5] Para sor Juana y
Mera, como diría Ángel Rama en *La ciudad letrada*, la escritura era solidaria
al poder, y su posición como "letrados" estuvo determinada por sus estrechos
vínculos con la jerarquía política y eclesiástica de sus respectivos mundos.[6]

En su búsqueda de las obras de la *Décima musa*, Mera asume un desafío
doble en su empresa crítico-literaria-editorial: primero, encontrar la obra en
físico de la escritora; esos "libros antiguos", publicados un siglo y medio antes;
y segundo, autorizar la republicación de su obra, esto es, operar una suerte de
autopsia literaria sobre el cuerpo textual de sus escritos que separe lo "malo"
de lo "excelente", sus extravíos "imitando a Góngora en lo malo" de su "gran

---

5. Aunque con profundas diferencias, al igual que en el barroco de Estado, poder
   político y eclesiástico se vuelven uno; algo similar sucede durante el Gobierno
   teocrático de García Moreno, en el siglo XIX, en Ecuador. García Moreno instru-
   mentalizó la religión católica como ideología del Estado, adoptando una visión
   religiosa del poder. Bajo su égida, la educación pública, la prensa, la literatura,
   etc., estuvieron sujetas a una visión católica, conservadora y moralizante de lo
   social.

6. A través del concepto de "ciudad letrada", Rama insiste en la relación orgánica
   que existe entre los intelectuales (letrados) y el Estado, desde la Colonia hasta la
   época moderna, con algunas excepciones. La escritura, usada en la representación
   simbólica de la ciudad, es solidaria del poder. Sor Juana y Mera comparten esta
   relación de consagración con el poder político instituido en sus respectivas épocas. Son parte, como diría Rama, de esa "pléyade de religiosos, administradores,
   educadores, profesionales, escritores y múltiples servidores intelectuales, todos
   esos que manejaban la pluma, estaban estrechamente asociados a las funciones del
   poder" (25). Esta es la sor Juana que celebra y honra a sus protectores, los virreyes,
   y escribe cantos y poemas por pedido de altos religiosos y prelados. Mera, por su
   parte, no solo es un político militante del garcianismo; también sus poesías, ensayos y ficciones narrativas tienen una finalidad moralizadora, pastoral.

ingenio" (*Obras selectas* viii).[7] La convicción de que tal empresa era posible se fundó en tres estudios claves que proveían referencias elogiosas sobre la monja mexicana: *History of Spanish Literature* (Nueva York, 1849), traducida del inglés, del hispanista norteamericano M. George Ticknor; *Historia Universal* (Madrid, 1854), traducida del italiano, del historiador Cesare Cantù; y *La mujer. Apuntes para un libro* (Madrid, 1861), del crítico español Severo Catalina. Al respecto del primero, Mera explica:

> Por aquel tiempo leimos la excelente "Historia de la literatura española" por M. Ticknor, y encontramos mentado el nombre de la monja de Méjico precedido del epíteto de *célebre* [...] un calificativo honroso en boca de M. Ticknor es titulo valioso: difícilmente el concienzudo literato-angloamericano pudo haber concedido celebridad á quien no la tenia" (iii-iv).

El calificativo de Ticknor, sin embargo, es problemático: simplemente no existe tal epíteto en la obra original, en inglés. En *History of Spanish Literature,* Ticknor escribe únicamente: "Inez de la Cruz, a Mexican nun" [Inés de la Cruz, una monja mexicana] (50). Pero la traducción, *Historia de la literatura española* (Madrid, 1854), añade: "Sor Juana Inés de la Cruz, célebre monja de Méjico" (232). Así, son Pascual de Gayangos y Enrique de Vedia, los traductores de Ticknor, los que incluyen este valioso adjetivo.[8] Para el crítico anglosajón, sor Juana, en realidad, fue una poeta insignificante. Al revisar los tres gruesos volúmenes de su *History of Spanish Literature*, Ticknor dedica a sor Juana apenas una línea en toda su obra y la ubica junto a otros poetas, "todos sin ningún valor" ["all whorthless"]. Ticknor escribe explícitamente: "a remarkable woman, but not a remarkable poet" [una mujer notable, pero no una notable poeta] (51).

---

7. Son, sin duda, varias las razones de Mera para esta "autopsia literaria": sus distancias románticas e ilustradas con el barroquismo (gongorismo) de sor Juana, el carácter estrictamente católico-conservador de esta reedición y la necesaria autorización letrada masculina que requiere la obra literaria de una mujer.

8. Esta cita *borgiana* —similar a las ficciones de J. L. Borges— ha pasado desapercibida por la crítica. Mera no leyó los originales en inglés de Ticknor y confió ciegamente en su traducción al español. La portada de la versión en español, sin embargo, aclara: "Traducida al castellano, con adiciones y notas críticas".

Mera mismo habría percibido algo de esta ambigüedad cuando relata: "La simpatía vacilaba, pero era mas ardiente el deseo que abrigábamos de conocer las poesías de sor Juana Inés. El velo de la ilusión no se había rasgado del todo" (*Obras selectas* v). Es probable que este desdén de Ticknor hacia sor Juana haya sido consecuencia de su profundo calvinismo, su racionalismo, y su aproximación positivista a la historia de la literatura española y la poesía del Siglo de Oro. J. Enrique Ojeda comenta, a propósito de los críticos Ticknor y Prescott, que "obsesionados por el espectro de la Inquisición, concluyeron *a priori* que una cultura que permitía la existencia de tal organización y que continuaba siendo católica no podía producir obra artística de valor" (*La ciudad sobre la colina* 44).

Es, en realidad, el crítico español Severo Catalina quien proporciona a Mera una valoración definitiva sobre la importancia singular de sor Juana. En *La mujer*, Catalina se refiere a la monja escritora como "gran poetisa", "mujer singular", "inspirada religiosa", "musa décima", "tesoro de poesía":

> Muchos de nuestros lectores no tendrán quizá noticia de sor Juana Inés de la Cruz. Es una gran poetisa americana del siglo XVII: una mujer singular, en la que, como escribe un reverendo padre al censurar sus poesías, se comprueba 'que no es incompatible ser muy siervo de Dios y hacer muy buenas coplas' [...] los cantos de la inspirada religiosa mejicana, que recibió el dictado de *musa décima*, son mucho más que coplas; son un tesoro de poesía y de conceptos, bastante para afianzar una reputación (164).

Con Catalina, la *fama letrada* de sor Juana regresa.[9] Catalina, además, hace otra cosa fundamental: republica uno de sus poemas más famosos, el dedicado

---

9. La *fama letrada* de sor Juana fue para Mera la puerta de entrada a su autoría como poeta. Su apuesta por leerla, desde un principio, estuvo impulsada por los destellos de su antigua celebridad, su prestigio y gloria. Pero la *fama letrada* en la obra y vida de sor Juana es mucho más ambivalente: permite, por un lado, la justificación de las publicaciones y miles de impresiones de sus obras; pero es motivo también, por otro lado, de envidias, conflictos y vanidad que ella evita. Sor Juana adopta una actitud desconfiada ante su *fama letrada*, como lo prueba su romance a las "inimitables plumas de Europa" en sus elogios a su propia obra: "¿A una ignorante mujer,/ cuyo estudio no ha pasado/ de ratos, a la precisa/ ocupación mal hurtados/ [...] se dirigen los elogios/ de los ingenios más claros/ que en púlpitos y en escuelas/ el mundo venera sabios?" (*Lírica personal* "51"). Sobre este tema,

a los "hombres necios". Leído como una defensa moralizante de la castidad y pureza femeninas, y una crítica a los abusos machistas de los hombres superficiales, este poema de sor Juana es interpretado por Catalina como "un tratado importantísimo de filosofía y moral" (166). La lectura de este poema le permite a Mera despejar dudas previas, confirmar su fama como "célebre" y "décima musa" y, finalmente, invertir los términos de la ambigua valoración de Ticknor (sor Juana fue una mujer y poeta notable). Mera escribe conmovido: "La belleza poética y la belleza moral de esos versos nos entusiasmaron [...] Esa poesía, nos dijimos, no la produce sino un poeta; esa verdad no es hija de un alma vulgar: sor Juana fué, sin duda, mujer de gran talento, y sus obras deben ser dignas de ella" (*Obras selectas* vi-vii). La soberbia recuperación de los tres tomos coloniales de sor Juana publicados en España, *Inundación castálida* (1689), *Segundo tomo de las obras de sóror Juana Inés de la Cruz* (1692) y *Fama y obras póstumas del fénix de México* (1700), posibilitan a Mera poner en marcha su proyecto: selecciona ciento cuatro poemas que aparecen ahora numerados y organizados de acuerdo a su metro (romances, décimas, redondillas, quintillas, sonetos, etc.), y reedita, además, de manera completa la comedia *Los empeños de una casa*, la *Carta* de sor Filotea de la Cruz, y la *Respuesta* de sor Juana.[10] A manera de prólogo, Mera escribe también una

---

remito al excelente estudio de Beatriz Colombi, "Sor Juana Inés de la Cruz ante la fama".

10. En *Sor Juana a través de los siglos (1668–1910)*, Antonio Alatorre identifica los poemas originales que Mera usó para su selección de 1873, utilizando como referencia la edición que Alfonso Méndez Plancarte hiciera de las obras completas de la escritora. En la numeración de Méndez Plancarte, estos poemas corresponden a los números: "2, 3*, 4, 5, 6, 7, 9, 15*, 19*, 21, 31*, 36*, 37, 42, 43, 45, 47, 49, 50, 51*, 52, 55, 56*, 57, 58, 68, 70, 75*, 76*, 78, 81, 84, 85, 86, 88, 89*, 90, 91, 92, 93, 94, 95, 96, 98, 99, 100, 101, 102, 114, 115, 118, 125, 132, 135, 136, 140, 141, 148, 150, 151, 153, 154, 155, 156, 157, 160, 161, 164, 165, 167, 168, 169, 171, 172, 173, 174, 176, 177, 178, 179, 180, 186, 189, 190, 192, 194, 196, 207, 211, 212, 213, 214, 247, 251, 263, 271* (solo los vv. 89–132), 301, 312, 314, 322, 337, 351, 364, 365, 366. (En los villancicos, del número 247 al 366, se omite siempre el estribillo). Mera también incluye el romance del 'Día Séptimo' de los *Ejercicios de la Encarnación*, los vv. 353–411 de *El cetro de José*, la comedia *Los Empeños de una casa*, entera, pero sin las piezas que la acompañan, salvo el final del Sainete segundo (a partir del v. 114), la *Carta* de sor Filotea de la Cruz y la *Respuesta* de sor Juana" (269). Los números con asterisco

biografía de la célebre monja, que es deudora de múltiples fuentes. El mismo Mera lo comenta así:

> íbamos buscando y entresacando de esos tres tomos que encierran las obras completas de la monja, todo cuanto nos parecia digno de recomendación para formar un conjunto de sus poesías completas [...] datos acerca de su vida [...] lo que de ella han dicho sus panegiristas [...] y cumplir nuestro propósito de escribir su biografía junto con el juicio crítico de sus partos literarios (xi).

Mera, insisto, es el primero en editar una versión moderna de las obras selectas de sor Juana en Latinoamérica, anticipándose en más de treinta años a los estudios que a principios del siglo XX empezarían a rescatarla, empezando con *Juana de Azbaje* (1910), del poeta mexicano Amado Nervo. En lo que sigue, desarrollaré una *lectura deconstructiva* de cómo Mera se posiciona como lector y censor de la obra de sor Juana. En ella impondrá toda clase de correcciones que irán desde lo ortográfico hasta el mismo contenido de lo escrito. Su objetivo es claro, y él mismo lo expresa sin tapujos: quiere quedarse solamente con la "buena" poesía, con lo mejor que produjo el genio de sor Juana. Este propósito, como veremos, no estará libre de prejuicios e incongruencias.

Mera, lector terrible de sor Juana

En sus "Advertencias" a su *Obra selecta de la célebre monja*, Mera anticipa al lector sobre la forma en que ha operado su selección/reedición, y menciona, en específico, cuatro modificaciones fundamentales con respecto a las publicaciones españolas originales: primero, dice, "he creido conveniente cambiar ó simplificar los títulos ampulosos o enfáticos"; segundo, "he corregido la ortografía cuyos vicios maleaban el sentido de mas de un pasage"; tercero, "he hecho unas pocas y breves alteraciones en los lugares en que no cabe duda que las faltas ó errores provienen de la imprenta"; y cuarto, "de varias piezas he tomado sino fragmentos; pero lo he verificado de manera que, en lo posible, tengan ilacion y sentido cabal" (lxxxv). Significativamente, Mera insiste, además, en que "en ninguno de estos cuatro casos se hallará ni el mas ligero

---

son poemas que Mera reproduce como fragmentos. Gracias a esta importante contribución de Alatorre me fue posible desarrollar hoy una revisión crítica de la selección y edición de Mera, estableciendo específicamente cómo la hizo, texto por texto.

cambio ú omision que pueda desfigurar, en el fondo ó en la forma, las producciones de la insigne religiosa que hoy vuelven á salir á la luz; al contrario, además de fielmente copiadas, van excentas de la mala compañía de otras que las oscurecían, y puestas en el orden correspondiente" (lxxxvi).

Es claro que reordenar, reclasificar, seleccionar, cambiar y, sobre todo, *eliminar y cercenar* distintos poemas de la obra lírica de sor Juana supone imponer al cuerpo de su escritura un entramado de valores, intenciones y sentidos que desfiguran, aun Mera no queriéndolo, la forma y fondo de lo republicado. Al afirmar que sus modificaciones ni omiten ni desfiguran nada, sino que salvaguardan el "sentido cabal" de la misma obra de sor Juana, Mera se convierte en un *lector terrible* de su obra. Mera lee y edita, parafraseando a Paz, no lo que sor Juana dice, sino *lo que no puede decir*; lee y censura los silencios que debe mantener, y así elimina las ideas, intereses y pasiones que, como monja, mujer y escritora, no estaba autorizada a expresar. Paz observa elocuente:

> Los lectores terribles son una parte —y una parte determinante— de la obra de sor Juana. Su obra nos dice algo pero para entender ese *algo* debemos darnos cuenta de que es un decir rodeado de silencio: *lo que no se puede decir*. La zona de lo que no se puede decir está determinada por la presencia invisible de los lectores terribles [...] aquello que no se puede decir es aquello que toca no sólo a la ortodoxia de la iglesia católica, sino a las ideas, intereses y pasiones de sus príncipes y sus órdenes [...] La comprensión de la obra de sor Juana incluye la de la prohibición a la que se enfrenta esta obra (17).

Mera, en este punto, parecería investirse a sí mismo, no como editor de la obra de esta monja escritora, sino como su director espiritual y primer lector autorizado a *aprobar* y *censurar* sus obras.[11] A continuación, analizaré de manera material dos casos concretos de estas correcciones de forma y contenido en la

---

11. Este fue precisamente uno de los roles centrales del padre jesuita Antonio Núñez de Miranda (1618–1695), director y confesor espiritual de sor Juana. Núñez de Miranda, explica Alatorre, fue un rigorista, que quería que su "hija espiritual", todavía no famosa, muriera para el mundo y alcanzara así una vida de virtud y santidad. Investido como primer lector y censor de sor Juana, el padre Núñez le interpuso estorbos, requiriendo sus permisos y correcciones a todo lo que ella escribiera. Así estuvieron las cosas durante los primeros doce años de encierro de sor Juana en el convento de las jerónimas. La llegada de un nuevo virrey a Nueva España y, sobre todo, su esposa cambiaría esta dinámica. Este se puede decir que

obra de sor Juana. En primer lugar, examinaré la edición que hace Mera del famoso poema "Redondillas", dedicado "a los hombres necios", para visibilizar sus cambios formales —ortografía, puntuación, titulación, etc.— con respecto a su publicación original, aparecida en *Inundación castálida*. En segundo lugar, examinaré el contenido específico de los poemas *mutilados* por Mera, es decir, los versos que intencionalmente fueron eliminados de estos poemas y que solo gracias a las ediciones más modernas de la obra completa de la monja escritora han podido ser ahora identificados (recuérdese que Mera cambió sus títulos o los descartó).

Al materializar o visibilizar las correcciones en la forma del poema "Redondillas" de sor Juana, lo más evidente es la modernización del lenguaje y el disgusto de su editor por el lenguaje abigarrado, sobrecargado y ostentoso del barroco.[12] Mera, en efecto, actualiza la escritura del poema de acuerdo con la gramática y estilo de su época: cambia las consonantes en desuso, altera la puntuación y ortografía —cada verso empieza ahora con mayúsculas o ciertas palabras se tildan de manera diferente— y elimina el título grandilocuente del poema original ("Redondillas. Arguye de inconsecuente el gusto, y la censura de los hombres, que en las mujeres acusan lo que causan"), imponiendo uno nuevo, ahora numerado, muchísimo más simple y directo ("Redondillas I. A los hombres"). Dos de estas "libertades" que se otorga Mera son cuestionables: 1. el cambio excesivo en la puntuación; y, 2. la eliminación del título original, junto a la imposición de uno nuevo. A continuación, reproduzco una copia facsímil del poema original, tal cual aparece en su versión colonial; y luego, visibilizo los cambios en la edición de Mera.

---

es el comienzo de la monja célebre y famosa, protegida, amiga y devota escritora de sus poderosos mecenas. Véase Alatorre, "Sor Juana y los hombres".

12. El poder virreinal, afirma John Beverley, era representación barroca, abigarrada, sobrecargada, híbrida en la multiplicidad de influencias culturales que en ella confluían. La literatura barroca no era solo un estilo, sino una forma de representar el poder virreinal. El teatro, las ceremonias religiosas, las ostentosas alegorías y metáforas, o la voz parodiada de indios y negros, fueron la forma pública de la misma ideología del Estado monárquico. Beverley explica: "La teatralización, la alegoría, la ceremonia, el exhibicionismo carismático son la esencia del poder aristocrático, no simplemente su expresión [...] La pompa, o la apariencia de poder, no es claramente separable de su sustancia: el poder es en cierto sentido ostentación" (13).

Inundación castálida (1689)

Soror Iuana Inès de la Cruz.

REDONDILLAS.

Arguye de incousequense el gusto , y la censura de los hombres, que en las mugeres acusan lo que causan.

Hombres necios, que acusais
á la muger sin razon,
sin vèr que sois la ocasion,
de lo mismo que culpais:
Si con ansia, sin igual,
solicitais su desdèn;
porquè quereis q̃ obren bien,
si las incitais al mal?
Combatis su resistencia,
y luego con gravedad
dezis, que fue liviandad,
lo que hizo la diligencia.
Parecer quiere el denuedo
de vuestro parecer loco,
al niño, que pone el coco,
y luego le tiene miedo.
Quereis con presumpcion necia,
hallàr, à la que buscais,
para pretendida, Thais,
y en la possession Lucrecia.
Que humor puede ser mas raro,
que el que falto de consejo,
el mismo empaña el espejo,
y siente que no estè claro.
Con el favor, y el desden
teneis condicion igual,
quexandoos, si os tratan mal,
burlandoos, si os quieren bien.
Opinion ninguna gana,
pues la que mas se recata,
sino os admite, es ingrata,
y si os admite, es liviana.
Siempre tan necios andais,
que con desigual nivèl,
à vna culpais, por cruel,
y à otra por facil culpais.
Pues como ha de estar templada
la que vuestro amor pretende,
si la que es ingrata ofende,
y la que es facil enfada?
Mas entre el enfado, y pena,
que vuestro gusto refiere,
bien aya la que no os quiere,
y quexaos enorabuena.
Dan vuestras amantes penas
à sus libertades alas,
y despues de hazerlas malas,
las quereis hallar muy buenas.
Qual mayor culpa ha tenido
en vna passion errada,
la que cae de rogada,
ò el que ruega de caido?

F 2   O

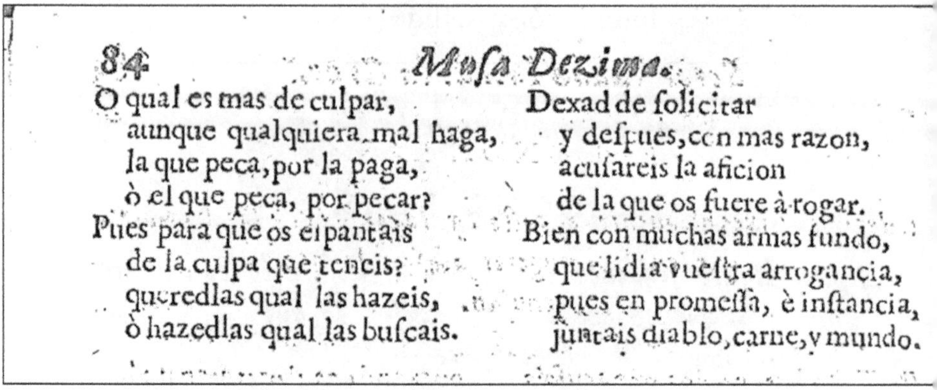

84   *Musa Dezima.*

> O qual es mas de culpar,
> aunque qualquiera mal haga,
> la que peca, por la paga,
> ò el que peca, por pecar?
> Pues para que os espantais
> de la culpa que teneis?
> queredlas qual las hazeis,
> ò hazedlas qual las buscais.
>
> Dexad de solicitar
> y despues, con mas razon,
> acusareis la aficion
> de la que os fuere à rogar.
> Bien con muchas armas fundo,
> que lidia vuestra arrogancia,
> pues en promessa, è instancia,
> juntais diablo, carne, y mundo.

FIG. 5 and 5.1. Copia facsimilar del poema "Inundación castálida". Sor Juana Inés de la Cruz, *Inundación castálida de la única poetisa, Musa Decima, sóror Juana Inés de la Cruz, religiosa profesa en el Monasterio de San Jeronimo en la Imperial Ciudad de Mexico, que en varios metros, idiomas y estilos fertiliza varios asuntos con elegantes, sutiles, claros, ingeniosos, útiles versos, para enseñanza, recreo y admiración.* Madrid: Juan García Infanzón, 1689.

Fuente: Biblioteca W.E.B. Du Bois, Universidad de Massachusetts-Amherst.

Obras selectas (1873)[13]

REDONDILLAS
(Arguye de inconsecuente el gusto, y la censura de los hombres, que en las mujeres acusan lo que causan.)

[I.]
[A los hombres]

Hombres necios, que acusais
[A](á) la mujer[,] sin razon,
[S](s)in ver que sois la ocasion(,)
[D](d)e lo mismo que culpais(:) [;]

Si con ansia(,) sin igual(,)
[S](s)olicitais su desd(é)en(,)[;]
[¿] porqué quereis que obren bien[,]
[S](s)i las incitáis al mal?

---

13. Se han puesto entre paréntesis "( )" los elementos que han sido eliminados; y entre corchetes "[ ]" los elementos nuevos, cambios de puntuación, ortografía, título, etc. La modernización de consonantes, vocablos y otros elementos lingüísticos antiguos no ha sido marcada.

Combatís su resistencia,
[Y](y) luego con gravedad
[D](d)ecis(,) que fué liviandad(,)
[L](l)o que hizo la diligencia.

Parecer quiere el denuedo
[D](d)e vuestro parecer loco(,)
[A](a)l niño(,) que pone el coco
[Y](y) luego le tiene miedo.

Quereis, con presuncion necia(,)
[H](h)allar(,) á la que buscais(,)
[P](p)ara pretendida, Thais,
[Y](y) en la posesion[,] Lucrecia.

[¿]Qué humor puede [haber] (ser)
más raro(,)
[Q](q)ue el que falto de consejo,
[E](é)l mismo (empaña) [empañe] el
espejo(,)
[Y](y) (siente) [sienta] que no esté
claro(.)[?]

Con el favor(,) y el desden
[T](t)eneis condición igual,
[Q](q)uejandoos(,) si os tratan mal,
[B](b)urlandoos(,) si os quieren
bien.

Opinion, ninguna gana,
[P](p)ues la que mas se recata,
[S](s)i no os admite, es ingrata,
[Y](y) si os admite, es liviana.

Siempre tan necios andais,
[Q](q)ue con desigual niv(é)el(,)
[A](á) una culpais(,) por cruel,
[Y](y) (á)a otra por fácil culpais.

Pues [¿]cómo ha de estar templada
[L](l)a que vuestro amor pretende,

[S](s)i la que es ingrata ofende,
[Y](y) la que es fácil enfada?

Mas entre el enfado(,) y pena(,)
[Q](q)ue vuestro gusto refiere,
[B](b)ien (aya) [haya] la que no os
quiere,
[Y](y) quejaos [enorabuena] (en
hora buena).

D(á)an vuestras amantes penas
[A](á) sus libertades alas,
[Y](y) despues de hacerlas malas(,)
[L](l)as quereis hallar muy buenas.

[¿]Cuál mayor culpa ha tenido
[E](e)n una pasion errada,
[L](l)a que cae de rogada,
[O](ó) el que ruega de ca(í)ido?

O [¿] cuál es mas de culpar,
[A](a)unque cualquiera mal haga,
[L](l)a que peca(,) por la paga,
[O](ó) el que (peca)[paga](,) por
pecar?

Pues [¿]para qué os espantais
[D](d)e la culpa que teneis?
[Q](q)ueredlas cual las haceis,
[O](ó) hacedlas cual las buscais.

Dejad de solicitar[,]
[Y](y) después(,) con más razón(,)
[A](a)cusareis la aficion
[D](d)e la que os fuere á rogar.

Bien con muchas armas fundo(,)
[Q](q)ue lidia vuestra arrogancia,
[P](p)ues en promesa(,) é instancia(,)
[J](j)untais diablo, carne(,) y mundo.

Los poemas que Mera *mutila* (del lat. mutilāre, cortar o quitar una parte o porción de algo que de suyo debiera tenerlo) fueron identificados y reorganizados por Antonio Alatorre en su estudio monumental, *Sor Juana a través de los siglos (1668–1910)*. Alatorre no analiza el contenido de estos poemas, pero los localiza tomando como referencia la numeración que la poesía total de sor Juana había recibido en sus *Obras completas* editadas por Alfonso Méndez Plancarte en 1951. Para esta identificación y análisis de contenido he utilizado la *Lírica personal* de las *Obras completas*, tomo I, de la monja mexicana, novísima publicación que tiene al mismo Alatorre como editor y que continúa la numeración establecida por Plancarte.[14] Los poemas mutilados por Mera corresponden a los números "3", "15", "19", "31", "36", "37", "51", "56", "75", "76", "89" y "271" de esta clasificación moderna. Mera también los marca en su edición de 1873, indicando los momentos de su corte. Todo esto ha permitido encontrar de manera exacta, casi un siglo y medio después, estos versos silenciados por Mera, intencionalmente eliminados de la obra de sor Juana como "mala poesía".

Una primera observación sobre estos poemas mutilados es que carecen, una vez más, de sus "títulos ampulosos" originales, pues en unos casos han sido simplificados a una descripción literal breve, y en otros han recibido simplemente un número, seguido de la palabra "fragmento". El poema "3", por ejemplo, en la obra original se titula "Discurre con ingenuidad ingeniosa sobre la pasión de los celos. Muestra que su desorden es senda única para hallar el amor; y contradice un problema de don José Montoro, uno de los más célebres poetas de este siglo"; Mera lo cambia por "Los celos prueban amor". El poema "76" se titula "Endechas que prorrumpen en las voces del dolor al despedirse para una ausencia"; Mera lo retitula "Fragmentos". Es cierto que estos nuevos títulos no son completamente arbitrarios, y que las más modernas ediciones de sor Juana, al igual que Mera, han numerado los poemas. Pero la eliminación de los títulos originales y su re-titulación es, a todas luces, una exhibición de autoridad y censura. Renombrar y retitular no son actos inocentes, sino formas de apropiación simbólica y material de una determinada realidad. No sería exagerado decir, en este sentido, que Mera adopta una

---

14. La edición de Alatorre es la obra más actual y completa de la poesía de sor Juana. He usado aquí la versión digital.

posición de *apropiación* frente a la escritura poética de la monja mexicana: sus versos son literalmente mutilados, alterados, cortados en distintos lugares y extensiones, sea al comienzo o al final de un poema, sea un par de versos en una estrofa o largas secciones de muchas estrofas a la vez. El poema "3", por ejemplo, tiene ocho cortes; el "15" y el "37", tres cortes; el "19", cinco cortes; el "31", un corte; el "36", dos cortes. Las eliminaciones de Mera operan de manera intencional y específica, y como él mismo declara, responden al objetivo de separar las "buenas poesías" de la "mala compañía de otras que las oscurecían".

¿Pero qué es "buena poesía" para Mera? Quisiera ofrecer aquí no una respuesta definitiva, sino más bien interpretativa: Mera entiende el ejercicio de la literatura y, en particular, la crítica literaria de la escritura femenina como una forma de "pastorado literario". Esto es, una manera de alcanzar la verdad religiosa, de educar evangelizando, y, sin duda, de proteger a la comunidad social del mal, inmoralidad o pecado que la escritura femenina pudiera albergar. Separar la "buena" de la "mala" poesía en la obra de sor Juana no tiene en Mera un fundamento gramatical, estético o estilístico, sino religioso y moral. Yolanda Montalvo afirma precisamente que para Mera "lo estético no puede estar desvinculado de una posición ética y moral" (87). Pero es el propio Mera quien en el prólogo a su novela inconclusa, "Los novios de una aldea ecuatoriana" (1872), declara en el periódico *La Prensa* que "la moral debe ser el alma de la novela" (n.º 20); y uno podría generalizar que no solo de la novela, sino de toda forma de escritura literaria. Una consecuencia importante de esta concepción moralizante de la literatura es que la autoría de una obra está cimentada, fundada, en la virtud personal del escritor y sus valores éticos y religiosos. Mera formula lo dicho así: "la fragancia os da á conocer la flor; la poesía os da á conocer al poeta" (*Obras selectas* xii). La poesía de sor Juana se revela, entonces, como una suerte de expresión del "alma" de la poeta. Equiparar la vida del autor a su obra literaria, juzgar una obra a partir de la vida de quien la escribió tiene, sin embargo, un problema obvio: la presencia siempre contemporánea de un lector. Paz, otra vez, lo explica de forma lúcida:

> No niego que la interpretación biográfica sea un camino para llegar a la obra. Solo que es un camino que se detiene a sus puertas [...] La obra se cierra al autor y se abre al lector [...] Las obras no responden a las preguntas del autor sino a las del lector. Entre la obra y el autor se interpone un

elemento que los separa: el lector. Una vez escrita, la obra tiene una vida distinta a la del autor: la que le otorgan sus lectores sucesivos (14).

Los versos mutilados por Mera revelan, además, una singular recurrencia de temas y contenidos censurados: buena parte de ellos están dedicados y/o aluden directamente a "Lisi" —también llamada Lysi, Lisis, Lísida o Filis—, nombre en clave de María Luisa Manrique de Lara y Gonzaga, XI condesa de Paredes y marquesa de la Laguna, reconocida musa, protectora y mecenas de sor Juana.[15] Mera no pasó por alto el inusual apasionamiento, devoción casi religiosa y atracción sensual de la monja escritora por su benefactora. "Lisi", en estos versos censurados, representa dos cosas fundamentales para sor Juana: primero, es un ideal sagrado de belleza, que es física e intelectual. La monja escribe, por ejemplo: "arde sacrificio puro/ de adoración y silencio/ Éste venera tu culto (Filis)/ éste perfuma tu templo" (poema 19); "Mas ¡oh libres desdichados,/ todos los que ignoran,/ necios, de tus divinos hechizos (Filis)/ el saludable veneno!" (poema 19); "Yo le pido a Dios que/ te acuerdes, gran señora,/ que nací para ser tuya,/ aunque tú no lo conozcas" (poema 31); o también, "Vive, sin que el tiempo ingrato/ te desluzca; y goza, igual,/ perfección de original/ y duración de retrato" (poema 89). En segundo lugar, la virreina representa, además, una fuente de deseo, pasión y devoción sagrada. "La siempre divina Lisi,/ aquella en cuyo semblante/ ríe el día, que obscurece/ a los días naturales, mi señora/ la condesa de Paredes" (poema 37). Es probable que al hablar de "Lisi" como su dueña, dotándola de una belleza sensual inigualable, divinidad en su "culto" y eternidad "de retrato", estos "religiosos

---

15. El mecenazgo, protección, promoción cultural, financiación económica, gestión editorial y amistad personal de la marquesa de la Laguna fue fundamental en la vida y obra de sor Juana. Es gracias a María Luisa que sor Juana escapa de la censura de su confesor, recibe el estímulo, contactos, invitaciones y reconocimientos para escribir su obra más celebrada. En retribución, los marqueses de la Laguna, y "Lisi" en especial, ocuparán un lugar fundamental en sus textos. Paz ha observado que una cuarta parte de toda la producción poética de sor Juana (216 poemas) está dedicada a ellos (249), y, progresivamente, se destina de manera exclusiva solo a "Lisi". Fue María Luisa quien financió en España, con fondos propios, la publicación de *Inundación castálida*, y quien mantuvo firme su apoyo hasta la muerte de la poeta. Véase Hortensia Calvo y Beatriz Colombi, *Cartas de Lysi*; de Colombi, "Sor Juana Inés de la Cruz ante la fama"; y de Alatorre, "Sor Juana y los hombres".

incendios" y "testimonios del fuego" de sor Juana hayan escandalizado a Mera. El erótico poema "61" donde sor Juana "Pinta la proporción hermosa de la excelentísima señora condesa de paredes" fue, de hecho, totalmente eliminado de las *Obras selectas*. En este poema, sor Juana, con gran maestría y elegancia exquisita, retrata el cuerpo sensual de la virreina. Alatorre lo describe así:

> los cabellos de oro, cárceles en que todos quedamos presos; los ojos, lámparas que brillan, pólvora que arde; la boca, búcaro de fragancias; el cuello, "tránsito a los jardines de Venus", o sea a los deliciosos pechos de Lísida [...] Pero antes de llegar a las piernas y a los pies pequeños y leves como los de un ser etéreo, se retrata la cintura ("Sor Juana y los hombres" 195).

La alusión a la cintura de la virreina ("Bósforo de estrechez tu cintura [...] músculos nos oculta ambiciosa"), explica Alatorre, fue un acto retórico comparable al de la poesía erótica-obscena de la época, la cual era impublicable, pero que en la diestra pluma de sor Juana no escandalizó a nadie (196). Es solo hasta recientemente que Hortensia Calvo y Beatriz Colombi descubrieron dos cartas privadas de Lisi (Lysi), donde es la virreina la que habla sobre sor Juana y hace explícita su gran admiración hacia esta *rara mujer*. En una carta dirigida a María Guadalupe Lencastre y Cárdenas Manrique, duquesa de Aveiro, el 30 de diciembre de 1682, Lisi escribe:

> Pues otra cosa de gusto que la visita de una monja que hay en San Jerónimo que es rara mujer no la hay. Yo me holgara mucho de que tú la conocieras pues creo habías de gustar mucho de hablar con ella porque en todas las ciencias es muy particular esta [...] Hase aplicado mucho a las ciencias pero sin haberlas estudiado con su razón. Yo suelo ir allá algunas veces que es muy buen rato (177–178).

El segundo asunto que se censura como recurrente es el barroquismo de sor Juana al expresar sus sentimientos de amor, celos, orgullo o devoción. Poetizados siempre en el claro-oscuro, tales emociones humanas aparecen como misteriosas y ambiguas, albergando paradojas y contradicciones. No existe en sor Juana la visión romántica del amor divino o la vida eterna como conceptos absolutos: lo humano está siempre atravesado por la corrupción del tiempo o la muerte. Sor Juana escribe: "naturales son los celos,/ ¿cómo, sin tenerlos, puede/ el amor estar perfecto?" (poema 3). Para la monja mexicana, los celos son "naturales hijos" del amor, y el celoso piensa que todos aman lo que él quiere. Los celos revelan que el amor es un sentimiento ambivalente, nunca totalmente nítido o transparente. El amor, asimismo, también puede volverse tormento (poema 19). Mera parecería rechazar tales ambigüedades.

Finalmente, algunos de estos versos mutilados, escritos con gran belleza, defienden el derecho de la mujer a la inteligencia y al conocimiento. En su poema a María Guadalupe Alencastre, "Gran Minerva de Lisboa", sor Juana admira su belleza —que le recuerda a "Lisi"— y su valor intelectual como mujer: "Claro honor de las mujeres,/ de los hombres docto ultraje,/ que provais que no es el sexo,/ de la inteligencia parte" (poema 37). Y también: "Recibe un alma rendida,/ cuyo estudioso desvelo/ quisiera multiplicarla/ por sólo aventurar tu imperio./ Que no es fineza, conozco,/ darte lo que es de derecho/ tuyo; más llámola mía/ para dártela de nuevo" (poema 19). La actitud de Mera frente a la defensa de la capacidad intelectual de la mujer se revela así limitada: cuestiona el desprecio hacia las facultades intelectuales de la mujer, pero le impone límites estrictos que la circunscriben al reino de lo doméstico. Sor Juana, en contraste, rinde un culto y devoción tan intensos al conocimiento, que no solo afirma que la inteligencia no tiene sexo, sino que todo lo demás parecería estar subordinado a ella. En su "Reconocimiento á los autores europeos que elogiaron los versos de la poetisa" (poema 51), la censura de Mera elimina la "falsa modestia" de sor Juana, en que se disculpa por su ignorancia y falta de estudios, y considera un sinsentido "desperdiciar conmigo/ elogios tan empeñados". Este romance singular, como explica Colombi de manera brillante, muestra la relación ambivalente de sor Juana ante su *fama letrada*, que Mera, por otra parte, tanto venera. Para la monja mexicana, la fama es equiparable a la imagen de un pavo real, escribe Colombi, "esplendoroso en su plumaje, pero grotesco en sus pies [...] los elogios son como la esplendorosa cola desplegada de un pavo real, mientras que la respuesta gratulatoria muestra la fragilidad de sus extremidades" (27). Los versos eliminados en este poema apuntan, precisamente, a los momentos en que sor Juana relativiza los elogios de sus panegiristas y considera los riesgos de la fama. Mera, al cercenar este poema, parecería darle la razón a su autora.

Hay que señalar, finalmente, que el editor de *Obras selectas* excluye totalmente de su selección el poema más sobresaliente de sor Juana según la crítica actual: el "Primero sueño" (vol. 2: 1692), elucubración erudita en forma lírica en que la monja mexicana razona de manera extensa —975 versos— sobre el potencial intelectual del ser humano. La exclusión de este poema en la edición de Mera deja serias dudas sobre su valoración de sor Juana como mujer intelectual y librepensadora. La valoración de Alatorre sobre este poema es definitiva:

> Después del *Primero sueño* no volvió a haber gran poesía en lengua española hasta mucho tiempo después. Y es que el *Primero sueño* no sólo da toda la medida de sor Juana en cuanto al arte de la palabra, sino que la materia misma de que está hecho es el sueño de su vida, el que la acompañó desde la tierna infancia: el sueño de saberlo todo, de abarcarlo todo, de ser hombre en el pleno sentido de la palabra ("Sor Juana y los hombres" 198).

Para la sor Juana erudita e intelectual, la poesía era una forma verbal producto de la inteligencia y la sensibilidad; del ingenio barroco, entendido como una capacidad de descubrir las relaciones secretas entre las cosas y las ideas, y el artificio lingüístico que las expresaba. Más allá de un simple juego de palabras, la poesía de sor Juana es un acto del entendimiento en el que participa su vastísima erudición sobre distintos saberes, épocas, autores y lecturas previas. Otra vez, citando a Paz, uno podría decir que "la poesía de sor Juana, como la de todos los poetas, nace de su vida, a condición de comprender que la palabra vida —en todos los casos pero sobre todo en el suyo— designa no sólo a los actos sino a las imaginaciones, las ideas y las lecturas" (371). Este arsenal de conocimientos y pensamiento en manos de una monja debió causarle a Mera tanta curiosidad como preocupación y desconfianza.

De sor Juana a Dolores Veintimilla

La censura de Mera a la manera en que sor Juana escribe en el siglo XVII tuvo su contraparte contemporánea en la escritura de otras poetas y mujeres ilustradas ecuatorianas del siglo XIX: más de dos siglos habían pasado, la independencia de las nuevas repúblicas se había declarado, se afirmaban ideales de "igualdad", "fraternidad" y "solidaridad", pero la vigilancia y control del letrado masculino continuaba. Esta censura, unida a distintas formas de represión, castigo y criminalización de la mujer, no fue sino la manifestación violenta del carácter marcadamente masculino de la ley y los derechos privilegiados de los hombres.[16]

En un sentido alegórico, parecería que Mera extiende el poder teocrático de García Moreno (quien en 1873 está en su segundo mandato) a las formas en que la subjetividad creativa de la mujer ilustrada podía manifestarse en su escritura. El ejercicio represivo e ideológico de la política de García Moreno, fundado en un pacto divino entre el pueblo y Dios, impactó no solo sobre la familia, la vida ciudadana o la conformación de una identidad nacional ecuatoriana católica, sino que fue también —usando la acepción de Foucault—, una forma de "poder pastoral" que buscó determinar la subjetividad e intimidad de sujetos sociales específicos. Censurar la autoría, autoridad y autorización de la mujer escritora fue así una manera de garantizar la conservación de un orden patriarcal hegemónico en el funcionamiento simbólico, social y político de la escritura: las letras, las leyes, el saber y el pensamiento, pero también, en el ámbito de las subjetividades, proveyendo una dirección espiritual, moral y pedagógica de lo que significaba ser una mujer virtuosa.

Las representaciones existentes de la mujer la infantilizaban y justificaban así su incapacidad para tomar decisiones racionales sobre su propio destino, impidiendo su participación en la vida pública y política. Vigilada, censurada, parodiada, estigmatizada o castigada, la condición "natural" de la mujer era la de estar siempre sujeta a la tutela y dirección de una autoridad masculina (esposo, padre, maestro, confesor, etc.).

Este rostro infantil de la mujer es representado por el propio Mera —tan poco conocido en su producción pictórica— en un óleo titulado *La niña y el niño* (67 x 85 cm). En esta pintura, maternidad e inocencia convierten el

---

16. En su ensayo "Emancipación moral de la mujer" (1854), Juana Manso, desde Buenos Aires, cuestiona duramente: "la sociedad es el hombre: él solo ha escrito las leyes de los pueblos, sus códigos; por consiguiente, ha conservado toda la primacía para sí; el círculo que traza en derredor de la muger es inultrapasable, lo que en *ella* clasifica *crimen* en él lo atribuye á *debilidad humana* [...] la muger tiene con todo que bajar la cabeza y murmurar, decirle á su pensamiento no pienses, á su corazón no sangres, á sus hojos no llores, y á sus labios reprimid las quejas! [...] Por qué se condena su inteligencia á la noche densa y perpetua de la ignorancia? Por qué se ahoga en su corazón desde los más tiernos años, la conciencia de su individualismo, de su dignidad como ser, que piensa, y siente? repitiéndole: no te perteneces á tí misma, eres cosa y no muger?" (3).

FIG. 6. Juan León Mera, *La niña y el niño*. Óleo sobre lienzo (67 x 85 cm). Siglo XIX. Fuente: Quinta de Juan León Mera, Ambato. Se presume que la obra se inspira en los hijos fallecidos del escritor.

trabajo doméstico de la mujer en una forma de santidad secular. Sexualidad femenina y maternidad se identifican de forma natural y cotidiana. Mera nos ofrece una imagen familiar idílica, inocente, infantil, buena, aparentemente sin resquicios, fracturas o amenazas externas. En este estado de perfección, la figura ausente del padre, la autoridad masculina, parecería sugerir que su control y vigilancia ya no son tan necesarios cuando la mujer ha asumido sus roles domésticos como parte inherente de sus deseos más íntimos e identidad personal. La autoridad y control de la figura masculina ausente parecería así exhibir su mayor victoria. Al traspasar o alterar el orden de la sagrada familia, la "mala mujer", por el contrario, no solo invade un dominio público que se percibe como masculino, sino que ella misma desnaturaliza su propia condición. El término "marimacha" fue usado precisamente para estigmatizar la presunta "masculinidad" de aquellas mujeres que representaban una amenaza a la autoridad masculina de la familia y sociedad patriarcales. Al hacerse visible, la "mala mujer" y, por extensión, la escritora inmoral o criminal, solo pueden existir, representarse, como una presencia abyecta, censurable y punible.

Este fue el caso, precisamente, de la poeta quiteña Dolores Veintimilla (1829–1857), quien a los 28 años de edad "abrió con propia mano las puertas de la eternidad y huyó de la vida" (Mera, *Ojeada* 10). La censura de Mera a la vida y obra poética de Dolores es, sin duda, sintomática de un tipo específico de autoridad y de política en el género. El suicidio de la poeta en 1857 fue asumido por la ideología católico-conservadora de la época como un estigma capital que ensombreció no solo la vida sino la misma obra de la escritora. Si bien en la antología poética de la *Lira ecuatoriana* (1866), Vicente Emilio Molestina Roca incluye a Dolores entre lo más selecto del parnaso poético nacional, tal distinción no pasaría desapercibida por Mera, quien un poco más tarde, en *Ojeada histórico crítica* (1868), haría un juzgamiento criminal de la poeta:

> Un cúmulo de desgracias abatieron su espíritu con aquella enfermedad moral que hace despreciar todo instinto de conservación, y extraviando el entendimiento engendra la idea de un estéril y repugnante delito, el suicidio. La infeliz señora, que pudo realzar su mérito añadiendo al talento la resignación cristiana en el infortunio, quiso oponerse a éste con una muerte violenta y prematura, acción que tiene más de pagana que de noble y heroica (10).

En su ensayo, Mera quiere dejar en claro su disgusto ante la inclusión de la infeliz señora —nunca la llama poeta— en la *Lira ecuatoriana*, colocándola así a la altura de otros prestigiosos escritores ecuatorianos, como él mismo.[17]

---

17. Emilio Molestina incluye en esta primerísima selección de la poesía nacional ecuatoriana decimonónica a José Joaquín Olmedo, Dolores Veintemilla de Galindo (el apellido está mal deletreado), Julio Zaldumbide, Juan León Mera, Miguel Riofrío, Ignacio Casimiro Roca, Vicente Pidrahita, Julio Castro, Antonio

Mera anota, en tono mordaz: "acertado anduvo el compilador, á nuestro juicio, pues á fé que nos gusta ver la interesante figura de una dama, simpática por la juventud y el talento, y más todavía por la desgracia, siguiendo á la austera y magnífica figura de Olmedo" (10). Para Mera, la poesía de Dolores Veintimilla tiene como único valor el de ofrecer un caso aleccionador y ejemplar de los males y crímenes a los que lleva una educación femenina mal dirigida. Lo realmente importante para Mera es, finalmente, la prohibición, la censura, el enjuiciamiento de las lecturas corruptoras y perniciosas de Dolores, esas novelas románticas francesas en boga, semillas de socialismo y materialismo. La estigmatización de la poeta quiteña como una "criminal", una "enferma moral" o una "perturbada mental" solo hacen más dramática su "mal dirigida educación literaria" (12), todo lo cual termina también enlodando su misma poesía. Para Mera, las "composiciones" de Dolores Veintimilla son apenas "una chispa vivaz", "un átomo de lumbre" (12), "el parto de un ingenio sin estudios" (13), en que "la alondra canta sin saber porque canta" (14). "Grande lástima es que no podamos bendecir su memoria!" (14). Dolores Veintimilla se convierte así, usando una expresión popular, en "la loca de la casa"; y su poesía queda irremediablemente tachada, pues ni siquiera es considerada como tal.

El rechazo a la poesía de Dolores Veintimilla provenía, en realidad, de su subversión crítica a los principios católicos tradicionales de la virtud femenina. Similar en algún grado a la cubana Gertrudis Gómez de Avellaneda (1814–1873) o, posteriormente, a la uruguaya Alfonsina Storni (1892–1938), hay en la escritura poética de Dolores un desenmascaramiento de los vicios e hipocresía masculinos —temática también presente en sor Juana—. La virtud femenina, en este sentido, se desliga de la romantización de la buena madre

---

Marchan, José Matías Aviles, Miguel Anjel Corral, Joaquin Fernandez Córdoba, Luís Cordero y Rafael Carvajal. Sobre Veintimilla de Galindo, el editor de *Lira ecuatoriana* observa: "Los infortunios de la vida la precipitaron en el suicidio [...] mas que una palabra de censura, merece una lágrima de compasión [...] Solo han quedado algunas composiciones cortas i bien sentidas, de las cuales las dos que va a continuacion entrañan un merito positivo. La primera por su colorido, su fuego, su arrebato, constituye a su autora en digna émula de Safo. La segunda, escrita al borde de la tumba, es como el postrer suspiro del ave que fallece entre la copa de los árboles" (37–38).

sacrificada o la esposa abnegada, para revelarse como una forma de maltrato y dominación masculinos. En "Quejas", Dolores escribe:

> Vivía de su vida apasionada;/ era el centro de mi alma el amor suyo;/ era mi aspiración, era mi orgullo.../ ¿Por qué tan presto me olvidaba el vil?/ No es mío ya su amor, que a otra prefiere./ Sus caricias son frías como el hielo;/ es mentira su fe, finge desvelo.../ Mas no me engañará con su ficción.../ ¡Y amarle pude, delirante, loca!/ ¡No, mi altivez no sufre su maltrato!/ Y si a olvidar no alcanzas al ingrato,/ ¡te arrancaré del pecho, corazón! (Molestina 38–39).

El modelo femenino del marianismo —la abnegada superioridad moral de la mujer para soportar todos los vicios masculinos— aparece entonces como una necedad machista ("¿Por qué tan presto me olvidaba el vil?"). Dolores sugiere en este poema que la fórmula ideal del amor romántico ("Vivía de su vida apasionada;/ era el centro de mi alma el amor suyo") se extiende a relaciones de poder social desigual en el género, y justifica así, no solo el servilismo doméstico de la mujer, sino también la violencia y privilegios masculinos ("Mas no me engañará con su ficción..."). La poesía de Dolores, de esta manera, cuestiona principios fundamentales de la moralidad y buen comportamiento de la mujer católica virtuosa. La vida y obra de la poeta quiteña, además, rebasan la pura lamentación romántico-literaria (la queja) para ingresar en el campo de lo que podría llamarse una *política del desencanto poético*. Los versos románticos de esta singular poeta ecuatoriana traen a la superficie de la vida social una discusión que se extiende al poder masculino, el castigo, el rol social de la mujer y su lucha por obtener mayores libertades. Aunque "La noche y mi dolor", el segundo poema comentado por Mera, tiene un sentido sombrío, agónico, en que la "noche" lo cubre todo como un "manto negro", Dolores usa este escenario "entre sombras" para soñar: "la fiera", "el insecto", "el viento", "el rico" y "el pobre", todos duermen y sueñan. La "noche" se asocia así con el descanso y la muerte. Los últimos versos del poema parecen una despedida, cuando la poeta dice: "Déjame que hoi en soledad contemple/ De mi vida las flores deshojadas;/ Hoi no hay mentira que mi angustia temple.../ murieron ya mis fábulas soñadas!" (40). La edición de Molestina termina con los versos: "Llegué al instante postrimero... amiga,/ Que mi destino cruel me señaló.../ Propicio el cielo siempre te bendiga.../ De mi vida la antorcha se apagó" (40). Mera insistirá en este último verso del poema para condenar, una vez más, la agonía suicida de la "antorcha" que se apaga, en la vida de esta "malhadada poetisa" (*Ojeada* 14). El suicidio de Dolores Veintimilla, sin embargo, estuvo muy lejos de ser un simple producto de la locura, la corrupción moral o la pasiva aceptación del silencio. La "noche" de Dolores Veintimilla no deja de "soñar", es activa, consciente; o, como diría Alexandra Astudillo, el suicidio de la poeta fue todo lo contrario a "asumir el mandato al silencio resignado", pues "pretende hacer audible su crítica [...] presupone una identidad y conciencia [...] replantea los límites a través de los cuales construye su lugar de enunciación y su concepción de un modo de ser femenino otro" (*La emergencia* 209). Es este sentido transgresor de la poeta quiteña el que está convenientemente silenciado en la lectura de Mera. "¡Loor á la escritora que hace tortas y á la reina hilandera!" (*Ojeada* 17), exclama el escritor ambateño, sugiriendo la necesidad de mujeres ilustradas que tengan como prioridad sus labores de la cocina y los tejidos.[18]

Al reverso de este juicio criminalizante sobre Dolores y su vida, la biografía y obra de sor Juana, en la visión de Mera, sigue un camino opuesto: es una historia progresiva de ascenso espiritual hacia la virtud y la santidad. Para Mera, la vida y obra de la poetisa mexicana aparecen divididas en dos: una es la sor Juana gongorista, de "lenguaje profano", que cede a la tentación del "mal gusto"; y otra, muy diferente, es la sor Juana "célebre", de privilegiado ingenio, "garbo masculino y señoril", que se eleva por encima del sensualismo

---

18. Sor Juana atacaría burlonamente este argumento patriarcal, muy presente en su época, cuando en su famosa *Respuesta* a Sor Filotea de la Cruz, que el propio Mera reedita completa, afirma que la cocina le habría dado mucho que aprender a Aristóteles: "Pues ¿qué os pudiera contar, señora, de los secretos naturales que he descubierto estando guisando? Ver que un huevo se une y fríe en la manteca ó aceite; y por contrario se despedaza en el almíbar; ver que para que el azúcar se conserve fluido, basta echarle una muy mínima parte de agua, en que haya estado membrillo u otra fruta agria; ver que la yema y clara de un mismo huevo son tan contrarias, que en los unos que sirven para el azúcar, sirve cada una de por sí, y juntas no. Por no cansaros con tales frialdades, que sólo refiero por daros entera noticia de mi natural, y creo que os causarán risa... Pero, señora, ¿qué podemos saber las mujeres, sino filosofías de cocina? Bien dijo Lupercio Leonardo: *Que bien se puede filosofar y aderezar la cena*. Y yo suelo decir, viendo estas cosillas: Si Aristóteles hubiera guisado, mucho mas hubiera escrito" (*Obras selectas* 372–373). Resulta singular cómo la obra de sor Juana regresa como un *boomerang* contra el argumento patriarcal de Mera.

pagano. Para Mera, la sor Juana que vale es aquella que, hacia el final de su vida, decide someterse, arrepentida, a un juramento sagrado de renovación de sus votos como monja. Esta es la sor Juana de la rendición forzada, la que, silenciada, separada de sus libros y estudios, firma con su sangre y declara a la Santa Iglesia:

> Juana Inés de la Cruz, la más indigna e ingrata criatura de cuantas creó vuestra Omnipotencia, y la más desconocida de cuantas creó vuestro amor, parezco ante vuestra divina y sacra Majestad [...] Que en el pleito que se sigue en el Tribunal de vuestra Justicia contra mis graves, enormes y siniguales pecados, de los cuales me hallo convicta [...] que debo ser condenada a muerte eterna [...] Por no bastar infinitos infiernos para mis innumerables crímenes y pecados [...] con todo, por cuanto sabéis vos que ha tantos años que yo vivo en religión, no sólo sin Religión, sino peor que pudiera un pagano; por compurgar algo de mi parte [...] es mi voluntad tomar el Hábito y pasar por el año de aprobación [...] En todo lo cual recibiré bien y caridad de vuestra clemencia infinita, que proveerá lo que más convenga" (citado por Alcaraz 131–132).

El relato biográfico —y a momentos melodramático— que Mera escribe sobre la vida de sor Juana es así una historia de ascensión espiritual: transita del mundo sensual, irreligioso y profano de la joven poeta, al de la monja conversa, madura, mística y santa. Mera escribe: "y llegó su exaltación en la via del ascetismo hasta firmar con su sangre la protestación de fe con que dió principio á su santificación" (*Obras selectas* xlix). En esta perspectiva, censura y represión femenina se convierten en una forma de redención espiritual. Sor Juana, la mística, es comparada ahora con "la vida retirada y de contemplación" y el "puro lenguaje" de Santa Teresa de Jesús (xxvi).[19] Hacia el final de

---

19. Mera se refiere aquí a los últimos años de vida de sor Juana. Momento difícil en que se queda sin la protección de sus mecenas, los virreyes de la Laguna, y en especial de la virreina, María Luisa Manrique de Lara, condesa de Paredes (Lisi), quienes regresan a España. Momento difícil también por el conflicto que sor Juana tiene con la Iglesia, a propósito de sus discusiones teológicas con Manuel Fernández de Santa Cruz, obispo de Puebla. El hecho es que, hacia 1693, dos años antes de morir a manos de una epidemia que azota su convento, sor Juana deja repentinamente de escribir, se deshace de su famosa biblioteca y otras propiedades personales, y se dedica a las labores monásticas.

su vida, en su "Protesta de la fe y renovación de los votos religiosos" (1695), como monja profesa del convento de San Gerónimo de México, sor Juana reafirma su fe por Jesucristo y renueva su juramento de amarlo por sobre todas las cosas. Mera sigue aquí la interpretación del padre Calleja y otros críticos católicos en esta historia: sor Juana opta por una entrega mística a Jesucristo y la aceptación virtuosa de sus votos como monja profesa. Tal interpretación deja de lado, sin embargo, lo que Paz llamaría "las trampas de la fe", esto es, la *renuncia forzada* de sor Juana a manos del poder eclesiástico, a aceptar sus errores y arrepentirse. La cuestión no ha quedado saldada del todo. Pero el argumento de la santidad de sor Juana como justificativo de la republicación de su obra deja una profunda paradoja: Mera la ha declarado una escritora santa cuando sor Juana ha dejado de escribir. En otras palabras, la santidad de la célebre monja viene unida a su silencio; o, peor aún, a su silenciamiento a manos del poder eclesiástico, en términos biográficos. Así, sor Juana y Dolores Veintimilla han quedado otra vez hermanadas, a pesar de la intención de Mera por oponerlas.

Heredero de la historia de los santos y místicos de la Iglesia, Mera justifica su censura poética de sor Juana, beatificándola, fusionando misticismo e ilustración. Esta perspectiva hagiográfica —propia de la vida de los santos— de purificación y elevación del alma de la poeta mexicana, no solo que repite el relato oficial de su vida, escrito por el padre Diego Calleja en su "Aprobación" a *Fama y obras póstumas* (1700),[20] sino que resultará fundamental para la misma aprobación crítico-literaria de Mera, y así escribe:

> se distingue con frecuencia cierta gravedad en el fondo de sus poesías, gravedad que proviene de su tendencia congénita á pasar de la superficie al centro de las cosas; del color de las rosas a la esencia; de la armonía á la causa que la produce, de las bellezas del cuerpo á las del espíritu; de las condiciones de la vida material á la filosofía moral (*Obras selectas* lvii-lviii).

---

20. Para el padre Calleja, la vida de sor Juana estuvo marcada desde su nacimiento por dos fuerzas sobrenaturales: su predestinación espiritual como monja y su búsqueda constante de la santidad. A decir de este religioso español, sor Juana demuestra a lo largo de toda su vida, hasta la misma manera en que muere, un espíritu de abnegación, entrega y sacrificio. "Sor Juana no corre en la virtud, sino es que vuela" (25).

Si la fama de sor Juana nació de los elogios, reconocimientos y loas a su autoridad letrada y gran ingenio, esa autoridad como escritora tiene, para Mera, otra condición previa, más personal e íntima: su ascensión espiritual, su canonización como monja virtuosa. Solo entonces la escritura femenina puede ser expurgada de posibles errores y fallas menores en la ortografía, la gramática o el estilo. Y esta es también la razón por la cual una poeta como Dolores Veintimilla era insalvable y solo podía ser criminalizada y señalada como *la loca de la casa*. El sacrilegio, el delito irreligioso que mancha una escritura, es indeleble e incorregible. Mera idealiza la sumisión femenina convirtiéndola en un atributo esencial de la "buena poesía".

Dos "pecados literarios" de la poetisa mexicana

En su expurgación de los "pecados literarios" de sor Juana, Mera no solo revela sus distancias neoclásicas y románticas con respecto al gongorismo de la época barroca, también delata la defensa dogmática de su visión católica-conservadora, moralizante y patriarcal. A continuación, insistiré en la condición paradójica de dos "pecados literarios" censurados por Mera en la obra de la monja mexicana, a saber: uno, su uso de un lenguaje culto, letrado, erudito, en combinación con otro popular o vernáculo, asociado a la representación poética de la diversidad étnica —las voces parodiadas de indios y negros en el México virreinal, principalmente—; y dos, su pasión insaciable por el conocimiento, las ciencias y los saberes, privilegio reservado a la élite eclesiástica y, no está por demás decirlo, a los hombres.

El cuestionamiento de Mera a sor Juana en sus usos populares y vernáculos del lenguaje mexicano, incluyendo la representación "profana" de las voces de negros e indios, lleva paradójicamente a pensar en la manera cómo Mera mismo usa el lenguaje indígena del kichwa para dar fundamento a varias obras suyas. Al interrogar los villancicos religiosos de la monja escritora, Mera la acusa, por ejemplo, de corromper la gramática castiza con el uso mexicano, indígena, de la lengua, y la imitación del dialecto de los negros esclavos. Mera escribe:

> Otras veces imita el dialecto de los negros esclavos, ó bien mezcla la lengua española con la mejicana, y en fin, profana a un tiempo su propio talento y el asunto más digno de veneración con despropósitos y miserias de la laya, increíbles en una escritora como sor Juana Inés, tan llena de prendas intelectuales y de claro juicio (lvi).

Mera parece desconocer el valor indiano o novohispano del estilo barroco de sor Juana, reduciéndolo a ser una mera "imitación" o "copia" excepcional de sus prestigiosos referentes españoles (Góngora, Quevedo o Vega). La producción poética e intelectual de la monja mexicana se debatió, sin embargo, entre la asimilación de estos referentes imperiales de su literatura y la necesidad de convertirse en una expresión propiamente americana, que respondiera a la defensa de las realidades colonizadas. Para sor Juana, como explica Mabel Moraña, esto significó dar cabida en su escritura a un complejo entramado de voces, sujetos e identidades culturales específicamente criollas. Para Moraña, sor Juana, al igual que Carlos Sigüenza y Góngora y Juan de Espinosa Medrano, expresaron así la existencia de un "Barroco de Indias", de naturaleza doble o bifronte, en que emergía de forma literaria una identidad criolla y heterogénea junto con el proyecto hegemónico imperial propiamente español. "El Barroco de Indias se corresponde históricamente con el proceso de emergencia de la conciencia criolla en los centros virreinales desde los que se establecían los nexos económicos, políticos y culturales con el poder imperial" (*Viaje al silencio* 31).

Los villancicos de sor Juana, en particular, si bien circularon y se generaron desde y para la "alta cultura", participaron, a la vez, de un registro polifónico de voces y lenguajes múltiples que pusieron en escena el valor de la cultura popular y la periferia colonial.[21] En sus villancicos, en particular, sor Juana revela el artificio de la letra tanto como forma de ostentación del poder imperial, como un mecanismo ambiguo para contestar a ese poder y cuestionarlo. En su juicio negativo sobre los villancicos de sor Juana, Mera, en realidad, se espanta de un espejo que él mismo empaña, como diría la propia monja. La crítica de Mera a sor Juana problematiza como un *boomerang* su misma posición letrada

---

21. Ya desde sus orígenes, los villancicos surgen como cantos y festividades populares, denotando su carácter "aldeano" o "villano" en su mismo nombre. A partir del siglo XVI, estos cantos corales se convierten en un género religioso y son asimilados por la producción letrada de la Iglesia, formando así parte del poder pedagógico y retórico del Estado monárquico. Para Georgina Sabat de Rivers, "en los villancicos se establece un diálogo que nos transmite, sea de manera estridente o apagada, las voces de tensión entre el mundo europeo y el americano reflejando la lucha entre el centro de poder peninsular y la periferia colonial, y la lucha de la Fénix porque se le reconociera el puesto de mujer intelectual en la sociedad de su tiempo" (*Estudios de literatura* 194).

como escritor indianista. *Melodías indígenas, La virgen del sol, Ojeada histórico-crítica sobre la poesía ecuatoriana, Cumandá, Antología ecuatoriana: cantares del pueblo ecuatoriano* son obras líricas, de ficción, folclor o crítica literaria que, tanto en forma como contenido, mezclan el español castizo con los vocablos nativos del idioma kichwa y defienden la existencia de una tradición literaria popular ecuatoriana que es imprescindible rescatar y valorar. En *La virgen del sol* (1856), por ejemplo, Mera llega incluso al extremo de imaginarse a sí mismo, de autoficcionalizarse, como un autor indígena. Mera escribe:

> Procuré [...] trasladarme con la mente y el corazón a los tiempos en que cantaban los ó haravicos poetas indios, y fingiéndome uno de ellos penetrar los sentimientos de la raza indígena plantada y desarrollada en las mesetas de los Andes ecuatorianos, y estudiar sus pensamientos, creencias, costumbres é historia: he intentado, pues, hacerme también indio (citado por Harrison 66).

¿Por qué, entonces, la "necedad" de Mera, como la podría llamar sor Juana, de objetar su indianismo lírico-religioso? Es posible imaginar que el autor de *Cumandá* se haya distanciado de su indianismo temprano. En su republicación de *La virgen del sol*, en 1886, Mera, en efecto, modera su uso del kichwa, afirmando ahora un lenguaje y estilo mucho más castizos. Mera lo explica así: "he puesto palabras castellanas en vez de las quichuas que abundan inútilmente en la primera edición" (xiii). Al igual que otros letrados hispanistas de su tiempo, Mera defiende ahora la "pureza de la lengua" de su posible contaminación o barbarización con los lenguajes étnicos. En los villancicos religiosos de sor Juana, además, la representación polifónica de las voces de los indios y negros esclavos aparece como una realidad actuante, presente, que forma parte de las festividades y procesiones religiosas instituidas por la Iglesia monárquica. Así, Mera al parecer rechaza también esta presencia simbólica del indio vivo y su proximidad en ceremonias sagradas que son "asunto más digno de veneración". El indianismo de Mera, como buena parte del indianismo decimonónico, aspiraba únicamente a inventar indios de papel, susceptibles de ser apropiados por los imaginarios nacionalistas emergentes. El indio vivo le produce a Mera comezón: esa otredad étnica real, existente, es problemática, sinónimo de desorden y violencia, y una amenaza latente a la unidad nacional.

La tarea de la representación de las poblaciones indígenas o negras aparece así entonces como una responsabilidad estético-política de los letrados en sus proyectos de integración nacional y, por tanto, una empresa eminentemente pública y masculina. La crítica de Mera a los villancicos de sor Juana parece apuntar así al hecho simple y llano de que es una mujer la que representa a indios y negros, cuando ella misma, en el siglo XIX, no es sino otra voz subalterna muy similar a estas poblaciones. No es casualidad, entonces, que la selección de Mera haya soslayado la representación de la Virgen María, como centro articulador de las voces étnicas, en algunos de estos poemas religiosos. La visión divina de sor Juana sobre María como "destrozadora de injusticias", vengadora de "agravios", libertadora de "presos", "bizarra guerrera" o "soberana doctora de las escuelas divinas", no parece haber sido del agrado del conservadurismo-católico del editor de sus *Obras selectas*.

El segundo "pecado literario" de sor Juana, vinculado a lo anterior, tuvo que ver con su defensa, como mujer ilustrada, de sus derechos y capacidades intelectuales a las letras y las ciencias. Rosa Perelmuter expresa bien esta condición "rara" de sor Juana: "Ángel o mujer, es claro que sor Juana, como lo indica el grabado que aparece en la Fama, donde se ve a la 'Décima Musa' pluma y libro en manos, rodeada de una lira, una trompeta y dos libros, en un conjunto que representa Poesía, Fama y Erudición [...] para manejar sabia y públicamente el desde entonces y ya para siempre no tan varonil arte de la retórica" (24). La crítica de Mera al "exceso de ingenio" de la poeta mexicana es, en este sentido, de lo más significativo. En el barroco histórico, el "ingenio" estaba definido como una capacidad del entendimiento que oscilaba entre la libertad de la creación, y la autoridad y orden social impuestos. El arte barroco, en sí mismo, era catalogado como un "arte de ingenio" o "agudeza". Al cuestionar el "excesivo ingenio" de sor Juana, lo que Mera cuestiona es su gongorismo, su uso profuso y desbordado de los signos barrocos, con sus adornos retorcidos y sus galas retóricas y estilísticas. Este exceso de signos era, a la vez, el que permitía de manera encubierta afirmar la propia identidad cultural, sus reclamos y críticas. La "exuberancia de sabia" que "perjudica a los árboles" (LXXIV), como explica Mera la sed de sor Juana por el conocimiento, puede corresponderse también, en el contexto del siglo XIX, con aquellos saberes, educación y derechos políticos de la mujer, que desde una lógica patriarcal, le eran nocivos o innecesarios. Una vez más, lo que Mera termina rechazando de sor Juana es lo que más admiraba de ella: su americanismo, su voz lírica e intelectual como mujer docta, mestiza y criolla, voz nacida de un barroco-americano. Lo que Mera no tolera de sor Juana es que invada con su "exceso de ingenio" ese territorio de saberes y privilegios culturales que eran propiedad exclusiva del letrado decimonónico. Usar a sor Juana como instrumento pedagógico de otras mujeres supuso circunscribir su obra a determinados límites y roles de la mujer doméstica. La *Respuesta* de sor Juana a sor Filotea de la Cruz, por el contrario, es una autodefensa intelectual, moral y religiosa de su vocación literaria y su derecho como mujer al estudio y la actividad intelectual.[22] Al esgrimir esta declaración de independencia en el pensamiento, sor Juana usa una cautela retórica extrema: pide disculpas, agradece, pero, a la vez, defiende sus derechos intelectuales. Usa la falsa modestia, reconociendo su falta de talento y saber, mientras que, por otra parte, pone de manifiesto su hondo conocimiento teológico, legal y retórico clásico. Sor Juana recurre a la auto-biografía y la genealogía de mujeres bíblicas, gentiles, judías y cristianas ejemplares, para autolegitimarse y construirse discursivamente como un sujeto intelectual independiente. La *Respuesta* es así un alegato retórico y crítico, de fuerte contenido autobiográfico, escrito sobre los límites y fronteras de la autoridad eclesiástico-masculina del siglo XVII. El juicio negativo de Mera contra la sor Juana pagana y profana, la que habla con voz ventrílocua de indios y negros, la que no se calla, y cuestiona desde el claroscuro la ignorancia de la mujer como una virtud, peca también de aquello que cuestiona, en el caso del autor de *La virgen del sol*. Casi dos siglos después de su muerte, la misma poesía de sor Juana parecería responder a las "necedades" de su editor:

> ¿Qué humor puede ser más raro
> Que el que falto de consejo,
> El mismo empañe el espejo
> Y sienta que no esté claro? (*Obras selectas* III).

---

22. La escritura de esta carta, según Paz, fue una experiencia liberadora para sor Juana, considerando que aquí ella respondía, precisamente, a los ataques y burlas del anónimo obispo de Puebla, Manuel Fernández de Santa Cruz. Paz comenta: "Toda su vida había vivido en el equívoco: ¿monja o literata? Al responder al obispo y a los otros, se escribe a sí misma, cuenta el origen de su amor a las letras y trata de explicárselo y justificarlo... escribir esa carta fue una experiencia liberadora que la reconcilió con ella misma" (538). Mera ignora el "engaño" de Fernández de Santa Cruz que, usando el seudónimo de sor Filotea, cuestionaba a la monja escritora, recomendándole que se consagrara a la religión y se apartara de la literatura profana.

Los "intersticios luminosos" de la célebre monja

Luego de corregir las faltas de ortografía y puntuación, retitular sus poemas, cercenar y eliminar la mala poesía y criticar los "pecados literarios", "errores" y "defectos" de la monja escritora, Mera emprende la "defensa" de aquellos restos de su obra que sobreviven a su expurgación religioso-literaria. Es a esta obra de restos —"versos" selectos, "trozos de prosa"— a la que Mera llama los "intersticios luminosos" de la monja mexicana. Mera escribe: "Así como entre las nubes tempestuosas se ven intersticios luminosos que dan á conocer que el sol está tras ellas, así tambien en las mas defectuosas de las piezas de nuestra poetisa hay rasgos que revelan su genio" (xxiv). Es en estos "intersticios luminosos" que Mera reconoce por primera vez en las letras americanas modernas la necesidad de republicar las *Obras selectas de la célebre monja de Méjico*. Así, afirma que sor Juana fue "un talento nada común", un corazón ardiente y apasionado que no se confunde con el "vulgo de los poetas", pues la poesía es "hija de una naturaleza superior" (lxiii). Asimismo, considera que esta poeta mexicana tuvo un pensamiento "profundo", una imaginación "sensible e inquieta" y una "asombrosa facilidad de versificar". Como bien señala Ojeda, la emoción de Mera por la sor Juana santa y virtuosa alcanza una de sus mayores exclamaciones cuando el escritor ambateño escribe: "Lector, pon la mano sobre el corazón, y si no le sientes agitado después de la lectura de estos versos, confiesa que le tienes de mármol" (citado en "Juan León Mera y Sor Juana Inés de la Cruz" lxiii).

La valoración de la buena poesía de sor Juana, sin embargo, viene unida a valores y comparaciones que no dejan de expresar el orden patriarcal de la época. Mera elogia en sor Juana "la fuerza viril de su inteligencia", su tendencia a filosofar, e indagar la naturaleza de las pasiones, "con seso y pulso superiores á su sexo". Admira, asimismo, "las dotes de su varonil" corazón y elogia el modelo masculino de mujer, al que se asocian "el merito del valor y el sacrificio", las "virtudes de monja" y sus talentos de "mujer espiritual". En suma, para insistir otra vez, la sor Juana que vale es aquella que se "vió trocada de sabia en santa", aquella que es "ardiente" y "apasionada", sin caer en lo profano o el "mal gusto". Esta es "nuestra heroína", escribe Mera (*Obras selectas* XXXIII).[23]

---

23. La *fama letrada* de sor Juana, en tiempos virreinales, no está muy distante de esta valoración patriarcal de Mera. Tal como estudia Colombi, la celebridad de sor Juana tuvo que convertirla, en un mundo dominado por los hombres, en una

Los "elogios" de Mera contrastan con la voluntad crítica de la monja poeta de enfrentar la situación de subordinación de la mujer en su tiempo, pero también, alegóricamente, visibilizan el modelo de censura que Mera impone a las mujeres escritoras e ilustradas del Ecuador de la época. El carácter disruptivo de la poesía de sor Juana y de otras poetas ecuatorianas como Dolores Veintimilla resurge aquí, en contraste con esa censura, como una escritura que pone en evidencia las fisuras de una sociedad patriarcal y misógina, que justificaba el silenciamiento, el escamoteo y la desconfianza hacia la mujer ilustrada y su posible participación en la vida política y la producción del conocimiento.

La selección de Mera de las obras completas de sor Juana tuvo como objetivo primordial el de ofrecer un ejemplo moralizante y patriarcal de la autoridad, autorización y autoría letrada masculina sobre la escritura femenina, siempre susceptible al "mal gusto" o al "pecado". La publicación de sus *Obras selectas* permite, a la vez, "redescubrir" a sor Juana, leer un primer segmento importante de su obra largamente olvidada, y otorgarle un lugar en la selecta biblioteca del letrado decimonónico, que ahora estará obligado a justificar su presencia. Es precisamente en esta posición ambigua de negación/ reconocimiento que la obra de la monja poeta, casi dos siglos después de su muerte, aún mantiene su carácter disruptivo y crítico, como una caja de pandora. Y, sin duda, es significativo también que este "regreso" de sor Juana suceda como parte de la emergente producción literaria de otras mujeres escritoras ecuatorianas de la época. Será a partir de esta publicación de Mera que Rita Lecumberri y Pedro Carbo, entre otros, tomarían nota y usarían la referencia de sor Juana como uno de los más destacados íconos literarios y culturales femeninos de Latinoamérica.

---

mujer rara, excepcional, de dotes y capacidades masculinas. "El conocimiento proto-enciclopédico de sor Juana, así como su ingenio, motivo continuo de asombro y admiración, es mentado una y otra vez como 'varonil'. Así Cristóbal Báñes de Salcedo habla de 'varonil erudición' [...] y Pedro Zapata de 'varonil y valiente ingenio de un cuerpo mujeril' [...]. La palabra tiene una connotación, desde luego, sexista, ya que varonil es 'Lo que pertenece al varón o es propio de él' y 'Vale también por esforzado, valeroso y fuerte' [...], es decir, señala atributos positivos que no tienen su equivalente o contraparte en el lado femenino" (17).

IV

Ficciones de la obediencia patriarcal

en *La emancipada* y *Cumandá*

El honor y la virtud han hecho de Inés una heroína.
(Mera, "Los novios").

L UEGO DE QUE ROSAURA Mendoza deslumbra al lector con su belleza,
independencia, educación y, sobre todo, su arrogante rebeldía, Miguel
Riofrío, autor de la novela *La emancipada* (1863), concluye su trama de
manera rápida y sorpresiva. Rosaura, joven de "firmeza inconmovible", se arrepiente de su pasado inmoral, admite sus libertinajes y, finalmente, abrumada
por la culpa y la imposibilidad del perdón, se suicida. Una mezcla similar de
fortaleza y docilidad femenina se observa en *Cumandá. Un drama entre salvajes* (1879), publicada unos años más tarde por Juan León Mera. La heroína que
da nombre a esta novela[1] es también una mujer fuerte, decidida, una guerrera
de las selvas ecuatorianas que termina autosacrificándose de manera abnegada
y trágica por voluntad propia. En estos relatos, la obediencia femenina se convierte en ficción novelesca, no tanto por representar mujeres débiles y pasivas,
sino por haber transformado a heroínas rebeldes, fuertes e independientes en
seres obedientes, dóciles y abnegados. Es esta mutación subjetiva femenina,
psíquica, la que propongo estudiar en este capítulo: la manera cómo estas
novelas decimonónicas convirtieron la obediencia incondicional y voluntaria

---

1. Cumandá, sin itálicas, se referirá a la protagonista; y *Cumandá*, con ellas, a la
novela. Para este capítulo he usado como base la primera edición de 1879. Mi
texto referencial de *La emancipada*, por otra parte, corresponde a la edición de
El Conejo, de 1984, a menos que se indique algo diferente.

de la mujer en un ideal trágico-realista o romántico, y los mecanismos de suje-ción femenina que se ponen en juego en estas ficciones para lograrlo.

Bajo esta mirada, Rosaura y Cumandá son las heroínas de alguna forma de culpa, sacrificio o autonegación virtuosa, la cual no deja de ser ambiva-lente, como veremos al final de este ensayo. Se trata, insisto, de una fabulación novelesca, pues ninguna forma de dominación, ni siquiera la que sucede en la ficción, es absoluta. Lo que estas novelas sí revelan, de manera alegórica al menos, es la existencia de ciertas formas de subjetivación y sujeción social en la sociedad ecuatoriana de la época, que buscaron subyugar el "alma feme-nina" de manera que fueran las mismas mujeres, inclusive las más rebeldes, las que desearan convertirse en sujetos dóciles por voluntad propia. En otras palabras, estamos en el terreno de lo que podríamos llamar el poder patriarcal subjetivo.[2]

Aunque buena parte de los estudios literarios sobre las representaciones novelescas de la mujer en la narrativa decimonónica ecuatoriana han insis-tido en sus roles de domesticidad y moralidad como mujer virtuosa, o en sus representaciones abyectas como prostituta, pecadora o diabla, la mujer heroica no siempre ha sido reconocida como un personaje protagónico de su propia sumisión.[3] Parecería un contrasentido, en efecto, dotar de centralidad

---

2. Tal como explico en la introducción, llamo aquí *poder patriarcal subjetivo* a los mecanismos subjetivos de control y disciplinamiento bajo los cuales las heroínas de estas novelas se convierten en sujetos obedientes y dóciles. El orden patriar-cal, en definitiva, imagina también sus ficciones. En cierto sentido, este ensayo retoma, extiende y reelabora sobre nuevas bases teóricas (Foucault, Butler, Bour-dieu, entre otros), los aportes de Hernán Vidal y Antonio Cornejo-Polar sobre la novela *Cumandá*. Es decir, busco poner al patriarcado, una vez más, en el centro del debate de estas ficciones; y lo discuto en su relación con el poder, la violencia simbólica masculina y la construcción de una subjetividad femenina obediente en el siglo XIX.

3. En "Entre la santidad y la prostitución", Jorge O. Andrade ofrece un buen mapeo e interpretación de estos roles femeninos estereotípicos de santa o prostituta en la novela ecuatoriana de fines del siglo XIX y principios del XX. Andrade toma como base la idea bastante aceptada de que la mujer y la familia son "metáforas de la nación", y a partir de ahí explica cómo el imaginario letrado masculino decimo-nónico incorpora a la mujer a sus planes de integración nacional, sus ansiedades culturales y obsesiones de disciplinamiento. Para Andrade, "una breve revista a

y gestión, esto es, capacidad de decisión, individualidad y "agencia" a la representación de un sujeto al que social y cotidianamente se le negaba estas características, pues se esperaba que fuera dócil, doméstico y servil. La historia patriótica de la Independencia, por otra parte, se encargaría de definir a sus heroínas como aquellas mujeres que contribuyeron de manera sobresaliente a la conquista de la libertad, al desarrollo de las nuevas ideas y a la autonomía política de las repúblicas nacientes. Este fue el caso, por ejemplo, de Manuela Cañizares, Manuela Espejo o Manuela Sáenz, entre otras. Domesticidad y heroísmo femeninos parecerían así oponerse, excluirse mutuamente. Las ficciones patriarcales decimonónicas, sin embargo, no dejaron de tener sus heroínas: sublimaron e idealizaron la subordinación activa de la mujer en alguna forma de virtud o sacrificio.

Si es verdad, como sostiene Doris Sommer, que existió una relación inextricable entre la política y la ficción en la historia de la construcción de las naciones decimonónicas latinoamericanas, lo que habría que puntualizarse aquí es que tal relación no se limitó únicamente al elemento erótico de la política o los romances de ciertas novelas fundacionales, sino que también existieron formas subjetivas de disciplinamiento y sujeción femenina que fueron ficcionalizadas de forma novelada. Sommer mismo puntualiza que entre 1850 y 1880 se escribieron en América Latina varias novelas de consolidación nacional, con héroes afeminados y melancólicos, y heroínas románticas "perseverantes e ingeniosas que sin temor a confrontar a las autoridades, conspiran para escapar de la opresión y rescatar a sus indefensos héroes [...] pero al final las mujeres dócilmente se verán sometidas a la voluntad de los hombres" (33). La dominación patriarcal, en definitiva, necesitó también de mujeres fuertes y determinadas que de manera virtuosa aceptaran los vicios, privilegios y violencia masculinos.

---

los títulos que se publican en esos años dan cuenta de esta inclinación por heroínas (o antiheroínas) que es típica del romanticismo: *La emancipada*, *Cumandá*, *Carlota*, *Naya o la Chaperona* y *Luzmila* son algunos de los títulos que destacan en esos años. En estas novelas, a menudo las mujeres rompen con las convenciones y las tradiciones sociales, solamente para ver sus vidas alteradas dramáticamente, generalmente hasta la tragedia" (37). La tesis doctoral de Andrade, "Imaginando la nación y la ciudadanía en las primeras novelas liberales del Ecuador", presenta un desarrollo amplio y exhaustivo de estas y otras ideas.

La narrativa mística de las vírgenes, por ejemplo, tiene aquí importantes resonancias novelescas, como veremos más adelante. Surgen así varias preguntas: ¿cómo una heroína independiente y rebelde se transforma en protagonista de su propio sometimiento?, ¿cuáles son esos mecanismos, llamémoslos por ahora subjetivos e ideológicos, en las ficciones patriarcales de Rosaura y Cumandá, que convierten la representación de su vida psíquica (sus ideas, sentimientos, deseos, etc.) en una justificación de su misma subordinación?, ¿qué fracturas, ambigüedades o desequilibrios produce esta representación patriarcal de una obediencia femenina incondicional y voluntaria absolutas?

Una primera observación bastante obvia sobre las novelas aquí estudiadas es que llevan un título femenino. Este detalle, sin embargo, resulta significativo en la producción novelística decimonónica latinoamericana. *La cautiva* (1837), del argentino Esteban Echeverría; *Manuela* (1866), del colombiano Eugenio Díaz Castro; *Iracema* (1865), del brasileño José de Alencar; *María* (1867), del colombiano Jorge Isaacs; *Amalia* (1884), del argentino José Mármol; o *Cecilia Valdés* (1882), del cubano Cirilo Villaverde, entre otros ejemplos, nos hablan de un universo narrativo en que la mujer y lo femenino son una forma metafórica de señalar ese horizonte de deseos y carencias de la nación patriarcal en formación: la reconquista criolla de aquello que todavía necesita ser integrado al orden familiar, el territorio nacional o la ley del Estado.

A la afirmación de que el orden de la cultura es una "segunda naturaleza humana" habría que añadir que en el universo novelesco de estas ficciones solo el hombre llega plenamente a tener "cultura": las mujeres y poblaciones indígenas y afrodescendientes continúan siendo percibidas como un "estado primario" de la naturaleza.[4] La conocida dicotomía cultural acuñada por

---

4. Me refiero, en particular, a cómo la "alta cultura", entendida como un saber letrado, erudito, legal y académico, define la cultura civilizada en general y excluye a la mujer. El "saber decir" que Julio Ramos identifica como una forma de poder vinculada a la normativa del lenguaje culto y su gramática, tiene también una dimensión de género: los lexicógrafos, los gramáticos y los académicos de la lengua son todos y solamente hombres, y las mujeres, excluidas de este saber letrado, necesitan la lengua de su tutor, su protector, un hombre adulto, para expresarse públicamente. El despojo cultural de la mujer es, sobre todo, político: no son ciudadanas, no pueden votar, la mayoría son analfabetas y están excluidas del sistema educativo.

Domingo Faustino Sarmiento entre la "civilización" y la "barbarie" es también una dicotomía de género: la vida urbana pública, los saberes letrados, el orden racional y legal son realidades masculinas; y, por el contrario, las selvas y regiones remotas, las sociedades y poblaciones étnicas nativas, las supersticiones populares y la violencia irracional tienen mucho de femenino.

Civilizar la barbarie femenina de la naturaleza (tanto humana como física) significa literalmente *masculinizarla*, imponerle alguna forma de organización y sujeción social masculina. El tutelaje patriarcal del padre, el cura y la autoridad civil con respecto a la mujer es asumido así como una tarea civilizadora. Pero convertir a la mujer en un ser vicario y virtuoso no podía ser únicamente una imposición violenta y represiva en sociedades que defendían principios cristianos y liberales de igualdad y fraternidad humana. Se esperaba también que fuera la misma mujer quien asumiera su obediencia y sacrificio como una forma civilizada de existencia social. Todo lo cual resultaba fundamental para la naturalización de la violencia masculina como un orden racional justo y armónico, justificado por Dios. Rosaura y Cumandá encarnan, como veremos, este deseo patriarcal de un sometimiento femenino voluntario y "civilizado".

Rosaura, heroína trágica de la ley del padre

Leída desde la ambivalencia de su protagonista, *La emancipada* (1863) es la narración progresiva de un suicidio moralizante.[5] Ya desde las primeras páginas de la novela, el mundo familiar de Rosaura Mendoza, la protagonista, aparece en caos y preludia un final trágico. Cuando Rosaura tiene apenas doce años, la madre, una mujer de aproximadamente treinta años, educada, religiosa y liberal, muere repentinamente, dejándola sin guía, protección y enseñanza en el hogar.[6] La actuación del padre, Pedro Mendoza, solo agrava

---

5. Llevando a cuestas más de un siglo de olvido, *La emancipada* fue republicada por segunda vez en 1974, por Alejandro Carrión, entre otros intelectuales, en Loja. Actualmente se la considera como la primera novela ecuatoriana, pero existe debate sobre su "estatuto fundacional". Igualmente, hay lecturas disímiles de la novela que la ubican de manera diversa dentro del romanticismo, el realismo o, incluso, la avanzada del feminismo.

6. La madre de Rosaura muere a los treinta años, aproximadamente, pero las razones de su partida se mantienen como un misterio. Aunque la novela no declara

esta desgracia: es un hombre ignorante, arribista, conservador y tiránico. La novela asevera sobre él: "obedecer al fuerte y despotizar al débil era su única regla de conducta y siempre la ejecutaba brutalmente" (51). Miguel Riofrío[7] retrata así, alegóricamente, la existencia de un país fracturado, en tanto que la representación de la familia unificada se consideraba como el fundamento de la unidad nacional, la reproducción de sus valores y el mismo fortalecimiento ideológico del Estado en formación. La nación decimonónica se concibió como una gran familia extendida, una familia de familias notables. En *Civilización y barbarie*, Francine Masiello explica:

> la unidad familiar era más que un modelo durante los primeros años de la independencia latinoamericana. En realidad, las poderosas familias latinoamericanas del siglo pasado ejercían un gran poder en cuestiones de autoridad del Estado y, a menudo, se establecían claras alianzas entre los intereses familiares y los nacionales [...] en Latinoamérica las nuevas naciones estaban constituidas por las grandes familias. Más que una empresa de individuos selectos, fueron las redes familiares las que controlaron el poder político durante por lo menos tres generaciones después de la Independencia (30).

Sommer, por su parte, argumenta que en el siglo XIX las familias distinguidas y poderosas económicamente representaron intereses, tanto privados como públicos, y fueron las que llenaron el "relativo vacío de las estructuras sociopolíticas" de los nuevos Estados, dotando de estabilidad y dirección a los poderes ejecutivo, legislativo, militar y financiero por medio de sus alianzas particulares (36). Esta influencia de las familias notables, además, se extendió por generaciones en una forma de liderazgo que involucró a los bancos, al ejército y a las escuelas. Para Sommer, "las familias constituían una fuerza

---

la edad de la madre al morir, sí la sugiere: muere cuando Rosaura tiene doce años y se casa de manera concertada con Pedro, de la misma manera en que lo hará Rosaura, es decir, a los dieciocho años.

7. Riofrío nació en 1822, en Loja, destacándose como poeta, educador, diplomático y un político liberal influyente. Llegó a ser diputado por su provincia natal y candidato a la vicepresidencia del Ecuador en 1864; fue, además, maestro de varios intelectuales notorios de la época, entre ellos Juan León Mera. Se opuso de manera férrea a García Moreno, lo cual lo llevó a sufrir la persecución y varios destierros. Murió en el Perú, en 1880.

estabilizadora, una 'causa' de seguridad nacional. Pero podríamos también considerar que la excesiva importancia atribuida a los lazos familiares es un 'efecto' de la nación. Sin una meta nacional, las alianzas y la estabilidad habían sido tal vez menos deseables" (37). El conflicto central de *La emancipada* se desata, precisamente, en el seno de esta familia-nación rota: muerta la madre, el padre de Rosaura, al cumplir ésta dieciocho años, la compromete a casarse por la fuerza con Anselmo de Aguirre, un terrateniente cuarentón que no conoce. El corazón de la heroína, sin embargo, pertenece a otro: un estudiante de leyes llamado Eduardo Ramírez, quien había sido el gran amor de su infancia. En *La emancipada*, el mandato del padre es terminante:

> Haz que tu voluntad (Rosaura) se incline a Anselmo de Aguirre que va a ser tu marido con la bendición de Dios, del cura y mía, y hemos concluido este asunto que ya me viene fastidiando, porque detesto bachillerías de mujeres, pues bastante tuve con las de tu madre (50).

A través de la rebeldía de la heroína, Riofrío critica la manera brutal bajo la cual el padre de Rosaura, representante de una vieja aristocracia terrateniente anquilosada en raigambres coloniales y provincianas, buscaba integrar el mundo familiar existente y controlar los roles domésticos de la mujer. El narrador de la novela llama a Pedro Mendoza "déspota de aldea" (50), insistiendo en la existencia de un mundo parroquial, aldeano, que sirve de justificación a estas arbitrariedades. Pedro es parte, en realidad, de un orden social, familiar, legal e institucional que sigue funcionando, años después de haberse fundado la República del Ecuador, como una gran hacienda colonial.[8] Para

---

8. *La emancipada* inicia su trama en 1841 (segundo gobierno de Juan José Flores), y se extiende veintidós años más tarde en la ficción, hasta que un estudiante de medicina rememora esta historia. Este es el momento (1863) en que la novela se publica como folletín. Hay quienes afirman que fue en el diario *La Unión*, de Loja; pero la duda queda si fue en la *Crónica del Colejio de La Unión*, en Quito. El marco temporal de la novela, en todo caso, abarca una época caracterizada por fuertes luchas intestinas en torno a la implantación de la república ecuatoriana como un Estado liberal. Carlos Burgos lo comenta así: "probablemente fue ese el momento más turbulento de la vida nacional en el siglo XIX; una época plagada de guerras civiles, luchas ideológicas e inestabilidad socioeconómica. El liberalismo buscaba asentarse, pero se hallaba con frecuencia dividido internamente y enfrentaba una feroz oposición de varios sectores conservadores, algunos de

Riofrío, como veremos, la unificación nacional y la felicidad doméstica de la mujer como puntal de la familia son imposibles de alcanzar a través del despotismo y la ignorancia; por ello, Rosaura, heroína ilustrada y cristiana de la novela, se opone a las costumbres bárbaras que deben ser abolidas.[9] Aquí argumento, sin embargo, que esta crítica radical inicial de Rosaura no debe confundirse con la de una figura liberadora, ni mucho menos feminista, sino que finalmente representa, en su arrepentimiento y tragedia final, un contraejemplo moralizante de la mujer cristiana y virtuosa; y una advertencia crítica, además, de los males que se desencadenan socialmente cuando se intenta unificar a la familia y disciplinar a la mujer por la vía de la fuerza y el despotismo.

Esta interpretación se acerca así, en mucho, a la excelente lectura crítica de Flor María Rodríguez-Arenas, quien afirma que la muerte de esta heroína puede ser leída como un "merecido castigo" o como una muestra de "la descomposición y estancamiento social de un conglomerado humano detenido por las fuerzas atávicas de la religión" (xlv), según se afirme una perspectiva tradicionalista o liberal. En mi interpretación, ambas lecturas van de la mano. No se oponen radicalmente, como lo plantea Rodríguez-Arenas. El liberalismo católico de Riofrío no deja de ser patriarcal, pues, a pesar de criticar la violencia tiránica contra Rosaura como la herencia de una sociedad

---

los que, según el pensamiento liberal, intentaban mantener unas formas de control y manejo del país, pertenecientes al período colonial" (67). Para Fernando Nina, la misma nación ecuatoriana era imaginada por aquel entonces como "una aldea grande", en tanto que la "patria" se definía en función de sentimientos de pertenencia a una comunidad local y ciertos privilegios coloniales de las élites (*La expresión metaperiférica* 22). La existencia de tradiciones bárbaras y déspotas ignorantes es central a la crítica liberal de Riofrío en su novela.

9. El argumento de *La emancipada* esconde mucho de autobiográfico: Rosaura es una heroína liberal que se opone a las viejas tradiciones conservadoras y vive en el destierro como el autor; la madre de la heroína y del novelista se educaron en el sistema educativo lancasteriano; hay una descripción geográfica de Vilcabamba y la región de Loja que recuerdan la infancia del escritor antes de mudarse a Quito; uno de los convivientes de María Custodia Sánchez Montesinos, madre del novelista, Juan José Riofrío y Vivanco, se hizo posteriormente sacerdote, tal como sucede con Eduardo en la novela, etc. El carácter autobiográfico de *La emancipada* todavía espera un estudio exhaustivo. Para un acercamiento a la vida del autor, véase Stacey Chiriboga.

parroquial de antiguo régimen, afirma ambiguamente el poder pastoral, civilizador y moralizador del cura Eduardo. Si el suicidio de Rosaura —merecido o no— es una advertencia crítica, entonces el carácter heroico de este personaje encarna también un contraejemplo moralizador. *La emancipada* es así la novela de una suicida moralizante; una heroína trágica de la ley patriarcal que ha degenerado en la barbarie. Lo central que me interesa analizar aquí, insisto, es el proceso subjetivo —la ficción patriarcal— que transforma la rebeldía de Rosaura en arrepentimiento, vergüenza y, finalmente, sometimiento voluntario a un patriarcado cristiano, mariano e ilustrado.

La historia de Rosaura empieza, quizá, antes de la ficción, vivida como una historia real.[10] En 1857, seis años antes de la publicación en prensa de la novela de Riofrío, la poeta quiteña Dolores Veintimilla, con apenas veintiocho años, optó por quitarse la vida: fue hallada en su casa en Cuenca, envenenada, con una nota de perdón dirigida a su madre. Paralelamente, y no parece pura casualidad, Rosaura, la heroína de *La emancipada*, también se suicida a una edad "radiante de gracias y de hechizos" (76), dejando, en su caso, una carta compasiva para el cura Eduardo, que es considerado como un paralelo de su madre. Rosaura escribe: "He conocido muchos daños que no habría conocido sin tus cartas: es preciso que el escándalo termine justamente con la vida antes que tú vengas a anonadarme. Adiós, Eduardo" (87). Arrepentimiento, vergüenza, desengaño y, sin duda, culpa y búsqueda de autoexpiación, son las claves para entender la decisión suicida de Rosaura. Claves que, por otra parte, habrían sido también usadas por la prensa de la época para dar aviso sobre el suicidio de la poeta quiteña. En el periódico *El Artesano* de Quito, en 1857, Manuel Eloi Salazar republica una nota titulada "El 23 de mayo de 1857", donde detalla:

---

10. *La emancipada* es una novela que desde el principio declara su afán de verosimilitud histórico-social. Riofrío explica: "Nada inventamos: lo que vamos a referir es estrictamente histórico: en las copias al natural hemos procurado suavizar algún tanto lo grotesco para que se lea con menor repugnancia. Daremos rapidez a la narración deteniéndonos muy poco en descripciones, retratos y reflexiones" (99; Libresa). Los personajes, acciones y eventos de la novela suceden de manera pragmática, cotidiana o, incluso, grotesca, emulando la sociedad de la época "al natural". Siguiendo a Rodríguez-Arenas, estamos ante una novela con un fuerte tono realista, no romántico. Queda por esclarecer, sin embargo, cuáles fueron esas fuentes realistas de Riofrío, y si leyó a Honoré de Balzac, cómo llegó a él.

Al amanecer de este día, el vecindario de Cuenca ha sido testigo del mas fatal acontecimiento que pudiera suceder en su suelo. Este pueblo que, por escelencia puede llamarse el *Pueblo católico*, ha visto con pesar el voluntario desprendimiento de la vida de la Señora DOLORES VEIN-TIMILLA DE GALINDO, y la ha compadecido en su fatalidad. Esta señora, dotada de un alma en extremo ardiente y sensible, no pudo conservar sobre la tierra una existencia que le era ya pesada —una calumnia había ofendido su honor. Se inmoló como víctima expiatoria del noble amor de su buena reputación... Ella ha sufrido una descomposición cerebral, no cabe duda, pues su corazón estaba nutrido de las cristianas lecciones que había recibido de su virtuosa madre.

Las posibles intertextualidades entre esta nota de prensa, u otras similares, sobre el suicidio de Dolores Veintimilla y el suicidio novelesco de Rosaura son significativas.[11] En la novela de Riofrío, "el voluntario desprendimiento de la vida" de Rosaura, quien era un "alma en extremo ardiente y sensible", fue también el resultado fatal "de una existencia que le era ya pesada". En su fatal desenlace, Rosaura es, a la vez, una "víctima expiatoria", "pues su corazón estaba nutrido de las cristianas lecciones que había recibido de su virtuosa madre". Riofrío, al parecer, siguió muy de cerca la *apropiación católica* del suicidio de la poeta quiteña en la prensa de la época. Para Rosmarie Terán-Najas, el destino final que Rosaura y Dolores comparten es, efectivamente, "un pago expiatorio de la deuda moral que adquirieron con una sociedad que les reclamó el quebrantamiento del orden patriarcal" (55).

Pero Dolores y Rosaura no solo se aproximan en el carácter expiatorio de su muerte trágica, sino en el mismo recorrido de sus vidas: son mujeres jóvenes, librepensadoras y rebeldes, que desafían de manera frontal la violencia masculina instituida y que resisten el escarnio social y moral de la sociedad tradicional que las repele; son mujeres solidarias frente a las injusticias de los

---

11. La historia de la novela empieza en enero de 1841, cuando Rosaura tiene dieciocho años, así que nació en 1823. Dolores Veintimilla de Galindo, a su vez, nació en 1829 y se suicida en 1857, seis años antes de que la novela fuera publicada. En otras palabras, Rosaura y Dolores son casi contemporáneas, y la novela de Riofrío, como escritura que relata eventos "al natural", bien pudo haber sido influida por el suicidio de la poetisa quiteña. Esta hipótesis, claro está, obliga a una investigación mucho más desarrollada.

más pobres, especialmente los indígenas;[12] ambas reciben, además, una educación femenina liberal bastante cercana, influida por las ideas lancasterianas de la época. Las dos viven, a la vez, la desilusión del amor romántico y color de rosa. En Cuenca y Loja, ciudades contiguas, deciden vivir solas, después de emanciparse de sus maridos, sufriendo las habladurías del chisme popular y la reprimenda moral de la Iglesia. Y, significativamente, son mujeres de letras, mujeres que leen y escriben. ¿Es Rosaura el "álter ego novelesco" de Dolores?[13]

En las cercanías biográficas del personaje ficticio con la mujer real y la representación católica del trágico final que comparten, Riofrío parece ofrecernos una advertencia moral y punitiva sobre las desgracias que trae consigo el patriarcado despótico y el libertinaje femenino. Digámoslo, pues, de manera frontal y sin más rodeos: *La emancipada* es una novela coherente e integrada con las convicciones católico-liberales de su autor; quizá con vacíos narrativos en determinados momentos, pero con una trama y personajes que resultan plenamente consecuentes con su mensaje. El suicidio de Rosaura bien habría podido suceder desde la primera página de la novela y nada de su sentido habría cambiado, excepto quizá porque esta sería la crónica de una muerte anunciada. Riofrío no imagina una heroína rebelde que luego "traiciona" convirtiéndola en una prostituta y matándola, como sostiene el crítico Fernando Balseca; ni existe tampoco la defensa de una identidad feminista emancipada *per se*, como el título de la novela podría sugerirlo.[14] Rosaura

---

12. Rosaura, por un lado, acepta casarse con Anselmo para evitar que su padre descargue su ira sobre un indígena sirviente; y Dolores, por el otro, defiende públicamente en Cuenca a un indígena que es acusado de parricidio.

13. La apropiación católica del suicidio de Veintimilla de Galindo guarda, sin embargo, una diferencia fundamental con el personaje de papel: mientras que la poeta quiteña fue enjuiciada como una sacrílega y criminal, el suicidio de Rosaura aparece como acto involuntario, un accidente, lo cual la salva de haber cometido un pecado capital. Al final de esta sección me referiré a este punto importante.

14. Me distancio, en este punto, de la lectura de Balseca y otras similares que la continúan (Nina, Burgos, Terán-Najas, entre otros), cuando se afirma que el autor de *La emancipada* "traiciona" a Rosaura. Para Balseca, "el narrador —de afanes liberales y románticos— poco a poco va separándose de los intereses de su heroína hasta llegar a prostituirla y a matarla" (147); "el narrador va 'traicionando' a su heroína a medida que avanza el relato" (149). Riofrío no traiciona a Rosaura porque simplemente no defiende una figura femenina libertaria moderna en su

encarna un contraejemplo moral de la mujer valiente, ilustrada y virtuosa que ha sido tiranizada y empujada al abismo por una sociedad corrupta; y una advertencia trágica de cómo su arrepentimiento y vergüenza como mujer libertina ya no son posibles cuando es demasiado tarde. Leída desde su final o convertido ese final en su principio, lo más significativo de la novela de Riofrío es precisamente el proceso subjetivo —las ficciones patriarcales— por el que se determina, desde el propio deseo y voluntad de la protagonista, su arrepentimiento y vergüenza finales.

Un primer acercamiento al mundo subjetivo de Rosaura (ideas, principios, valores femeninos) nos lo sugiere ella misma en sus recuerdos sobre la educación de su madre. A través de su influencia y su identificación con una educación religiosa ilustrada, Riofrío da cuenta del impacto social que la fundación de las primeras escuelas lancasterianas, dirigidas por el padre Sebastián Mora y financiadas por el mismo Libertador Simón Bolívar, habrían tenido en el Ecuador de la época. Terán-Najas nos ofrece una mirada atenta a la manera cómo la ficción se nutre de la historia, o la historia se narra como ficción, según se quiera ver, en la novela de Riofrío.[15] Terán-Najas explica:

novela. Si bien el liberalismo ilustrado de Riofrío cuestiona el despotismo del patriarcado, no se opone a él *per se*, sino que busca su reforma. La lectura literaria e histórica del liberalismo y la ilustración como aliados fuertes de la sociedad patriarcal y misógina del siglo XIX es todavía una tarea pendiente.

15. El problema con la lectura de Terán-Najas sobre la educación femenina lancasteriana en *La emancipada* es que se adscribe, sin más, a la interpretación de Balseca. Terán-Najas pasa por alto, así, las variables de un liberalismo anticlerical profundamente católico, que seguía siendo patriarcal, aunque repudiara sus expresiones despóticas. En su novela, Riofrío cuestiona la violencia (brutalidad física, cautiverio doméstico, chantaje, etc.) del patriarcado del padre de Rosaura (Pedro), pero no su *poder subjetivo deliberante y moralizador* (Eduardo como cura). En 1874, Riofrío traduce del francés *Premier livre De L'enfance, ou Exercises de lecture et leçons de Morale*, de M. Delapalme, libro que se instituye como texto de lectura y lecciones de moral en las escuelas primarias del Perú. Este manual de instrucción pública ejemplifica bien el ideal educativo de Riofrío, entremezclando conocimientos de la ciencia natural y astronómica con una profunda educación religiosa y moralizadora. Sobre el padre verdaderamente cristiano —opuesto al despotismo del padre de Rosaura—, se afirma, por ejemplo: "Se ocupaba de su numerosa familia, velaba sobre ella y trabajaba para sostenerla. Le gustaba decir:

la novela tiende lazos claros con la historia, al permitir la entrada de dos personajes históricos trascendentales: Bolívar y el mencionado padre Mora. Sabemos hoy que el fraile franciscano Sebastián Mora, figura de gran talla pero lamentablemente poco estudiada, estableció la primera escuela lancasteriana en Mérida y fundó los primeros normales con ese enfoque en Bogotá. Pasó luego al Departamento del Sur, actual Ecuador, alrededor de 1824, para encargarse de la implementación del modelo lancasteriano (65).

La educación lancasteriana[16] le permitió a la madre de Rosaura, al igual que a un reducido grupo de mujeres privilegiadas de la época, tener acceso a la

---

'la felicidad de mis hijos es la mía'. Les hacia dar instrucción para que llegasen á ser sabios é ilustrados. Les preparaba una carrera por medio de la enseñanza... Ah! yo amaré y respetaré a mi padre" (21). Riofrío, claramente, mantiene la obediencia virtuosa de la mujer como un ideal.

16. Hay en esta representación novelesca de la educación lancasteriana de la época mucha más tela que cortar. Joseph Lancaster (1778-1838) fue un inglés cuáquero que reformó la educación pública de su tiempo. Su método, conocido como el "sistema de enseñanza mutua", fue una reacción al sectarismo religioso que el propio Lancaster sufrió siendo un niño y que restringió la educación a los sectores sociales más acomodados, capaces de financiarla. Lancaster propuso un nuevo sistema educativo público, en el que un maestro podía llegar a enseñar a mil niños en una clase, usando a los propios estudiantes, más avanzados en edad y conocimiento, como "monitores" y "pupilos" de los más jóvenes e ignorantes. De esta manera, se buscaba masificar el acceso educativo a las clases más pobres, ofreciéndoles un sistema de educación nacional cristiano y barato. Las escuelas lancasterianas convirtieron a los estudiantes en maestros y estudiantes de sí mismos, manteniendo un orden, disciplina y control estrictos en la clase, y tomando como base un sistema de recompensas y premios al estudio, o de castigos, en casos de indisciplina. Estas escuelas se propagaron rápidamente por todas las nuevas republicas latinoamericanas, así como por Estados Unidos y Europa. En *Vigilar y castigar*, Foucault cuestiona a Lancaster por su excesivo apego a la producción de "cuerpos dóciles", dentro de un sistema educativo que producía "respuestas condicionadas" o "automatizadas" entre los estudiantes. Para Foucault, "La escuela de enseñanza mutua insistirá sobre este control del comportamiento por el sistema de señales a las que hay que reaccionar instantáneamente. Incluso las órdenes

lectura, la escritura y el debate de distintas ideas y saberes vinculados a lo literario, lo político y lo público, todo lo cual estaba identificado con un orden tradicionalmente masculino. En la novela, Pedro se refiere a la madre de Rosaura, su esposa, como una mujer "porfiada", "novelera", "respondona", "normalista", "murmuradora de los predicadores", "amiga de libros, papeles y palabras ociosas" y a la que siempre le gustaba preguntar "en dónde estaba Bolívar, quiénes se iban al congreso, qué decía la *Gaceta*"; era, en síntesis, una "masoncita remilgada" (48). La contradicción existente en la novela entre una educación religiosa-moralista, conservadora, despótica hacia la mujer, simbolizada en la frase "la letra con sangre entra";[17] y otra, "verdaderamente cristiana", liberal e ilustrada, nos habla también de un país en el que la misma religión se debatía entre dos modelos de educación y sociedad. Para Terán-Najas,

> la censura del padre de Rosaura a la educación lancasteriana tiene que ver con el acceso autónomo que obtuvo la madre a la lectura de novelas —culpables de las "novelerías" que se achacaban a las mujeres— y de

---

verbales deben funcionar como elementos de señalización: *'Entren en sus bancos.* A la palabra *entren* los niños ponen ruidosamente la mano derecha sobre la mesa y al mismo tiempo pasan la pierna por encima del banco; a las palabras *en sus bancos,* pasan la otra pierna y se sientan frente a sus pizarras [...] *Tomen pizarras.* A la palabra *tomen* los niños llevan la mano derecha hacia la cuerdecita que sirve para colgar la pizarra del clavo que está delante de ellos, y con la izquierda, toman la pizarra por la parte media; a la palabra *pizarras,* la descuelgan y la ponen sobre la mesa'" (171). El disciplinamiento lancasteriano de "cuerpos dóciles" se revela así como un sistema educativo de encierro, que buscaba ordenar, controlar, moralizar y cristianizar a las masas ignorantes y pobres. La crítica de Foucault pone en cuestión la imagen idílica —liberal, democrática, crítica— que *La emancipada* presenta de la educación lancasteriana en esta época. Todo esto, sin mencionar todavía la influencia que las ideas cuáqueras habrían tenido sobre la educación lancasteriana de las mujeres, en particular.

17. Juan León Mera, desde el conservadurismo, también cuestionó en su momento esta educación de látigos y azotes: "No puedo perdonar todavía a cierta madre que al llevar á su hija á la escuela, presentó a la maestra un azote adornado de cintas y lazos, como quien la decía: Sustituya Ud. esto al método, al tino y la paciencia" (*La escuela doméstica* 74).

textos, polémicos en este caso, como los libros de Telémaco, que seguramente se refieren a la obra de Fenelón, popularizada extensamente en Europa por su visión crítica de la monarquía de Luis XIV, o *La Gaceta* colombiana que, [...] influía en generar un clima político participativo (65).

En reacción a esta educación liberal, Pedro mantiene a Rosaura como una cautiva del espacio doméstico: la aleja del aprendizaje y sus pasatiempos, la oculta de la vista y contacto del mundo, y la obliga a obedecer "bajando los ojos" y "sin responderle" (40).[18] La misma virtud de Rosaura se convierte en un negocio de hombres. En la novela, todos los rostros masculinos que detentan alguna forma de poder como el padre, el cura o el juez, representan, a fin de cuentas, una única figura de autoridad pública: son los mil y un rostros de la moralidad masculina imperante. La primera parte de *La emancipada* (capítulos I-IV) puede leerse, entonces, como la denuncia de este patriarcado despótico que cierta aristocracia terrateniente y aldeana de la Sierra ecuatoriana imponía sobre la familia, y la mujer en particular.[19] Esta sección de la novela

---

18. Paradójicamente, esta es, precisamente, la clase de disciplinamiento que para Foucault operaba en las escuelas lancasterianas. "Pebbles into Diamonds. A Lancasterian Monitorial School 1811" es un video que recrea de forma histórica su funcionamiento en Londres: los estudiantes aparecen conducidos por una disciplina militar férrea, premiados o humillados de forma pública (aparecen caminando sin zapatos, enjaulados, atados con grilletes de pies y brazos, obligados a llevar un letrero de *truant* —haragán, vago— en sus pechos). Esta reconstrucción visual de la escuela lancasteriana está disponible en YouTube: https://www.youtube.com/watch?v=GJRUFychfp4.

19. La temática literaria de oponer una figura heroica femenina a un déspota es anterior a *La emancipada*. En su poema indianista "Nina" (1848), Riofrío había ya planteado una situación similar. Nina es descendiente de los Shyris, por parte de Chaloya, su padre, y es una de las vírgenes del sol. Logra escaparse de ser una de las concubinas de Atahualpa, pero el tirano Rumiñahui la persigue por "rebelde, osada y sacrílega". Al final del poema, ella y su padre escapan de esta persecución convirtiéndose en fuentes del bosque. Nina marca así un precedente importante con respecto a *La emancipada* y, posteriormente, *La virgen del sol* de Mera. En "Nina" leemos: "El tirano Rumiñahui,/ aún las teas encendidas,/ completada la obra horrenda/ de desolación y ruina [...] dio estas órdenes de prisa:/

llega a su momento cúspide cuando Rosaura, intimidada y extorsionada por su padre, acepta finalmente casarse con Anselmo. El triunfo de Pedro parece absoluto y llega incluso a suplantar la identidad femenina de su hija, cuando escribe una carta personal dirigida a Eduardo, que luego Rosaura firma sin leer.[20] La carta en cuestión dice:

> Muy señor mío: Por cuanto mi señor padre me ha dicho lo que la Santa Iglesia nos enseña, conviene saber: Que los padres son para los hijos segundos dioses en la tierra y que se han de cumplir sus designios con temor de Dios, recibo por esposo al señor Anselmo de Aguirre, porque será una encina a cuya sombra viviré como buena cristiana, trabajando para mi esposo, como la mujer fuerte, y para los hijos que Dios me dará, sin mirar mis grandes pecados y sólo por su infinita misericordia; por ende, podrá Ud. tomar las de villadiego. Dios guarde a Ud. por mucho años. Firmado: Rosaura Mendoza (55).

Lo que me interesa observar aquí es que en esta carta, Pedro revela una primera ficción patriarcal: la ley del padre se debe obedecer como la ley de Dios y del Estado.[21] El padre terrenal se funde con el celestial. La ley paterna es

---

Cien chasquis y cien soldados/ y cien diestros en la pista,/ con alas en calcañares/ vuelen en torno al Pichincha;/ y, ya veis que aún no anochece,/ mañana al rayar el día/ estarán en mi presencia/ atados Chaloya y su hija (Nina)" (Stacey Chiriboga 96).

20. En su ficción novelesca, Riofrío reproduce la clase de *travestismos de la letra* que Montalvo y otros escritores de la época habrían empleado en sus ensayos para apropiarse de una voz femenina y escribir sobre/desde los deseos y voluntad más íntimos de las mujeres. El disciplinamiento masculino aparece así como inherente al mismo deseo femenino.

21. El tema de la ley y su contrario, lo ilegal o delictivo, no ha pasado desapercibido por la crítica. Jorge O. Andrade menciona brevemente, por ejemplo, cómo la nación decimonónica, asociada con el imaginario de la madre, estaría sometida tácitamente a los preceptos de la "ley del padre" como puntal de la familia ("Entre la santidad y la prostitución" 37); Carlos Burgos, por su parte, interroga más extensamente cómo las marcas del crimen y el delito definen los caminos de Rosaura como personaje. Para Burgos, Rosaura no solo transgrede, sino que usa y reinterpreta la ley a su favor. "Intenta, mediante su gesto irreverente, corregir las desviaciones de la Ley del Estado, y se coloca por encima de la justicia o, mejor

una en la tierra y en el cielo. A través de su voz travesti, Pedro diviniza su propia autoridad y convierte todo lo contrario a ella en objeto del castigo de la Iglesia o el Estado. Oponerse a la ley de padre es así, literalmente, un acto irreligioso y criminal. En *La emancipada*, Riofrío cuestiona este uso despótico de la represión violenta como un mecanismo de unificación familiar-nacional efectivo. Aunque Pedro cree haber doblegado el alma de Rosaura, ella ha planeado "dar una campanada", y así alerta a su amado Eduardo, escribiéndole un mensaje secreto en el reverso de la carta que había firmado sin leer. En otras palabras, ni el encarcelamiento doméstico, ni la intimidación física o psicológica, ni el chantaje moral, ni la represión violenta pueden garantizar la obediencia incondicional y voluntaria de la mujer. Recuérdese, como prueba de esto, la deliciosa escena del día de la boda de Rosaura, que quizá sea el mejor momento de la novela. Después de haberse casado y, por tanto, emancipado legalmente del tutelaje del padre, la heroína llega vestida de blanco, montada a caballo, armada con una pistola al cinto y amenazando con dar de balazos a todo aquel que intente detenerla en su camino. El narrador apunta:

> Llegó Rosaura en su alazán hasta el vestíbulo del convento [...] Estaba encantadora: sobre su vestido blanco de bodas se había hecho una capita grana [...] Rosaura amartilló una pistola de dos tiros y dijo con voz de amazona: —Señor cura, aquí hay dos balas que irán veloces hasta el tuétano del atrevido que me insulte [...] El cura y el teniente político retrocedieron asustados y Rosaura partió sin que nadie pudiera detenerla (61-63).

Este escamoteo y fuga de Rosaura evidencian la inutilidad de los mecanismos represivos del padre por controlarla, y, a la vez, el potencial caos que sobreviene como consecuencia. La fuga de Rosaura pone de manifiesto, además, la fractura misma en el orden social de la nación-familiar existente, esto es, la confrontación entre un sector terrateniente-conservador que pide el castigo para Rosaura, y aquellos otros criollos, asociados con la independencia y la

---

dicho, de las justicias (la legal y la religiosa, por supuesto, pero también se va contra los valores asignados a su género y a su marco familiar y social) (66). Al hablar aquí de la ley del padre, la definiría, al igual que Burgos, como una ley en sentido amplio, religiosa, legal, civil, sexual, moral y, de manera fundamental, subjetiva. El consentimiento voluntario final de Rosaura hacia la ley del padre —la ficción patriarcal de la obediencia— resulta así fundamental en esta trama.

ilustración, que apuestan por una reforma cristiana y liberal, y simpatizan con la fuga de la heroína.[22] Rosaura aparece el día de su boda como una mujer anómala para su época: una "soldadera", acaso solo comparable a aquellas mujeres armadas y montadas a caballo que batallarían en la Revolución mexicana (1910) medio siglo más tarde. Tal figuración "revolucionaria" de Rosaura, sin embargo, es engañosa: para Riofrío, la fortaleza de la protagonista está más cerca de su virtuosa auto-expiación final que de una pretendida liberación feminista en un sentido contemporáneo.[23]

La crítica de Riofrío no es protofeminista, sino que apunta a la reforma liberal de un patriarcalismo despótico que era incapaz de guiar el alma de la mujer; la ley del padre —esto es, la ley del Estado y la Iglesia, entendida como una realidad puramente violenta, impuesta y represiva— aparece aquí como una ley fallida. Desde esta óptica, el conflicto de la novela no surge de la rebeldía de Rosaura contra el mundo instituido solamente, sino de la inutilidad e

---

22. En *La emancipada* leemos: "El pueblo tomó a su cargo el asunto dividiéndose en dos bandos encarnizados: unos veían en Rosaura una heroína y aplaudían con entusiasmo la lucidez de su plan [...] Otros se limitaban a disculparla [...] El bando más numeroso era el de los tradicionalistas o partidarios de las fuertes providencias; éstos decían, como el padre de Rosaura, que el hombre ha sido creado para la gloria de Dios, y la mujer para la gloria y comodidad del hombre [...] Estos acababan siempre por lamentar los buenos tiempos del rey y por maldecir la independencia americana y el nombre de Bolívar" (63-64).

23. A *La emancipada* le ha ido muy mal en su lectura como un todo integrado. La tendencia ha sido disgregar la novela, fracturarla, convirtiendo su segunda parte —en que Rosaura degenera y se arrepiente— en un añadido, una posdata, una sección anómala en que el autor se desdice. Leída así, Rosaura es vista como una figura heroica y feminista, en sentido positivo. Sin embargo, el valor y fortaleza de la heroína no apuntan a una liberación social o política de la mujer, sino a su *superioridad moral*, a su capacidad de arrepentimiento y autoexpiación final. Es la heroína de un patriarcado cristiano y moralizador, y un ejemplo trágico de los males a los que lleva el libertinaje y el despotismo. Sommer, precisamente, califica a *La emancipada* como "una aventura discutiblemente feminista, hoy olvidada, probablemente eclipsada por la novela de su discípulo" (306). Véase, en esta línea de lecturas feministas, a Burneo (2006), Moscoso (1999), Sáenz Andrade (2002), Cochancela Placencia (2015) y Lanche Paltín (2015).

impotencia masculina para encausarla por un sendero racional y civilizado. En *La emancipada*, Riofrío cuestiona los "defectos sociales" de un patriarcalismo despótico, ya que "si en verdad somos cristianos, debemos ser sustancialmente distintos de aquellos pueblos en que la mujer es entregada como mercancía a los caprichos de un dueño a quien le sirve de utilidad o de entretenimiento, mas no de esposa" (45). Y más aún, considerando que son "los déspotas y los fanáticos los que empujan a la sociedad a la región del libertinaje" (74). En su *Discurso* de la Sociedad de Amigos de la Ilustración (1849), Riofrío cuestiona, precisamente, los "hábitos de abyección", que conducen a las masas populares a ser la presa fácil de gobiernos "funestos" y "soldados ambiciosos". En la visión ilustrada de Riofrío, "el imperio del pensamiento eleva i ennoblece la condición humana; el dominio de los sentidos la degrada i envilece [...] el gobierno del pensamiento es seguro, estable y progresivo; el gobierno de los sentidos es débil, efímero, funesto i destructor" (2). Riofrío identifica así al patriarcalismo despótico de Pedro con esos "hábitos de abyección"; y los cuestiona, además, como una forma de represión inútil, ya que si la mujer no asume de forma subjetiva y voluntaria el orden masculino hegemónico, poco importará cuánto se le castigue y violente. Dicho de una manera más simple: las mujeres mienten —como Rosaura lo hace cuando acepta casarse bajo la coacción de su padre—, pero no pueden mentirse a sí mismas.

Si la primera parte de *La emancipada* (capítulos I-IV) gira en torno a una mujer cautiva y el accionar tiránico de un padre inquisidor y punitivo que fracasa en sus intenciones, la segunda parte (capítulos V-VII) restituye la importancia moral, expiatoria y redentora del confesor, como un hombre racional, virtuoso y de sentimientos puros, representada por Eduardo (quien ahora es un cura). Ambos personajes, en todo caso, inquisidor y confesor, son la cara y contracara masculina del mismo proceso de dominación religiosa de la mujer.

La segunda parte de la novela narra, entonces, la manera subjetiva cómo la ley del padre se impone e interioriza, y se convierte, finalmente, en una realidad consentida por Rosaura. Las cuatro cartas íntimas que Eduardo y la heroína intercambian revelan precisamente estas transmutaciones internas, espirituales, que sufre la identidad de la protagonista: primero, vanidad y orgullo ante su vida libertina; luego, vergüenza, desengaño, remordimiento, arrepentimiento y odio a sí misma; finalmente, impotencia y frustración ante la imposibilidad del perdón. El cura Eduardo convierte a sus cartas en un

vehículo de confesión y expiación católica de Rosaura.[24] Así, no solo su cadáver, al final de la novela, es objeto de una autopsia legal que intenta determinar las razones de su muerte,[25] sino que el cura Eduardo opera, también,
una "autopsia moral" de su libertinaje. Eduardo *interpela*, sujeta subjetivamente, a Rosaura a través de la memoria y enseñanzas cristianas de su madre;
cuestiona la irracionalidad y violencia de su comportamiento emancipado; la
comprende en su ira hacia el despotismo de los hombres que la avasallaron
y maltrataron. Pero le recuerda su lugar y responsabilidad en el orden nacional, ofreciéndole su amor, perdón y redención cristianas. "Vuelve al campo,
piensa, reflexiona y allí oirás la voz de Dios en las reminiscencias de los consejos de tu madre" (80), le aconseja.[26] Rosaura reconoce así el "desenfreno de su

---

24. Se establece así un contrapunteo interesante entre las cartas del cura Eduardo y la
carta travesti que escribe Pedro por Rosaura, como si fuera ella. Riofrío parecería
distinguir aquí no solo dos tipos diferentes de escritura sino de normativas (la ley
es también una escritura). Por un lado, está la escritura del padre de Rosaura, travestida, impuesta, divinizada, y que, como observa Nina, produce otra escritura
secreta, clandestina, que aloja la desobediencia (*La expresión metaperiférica* 13); y,
por otro lado, la escritura confesional de Eduardo, intimista, familiar, redentora,
que se convierte en un espejo del alma de Rosaura y un medio de expiación. Para
Marín Lara, "en estas cartas se pone de manifiesto la sicología del personaje, que
demuestra su arrepentimiento por el estilo de vida que ha estado llevando" (99).
Un aspecto no explorado en *La emancipada* es, precisamente, este juego complejo
de cartas, mensajes secretos y memorias femeninas y masculinas que arman toda
la narración, empezando por la novela misma como el producto de una historia
anterior. *La emancipada* sería el palimpsesto de una serie de escrituras previas; o,
como Riofrío declara: "nada inventamos: lo que vamos a referir es estrictamente
histórico".

25. He reservado una palabra final sobre la autopsia de Rosaura en las conclusiones
de este capítulo. Valga anotar, por ahora, que la autopsia de Rosaura y las breves
escenas de su cuerpo destrozado las asumo aquí como parte de su castigo, pero
producen también un sentido de desequilibrio no deseado en el proyecto novelesco de Riofrío.

26. El personaje de la madre de Rosaura es ambivalente: por un lado, sirve para afirmar la rebeldía y librepensamiento de Rosaura; por el otro, es una razón fundamental para su arrepentimiento. En "La escolarización de la vida", Terán-Najas
ha puntualizado de manera interesante que "La mayoría de los estudios sobre

ignorancia" y el error de haber creído que había "dos religiones": una "pura", "simpática" y "divina", identificada con la madre; y otra, "pesada" y "odiosa", impuesta por el padre (81). El amor cristiano, humilde y compasivo del cura Eduardo hace posible que la ley del padre sea finalmente asumida de forma subjetiva por la heroína. Y es precisamente aquí donde la novela propone una segunda ficción patriarcal: la ilimitada fortaleza moral de la mujer para soportar todos los vicios masculinos existentes.

En *La emancipada*, el mal padre, el mal esposo, el mal cura, el mal juez son una realidad "lastimosa", pero "no punible" o criminalizable (79). Por ello, la capacidad de autosacrificio de la mujer para soportar todos los males masculinos y sobrellevarlos con un amor puro y cristiano resultan tan fundamentales. El cura Eduardo escribe en una de sus cartas a Rosaura:

tú recibiste los dones de una inteligencia clara, de una educación dulce, bajo las inspiraciones maternales y un amor puro y leal que dio vuelo y consistencia a los sentimientos generosos. Con estos elementos se

---

La emancipada han girado en torno al triángulo que se establece entre Eduardo, Rosaura y su padre, cuyo protagonismo resulta central en el desarrollo de la trama. Hemos tratado, en cambio, de descubrir en la historia otro relato, más profundo y determinante, que tiene que ver con el papel que desempeña el personaje ausente de la madre en la vida de la protagonista, personaje sin cuya influencia la joven no hubiera adquirido el perfil arrojado y transgresor que tiene en la novela" (62-63). Se trata de una perspectiva novedosa que ilumina históricamente la relación intelectual entre la madre de Rosaura y su hija, y nos hace pensar en "la posibilidad de crear un mecanismo de transmisión informal del saber por la vía de una complicidad mutua, que se realizaba en la privacidad de lo doméstico y de la relación filial entre madre e hija, sin que el padre pueda reprimirla" (66). Las cartas del cura Eduardo a Rosaura, por otra parte, le dan la vuelta a este argumento. El cura Eduardo no solo que reconoce y valora positivamente este lazo intelectual madre-hija (al contrario de Pedro), sino que lo instrumentaliza a su beneficio como una forma de ingresar al alma de Rosaura y provocar su arrepentimiento. Riofrío habría visto estos lazos domésticos femeninos madre-hija como una vía regia para el disciplinamiento moral-patriarcal, mariano, de la mujer. En este sentido, el carácter "liberador" y "crítico" en la educación lancasteriana de la madre de Rosaura es problemático. Riofrío parecería idealizarlo.

forman las almas fuertes, y en las almas fuertes es un crimen caer en las
mismas miserias que forman la triste herencia de los imbéciles (79).

En suma, para Eduardo, el sacrificio virtuoso de la mujer es el que hace posible la re-fundación de un "pacto social" pacífico, racional, capaz de integrar a la familia y, por ende, a la nación. Este sacrificio abnegado, además, resulta indispensable para contener la violencia de género consustancial al orden patriarcal despótico.[27] Riofrío, en suma, no pretende abolir la desigualdad de género, ni abogar por una mayor participación pública o política de la mujer; sino que busca, como Montalvo, regenerar las costumbres y hábitos bárbaros hacia la mujer, y ser solidario con una mujer ilustrada y virtuosa en la esfera doméstica. Tal como el padre Eduardo le dice a Rosaura: "El levantar una pistola, hacer temblar a los imbéciles, resolverse a morir luchando, andar sola por los caminos desafiando los peligros, muestran en ti la triste excitación de un valor desesperado, eso no es el valor nacional, no el valor del alma grande" (83). Riofrío fundamenta así la necesidad de moralizar y cristianizar el corazón femenino, el cual puede actuar peligrosamente como una "tempestad", que "no se puede saber cuál será el límite de sus estragos [...] porque finca su orgullo en no retroceder jamás y devolver a la sociedad burla por burla, desprecio por desprecio, injusticia por injusticia y victima por victima" (73). La educación moral y cristiana de la mujer son la única garantía de su autocontrol y obediencia, pues "hasta el vicio tiene su dignidad en las almas educadas" (73).

Para Riofrío, en definitiva, la ley del padre no puede ser una ley despótica sin más; a la mujer, "criatura inexperta y alma ardiente" (74), hay que guiarla con reflexión, amor y consejo. La luz de la razón y los valores cristianos deben guiar la educación ilustrada de la mujer, como lo testimonian las cartas que

---

27. *La emancipada* lo explica así: "algo más todavía: el mal padre, el mal sacerdote, el mal juez y la mala sociedad han procedido por ignorancia y estulticia, y esto es más bien lastimoso que punible" (79). Así, no solo que la sociedad patriarcal tolera los posibles crímenes de los hombres malos, sino que criminaliza a las mujeres que no se resignan y se rebelan en contra de ellos, "pues en las almas fuertes *es un crimen* caer en las mismas miserias que forman la triste herencia de los imbéciles" (79; la cursiva es mía).

el cura Eduardo envía a la heroína.[28] Rosaura misma, finalmente, reconoce esta necesidad de autoexpiación cuando escribe: "A nadie maldigo sino a mí misma. Eduardo, no vuelvas a escribirme: no temas que me destruya porque cuando esto suceda daré una nueva campanada" (83-84). Y, más adelante, anota: "mi alma se ha tornado en un arsenal desierto, tostado por el sol del arrepentimiento y removido por los vientos del engaño [...] tengo vergüenza de mí misma, me aborresco de muerte" (86).

El suicidio de Rosaura podría interpretarse, entonces, como una exaltación sublimada de la capacidad intrínseca e ilimitada de la mujer para autosacrificarse, y una advertencia punitiva de las consecuencias funestas que supone tanto la violencia del patriarcado despótico como la misma desobediencia y libertinaje femenino. Rosaura es la heroína trágica de la ley del padre: un "contraejemplo moral" indispensable para defender la verdadera virtud. En su carta de despedida, Rosaura le escribe a Eduardo: "Las desgracias que me anuncias como futuras ya están dentro de mí [...] Todos los caminos están obstruidos para mí, excepto el que voy siguiendo" (85). El suicidio de Rosaura no es una "traición" del novelista a su heroína, sino todo lo contrario: representa la prueba trágica material, subjetiva, de su superioridad moral como heroína. Para Riofrío, la virtud de la mujer nunca yace como un cadáver, sino como una fuente de inspiraciones.

---

28. Al igual que otros liberales de la época, Riofrío aboga por la ilustración de la mujer en su novela. Por esto sus múltiples referencias a la educación lancasteriana de la madre de Rosaura, el valor que significaba que la mujer supiera leer y escribir, y que tuviera una capacidad intelectual cultivada. El punto en debate estriba en los *límites y función* de esta educación femenina. El liberalismo católico-patriarcal defendió la necesidad de mujeres cultas en ciertos saberes y destrezas, pero continuó limitando su existencia a la esfera del hogar: se buscaba producir mejores madres, educadoras domésticas más cultas y eficientes. Buena parte de las lecturas de *La emancipada* pasan por alto este aspecto "conservador" del liberalismo de la época, que no buscaba abolir el patriarcado, sino reformarlo. Montalvo es un ejemplo paradigmático de esta línea de pensamiento: es un *regenerador liberal-católico* del patriarcado, no su opositor mortal. Lo que Riofrío hace en la segunda parte de su novela es señalar estos límites domésticos y morales de la mujer "emancipada"; visibilizar la decadencia a la que llega el libertinaje ilustrado femenino sin la guía moral de la religión.

En el "Apéndice" de la novela, no siempre incluido en todas sus ediciones, la muerte de Rosaura también aparece como una advertencia moralizante de su libertinaje: primero, desde la prédica religiosa de Eduardo, que increpa desde el púlpito sobre "las desgracias que traen consigo la desobediencia a los padres, el desacato al sacerdote y el irrespeto a los jueces"; y luego, desde "lo horrible del espectáculo" de la autopsia que le sobreviene al cadáver.[29] La muerte de Rosaura se considera legalmente como un accidente "por no haber lugar a formación de causa" (87). Riofrío sugeriría así una inmolación vehemente, un pago expiatorio y aleccionamiento moral, no un sacrilegio ni un crimen.[30] Al final de este capítulo, una vez más, le daremos una vuelta de tuerca a este argumento.

---

29. Reproduzco aquí el texto completo. "APÉNDICE. El cura que había causado la perdición de esa mujer, cuando supo su muerte subió al púlpito y platicó patéti-camente sobre las desgracias que traen consigo la desobediencia a los padres, el desacato al sacerdote y el irrespeto a los jueces. Don Pedro volvió a su tema de atribuir la muerte de su hija a las modernas instituciones. Don Anselmo se vistió de gala el día que le fue dada la noticia de su viudez. El presbítero Eduardo aún conserva respetuosamente las dolientes memorias de esa víctima. El estudiante no ha perdido de vista lo horrible del espectáculo que tuvo delante de sus ojos y ha apuntado sus recuerdos veinte y dos años después de los sucesos" (149; Libresa).

30. Al fugarse el día de su boda, abandonar a su esposo usando un arma, prostituirse y suicidarse, Rosaura se convierte, legalmente, en una criminal. No existe ni un solo pasaje de la novela, sin embargo, en que Rosaura aparezca perseguida por la justicia, encarcelada o sentenciada. El fusilamiento de María Camila O'Gorman (1828-1848), en Argentina, evidencia, por el contrario, la forma brutal en que se castigaba a las mujeres criminales y fugitivas. Riofrío, intencionalmente, privile-gia un final de tipo moral, antes que policial o judicial. Esta es, finalmente, la dife-rencia significativa entre el suicidio de Rosaura y el de la poeta quiteña Dolores Veintimilla. Juan León Mera representa bien la condena que pesó sobre la poeta suicida cuando escribe sobre ella: "un cúmulo de desgracias abatieron su espíritu con aquella enfermedad moral que hace despreciar todo instinto de conservación, y extraviando el entendimiento engendra la idea de *un estéril y repugnante delito*, el suicidio" (*Ojeada* 10; la cursiva es mía). El realismo de Riofrío parece quebrarse en este punto y dar paso al aleccionamiento moral y cristiano.

Cumandá, la heroína del incesto que no fue

En *Cumandá o Un drama entre salvajes* (1879), Juan León Mera nos cuenta la historia de un incesto entre hermanos; o, más exactamente, la historia de su imposibilidad moral, de su inadmisible consumación carnal. Y la heroína que impide, con su propia vida, esta transgresión capital es Cumandá, una "india blanca", cristiana, impetuosa, bella y valiente, que vive en la selva del Amazonas.[31] Aunque Cumandá pertenece a lo que llamaríamos hoy un pueblo selvático en aislamiento voluntario, la novela de Mera empieza estableciendo, sin mayores explicaciones ni complicaciones antropológicas o culturales, una relación amorosa entre esta y el joven Carlos Orozco, hijo de José Domingo de Orozco, un misionero evangelizador de los indios záparos.[32] El romance de Cumandá, sin embargo, queda arruinado, al igual que en *La emancipada*, por la voluntad impositiva de Tongana, su padrastro, quien la compromete en matrimonio con el viejo Yahuarmaqui, máximo líder de los jíbaros. Hacia el final de la novela, Mera revela que su historia es, en realidad, un baile de máscaras: Cumandá no es sino otra que Julia, la hermana que Carlos pensaba muerta, pero que habría sido raptada en una violenta insurrección indígena en 1790, en la zona serrana de Guamote y Columbe. Tongana, por otra parte, es en realidad Tubon, un líder sobreviviente de dicha insurrección, que migraría luego a la selva; y Domingo de Orozco, antes un hacendado explotador, es ahora fray Domingo, un misionero dominico de la villa selvática de Andoas.[33]

---

31. Resulta significativo que Cumandá, siendo india, sea el personaje más cristiano de la novela, y que la preservación del orden moral-religioso nacional provenga de lo recóndito de la selva y no de la misma "civilización". Este posicionamiento de Mera no es casual y expresa, como explicaré más adelante, el propósito central de la novela.

32. La caracterización novelesca de Cumandá la presenta como impulsiva, activa, decidida, valiente, bondadosa y extremadamente fiel a sus promesas. Carlos, en cambio, es melancólico, dubitativo, inseguro y, en ocasiones, débil y cobarde. Ambos personajes pertenecen a mundos culturales diferentes y enfrentados, aunque al final resultan provenir del mismo mundo. Mera sugiere que este enamoramiento sucede gracias a la belleza física que ambos comparten (son "blancos" y "hermanos"), y su adscripción a una misma identidad y valores cristianos.

33. En su novela, Mera toma como base un evento histórico real. Tal como explica Ángel Esteban Porras del Campo, "*Cumandá* comienza diacrónicamente

El incesto de los hermanos nunca tomará lugar. La heroína de rostro doble, Cumandá/Julia, acepta casarse con Yahuarmaqui y, más tarde, ser enterrada con él, a cambio de salvar la vida de Carlos. Mera, en suma, el alquimista del romanticismo ecuatoriano, transmuta el deseo carnal de los hermanos en amor filial, martirio heroico y autorrepresión sexual, haciendo de Cumandá una figura heroica providencial.

La novela de Mera es la historia de un incesto que no fue. Y es, además, la narración reiterativa, tautológica, repetitiva hasta la inmolación final, de los constantes modos y maneras en que Cumandá protege la vida de Carlos. El autosacrificio de la heroína es así un *leitmotiv* de toda la narración, y una acción femenina virtuosa, voluntaria y amorosa, que impide la verdadera desdicha (el incesto). Fray Domingo, padre de Cumandá, expresa bien esta idea cuando afirma: "Bendigamos la divina mano que todo lo ha dirigido en el triste drama de nuestra vida, le decía (a Carlos), y resignémonos, hijo mío. Si el curso de los providenciales sucesos no hubiera impedido tu enlace con Cumandá, habrías sido el esposo de tu propia hermana; la bendición sacramental cayendo sobre un horrible incesto, en vez de felicidad doméstica, te habria acarreado calamidades sin cuento" (232). Cabe preguntar, entonces, ¿cómo llega a transmutarse la fuerza, valentía e independencia de Cumandá en su decisión de autosacrificarse de manera voluntaria por Carlos, enajenándose de sí misma, haciéndose su propiedad, delegando en él su felicidad y entregándolo todo, hasta su propia vida? ¿Cómo llega Cumandá a aceptar semejante destino de manera voluntaria y abnegada? Esta es la interrogación central que responderé en lo que sigue. Primero, analizaré la importancia del mundo selvático de la novela en sus conexiones con la representación de lo femenino; luego, me centraré en la figura heroico-religiosa de Cumandá.

(capítulo VI) con la alusión histórica a la revolución indígena de 1790, de los indios de Columbe y Guamote (actual provincia del Chimborazo), probablemente contada a Mera por Pedro Fermín Cevallos, y en la que aquellos, para liberarse de la opresión que ejercían sobre ellos los colonos mediante el obraje y los huasipungos, desataron toda su violencia hasta provocar una severa matanza" (24). En *Sublevaciones indígenas en la Audiencia de Quito*, Segundo E. Moreno fecha este levantamiento indígena en 1803, no en el año señalado por Mera, pero confirma, en efecto, la existencia de un teniente Orozco y su familia, que amenazados en su vida por una turba de indios, se refugian en una iglesia de Columbe y tratan de escapar. Todos los Orozco son ajusticiados de manera violenta (253-255).

En su exploración novelesca de la subjetividad femenina —deseos, creencias y valores morales de la mujer—, Mera encuentra que la selva amazónica
es un *escenario narrativo* ideal para visibilizar los sentimientos del individuo
como la soledad o el amor. La magnificencia divina y soledad inmensa de
la selva, que Mera identifica con un "desierto" y un "laberinto", resaltan el
sentido íntimo de la existencia humana y la necesidad de una ley interior: en
la selva, el hombre solo depende de Dios y de su conciencia. En *Cumandá* se
lee: "Excepto Dios y tu conciencia, aquí nadie te mira ni hay quien sojuzgue
tus actos" (7).

El mundo selvático —físico y humano— de *Cumandá* es, realmente, *un
teatro*, un escenario, no una sustancia geográfica-material. Ya desde el inicio de
su novela, el propio Mera declara: "Lector, hemos procurado hacerte conocer,
aunque imperfectamente, el *teatro* en que vamos a introducirte: déjate guiar y
sígueme con paciencia" (10; la cursiva es mía). Al abrirse el telón de la novela,
el lector es transportado al mundo geográfico y físico de Baños (capítulo 1),
poblado cercano a Ambato que marca la entrada a las selvas del Oriente. Las
tablas de este escenario, entonces, empiezan a ser pobladas gradualmente
por sus personajes: las tribus jíbaras y záparas, y los Orozco (capítulos 2 y
3), y el conflicto amoroso de la novela (capítulo 4). Poco le importa a Mera,
como afirma Gordon Brotherston, la manera en que los indígenas reales de
la selva habrían actuado en las circunstancias en que los coloca, sino que sus
personajes, todos sus personajes, actúan guiados por principios antagónicos
de bondad o maldad; y continúan así, inamovibles, desde el principio hasta el
final de la historia (245). El cura Orozco, Carlos, Cumandá y los indios záparos cristianizados son esencialmente buenos; y, por otra parte, Yahuarmaqui,
Tongana, Pona, la esposa de Tongana, y todos los jíbaros salvajes y paganos,
son fundamentalmente malvados. Este antagonismo básico es, precisamente,
el escenario teatral sobre el cual Mera hace descender todas sus luminarias:
primero, la conversión cristiana de sus personajes, y luego, en el desenlace, la
sublimación religiosa extrema de su heroína. El violento hacendado Pedro
Domingo de Orozco se convierte en un religioso dominico y luego se muda
a Andoas (capítulos 5 y 6); Togana (Tubon) se arrepiente y se convierte en el
momento de su agonía (capítulo 20), y la sublimación católica de Cumandá
culmina con su autosacrificio final (capítulo 20).

El "salvajismo" de la selva, como se ha sugerido, tiene más que ver con
las convenciones sociales autoritarias del mundo urbano y occidental, que
con una visión antropológica de esa realidad física y humana. Hay una

sobreimposición de valores y conductas criollas en ese mundo selvático de la novela. Las formas de subordinación que sufre Cumandá, la importancia del honor masculino entre los jefes tribales, la defensa de la familia patriarcal, la virtud femenina y la moralidad católica de los amantes, todo hace referencia a un mundo mestizo y occidental. Brotherston observa, por ejemplo, cómo los *yaravíes* entonados por la heroína, como canciones de su tribu, "resultan en un examen cercano no tener nada que ver con sus supuestos orígenes. Ellos se derivan en realidad de España (son octosílabos rimados de Zorrilla) y de los momentos más resueltamente europeos de *Les Natchez*" (244; mi traducción).

En este mundo de sobreimposiciones, la barbarie de los indios viene regulada por el mayor o menor grado de catolicidad al que han estado expuestos. Esta es, después de todo, la misión fundamental de la novela de costumbres para Mera: servir como un instrumento de conversión moral y salvación cristiana del individuo. En su novela Mera elogia, de hecho, la obra evangelizadora y cristianizadora que las antiguas comunidades jesuitas habían realizado en la selva, y extiende esta misión religiosa a su mismo trabajo como novelista.[34] En el prólogo a la primera novela que publica y deja inconclusa, "Los novios de una aldea ecuatoriana. Ensayo de novela de costumbres" (1872),[35] Mera declara:

---

34. Uno de los momentos más significativos de esta misión evangelizadora de la novela sucede al final, cuando Carlos se une a su padre y a algunos indios cristianizados para salvar la vida de Cumandá. En medio de esta emergencia, sin embargo, fray Domingo se detiene ante la figura agonizante de Tongana (Tubon) para intentar convertirlo al cristianismo. Tal como observa Sommer, la conversión de este indígena bien pudo costarle la vida a Cumandá, pero deja en claro "una huella escrita de amor y conciliación en la fundación nacional del Ecuador" (309).

35. "Los novios" se publica como folletín en *La Prensa*, de Guayaquil, entre el 15 de febrero y el 28 de mayo de 1872. Es una novela de costumbres, ambientada en una aldea de la Sierra, que nos presenta los vaivenes de un triángulo amoroso: Inés y Manuel se quieren, pero Antonio también pretende a la joven. Mera, afirma Ángel F. Rojas, se arrepentiría pronto de esta novela. "No quiso acordarse más de ella. Le había pasado el fervor liberal de su juventud" (55). No obstante, "Los novios" anticipa algunos de los temas de *Cumandá*: el carácter ensayístico y costumbrista, la predilección por los escenarios no-urbanos y los triángulos amorosos imposibles.

¿Cómo comprendo yo la novela de costumbres? [...] Concedo que las descripciones, la pintura de caractéres i pasiones, i el enredar i desenredar *dramáticamente* las escenas novelescas, sean cosas mui hacederas para bien tajadas plumas, pero ¿consiste solo en el buen desempeño de la forma la parte esencial de las obras de que vengo hablando? No, a fe mia: pues tengo para mí que esta clase de literatura falta a la primera de las condiciones de su ser, si no lleva hermanado lo útil a lo delicioso; i lo útil, claro se ve, está en el fin moral y benéfico a la sociedad que debe proponerse el escritor. *La moral debe ser el alma de la novela* (n.º 20; la cursiva es mía).

La selva dramática y moralizadora narrada por Mera, la selva novelesca, más allá de lo cartográfico e histórico, es también una *geografía sentimental*: amor, miedo, libertad, venganza, odio, crueldad, son algunos de sus elementos constituyentes. Tal como explica Ángel Esteban Porras del Campo, "*Cumandá* oscilará entre la descripción objetiva del paisaje con el fin de captar el color local y la concepción de la naturaleza como proyección sentimental de la interioridad humana [...] la naturaleza se convierte en paisaje subjetivo, en amiga y confidente de los personajes, que dialogan con ella [...] o participan mutuamente de sentimientos comunes" (22). No es casual, entonces, que la selva de Mera esté en una constante relación metonímica con el mundo sentimental de sus personajes: anticipa los desastres que van a vivir, provee la tensión narrativa de sus emociones y, ante todo, les aporta un mundo interior, subjetivo. Cumandá, el mismo nombre de la heroína, significa en lengua zápara "patillo blanco", aludiendo así a su color de piel y a su potente capacidad para nadar. Esteban Porras del Campo ha observado de manera detenida y prolija todas estas analogías de la novela, incluyendo las correspondencias de la heroína con los animales e insectos alados o las flores, como el cordero, el ciervo, la mariposa y la azucena, que simbolizan su elevación espiritual, su pureza y afectividad (66). Existe una larga tradición romántica de la cual Mera es heredero en esta perspectiva: Rousseau es de los primeros que encuentran correspondencias entre el paisaje y las emociones humanas, y a él se sumarán más tarde, como influencias decisivas en la literatura de Mera, François-René de Chateaubriand y James Fenimore Cooper. Ambos son citados explícitamente en la carta-prólogo de *Cumandá*, como una forma de señalar las deudas del novelista con estos escritores, a la vez que sus distancias.[36] Mera escribe:

---

36. Para Esteban Porras del Campo, las deudas de Mera con la novela *Atala*, de Chateaubriand, son múltiples: "los paralelismos se multiplican cuando *Atala* se

Bien sé que insignes escritores, como Chateaubriand y Cooper, han desenvuelto las escenas de sus novelas entre salvajes hordas y á la sombra de las selvas de América, que han pintado con inimitable pincel; mas, con todo, juzgo que hay bastante diferencia entre las regiones del norte bañadas por el Mississipi y las del sur que se enorgullecen con su Amazonas, así como entre las costumbres de los indios que respectivamente en ellas moran (26).

La selva del Amazonas quizá sea el único y verdadero personaje de la novela de Mera, y sus personajes humanos, simples marionetas, un mero reflejo de las fuerzas pasionales en conflicto. La desproporción entre la inmensidad de esta *geografía sentimental* y la insignificante estatura humana de los personajes que la habitan puede visualizarse en la bella pintura al óleo titulada *Confluencia del Pastaza con el Palora*, compuesta, en repetidas versiones, por el pintor Rafael Troya Jaramillo. Una de estas, de 1907, tiene escrita una leyenda en su parte inferior: "Carlos y Cumandá. La Reina de los Bosques", y muestra a los personajes de la novela de Mera en uno de sus encuentros amorosos. A pesar de que fue Carmela Troya Albornoz, sobrina del pintor, quien incorporaría a estos personajes, la visión selvática de Troya sigue siendo el verdadero espectáculo de la pintura. Los amantes se encuentran desplazados hacia la esquina inferior derecha de la obra; y así, el espectador no puede dejar de desviar la mirada hacia la vasta región que se pierde en el horizonte remoto e impenetrable.

---

superpone a *Cumandá*. La ambigüedad étnica en alguno de los protagonistas, el tema de la huida y la persecución, la condena a muerte del amante y la salvación de la que es objeto por parte de ella, el parentesco de los enamorados que se descubre al final, la intermediación de un sacerdote católico, el protagonismo activo de la mujer, la huella positiva del catolicismo en los indígenas convertidos y educados en la religión cristiana, etc., ponen de relieve la enorme deuda que Mera contrajo con Chateaubriand" (44). Cooper, por otra parte, imprime una relación de distancia y desconfianza con respecto al indígena y la naturaleza salvaje. En *The Last of the Mohicans*, la cultura puritana del *pioneer* británico considera al indio "como una parte del elemento físico selvático que tenían que vencer o hacer desaparecer por la inteligencia o por la fuerza. No había manera de pensar en relaciones emocionales ni en unión física con ellos" (47).

FIG. 7. Rafael Troya, *Paisaje del Oriente (Confluencia del Pastaza con el Palora)*, 1907. Óleo sobre lienzo (87 x 125 cm). Colección: Ministerio de Cultura y Patrimonio del Ecuador.

Para Alexandra Kennedy-Troya, en efecto, la pintura de Troya "corrobora la primacía de la representación del paisaje y la geografía descriptiva como hilo conductor del relato nacional" (103). Describir, pintar o estudiar el paisaje fue parte de un "síndrome de identidad", de pertenencia e identificación. Novela y pintura, además, no dejan de representar a Carlos y Cumandá como personajes occidentales y criollos, que bien podrían estar actuando para un drama teatral como Romeo y Julieta.

Insistir en el carácter simbólico y religioso de la selva novelesca de Mera no significa desconocer sus dimensiones históricas y geográficas. Mera imbrica su narración selvática con observaciones geográficas y naturales de distinto orden (ríos, plantas, lugares, etc.), eventos históricos como la expulsión de los evangelizadores jesuitas, o ciertas tradiciones indígenas que distintos exploradores habrían forjado sobre este mundo. Durante el siglo XIX, la selva ecuatoriana era una región todavía no incorporada al imaginario del territorio nacional, así que su representación física y humana dependió, en buena medida, de las descripciones creadas por la colonización europea: el descubrimiento del río Amazonas en 1542, la obra evangelizadora de los misioneros o las exploraciones realizadas por los buscadores de oro, caucho y cascarilla en el siglo XVIII. Para Kennedy-Troya,

> El ecuatoriano parece haberse reconocido poco a poco a través de una narrativa textual y visual que ponía en primer plano los diversos puntos de la Sierra centro-norte; lugar de mayor concentración de los volcanes, el camino de Quito a Guayaquil por Bodegas, el ingreso a las selvas de la Amazonía, vía Baños hacia el Pastaza. Estos lugares recorridos hasta el cansancio por científicos y legitimados en sendas publicaciones internacionales, coinciden con las rutas de comercio y exploración nacionales que se consolidaron en la segunda mitad del siglo XIX, en medio de un bipolarismo Quito-Guayaquil (85).

Mera describe el universo selvático de su novela no como observador o explorador, sino como *lector minucioso* de un mundo libresco que ha sido asidero constante de leyendas, crónicas, paraísos y utopías desde tiempos coloniales. La "selva letrada" de Mera es también una geografía bíblica, propia del libro del Génesis: "al frente y á la derecha no hay mas que la vaga é imprecisa línea del horizonte entre los espacios celestes y la superficie de las selvas, en la que se mueve el espíritu de Dios como ántes de los tiempos se movia sobre la superficie de las aguas" (4-5). La selva de Mera, en tanto que reescritura de otras narraciones anteriores, es una selva hecha de libros.[37]

Lo fundamental aquí, en todo caso, más allá de la forma en que Mera romantiza, siente o sentimentaliza la selva, es cómo ideológica y políticamente lee y usa estas fuentes coloniales. Si Antonio Cornejo-Polar tiene razón al decir que "*Cumandá* reproduce anacrónicamente el sistema colonial" (129) al defender una sociedad profundamente jerarquizada, que legitima la posición de dominio de los blancos, los Orozco, sobre los indios, y justifica así su inferioridad y condición subalterna. Esta visión atraviesa también la manera cómo Mera reescribe sus fuentes. El proyecto "colonial" de Mera, como brillantemente observa Cornejo-Polar, fue producir "un himno al patriarca"

---

37. *Cumandá* pertenece así a la genealogía literaria de "las novelas de la selva" en Latinoamérica: *Los pasos perdidos*, de Alejo Carpentier; *La vorágine*, de José E. Rivera; *Doña Bárbara*, de Rómulo Gallegos; o *El amor en los tiempos del cólera*, de Gabriel García Márquez, entre otras obras.

(127). Esto se verifica en la doble paternidad del padre Orozco, que regresa a la selva para evangelizar y detenta, además, la paternidad natural de Carlos y Cumandá. "Esta doble paternidad es fundamental en la economía semántica del texto: subraya desmedidamente el carácter y las virtudes de la figura patriarcal y su carácter sagrado", según el crítico peruano (127). Hernán Vidal, por su parte, observa que "*Cumandá* es, por sobre todo, una apología del Estado teocrático instaurado por el conservadurismo ecuatoriano bajo el liderato de Gabriel García Moreno" (66). Para Vidal, la crítica de Mera hacia la explotación del indio es ambigua, ya que carece de radicalidad al enjuiciar el sistema de explotación del trabajo indígena y se fundamenta de manera mistificada en la misión civilizadora y moralizadora de la religión. Cornejo-Polar estaría de acuerdo con Vidal: Mera tiene una mirada lejana hacia el indígena, lo exotiza y divorcia de la sociedad existente. "*Cumandá* no parece aludir de ninguna manera a los problemas formativos de la nación ecuatoriana, aunque haya una que otra mención —siempre tangencial— a ellos" (125). La imagen que la novela elabora de la sociedad ecuatoriana reproduce así una sociedad jerarquizada, colonial y autoritaria.

Años antes del romance de *Cumandá*, Mera había ya explorado un mundo jerárquico, patriarcal y autoritario similar en *La virgen del sol* (1856), un largo poema indianista de argumento melodramático que recreaba de forma novelada una leyenda de amor en el tiempo de la civilización incaica.[38] En su

---

38. *La virgen del sol* consta de más de 5000 versos en los que se cuenta el relato legendario del rey inca Atahuallpa, que es sacrificado por los españoles, y de Rumiñahui, bravo guerrero que lidera la resistencia. Este último abre las puertas del templo del Sol, libera a las vírgenes del inca, incendia la ciudad y huye con los tesoros del reino. Más tarde, el indio Cantuña encuentra estas riquezas y las ofrece a uno de los conquistadores, financiando así la construcción del mayor templo de Quito. El poema incluye también la historia de amor de Cisa y Titu, en que se hace referencia a la tradición incaica bajo la cual el rey inca ejercía la poligamia, conviviendo con un grupo de mujeres bellas y castas, destinadas a este fin. El término "virgen", que aparece en el título del poema, tiene desde entonces un referente doble: designa, por un lado, a las regiones geográficas desconocidas y remotas de las selvas; y señala, por otro lado, a las poblaciones humanas, los nobles salvajes, que habitan en ellas. En su prólogo a *Cumandá*, Mera vuelve a utilizar este término en ambos sentidos: la heroína de su novela es la "virgen de las selvas"; y a la vez, "razón hay para llamar Vírgenes á nuestras regiones orientales:

poema, Mera nos presenta el rostro ambivalente y estereotípico de la mujer de la época. De un lado, Cisa representa la virgen inocente, modelo de belleza, castidad sexual y, ante todo, sacrificio. Por otro lado, Toa, la terrible rival, aparece como un ser incontrolable en sus deseos pasionales, y en especial en su obsesión por Titu, el guerrero inca de quien Cisa también está enamorada. El poema novelado de Mera resuelve este triángulo amoroso de forma simple e inquisitorial: Cisa, por una parte, es premiada con la realización de su deseo amoroso, la conversión al cristianismo y la salvación de su alma; Toa, por otra parte, termina como víctima fatal de su propia locura y violencia.[39] En *La virgen del sol*, la virtud o maldad de la mujer vienen dadas por su obediencia o no al orden político-religioso vigente y por la domesticación de sus pasiones y deseos. El poema de Mera es una apología de la moral y religión católicas, que poco más tarde serán instituidas por el presidente Gabriel García Moreno (1861-1865, 1869-1875) como ideología oficial de su Estado teocrático.[40] Para Agustín Cueva, "*La virgen del sol* contiene ya todos los ingredientes del indigenismo romántico de Mera, epidérmico y pintoresco, por momentos expiatorio, siempre dispuesto a convertir el drama histórico y social en melodrama

---

ni la industria y la ciencia han estudiado todavía su naturaleza, ni la poesía la ha cantado, ni la filosofía ha hecho la disección de la vida y costumbres de los jívaros, záparos y otras familias indígenas y bárbaras que habitan en aquellos desiertos, divorciadas de la sociedad civilizada" (Al Excmo. Sor. Director de la Real Academia Española).

39. Esta trilogía amorosa de *La virgen del sol* es una simplificación, sin duda. No me interesa aquí hacer un análisis pormenorizado de esta obra. Para una exploración más detenida, véanse los estudios de Regina Harrison, Ángel F. Rojas y Agustín Cueva.

40. Separado del nacimiento de Riofrío por apenas trece años y nacido en Ambato, en 1832, Mera combina, como muchos intelectuales de su tiempo, el ejercicio de la literatura y el periodismo con la política. Cercano a las ideas liberales, primero, cambia de filas al conservadurismo, más tarde, convirtiéndose en un colaborador cercano y admirador acérrimo de García Moreno. Secretario de la Cámara del Senado, diputado por Tungurahua y Manabí, senador por Pichincha, la cúspide de su carrera política sería como presidente del Senado y del Congreso. Luego del asesinato del teócrata (1875), Mera regresaría con vehemencia a su actividad literaria y cultural. Es nombrado presidente del Ateneo de Quito el mismo año de su muerte, en 1894.

amoroso de cuyo trasfondo sobresalga la apología del cristianismo" (*Lecturas y rupturas* 45). *La virgen del sol* posiciona precisamente al cristianismo y la iglesia como fundadores de un 'pacto de amor' entre los pueblos colonizados y los colonizadores, el mismo que sería la base de la familia y la unidad de la patria. La unión de Cisa y Titu es, finalmente, bendecida; y los amantes son guiados hacia la luz del cristianismo y el amor de Dios.

> ¡Oh, caros hijos mios! el sacerdote dice,
> Dejad vuestras tinieblas y hácia la luz venid;
>
> El Dios de los cristianos os ama y os bendice,
> Los bienes que os envía de lo alto recibid (217).

Lo singular del poema de Mera no es tanto la representación católica de la mujer —lugar bastante común y estereotípico de la época—, sino la forma en que la ley religiosa *interpela* o determina la subjetividad de los personajes. Aunque Cisa es forzada a convertirse en una de las vírgenes del rey inca Atahualpa, su sometimiento no es puramente externo, sino que viene determinado desde su propia voluntad y deseo. En el momento erótico en que los amantes se fugan lejos y se quedan solos en el bosque, más allá del control de la ciudad, Cisa y Titu optan por refrenar sus pasiones carnales. La ley religiosa que se les impone a los amantes aparece como una "voz misteriosa" e "interna" que les habla directamente a sus almas. Cisa se reconoce a sí misma como la virgen prometida al inca, y Titu escucha una voz celestial que lo inhibe sexualmente. Mera escribe:

> Y los prófugos van por la sombría
> Selva cruzando ya, y en su espesura
> Piensan hallar una mansión segura [...]
> Mas cuando intenta ciego,
> Delirante, convulso,
> Abrir los labios, revelar su fuego;
> Oye una interna voz y misteriosa:
> '¡Mortal, detente: esa mujer hermosa
> Es de tu Dios la bendecida esposa!' (141).

Esta autorrepresión sexual femenina elevada a virtud y santidad reaparece, una vez más, en *Cumandá*. Recuérdese que Carlos y Cumandá se citan a solas en la selva, se confiesan su amor, y en uno de estos encuentros Carlos, descontrolado por la pasión, en el mayor arrebato sexual de la novela, si cabe llamarlo así, abraza a Cumandá y la besa en la frente. Ella, a su vez, toma inmediatamente distancia y le advierte a su amante que ha sido elegida como una de las "vírgenes de las flores" y deberá mantenerse pura y virtuosa hasta que termine dicha celebración. Mera escribe:

—¡Ah, sí! eso es, eso es sin duda: ¡oh, yo te amo!...

—Tú, sí, exclama Carlos enagenado de amor y de entusiasmo, abrazándola y estampándole un beso en la frente; tú sí que hablas el lenguaje de los ángeles.

—¿Qué haces, blanco? Hoy no me toques... ¿No sabes, replicó ella en tono menos áspero, que soy actualmente una de las Virgenes de la fiesta? (29).

En sus ficciones, Mera imagina cómo el poder de sujeción de la ley religiosa interpela la voluntad y el deseo sexual de las mujeres, logrando su consentimiento y aceptación incondicional. Alegóricamente, este poder subjetivo en la ficción puede verse como una realidad paralela de la ley religiosa impuesta por la teocracia de García Moreno. El proyecto político-estatal de García Moreno, en efecto, no solo buscó integrar la nación ecuatoriana a través de nuevas obras de infraestructura, instituciones educativas y prácticas de control social fuertemente represivas; sino que impuso, a la vez, el imperio de la cruz cristiana y el ejercicio de un *poder pastoral* individualizante, que interpeló y constituyó las mismas subjetividades.[41] La Iglesia y la religión católicas se

---

41. Al posesionarse como presidente de la república el 2 de abril de 1861, García Moreno estableció sus metas así: "Restablecer el imperio de la moral sin la cual el orden no es más que tregua o cansancio, y fuera de lo cual la libertad es engaño y quimera; moralizar un país en que la lucha sangrienta del bien y del mal, de los hombres honrados contra los hombres perversos, ha durado por espacio de medio siglo, y moralizarlo por medio de la represión enérgica y eficaz del crimen y por la educación sólidamente religiosa de las nuevas generaciones; respetar y proteger la santa religión de nuestros mayores; y pedir a su influencia benéfica la reforma de las leyes que los Gobiernos no pueden conseguir por si solos; fomentar el desarrollo de los intereses políticos de nuestra atrasada y empobrecida sociedad, removiendo los obstáculos que la falta de conocimientos y de vías de comunicación opone a su industria, comercio y agricultura; sustituir las conquistas pacíficas del trabajo y de la riqueza, a las peligrosas y absurdas teorías que en la juventud seducen la buena fe y extravían el patriotismo; arreglar la hacienda pública sobre la

constituyeron en una fuente de legitimidad política, identidad ciudadana y unificación nacional.[42] Tal como explica Maiguashca, el poder político para García Moreno tenía su fuente última en Dios, si bien estaba depositado en el pueblo cristiano que, a su vez, lo delegaba a sus gobernantes. La fe y sentido moral del pueblo ecuatoriano eran así garantía de la participación divina en los asuntos públicos del gobierno. La ciudadanía deviene credo religioso: solo los católicos pueden ser ciudadanos (383-390). En particular, la conducta sexual y moral de la mujer, eje central de la familia y la nación, está estrictamente regulada por las leyes de la Iglesia y el Estado. El autor de *Cumandá* apoya y participa en el Estado confesional garciano y su instrumentalización política de la religión católica. En *La escuela doméstica* (1880), ensayo publicado un año después de *Cumandá*, Mera afirma: "Con el *Catecismo católico* en la mano, y delante el buen ejemplo paterno, [los niños] se preparan á ser ciudadanos y patriotas, libres y honrados" (21). No hay mejor patriotismo, en definitiva, que el de profesar la religión católica.

Si bien Cumandá pone en evidencia las brutalidades del patriarcalismo despótico y la violencia masculina de que es objeto la mujer —recuérdese que

---

triple base de la probidad, la economía y el crédito nacional; cuidar que el ejército continúe siendo el escudo y la gloria de la República; cultivar las buenas relaciones que conservamos con las potencias amigas y defender el honor y los derechos del Estado; en una palabra, lanzar al Ecuador con mano vigorosa en la senda de la prosperidad: He aquí los difíciles deberes que acabo de imponerme, deberes que no esperaría cumplir, si no confiase en la protección bondadosa de la Divina Providencia, que tanto nos favoreció en los días de peligro, y si no contase con vuestra patriótica colaboración y con el apoyo y simpatías del pueblo" (87).

42. Esta correspondencia alegórica entre los "personajes" de Pedro y García Moreno tiene como base la crítica de Riofrío a su despotismo y sentido teocrático del poder, pero se pueden mencionar también sus coincidencias en cuanto a la ideología conservadora de sus valores y los sectores terratenientes que representan. Una diferencia obvia, sin embargo, es que García Moreno es un "déspota ilustrado" y un agente modernizador del Estado. Tal como ha explicado Burgos, las relaciones entre Riofrío y García Moreno fueron tensas. "García Moreno, antiguo amigo y compañero de clases de Riofrío, lo termina persiguiendo (luego del pacto del primero con Flores) y lo obliga a exiliarse. El gobernante ecuatoriano se refiere algunas veces a Riofrío en malos términos [...] 'Le incluyo uno de los papeles de Riofrío. La ruindad de ese canalla es más negra que la tinta del impreso' " (76).

la heroína se rehúsa a ser un mero trofeo de la alianza tribal entre Yahuar-maqui y Tongana—, su determinación y valentía tienen en última instancia un fundamento religioso, no la reivindicación de nuevos derechos sociales o políticos para la mujer. En la novela, Yahuarmaqui comenta: "Veo que tu hija no está en este momento para escuchar promesas ni para convencerse de lo que la conviene: el genio malo ha soplado sobre ella y le ha extraviado el juicio y el corazón. Pero tu voluntad y la mía están conformes. ¿Importa algo que Cumandá no quiera pertenecerme? Ya es mía, resista ó no resista" (109).

Al igual que Rosaura, Cumandá es una propiedad masculina (del padre primero, del marido después), y, como tal, deberá ser enterrada cuando su esposo muera, siguiendo las tradiciones salvajes que integraban el universo familiar y tribal de la selva.[43] En la novela de Mera, leemos: "Ella (Cumandá), poco ménos que difunta, fué llevada por la familia del jefe de los jefes, á quien pertenecía por el derecho de la fuerza, resumen de toda la legislación de los salvajes en todas partes" (146). El tono crítico del narrador a las brutalidades y violencia masculina de las tradiciones indígenas selváticas puede ser leído de manera alegórica como una crítica a las irracionalidades y barbarismos que pesaban sobre la mujer de la época.[44] El patriarcado despótico de la selva parece regirse, en efecto, por una sola ley: el derecho del más fuerte.

Mera, como Riofrío, sin embargo, establece aquí un punto de orden: nada de esta violencia brutal garantiza que la mujer acate tales imposicio-nes. La autoridad de Tongana, de hecho, es constantemente quebrantada por Cumandá; y, al igual que Rosaura, esta termina fugándose después de haberse casado a la fuerza con Yahuarmaqui. El camino de la sujeción del alma de la

---

43. Es interesante observar que esta tradición de los jíbaros de enterrar a sus esposas con sus maridos muertos reaparece en los escritos ensayísticos de Montalvo, como un comportamiento femenino civilizado ejemplar. En *El Cosmopolita*, Montalvo escribe: "si es buena hija alimentará a su padre moribundo con la leche de sus pechos (...) si es buena esposa, se sepultará con su marido [...] si es buena madre criará [...] el hombre más valiente é ingenioso" (28-29). La "barbarie de los jívaros" con respecto a la mujer forma parte también de la civilización ilustrada católica.

44. Mera parece haber forjado aquí un argumento paradójico, pues podría dirigirse también a la violencia despótica del régimen garciano, al cual apoya. Sin embargo, una vez más, la justificación de esta crítica tiene sentido dentro de ciertos límites: Mera se opone, como Riofrío, a la violencia irracional del patriarcado despótico —identificado con el tratamiento que reciben las mujeres en las sociedades orien-tales asiáticas—, pero defiende de manera férrea un patriarcado católico.

mujer es otro: a ella hay que guiarla por el buen sendero moral, ofreciéndole amor y comprensión, y una educación cristiana de bases sólidas, sugiere Mera. Por eso la fortaleza y determinación religiosas, marianas, de Cumandá, son tan fundamentales. En sus reflexiones sobre la educación doméstica, Mera afirma que es en la familia moral y cristiana donde

> las niñas aprenden las ciencias de *la mujer fuerte*. La maestra es la madre y el texto el Catecismo. Sólo este pequeño libro enseña aquella ciencia que hermana en la mujer lo delicado con lo vigoroso [...] y la prepara así para el matrimonio y la laboriosa maternidad, como para la vida del claustro [...] ó para el celibato en el mundo [...] ménos fastidioso y triste de lo que se piensa, cuando una atinada educación ha preparado el alma para avenirse á cualesquiera condiciones de vida (*La escuela doméstica* 21).

Para Mera, la "civilización" misma consiste en "la armonía de las ciencias, de los conocimientos útiles, de las comodidades de la vida y hasta de los placeres, con la moral [...] la moral hija del Evangelio, pura y santa como verdadera, y, como, verdadera, fecunda en buenas ideas, buenos sentimientos y buenas acciones" (4). La "barbarie", por el contrario, "brota del seno de la civilización divorciada de la moral evangélica" (8). Cumandá es un símbolo novelesco de esta "mujer fuerte", "vigorosa", "laboriosa" y profundamente cristiana y moral. En su viacrucis de ascenso a la virtud máxima, la heroína arriesga su vida seis veces para proteger la integridad física de Carlos: la primera lo salva de morir ahogado en el lago Chimano (capítulo IX); la segunda, de ser envenenado en una fiesta, compartiendo el "licor de la amistad eterna" con uno de los hijos de Tongana (capítulo X); la tercera, aceptando casarse con Yahuarmaqui, a cambio de que este respete la vida de Carlos y le permita regresar a Andoas (capítulo XI); la cuarta, de ser flechado y envenenado, antes de regresar a Andoas (capítulo XII); la quinta, de morir flechado una vez más, a manos de los arqueros de Yahuarmaqui (capítulo XIV); y la sexta y final, aceptando cumplir su fatal destino siendo enterrada con el cadáver de su marido, a cambio de que los jíbaros liberen a su amado (capítulo XVIII). "Yo velaré por ti, y por ti moriré" (99), le promete Cumandá a su Carlos, una y otra vez, a lo largo de la novela.[45] En su resolución trágica final, *Cumandá* —al igual que *La emancipada*— apela al sentido de culpa de su protagonista y a su necesidad

---

45. Son tantas las ocasiones que ni siquiera la novela lleva la cuenta bien de todas las veces que Cumandá salva a Carlos de la muerte. La cuarta ocasión está contada mal, como una tercera vez, en boca de Carlos.

de cumplir su promesa de protección y cuidado. Recuérdese, por ejemplo, cómo Cumandá logra salvarse de ser asesinada por los jíbaros, gracias a una canoa que Carlos había usado para rescatarla, dejándolo a él sin posibilidad de retorno y a merced de ellos (capítulo XVI). El rol de la culpa y la redención de Cumandá resultan fundamentales en las ficciones patriarcales de esta novela. Abnegación, autonegación, resignación y entrega incondicional señalan ese camino mariano de la mujer virtuosa, que afirma su superioridad moral frente al dolor, el sufrimiento o la muerte. Aparece aquí, entonces, una segunda ficción patriarcal en la novela de Mera: el sacrificio femenino, incondicional e ilimitado, susceptible de ofrendar la propia vida de la mujer, como una forma virtuosa de alcanzar la redención y expiación de culpas.

Cumandá no es solo la "virgen de las flores" y las "selvas", es también la virgen del inmaculado corazón de María.[46] La iconografía de esta antigua devoción católica, como es conocido, se representa pictóricamente con tres símbolos básicos: el corazón en llamas de María, el cual simboliza su amor ardiente; el lirio, símbolo de su pureza virginal y su castidad; y la espada enterrada en su corazón, su sufrimiento por el amor a los hombres. Las plegarias a María insisten, precisamente, en su presencia protectora frente a la enfermedad, el demonio, el pecado o la muerte. María es un símbolo fundamental de socorro y refugio de los más desprotegidos, que las mujeres deben imitar en su conducta virtuosa. Una plegaria, a manera de ejemplo, dice:

> ¡Oh Corazón de María! [...] Vos sois mi refugio, mi amparo, mi esperanza; por esto os digo y os diré en todos mis apuros y peligros: *¡Oh dulce Corazón de María, sed la salvación mía!* Cuando la enfermedad me aflija, o me oprima la tristeza, o la espina de la tribulación llegue a mi alma, *¡Oh Corazón de María, sed la salvación mía!* Cuando el mundo, el demonio y mis propias pasiones coaligadas para mi eterna perdición me persigan con sus tentaciones y quieran hacerme perder el tesoro de

---

46. Esta asociación entre una heroína virginal y la Virgen María no es exclusiva de *Cumandá*. Regina Harrison ha observado de manera muy lúcida cómo aparece ya en *La virgen del sol*. Así es "la entrada de Cisa, la heroína indígena, al convento de las vírgenes: lo hace completamente vestida de azul, color asociado tradicionalmente con la Virgen María" (61). La narrativa de *Cumandá*, al igual que en *La virgen del sol*, está entremezclada con distintas imágenes y asociaciones religiosas católicas.

la divina gracia, *¡Oh Corazón de María, sed la salvación mía!* (Plegaria de confianza).

Al igual que el corazón inmaculado de María, el interior de Cumandá arde por un amor casi celestial, idealizado, que es puro y casto, y que está también atravesado, herido, por los conflictos insalvables del odio racial y las diferencias entre indios y blancos. A estas alturas, el deseo sexual entre Carlos y Cumandá ha quedado muy atrás en la novela. Mera ha trazado para su heroína un viacrucis ascendente y progresivo de expurgación mística y canonización cristiana que terminará en su inmolación y elevación celeste como una figura protectora sagrada. Velada en la iglesia de Andoas, fray Domingo reza ante el cuerpo sin vida de Cumandá en los siguientes términos: "¡Bendita sea el alma, y alabados el nombre y la memoria de la dulce Virgen de las selvas, que se entregó á la muerte por nosotros" (231). Nótese cómo fray Domingo convierte el asesinato de Cumandá en un sacrificio digno de alabanza y santidad, y lo extiende además a la protección de toda la comunidad: es un sacrificio por un "nosotros", no solo para salvar la vida de Carlos. En la novela de Mera, la misma narración se ve detenida por un poema intercalado, dedicado explícitamente a la Virgen María, en el momento en que Cumandá llega a Andoas, escapando de los jíbaros y queriendo reencontrarse con Carlos. La imagen mariana de Cumandá, "reina del santo amor", convierte el "infortunio" de su asesinato en una forma de redención piadosa; ella es el símbolo que trae "la luz del salvador" a la "selva triste" y al "pobre infiel", las poblaciones indígenas paganas que habitan en ella. Cumandá, como la Virgen María, representa la posibilidad de un "nuevo día", amparado en el poder de la "cruz". Algunos versos del poema en cuestión, que Mera incluye en *Cumandá*, dicen:

> "¡Salve, Virgen María,
> Reina del santo amor!
> Salve! y que el nuevo día
> Brille con tu favor!
>
> ...
>
> Tú eres, piadosa madre,
> Quien á esta selva triste
> Al pobre infiel trajiste
> La luz del Salvador;
>
> ...

Y aún almas en sombras
De muerte hállanse hundidas!...
¿Cuándo, cuándo traidas
Serán por ti a la luz?
María! Su infortunio
Remedia al fin piadosa,
Y nueva grey dichosa
Cerque por ti la Cruz!" (178-179)

La novela de Mera produce una mirada profundamente cristiana y moralizadora de la mujer ecuatoriana: es un himno a Cumandá, *la mujer patriarcal*,
porque sin su participación valiente, decidida y heroica, sin su obediencia
incondicional y voluntaria, sin su constante autorrepresión sexual, y sin
su entrega amorosa, piadosa y dichosa —como la de la Virgen María—, el
patriarcado se revelaría como un orden despótico y tribal fundado únicamente en la violencia y represión masculinas existentes. Cumandá-Julia es,
pues, la conexión, el puente, *the missing link*, entre la inocencia del "buen
salvaje" y la virtud de la santidad católica femenina; entre la pureza de la naturaleza y la religión como producto más elevado de la cultura. Pero, sobre todo,
es un puente entre la sociedad patriarcal ilustrada, civilizada, letrada, y el ideal
de una mujer obediente, auto-sacrificada y sexualmente casta. Autonegación,
sufrimiento incondicional y martirio son considerados así como una forma
máxima de virtud femenina. El sacrificio abnegado y voluntario de Cumandá
transforma el patriarcalismo despótico en una forma sublimada de virtud,
posibilitando el establecimiento de una sociedad católica, pacífica, feliz y libre
de pecado. No es casual que la misión evangelizadora y moralizadora de la
novela tenga como único sobreviviente, luego de la muerte de Cumandá y
de Carlos —que es consumido por su tristeza—, a fray Domingo, que decide
terminar sus días de dolor y penitencia en un convento de Quito.

Del suicidio moralizante a la desobediencia

La emancipada (1863) y *Cumandá* (1879), separadas por dieciséis años en sus
fechas de publicación, han sido leídas como novelas ideológicamente opues-
tas (Rodríguez-Arenas viii). Hay, en efecto, diferencias innegables. *Cumandá*
es una novela de dilatadas descripciones geográficas, donde el narrador ensaya
diversas reflexiones históricas y culturales, y a la vez narra la historia de sus

personajes. *La emancipada*, por otra parte, es una novela condensada, contada a saltos, donde el diálogo de los personajes es más importante que la descripción del mundo. Igualmente, el conservadurismo religioso extremo de Mera, escribiéndole versos a la Virgen María en medio de su novela, es impensable en *La emancipada*; así como resultan imposibles las descripciones abyectas y repugnantes del cadáver descuartizado de Rosaura, o su prostitución, en la descripción heroica y beatífica de *Cumandá*.

Podría decirse que el realismo ilustrado de Riofrío y el romanticismo religioso de Mera, en efecto, los distancia.[47] Pero las relaciones de similitud y correspondencia entre ambas novelas no dejan de ser estrechas y profundas. Desde lo estrictamente narrativo, uno podría argumentar que el poema indianista "Nina" (1848), de Riofrío, es un antecedente y referente de *La virgen del sol* (1856), de Mera, que a su vez sirve de sustento argumental para la escritura de *Cumandá*, años más tarde. En cierto sentido, *Cumandá* es también una suerte de hibridación narrativa entre el indianismo que aparece ya en *La virgen del sol* y la crítica al despotismo patriarcal y sentido expiatorio de la heroína que están presentes en *La emancipada*. Ambas novelas coinciden con fuerza, además, en su crítica a la existencia de ciertas tradiciones sociales bárbaras que es necesario abolir, como los matrimonios por conveniencia o la paternidad despótica. Asimismo, ambas narrativas oponen sus heroínas a estas formas de poder autoritario, entendiendo su valentía y fortaleza como una capacidad ilimitada de sufrimiento y abnegación virtuosa. *Cumandá* y *La emancipada* son, no lo olvidemos, novelas de amores frustrados que terminan en la muerte trágica de sus protagonistas.

Pero lo fundamental aquí es la manera cómo Rosaura y Cumandá encarnan una determinada *ficción patriarcal*, subjetiva, que hace posible su obediencia voluntaria, convirtiéndolas en seres activos, productivos, de su propia sumisión. Sería necesario recordar que la ideología patriarcal, como toda ideología, nunca es solamente una mera reproducción pasiva, refleja, de una visión del mundo; sino que es también productiva, esto es, generación activa de sí

---

47. Las novelas de costumbres y sus cuadros pintorescos del mundo parroquial o selvático ecuatoriano no dejan de combinar elementos tanto románticos como realistas. El romanticismo costumbrista es, en cierto sentido, una antesala del realismo, en sus descripciones detalladas. Y en cualquier caso, las tendencias y corrientes estéticas en Latinoamérica no siguen una progresión lineal, sino que implican sobreposiciones, entrecruces y variantes combinatorias más complejas.

misma, moviéndose siempre en un claroscuro que encubre tanto como revela la realidad. Así, las heroínas de estas novelas coparticipan de su dominación: asumen de manera consentida y conflictiva la "ley del padre" como un orden familiar, moral, sexual, legal, religioso, etc.; y subliman e idealizan, además, su "fortaleza moral", aceptando de manera trágica los males masculinos de un patriarcado despótico.

A pesar de sus diferencias, las novelas de Riofrío y Mera coinciden de manera fundamental en este disciplinamiento subjetivo de la mujer y la defensa del discurso masculino de la virtud femenina como base de la familia cristiana. En otras palabras, ambas novelas alegorizan en la ficción cómo la dominación patriarcal fue una realidad extensamente defendida tanto por las ideologías liberales como conservadoras, cuestionando sus tendencias despóticas, pero reafirmando y justificando el patriarcado desde una visión religiosa moralizadora.

Hay, sin embargo, una paradoja que permanece irresuelta e incómoda en estas ficciones: el mensaje moralizador de estas novelas tiene el remanente de una pulsión tanática, una tendencia destructiva latente. Ni Rosaura ni Cumandá llegan a disfrutar de la "felicidad doméstica", ni del orden de paz y unión familiar prometidos. Lo que su obediencia patriarcal provoca, por el contrario, es una voluntad y capacidad extrema de autodestrucción: su obediencia final desemboca en el suicidio. Por eso la conclusión abyecta, grotesca e inhumana de estas novelas —el cadáver de Rosaura descuartizado por su autopsia, o Cumandá, envenenada y enterrada con la momia de Yahuarmaqui— es lo que la ficción patriarcal necesita expurgar, encubrir o sublimar a toda costa.

Al final de *La emancipada* leemos: "Al ver correr cruelmente las cuchillas y descubrirse las repugnantes interioridades escondidas en el seno de Rosaura, de la que poco antes había sido una beldad, un sudor frío corrió por la frente del estudiante" (76). "Ahí estaba exangüe y despedazado el corazón que había hecho palpitar a tantos corazones" (87). Y en *Cumandá*: "La puerta cede: entran fray Domingo y Carlos, y lanzan a un tiempo un alarido desgarrador [...] ¡Qué espectáculo! ¡Allí está Cumandá sin vida! Junto a la horripilante momia de Yahuarmaqui, rodeada de armas y cabezas disecadas, yace la bella y tierna joven" (228).

Hay en estas novelas una *apropiación católica* de estos trágicos suicidios, tal como sucede con el envenenamiento de Dolores Veintimilla, que intenta transformarlos en otra cosa, llamarlos de otra manera, resignificarlos como autoexpiación, inmolación, redención o sacrificio. El narrador de *La eman-cipada* cuenta: "Rosaura iba a sufrir las expiaciones de ultratumba" (76); y en *Cumandá* leemos: "Las huellas de la muerte casi no son notables en ella, y al abandonarla el alma, le ha dejado en la frente el sello de su grandeza [...] ¡Encantadora virgen de las selvas, qué lección tan sublime encierra tu volun-tario sacrificio" (228-229). Los cuerpos de estas heroínas dejan, sin embargo, rastros, residuos, fragmentos de algo que resulta irreductible, como la incapa-cidad del médico forense de encontrar "una formación de causa" en el cuerpo destrozado de Rosaura, o la incertidumbre que arroja el cuerpo inerte de Cumandá, preservado en la memoria de los indios, no solo como una imagen santa católica, sino como una momia que no se llega a descifrar.[48] Rosaura, a la vez, anticipa a Eduardo que dará "una nueva campanada" (83), es decir, usará su suicidio para afirmar, más allá de la culpa y el arrepentimiento, un último acto de libertad e independencia, quizá como una forma de escarnio y denuncia de la sociedad represiva y moralizante que buscó doblegarla.[49] En cualquier caso, lo que se revela como conclusión indeseada de *La emancipada* y *Cumandá* es la pervivencia de ese patriarcado violento, misógino, destruc-tivo, al que estos novelistas tanto se oponían y cuestionaban al principio de sus novelas.

No está por demás observar que al soportar todos los males patriarcales de una manera abnegada, la mujer virtuosa se vuelve víctima obediente de ciertos comportamientos masculinos que bien podrían clasificarse como perversos y

---

48. En esta línea interpretativa de cuerpos femeninos rotos y destrozados, sobre todo para el caso de Rosaura, recomiendo los trabajos de Cristina Burneo y Karina Marín Lara. Para citar a Marín Lara, "el cuerpo de Rosaura en estado de putrefac-ción está destinado a acechar a cada nuevo lector: aunque poco tenga ese lector qué decir sobre él, o aun cuando le adjudique solamente el sentido del castigo, la mirada que sostenga se percatará de esa imagen que impulsará la memoria y hará que sea preciso imaginar para comprobar que la historia ha enterrado muchos cuerpos que aún se resisten a desaparecer" (101).

49. *La emancipada* permite, sin duda, la lectura de este final abierto, indeterminado, ambiguo. En mi perspectiva, sin embargo, el suicidio de Rosaura representa tanto una crítica a la sociedad patriarcal despótica, como la reafirmación de una comu-nidad moral, cristiana, que debe imponerle límites y castigar los libertinajes de la mujer. Riofrío, en este sentido, no deja de afirmar sus valores católicos, basados en la culpa y el arrepentimiento.

criminales. Y, por el contrario, al actuar en defensa propia y revelarse frente a esta violencia, como Rosaura lo hace, termina siendo criminalizada. Hay aquí resonancias patriarcales fuertes con problemáticas contemporáneas como la impunidad del acoso y el feminicidio, o la estigmatización y criminalización de la mujer como provocadora sexual, sujeto inmoral, sospechoso o malicioso, responsable de sus propios males y discrímenes. La lucha por desobedecer el disciplinamiento y control de la mujer, y la necesidad de afirmar una verdadera emancipación femenina en varios temas urgentes es todavía una tarea pendiente en el Ecuador de hoy en día.

V

Silenciamiento estratégico y transgresión en *El Tesoro del Hogar*, primer periódico femenino ecuatoriano (Guayaquil, 1887-1893)

> Dar un pequeño lugar á las Bellas Letras; ofrecer á esta culta
> sociedad un inocente é instructivo solaz; y facilitar a las escritoras
> y escritores nacionales la publicación de sus producciones; he aquí
> los fines principales que nos proponemos al fundar el presente
> Semanario (n.° 1).

L A PRENSA FEMENINA ECUATORIANA decimonónica, esto es, la prensa editada, escrita y publicada por mujeres, fue también un campo minado de formas conflictivas de legitimar la misma autoría, autoridad y autorización de las mujeres escritoras para publicar y publicarse entre ellas. Las censuras y exclusiones de la cultura letrada masculina hegemónica fue una realidad que produjo silencios autoimpuestos, quejas y lamentaciones, y aun fracturas en la misma subjetividad creativa femenina de aquellas escritoras que se atrevieron a editar, publicar y promocionar la escritura de otras mujeres. La prensa femenina decimonónica se escribió desde este juego conflictivo de silencios autoinfligidos y la transgresión de las fronteras impuestas por una sociedad patriarcal excluyente.

El primer periódico femenino del Ecuador, *El Tesoro del Hogar. Semanario de Literatura, Ciencias, Artes, Noticias y Modas* (*TH*), se publicó en Guayaquil el 9 de abril de 1887, bajo la dirección de la escritora peruana Lastenia Larriva de Llona. La publicación de este semanario de mujeres no solo fue posible gracias a la influencia, inspiración y apoyo de otras escritoras sobresalientes de las letras y el periodismo femeninos latinoamericanos y europeos de la época, sino que también representó un momento cúspide y ejemplar en la

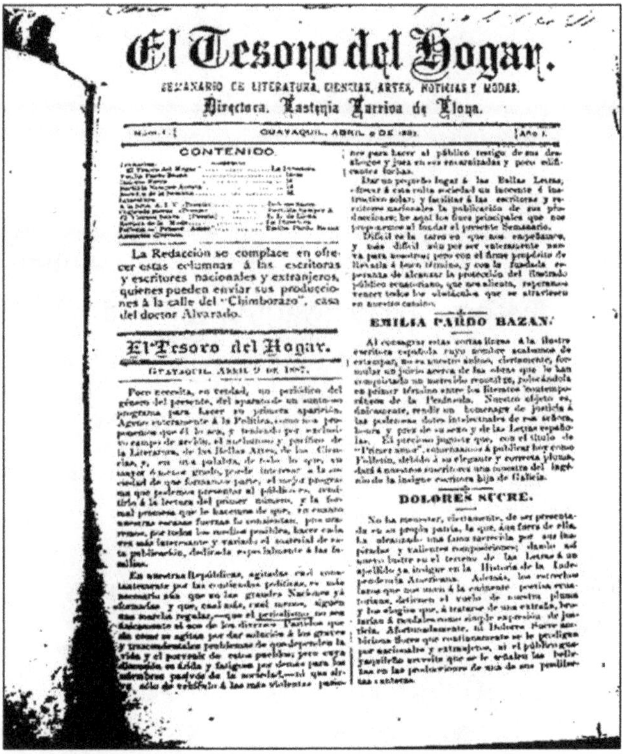

FIG. 8. Portada del primer número de *El Tesoro del Hogar*, 9 de abril de 1887.

Fuente: Biblioteca Carlos A. Rolando, Guayaquil.

emergente participación pública de la mujer escritora, especialmente católica, en la prensa ecuatoriana.[1]

---

1. La participación de la mujer ilustrada en la prensa decimonónica ecuatoriana arroja un vastísimo conjunto de textos, problemas y preguntas que exceden los límites de este ensayo. ¿Cuáles fueron las temáticas, contenidos e impacto de lo publicado por estas mujeres en los periódicos decimonónicos ecuatorianos de la segunda mitad del siglo XIX?, ¿de qué manera la prensa determinó y censuró esta producción literaria emergente y la misma subjetividad creativa de estas mujeres?, ¿qué diferencias hubo entre la participación pública femenina de la Sierra y la de la Costa?, ¿cómo es esta literatura femenina excluida de las discusiones y valoraciones de la "literatura nacional"? El estudio histórico global sobre la

Paradójicamente, en un pequeño ensayo titulado "Las invasiones de las mujeres" (París, 1885), publicado solo dos años antes de *El Tesoro del Hogar*, Juan Montalvo, figura representativa del romanticismo liberal ecuatoriano, expresaba socarronamente su repudio hacia aquellas mujeres escritoras que habían olvidado su primera responsabilidad en la vida social. Montalvo afirmaba en forma seudopoética: "Si estas nuevas no son bolas/ De la gente,/ No bajan de cien las damas/ Españolas/ Que están escribiendo dramas/ Actualmente./ Y si esta de norabuena/ Nuestra escena,/ Los varones en vez de trajes de gala/ Debemos vestir crespones,/ Que estamos de noramala./ Señor, por tus cinco llagas/ Reprende á este sexo impío;/ Pues si da en hacer comedias./ ¿Quién, Dios mío,/ Nos remendará las bragas/ Y las medias?" (520).[2]

La represión divina y violenta del "sexo impío" que Montalvo invoca en su ensayo formaba parte de un extenso discurso patriarcal de castigo, control y censura hacia la mujer ilustrada que por estar "escribiendo dramas", relegaba sus tareas de "remendar bragas y medias". *El hogar antes que las letras* es lo que esta moral patriarcal predicaba,[3] y por ello, la mujer educada y escritora era percibida como una intrusa y amenaza al orden público masculino. Montalvo insiste: "las mujeres doctoras son invasoras; invasoras del aula, la universidad, el hospital; y sus pasos atrevidos son invasiones que los hombres de juicio debemos rechazar, a mano armada, si es necesario" (519). El mismo proceso de formación y consolidación de la nación-Estado ecuatoriana en el siglo XIX, hemos insistido páginas atrás, convirtió la estructura familiar y la domesticidad de la mujer en medios poderosos para el establecimiento de la integración nacional, la estabilidad política y el control social ciudadano. La autoridad

---

participación pública de la mujer en la prensa decimonónica ecuatoriana todavía está en ciernes.

2. Darío Lara fecha este ensayo en 1885 y lo republica en su libro *Montalvo en París*. Montalvo no fue el autor de este poema, pero lo cita gustoso en más de una ocasión. Aparece también como nota a pie de página en el tomo primero de *El Cosmopolita* (31). La importancia de "Las invasiones de las mujeres" es que condensa las ideas de Montalvo sobre la mujer ilustrada hacia el final de su vida.

3. Una prédica patriarcal, además, que no se limitó exclusivamente a las figuras de autoridad masculina (esposos, curas, maestros, etc.), sino que muchas mujeres ilustradas que escribieron para la prensa de la época defendieron también, desde las letras, sus roles como esposas y madres virtuosas.

paterna, en consecuencia, se amplió e institucionalizó en todos los órdenes de
la sociedad ecuatoriana, incluyendo al mismo aparato estatal.[4]

Resulta insólito, entonces, que en este contexto sexista y misógino se haya
publicado *El Tesoro del Hogar* durante seis años, aproximadamente (entre
1887 y 1893), se llevara a la imprenta algo más de ciento cincuenta números[5]
y haya tenido a una mujer como directora, la escritora Lastenia Larriva de
Llona.[6] *El Tesoro del Hogar*, hoy olvidado, tuvo, en realidad, una resonancia
internacional extraordinaria en su tiempo. El periódico *Boletín de la Librería*,
de Curazao, observa el 16 de diciembre de 1887: "Damos la bienvenida á una
de las más simpáticas publicaciones de la América del Sur [...] Honra nuestra
mesa *El Tesoro del Hogar* [...] con escogidas composiciones en prosa y verso

---

4. En *Gender, Indian, Nation*, Erin O'Connor define el patriarcado como "la manifestación e institucionalización del dominio masculino en la sociedad en general, fundada en la presunción de que los hombres representan figuras naturales
de autoridad en la familia nuclear" (xv; mi traducción). Más allá de un concepto
unívoco y fijo, se trataría, para O'Connor, de una realidad compleja, específica
y cambiante en el largo proceso histórico de la construcción nacional ecuatoriana. Para este autor hay una incapacidad del Estado y sociedad ecuatorianas
para generar una nación de individuos iguales ante la ley. "El espectro del liberalismo individual" aparece como una fachada ideológica que encubre relaciones
de poder desigual, discriminación racial y desigualdad de género entre las poblaciones indígenas, los poderes locales y el Estado. El verdadero "espectro" de tales
relaciones, en tal sentido, no es tanto el mito del individuo liberal abstracto, sino
el de la cultura patriarcal que aparece como un elemento fundacional y de larga
duración en el desarrollo histórico de la nación ecuatoriana.

5. Resulta difícil estimar con exactitud los números publicados, no solo porque los
archivos visitados carecen de todas las publicaciones, sino también porque estas,
debido a errores editoriales o cierre temporal del periódico, saltan a veces en su
numeración. El último número encontrado corresponde al 173 y data del 8 de
julio de 1893.

6. Lastenia Larriva de Llona (1848-1924) nació en Lima, Perú. Fue una escritora
prolífica, casada en segundas nupcias con el poeta guayaquileño Numa Pompilio
Llona. Vivió en el Ecuador varios años y dejó una obra variada que recorre la poesía, el cuento, la novela, la crítica literaria, el ensayo periodístico y la traducción.
Hoy se la considera una de las escritoras importantes de la literatura peruana del
siglo XIX.

de los más encumbrados autores literarios y poetas de España y América" (*TH* n.º 47). *El Porvenir*, de Perú, informa: "*El Tesoro del Hogar* [...] precioso semanario que se publica en Guayaquil [...] ha llegado á nuestra mesa de redacción [...] su material es escogido y variado, impresión elegante, en una palabra es un verdadero *tesoro* para las familias" (*TH* n.º 52). Y en Estados Unidos, *Current Literature. A Magazine of Record and Review* anuncia: "Mary Elizabeth Springer's name is not unknown in Spanish America, owing to the fact that she is a frequent contributor to *El Tesoro del Hogar*, published by the eminent writer Lastenia Larriva de Llona" (312).

Las preguntas inmediatas que emergen de todo esto son obvias: ¿de dónde y cómo surgió *El Tesoro del Hogar*?, ¿cómo pudo convivir con el discurso masculino dominante y defender a la vez un espacio de participación público para las mujeres ilustradas de la época?, ¿quiénes fueron estas escritoras?, ¿hubo formas de silenciamiento, prohibición o transgresión en el contenido de sus páginas? *El Tesoro del Hogar* se revela como un campo de estudio singularísimo desde donde entender los alcances de la producción literaria femenina católica de la segunda mitad del siglo XIX en el Ecuador, sus líneas de intersección, reelaboración y confrontación con respecto a la cultura patriarcal dominante y, en particular, las complejas relaciones entre autoridad masculina y subjetividad creativa femenina en el escenario de la prensa. El periódico de Larriva de Llona, como veremos, constituyó no solo un referente importante dentro de la participación pública de las mujeres en la prensa ecuatoriana, sino un semillero de las escritoras feministas emergentes a principios del siglo XX.

Cacao, modernización urbana y prensa femenina

El Tesoro del Hogar surgió en un período histórico marcado por el repunte de la exportación del cacao ecuatoriano a nivel internacional, una tendencia creciente en el desarrollo urbano, bancario y comercial de Guayaquil, y en lo cultural, la visible ampliación y diversificación de la prensa porteña del último cuarto del siglo XIX. Hacia 1880, Guayaquil tenía alrededor de unos 25 000 habitantes, 170 manzanas y unos 30 edificios públicos, aproximadamente (Pineo 251). La reactivación del modelo agroexportador cacaotero, sin embargo, transformó rápidamente este panorama urbano y demográfico. Entre algunos hechos importantes se podrían resaltar, por ejemplo, la llegada de la nueva Empresa de Carros Urbanos (1883), la inauguración de la oficina de telégrafos (1884), el inicio del servicio de la compañía de alumbrado de gas (1887) y la construcción del Ferrocarril de la Aduana, en el área del malecón (1888). Nuevos tratados y convenios marítimos, asimismo, favorecen el comercio, la navegación y la comunicación postal. Además, se implementan nuevas reformas bancarias, monetarias y aduaneras. Nacen los bancos Internacional y Anglo Ecuatoriana (1885); y poco después, el Territorial y la Caja de Ahorros de la Sociedad de Artesanos (1887). La fiebre cacaotera exigió, asimismo, la incorporación de una voluminosa mano de obra barata proveniente de la Sierra, la cual, a pesar del altísimo índice de mortalidad existente, hizo crecer a Guayaquil demográficamente. Hacia 1890, Quito, la capital del país, era igualada por Guayaquil en población, y las exportaciones llegaban al monto más alto de todo el siglo XIX: 9 761 000 dólares (Acosta, *Breve historia* 48).

El desarrollo de la prensa guayaquileña, en particular, reflejó esta tendencia modernizadora de forma significativa. En *Los periódicos guayaquileños en la historia, 1821-1997*, José Antonio Gómez Iturralde aporta un dato revelador. El número total de publicaciones guayaquileñas entre 1821 y 1869, esto es, en un período de cuarenta y ocho años (95 publicaciones), es menor a las publicadas entre 1883 y 1895, es decir, en doce años (110 publicaciones). En proporción, la cantidad de publicaciones guayaquileñas se había cuadruplicado desde 1883, tomando como referente el promedio de publicaciones por década del primer período considerado. Camilo Destruge ha observado también, en una dirección similar, que después del asesinato de García Moreno en 1875 y el final de su política de coerción y censura extremas, se desencadenó un período de proliferación y diversificación de la prensa porteña.[7] Destruge se equivoca, sin embargo, al contabilizar solo once publicaciones entre 1875 y 1894 en Guayaquil, otorgando el florecimiento de nuevas revistas y periódicos

---

7. En *Las Románticas, Women Writers and Subjectivity in Spain, 1835-1850*, Susan Kirkpatrick explica una situación similar para el caso de España. Es con el final del absolutismo y la censura eclesiástica reaccionaria que la publicación de libros y publicaciones periódicas crece considerablemente durante las décadas de 1830 y 1840. Esta expansión de la prensa fue, según Kirkpatrick, el gran detonante de la participación pública de la mujer escritora española y del desarrollo de un público específico de mujeres lectoras. Kirkpatrick comenta: "De una cosa estamos seguras: durante el período de reformas liberales, hubo mucho más en la prensa para la mujer que leer, que lo que había existido durante las primeras tres décadas del siglo, o incluso antes [...] Con el final del absolutismo la situación llegó a ser mucho más favorable para las editoriales españolas" (70-71; mi traducción).

al surgimiento del Estado liberal y a la Revolución alfarista de 1895. El error de Destruge, por lo demás, parece sintomático de la pobre atención dada en los estudios históricos y crítico-literarios al periodismo y la literatura femenina de la prensa ecuatoriana del siglo XIX. La catalogación de la prensa porteña que hace Gómez Iturralde, en este sentido, es definitiva: la expansión y apertura cultural del periodismo guayaquileño fue muy anterior a 1895.

Esta progresiva ampliación de la prensa escrita permitió no solamente un mayor número de publicaciones de contenido diverso (educativas, estudiantiles, gremiales, satírico-burlescas o especializadas en temas literarios, científicos y culturales, entre otras tendencias), sino también el paulatino desarrollo de otros públicos, incluyendo ahora uno nuevo y fundamental: un lector femenino. El surgimiento de una prensa ecuatoriana consagrada específicamente a la mujer sucedió, en realidad, de manera tardía. En Latinoamérica, *La Aljaba Dedicada al Bello Sexo Argentino*, revista editada por doña Petrona Rosende de Sierra, fue publicada en Buenos Aires, en 1830; *O Jornal das Senhoras. Modas, Litteratura, Bellas Artes, Theatros e Critica*, publicado en Río de Janeiro por Joanna Paula Manso de Noronha, data de 1852; o *Álbum de Señoritas. Periódico de Literatura, Modas, Bellas Artes y Teatros*, también dirigido por Manso de Noronha, fue impreso en Buenos Aires, en 1854, por mencionar algunos ejemplos sobresalientes. En su estudio "Las publicaciones periódicas dirigidas a la mujer, 1858-1930", Patricia Londoño contabiliza para el caso de Colombia la existencia de treinta publicaciones consagradas a las mujeres en el período antes mencionado, lo cual contrasta significativamente con la producción ecuatoriana. Para Londoño:

> La prensa femenina incluía poesía, novelas y cuentos cortos, artículos sobre moral y religión, sobre economía doméstica, modas, secretos de belleza, vida social, y su propósito explícito era entretener o, a veces, capacitar o 'elevar la categoría', como se decía entonces, de madres y esposas. Algunos, desde el decenio de 1880, publicaron noticias nacionales y extranjeras y comentarios políticos. Estas publicaciones reflejan inquietudes y necesidades de las mujeres urbanas de clases más acomodadas, que por esta época vivían muy pendientes del estilo de vida europeo (6).

En el caso del Ecuador, *El Tesoro del Hogar* fue el único periódico femenino dirigido y escrito por mujeres en todo el siglo XIX.[8] En su singular y solitaria

---

8. Se considera, en particular, aquellas publicaciones que explícitamente estaban orientadas a un lector femenino y fueron dirigidas por una mujer. Las

existencia, el periódico de Larriva de Llona condensó, sin embargo, la producción desperdigada de una literatura y poesía femeninas nacionales crecientes, ya existente, producida por las mujeres más ilustradas de la época. Periódicos y revistas como *El Telégrafo, Diario de Avisos, La Revista Literaria, La Palabra, Los Andes o El Comercio*, entre otros, abrieron el escenario de sus páginas a una primera generación de escritoras, cimentándose así las condiciones productivas para una primera publicación dirigida a la mujer. *El Tesoro de Hogar* marca así un momento histórico fundacional, inaugural, en el proceso de participación pública de la mujer escritora en la prensa ecuatoriana y el acceso al trabajo editorial sobre su propia producción literaria, así como la escrita por otros colaboradores masculinos. En el contexto de la incipiente sociedad burguesa guayaquileña, la publicación de *El Tesoro del Hogar* fue un ejemplo paradigmático de lo que Rafael Gutiérrez Girardot y Julio Ramos han llamado "la profesionalización del escritor", en femenino. Se trata de un momento en que "periodismo" y "literatura" (crónica periodística, ensayo, novela por entregas, etc.) se alían para proveer las nuevas "radiografías informativas" de la modernización urbana: los adelantos tecnológicos, los cambios en la transportación pública, la nueva arquitectura en acero y vidrio, la maquinización de la vida, el nacimiento de las muchedumbres urbanas o la vivencia acelerada del tiempo citadino moderno, entre otras transformaciones. En su sección dedicada a la moda, Larriva de Llona observa, precisamente, cómo la llegada de la "luz eléctrica" a Guayaquil erradicará la mala costumbre de las mujeres de pintarse la cara de blanco. La editora de *El Tesoro del Hogar* anota:

> las sabias prescripciones de la higiene y *las luces* van aboliendo con rapidez —sobre todo en las personas verdaderamente dignas y decentes— la dañosa y poco aseada manía de adobarse la cara con el exclusivo objeto de parecer más blancas de lo que en realidad lo son. La luz eléctrica, acabará de desterrar estos funestos hábitos (n.° 7).

Los avances tecnológicos que llegaron a Guayaquil, especialmente los relacionados con la navegación marítima, no solo beneficiaron la exportación del cacao ecuatoriano, sino que intensificaron el intercambio de noticias, eventos,

---

publicaciones femeninas lideradas y escritas por hombres fueron mucho más comunes, pero el Ecuador decimonónico tampoco tiene nada que reportar al respecto.

ideas, libros y gentes entre esta ciudad-puerto y otros países de Europa o América. Nuevos viajeros llegaron al país y lo narraron. El carácter cosmopolita de un periódico como *El Tesoro del Hogar* tiene aquí sus condiciones de posibilidad y existencia, con corresponsales, suscriptores y lectores en otros países, lo cual, para Larriva, abrió también la posibilidad de informar sobre las primicias de lo sucedido en otras latitudes del mundo. Esta naciente cultura letrada trasatlántica de la ciudad-puerto de Guayaquil merece, sin duda alguna, una investigación mucho más profunda y vasta. Larriva de Llona escribe: "El último vapor llegado del Sur nos ha traído la infausta nueva del fallecimiento de la señora doña Leonor Llona de López Aldana" (n.º 1). A través de la prensa, esta vida urbana modernizada o en un embrionario proceso de modernización se transformó en objeto narrativo de sí misma, convirtiendo estas experiencias en un objeto espectacular y mediático. Surgen aquí los primeros destellos de una opinión pública mediática, creciente en lo cultural. Larriva de Llona observa el 18 de marzo de 1893:

> La prensa constituye un gran poder y medio de influencia en las sociedades modernas, y éstas avanzan ó se desvían según el impulso, bueno ó malo, que aquélla les comunica, como resultante de las paralelas ó encontradas fuerzas que sabe poner en acción (*TH* n.º 158).

Se trataba, hay que decirlo, de un poder mediático en emergencia, no solo porque muchísimas de estas publicaciones tuvieron una vida efímera, o porque los índices de alfabetismo y educación de la población ecuatoriana de aquel entonces eran bastante limitados, sino también porque el mismo proceso de modernización productivo nacional —un país de dos ciudades, se ha dicho: Quito como capital y Guayaquil como puerto— se construía sobre la base de la desigualdad, la dependencia y el elitismo. El Guayaquil narrado por Larriva de Llona, en efecto, estuvo muy lejos de ser el Nueva York de José Martí o el París de Rubén Darío. En *América pintoresca. Descripción de viajes al nuevo continente*, Charles Wiener, uno de los viajeros europeos que llega al Guayaquil de estos años, describe el malecón de la ciudad en los siguientes términos:

> En los pantanos formados por filtraciones y que constituyen el suelo del que surge el puerto de Guayaquil, no son posibles las construcciones de piedra ó de ladrillo, pues su peso haria que se hundiesen en el terreno. Así es que se vive literalmente sobre balsas sostenidas por estacas que sirven de pilares á las casas (6).

La modernización urbana del primer puerto del Ecuador aparece en ciernes. Escribir en la prensa de la época se convierte así, en buena medida, en una manera de dar existencia a una modernización soñada, recreada y ficcionalizada por la misma escritura de los diarios y revistas. Tal como Marshall Berman explica: "En un polo vemos el modernismo de las naciones avanzadas [...] En el polo opuesto, encontramos un modernismo que nace del retraso y el subdesarrollo [...] El modernismo del subdesarrollo se ve obligado a basarse en fantasías y sueños de modernidad, a nutrirse de la intimidad con espejismos y fantasmas y de la lucha contra ellos" (239). Larriva de Llona, al igual que otros intelectuales latinoamericanos de su época, fabula y sueña con una ciudad parisina: las modas de sus mujeres, sus comidas, sus costumbres refinadas, su literatura, todas son maneras de civilizar, de modernizar en la letra la barbarie de la ciudad real (pobreza, pestes, incendios, mortandad elevada, inestabilidad política, etc.). La directora de *El Tesoro del Hogar* escribe:

> ¿Habeis visitado el *Louvre*, lectoras mías? Ya comprenderéis que no os hablo del *Louvre* de París, sino de este *Louvre* pequeño, relativamente, pero muy elegante, muy lleno de novedades, muy atractivo, que se nos ha presentado de repente en Guayaquil, y que con sus vidrieras espléndidamente surtidas, invita á damas y caballeros á salvar sus umbrales é ir á admirar de cerca las mil preciosidades de indumentaria que contiene (n.º 140).

En la realidad económica del país, este pequeño *Louvre guayaquileño* representaba un cuarto de las importaciones nacionales antes de 1900; y Guayaquil era, precisamente, la urbe marítima a través de la cual tales importaciones llegaban en no menos de un 91 % o a veces un 95 % del total (Pineo 255). Guayaquil era un gran escaparate de lo que importaba el país. El pequeño *Louvre guayaquileño* de Larriva de Llona es una alegoría ejemplar del tortuoso ingreso del Ecuador a la economía mundial: un país dependiente de la demanda de los mercados internacionales, sujeto a formas de explotación agrícola que perpetuaban el atraso y la pobreza del campo, y lo escindían de sí mismo por la concentración de la riqueza en una pequeña élite que fortalecía un esquema cultural dependiente. La "lectora ideal" de *El Tesoro del Hogar* es, en este contexto, una mujer afrancesada, ilustrada, católica, perteneciente a una clase social urbana económicamente privilegiada, y para quien la literatura o la poesía eran probablemente tan importantes como tocar el piano o vestirse a la moda. Solo la suscripción básica de *El Tesoro del*

Hogar de un peso al mes representaba, aproximadamente, la cuarta parte del ingreso mensual que recibía una costurera o una cocinera por sus servicios. Y era precisamente esta población no-profesional, sin estudios, asalariada, la que conformaba el grueso de la fuerza de trabajo del Guayaquil de la época (Pineo 264).

El proyecto periodístico de Larriva representó, en suma, un proyecto cultural de élite, en el que la mujer analfabeta, indígena, negra o simplemente trabajadora, no existió; y en el que si bien se defendió de manera modernizante un lugar público para la mujer ilustrada de la época —una suerte de comunidad de las letras femeninas—, se justificó también, a la misma vez, una ideología fuertemente católica, patriarcal y moralizante, contradictoria con dicho proyecto.

Legitimidad autorial y sororidades literarias

Ya desde su primer número, el 9 de abril de 1887, la editora de *El Tesoro del Hogar* asume una posición estratégica con respecto a los alcances de la participación pública de las mujeres en su periódico. Lastenia escribe: "Poco necesita, en verdad, un periódico del género presente, del aparato de un suntuoso programa para hacer su aparición". Se trata de un periódico, "ageno enteramente á la Política, como nos proponemos que él lo sea" (n.º 1). De manera inversa a la tradición combativa del letrado masculino decimonónico que convirtió la prensa y la letra en un escenario del combate político, Larriva buscó escindir, al menos de forma retórica, los territorios de la cultura y el poder, y de esta manera posicionar a su periódico en el campo "anchuroso" y "pacífico" de la literatura, las ciencias, las artes y las modas. Las "Bellas Letras Femeninas" aparecieron así como un espacio público alternativo a las luchas partidarias o las pasiones encarnizadas masculinas; las letras femeninas, a semejanza del espacio doméstico, se representaron como un lugar neutral, un espacio de recreo, de instrucción e inocencia, dirigido a las familias y al público ilustrado ecuatorianos. Larriva explícitamente declara: "Dar un pequeño lugar á las Bellas Letras; ofrecer á esta culta sociedad un inocente é instructivo solaz; y facilitar a las escritoras y escritores nacionales la publicación de sus producciones; he aquí los fines principales que nos proponemos al fundar el presente Semanario" (n.º 1).

La escisión entre política y escritura femenina, primero, y la vinculación, luego, de esta escritura con un espacio de recreo e instrucción familiares pueden verse como tretas, maneras retóricas de esquivar la autoridad y violencia masculinas que habitan el decir público. Tales operaciones discursivas, como veremos más adelante, terminaron por problematizar las distinciones dicotómicas tradicionales de lo público-masculino y lo privado-femenino en el siglo XIX, produciendo zonas de interacción y comunicación social mucho más ambiguas y paradójicas. En su primera nota editorial a *El Tesoro del Hogar,* Larriva confiesa: "Difícil es la tarea en que nos empeñamos, y más difícil aún por ser enteramente nueva para nosotros; pero con el firme propósito de llevarla á buen término, y con la fundada esperanza de alcanzar la protección del ilustrado público ecuatoriano, que nos alienta, esperamos vencer todos los obstáculos que se atraviesen en nuestro camino" (n.º 1).

Autorizarse a sí misma en el derecho a fundar y dirigir un semanario femenino nacional, sin antecedentes en el país (nótese, por ejemplo, la composición sexista de la Academia Ecuatoriana de la Lengua en sus orígenes), y legitimar, a la vez, una producción literaria femenina que merecía ser publicada y leída de forma unificada, fueron, sin duda, dos obstáculos mayores a vencer.

Larriva era plenamente consciente de que su semanario femenino debía empezar de forma contundente, incuestionable y terminante. Así pues, tres reconocidas escritoras aparecen como "madrinas literarias" en el bautizo del primer número: la novelista y periodista española Emilia Pardo Bazán (1852-1921) y las poetas Bertilda Samper Acosta (1856-1910), de Colombia, y Dolores Sucre (1837-1917), de Guayaquil.[9] Larriva exponía así, de forma categórica, la existencia contemporánea de mujeres escritoras de "poderosas dotes intelectuales", "fama merecida por sus valientes e inspiradas composiciones", "sólida instrucción", "elevación de pensamiento" y "brillantez de estilo" (n.º 1). A través de estas mujeres, *El Tesoro del Hogar* se legitimó como un proyecto editorial femenino católico, en que colaboraba un grupo de escritoras nacionales y extranjeras sobresalientes, y que tenía sus páginas abiertas, además, a

---

9. La participación y recepción de Pardo Bazán, entre otras escritoras españolas, en la prensa y literatura femeninas del Ecuador, Perú y Colombia, abre un campo de estudio todavía desconocido en torno a las "hermandades literarias trasatlánticas" que las escritoras ecuatorianas y latinoamericanas forjaron en esta época. En *El Tesoro del Hogar,* Larriva de Llona estratégicamente escribe que simplemente quiere "rendir un homenage de justicia á las poderosas dotes intelectuales de esa señora, honra y prez de su sexo y de las Letras españolas" (n.º 1).

FIG. 9. Academia Ecuatoriana de la Lengua, correspondiente a la Academia Real Española, 1894. Constan sentados, de izquierda a derecha: Juan León Mera, Luis Cordero, J. Castro, Pablo Herrera, J. M. Espinosa; atrás, de izquierda a derecha: Hermano Miguel Cordero, R. Espinosa, M. Egas, Carlos R. Tobar y Quintiliano Sánchez. La Academia fue fundada en Quito, en 1874.

Fuente: Fototeca del Banco Central del Ecuador.

las contribuciones literarias de otros escritores. La prestigiosa pluma de Luis Cordero, en un artículo titulado "Las letras en el Ecuador" (1889), declaraba explícitamente:

> Cuenta el Parnaso ecuatoriano con varias poetisas [...] Á más de doña Dolores Veintemilla de Galindo y doña Angela Caamaño de Vivero, que hoy yacen silenciosas en la tumba, han hecho oír sus trinos en la floresta ecuatorial, doña Angela Gortaire de Diago, doña Jacinta Peña, la señorita Dolores Sucre (una de las más inspiradas), doña Rita Lecumberri, y luego las nuevas alumnas del amable coro, señoritas Carolina Febres Cordero, Jacinta Amelia Narváez y Antonia Mosquera. Dénsele gracias, y muy sinceras, á la inteligente y noble dama peruana doña Lastenia Larriva de Llona, poetisa renombrada también, por el estímulo con que ha despertado á ciertas musas dormidas, pidiéndoles canciones para su interesante revista literaria 'El Tesoro del Hogar' " (262).

En *Orígenes del feminismo en el Ecuador*, Ana María Goetschel sitúa a *El Tesoro del Hogar* entre aquellas revistas que "crearon espacios abiertos a la circulación de ideas, constituyéndose en medios de relación y de unidad de grupos de mujeres, así como un estímulo para su participación en la escena pública" (16). Uno de los elementos fascinantes de la prensa femenina, en efecto, fue la construcción de una autoría individual como expresión dinámica de distintas relaciones de sororidad literaria y asociación entre escritoras. La misma producción escrita por estas mujeres fue expresión directa muchas veces de estos vínculos activos, entre sí mismas, en sus relaciones de apoyo, aprendizaje, amistad y admiración: poemas dedicados, notas de homenaje y crítica literaria entre escritoras materializan lo dicho. En *Las Románticas*, Kirkpatrick argumenta que las "hermandades poéticas femeninas" (*lyrical sisterhood*) fueron fundamentales en la promoción, apoyo y defensa de la participación de la mujer escritora en la prensa española de mediados del siglo XIX. Lo mismo podría decirse de la producción y publicación de periódicos y revistas femeninos en Latinoamérica, sobre todo a partir de la segunda mitad del siglo XIX, pues estuvieron inextricablemente unidas a la conformación de redes nacionales y transnacionales de colaboraciones entre escritoras. Kirkpatrick comenta: "la idea de que las mujeres escritoras, a diferencia de los hombres, sintieron más solidaridad que rivalidad con otras mujeres, llegó a ser en buena medida parte de la ética con que empezaron a escribir en este período" (82; mi traducción). Estas hermandades literarias femeninas, sin embargo, no deben ser romantizadas, pues, sin duda alguna, tuvieron límites, como veremos más adelante.

Entendido como un proyecto periodístico basado en sororidades literarias transnacionales, *El Tesoro del Hogar* tiene sus raíces en los círculos artísticos e intelectuales que florecieron en Lima durante el último cuarto del siglo XIX. El desarrollo económico y ambiente liberal de Lima, en este momento, favoreció a mayores oportunidades de educación para las mujeres. En la "Introducción" de *La Alborada: Semanario de las Familias. Literatura, artes, educación, teatros y modas* (1874), revista femenina fundada y dirigida por la escritora argentina Juana Manuela Gorriti y el escritor y diplomático guayaquileño Numa Pompilio Llona,[10] se describe la ebullición del ambiente

---

10. No se ha estudiado prácticamente nada sobre la participación del poeta guayaquileño Numa Pompilio Llona (1832-1907) en las tertulias de la famosa escritora argentina y el proyecto editorial que compartieron. *La Alborada: Semanario*

cultural limeño de esta época. El reconocimiento en *La Alborada* de muchas "señoras" y "señoritas" como escritoras, miembras activas de un nuevo "movimiento intelectual" y siendo alabadas como "notables" muestra esta apertura favorable a nuevas formas de sociabilidad femenina en particular. En el semanario en cuestión se lee:

> La esperanza [...] reside en la afición últimamente demostrada por muchas inteligencias femeninas, á los trabajos literarios, y en la benévola acogida que la generalidad del bello sexo ha ofrecido á las publicaciones que tienden á fomentarlos. En efecto, es digno de observación y gratitud, contemplar que el nombre de muchas señoras y señoritas va asociado al último movimiento intelectual. Los nombres de las señoras Justa Garcia Robledo, Rosa M. Riglos de Orbegoso, Juana M. Lazo de Eléspuru, Manuela V. de Plasencia, Carolina F. de Jaimes, Mercedes Eléspuru, Juana Rosa de Amézaga, Manuela A. Marquez, Juana Manuela Gorriti y otras, han aparecido frecuentemente al pié de producciones, con frecuencia bellas, y siempre notables [...] El señor Numa Pompilio Llona, por su larga residencia en Europa [...] se encuentra en relación con eminentes literatos españoles, franceses é italianos, y puede fundadamente prometer a los lectores de la ALBORADA, las valiosas producciones de autores tan competentes y renombrados, como muchos de los que figuran en la relación de nuestros corresponsales (2).

Las *Veladas literarias* organizadas por Gorriti en su propia casa, entre 1876 y 1877, se convirtieron en un terreno fértil donde hombres y mujeres educados discutieron diversidad de temas literarios, culturales y nacionales, así como el rol social de la mujer en particular. Tal como Graciela Batticuore y Francesca Denegri han estudiado, las tertulias literarias de Gorriti, inspiradas por los salones franceses y las casas de café de los siglos XVII y XVIII en Inglaterra, propiciaron nuevas formas de creatividad y socialización artística bajo el

---

de las familias fue una publicación producida y destinada primariamente a las mujeres, con secciones de literatura, artes, educación, teatro y modas. El primer número fue publicado el 17 de octubre de 1874. ¿Cuál fue el grado de influencia que Pompilio Llona y su experiencia editorial en *La Alborada* pudo haber tenido en la creación del semanario femenino guayaquileño de su esposa? ¿Qué relaciones existieron entre las escritoras ecuatorianas y peruanas decimonónicas de estos años; y los periódicos femeninos que se fundaron en Lima, en particular?

gran paraguas de la Ilustración. Las veladas de Juana Manuela, sin embargo, a diferencia de otros salones aristocráticos y conservadores de Lima, estuvieron abiertas a cualquiera que supiera leer y escribir. Entendidas como espacios experimentales públicos de nuevas formas de socialización, estas tertulias alterarían el espacio doméstico y los roles tradicionales de la mujer, acogiendo su agencia y participación intelectual a través de su cuerpo e imagen. Aquí y ahora emerge un nuevo rostro del "ángel del hogar", esto es, un "ángel" que lee, escribe, debate y propone soluciones a los problemas nacionales, usando su razón y libertad. Algunos años más tarde, varias jóvenes que participaron en las veladas de Gorriti llegaron a figurar entre lo más sobresaliente de la literatura y periodismo del siglo XIX en el Perú: Clorinda Matto de Turner, Mercedes Cabello de Carbonera, Carolina Freyre de Jaimes y la misma Lastenia Larriva formaron parte de este grupo.

Las veladas literarias de Juana Manuela posibilitaron la creación de una red de contactos, apoyos y afectos entre escritoras que rebasaron las fronteras domésticas y la misma nación peruana. Emilia Pardo Bazán, desde España, comentaría al respecto: "Ha pocos días saludábamos aquí, con simpatía y respeto, a la señora Soledad Acosta de Samper y nuestra prensa elogia, de tiempo en tiempo, a Juana Manuela Gorriti, a Clorinda Matto de Turner, a Mercedes Cabello de Carbonera, a Lastenia Larriva de Llona, a la simpática Amalia Puga, y a otras damas americanas dedicadas a las letras con mayor o menor suerte, pero siempre con sinceridad, cultura y entusiasmo" (Patiño Eirín xiv).

No resulta una casualidad, entonces, que Lastenia Larriva haya aparecido en la portada de *El Perú Ilustrado* en 1888, precisamente cuando Clorinda Matto lo dirigía; o que Juana Manuela Gorriti, Mercedes Cabello y la misma Clorinda Matto hayan publicado también textos de su autoría en *El Tesoro del Hogar*.[11] Luego de la muerte de Gorriti, acaecida en Buenos Aires el 6 de

---

11. El 9 de junio de 1888, el periódico *El Perú Ilustrado*, dirigido en ese momento por Matto de Turner, publicó una nota sobre el homenaje que Larriva de Llona había recibido poco antes, dejando a relucir también sus nexos con Cabello de Carbonera: "La señora Matto abrió la velada con frases oportunas dando lectura a una conceptuosa carta de la señora Cabello [...] y entregando un hermoso ramillete de flores a la señora de Llona" (Peluffo 144). Años más tarde, en su famoso discurso "Las obreras del pensamiento en la América del Sud", leído en el Ateneo de Buenos Aires el 14 de diciembre de 1895, Matto de Turner observa: "Juana Manuela Lazo de Eléspuru y su hija Mercedes, cultivan la gaya ciencia con inspiración; y

noviembre de 1892, Larriva publicaba en *El Tesoro del Hogar* una nota editorial en reconocimiento a su gran influjo como narradora, periodista, tallerista, educadora y promotora de nuevas generaciones de escritoras. La editora escribe el 26 de noviembre:

> De pocas glorias literarias puede nuestro Continente enorgullecerse con tánta justicia como de la que alcanzó esta eminente novelista, que á la avanzada edad de setenta y cuatro años acaba de cerrar los ojos para siempre, á las orillas del Plata [...] Digno de notarse era en la señora Gorriti el entusiasmo con que alentaba á los principiantes [...] vaticinando con la más sincera buena fé apoteosis triunfales y coronas de laurel y de oro á la mayor parte de los noveles escritores que le mostraban sus ensayos, sobre todo cuando pertenecían al sexo femenino [...] ¡Bien pobremente le pago en estas líneas escritas con el desaliño que lo exije el escaso tiempo de que puedo disponer, pero con verdadero luto en el corazón, las manifestaciones de afecto que debí á la eminente escritora argentina cuya desaparición llora toda América!" (n.º 142).

El artículo póstumo de Larriva, publicado en Guayaquil, sobre la muerte de Gorriti ocurrida en Buenos Aires, rememorando un pasado común vivido en Lima, nos invita a pensar, más allá de la celebración personal de sus "glorias literarias", en las sororidades literarias transnacionales de ciertas escritoras decimonónicas y sus múltiples experiencias de exilio, inmigración o éxodo en Latinoamérica. Frente al aislamiento y cautiverio doméstico de la mujer y el no menos exclusivo y excluyente círculo masculino de las letras ecuatorianas (véase, en la foto, la evidente composición sexista de la Academia Ecuatoriana de la Lengua en sus orígenes), *El Tesoro del Hogar* inauguró un espacio de apoyo, hospitalidad y promoción de las mujeres católicas ilustradas, forjado en torno a su escritura creativo-literaria. Por primera vez en la historia de las letras ecuatorianas, *El Tesoro del Hogar* ofrecía una muestra nacional representativa, si bien no completa, de las escritoras existentes, situándolas, además, en un escenario de producción literaria cosmopolita en que se reunía también a otras escritoras y escritores de varias regiones del mundo. Aunque la lista resulta extensa, merece mencionarse aquí a Dolores

---

entre las que han dado el vigor de su cerebro al periodismo, descuella Lastenia Larriva de Llona, directora de *El Tesoro del Hogar*, autora de las novelitas *Oro y escoria*, *Oro y oropel* y *Luz*".

Sucre (Ecuador), J. Amelia Narváez (Ecuador), Carolina F. Cordero (Ecuador), Mercedes González de Moscoso —M. G. de M.— (Ecuador), Soledad Acosta de Samper (Colombia), Bertilda Samper Acosta (Colombia), Mercedes Matamoros (Cuba), María del Refugio Argumedo (México), Petronila León, Luisa Durán de León, Mercedes Cabello de Carbonera (Perú), Emilia Pardo Bazán (España), Dolores Flor (Ecuador), Concepción Jimeno de Flaquer (España), Emilia Marin, Joaquina Balmaseda de González (España), Julia de Asensi (España), Francisca de Rapff-Essenther (Alemania), Emilia de S., Juana Rosa de Amézaga (Perú), Contesse Laetitia (Francia), Mercedes A. de Flores (Colombia), Sofía Casanova (España), Carolina Febres Cordero (Ecuador), Eloisa González y Cabañas, Mary Elizabeth Springer (Cuba / Estados Unidos), Adela Castell (Uruguay), Juana Manuela Gorriti (Argentina), Emilia (?), Zoila Ugarte de Landívar —Zarelia— (Ecuador), Teresa Gonzales de Fanning (Perú), Blanca de los Ríos (España), Luisa Pérez de Zambrana (Cuba), Bonifacia Collado y Fernández (España), Sofía Casanova (España), Dorila Antommarchi de Rojas (Colombia), C. de Warigny y la propia Lastenia Larriva de Llona (Perú). Entre los colaboradores varones aparecen Juan León Mera, J. Trajano Mera, Luis Cordero, Federico González Suárez, César Borja, Numa P. Llona, Manuel Gutiérrez Nájera (México), Rubén Darío (Nicaragua), Edmundo de Amicis (Italia), Gustavo Adolfo Becquer (España), Miguel Antonio Caro (Colombia), Olegario V. Andrade (Argentina), Luis Mariano de Larra (España), José de Zorrilla (España), Julián del Casal (Cuba), Francisco Sellén (Cuba), Salvador Rueda (España), Ildefonso Díaz del Castillo (Colombia), J. J. Palma (Cuba), Ricardo Palma (Perú), Hugh Conway (Inglaterra), Paul Arene (Francia), Juan Zorrilla de San Martin (Uruguay), entre otros.

El periódico femenino de Lastenia Larriva se apuntaló así como una de las publicaciones importantes de la época, abriendo un espacio nuevo en la prensa porteña para las mujeres escritoras ecuatorianas católicas.

Contradicciones, silenciamientos y desencuentros

Hasta aquí he delineado una contradicción central en *El Tesoro del Hogar* que se podría formular así: fue una publicación femenina especializada, vinculada a una incipiente sociedad burguesa, agroexportadora y bancaria, en proceso de expansión y modernización, y cuyas lectoras integraban un grupo social de élite de la población, caracterizado por su dependencia económica y cultural frente al extranjero. A la vez, se trataba de una publicación femenina pionera que democratizaba la participación de la mujer ilustrada en el orden del decir público masculino hegemónico, visibilizando su presencia a nivel nacional e internacional. Esta tensión existente en *El Tesoro del Hogar* entre un lado elitista y otro democratizante obliga a pensar en sus límites ideológicos y políticos como proyecto periodístico femenino, y en las formas de silenciamiento moral y patriarcal que finalmente defendió.

Al comparar *El Tesoro del Hogar* con *La Palabra. Revista de Literatura Nacional* (Guayaquil, 1890), otra publicación contemporánea, se hace visible una diferencia significativa sobre las escritoras publicadas en sus páginas. Mientras que en *La Palabra*, ya desde sus primeros números, la republicación de la obra en prosa y verso de la escritora Dolores Veintimilla es plenamente visible, en *El Tesoro del Hogar*, por otro lado, no es ni siquiera mencionada. Resulta claro que Lastenia Larriva —quizá influida por Mera y otros católicos conservadores— siguió considerando la poesía de Dolores bajo el estigma de su suicidio. Lo mismo se puede decir de Marietta de Veintemilla, quien publica *Páginas del Ecuador* en 1890, pero está también ausente del semanario de Larriva.[12] En *Lágrimas andinas*, Ana Peluffo sugiere que el simple reconocimiento de género entre escritoras no siempre funcionó para la formación de sus "sororidades" o "hermandades literarias". El grado de radicalidad en sus críticas a la sociedad patriarcal, sus diferentes posiciones de clase, etnia y adscripción política e ideológica jugaron un papel decisivo en sus relaciones. Peluffo comenta:

> El carácter cohesivo de las comunidades intelectuales femeninas de la clase dirigente podía generar un clima falso de armonía que encubría muchas cosas. No solamente el rechazo y la ambivalencia a mujeres de otras razas y clases, sino también, en el caso de las mujeres de la misma clase social, la competencia y la rivalidad (278).

En el caso de Larriva de Llona, esta distancia y silenciamiento hacia otras escritoras y voces femeninas vino marcado por su fuerte ideología y moralidad católicas. Isabelle Tauzin-Castellanos lo pone así: "Lejos de cuestionar a los curas como lo hizo Clorinda Matto de Turner, la narrativa de Lastenia

---

12. Se confirmó el silenciamiento de Dolores y Marietta en *El Tesoro del Hogar* en los números de esta publicación que constan en los archivos Carlos A. Rolando, de Guayaquil, y Aurelio Espinosa Pólit, de Quito.

Larriva es una proclama de fe sin la menor limitación" (2). Varios poemas, notas editoriales y textos de la editora de *El Tesoro del Hogar* confirman, en efecto, su apoyo acérrimo a la ideología del marianismo, esto es, el "culto a la superioridad espiritual femenina, la cual enseña que las mujeres son moralmente superiores y espiritualmente más fuertes que los hombres" (Stevens 90; mi traducción). En su poema "Plegaria á la Virgen María", por ejemplo, la madre celestial, invocada por la madre terrena, se convierte en un modelo de fortaleza, inspiración y virtud femeninas; y así, "angustias", "dolores", "ofensas" o "encono" son transformados por la virtud inmaculada de la Virgen María en "paz", "fe", "esperanza", "caridad", "recompensa" y "perdón" (n.º 8). El mismo título de *El Tesoro del Hogar* apunta a este significado moralizador-patriarcal: la educación de las madres, la felicidad del esposo, la idealización de la familia nuclear, el porvenir de la patria y la conservación de los roles domésticos de la mujer son considerados como un "tesoro".[13] En uno de sus editoriales, el 7 de mayo de 1887, Larriva observa:

> cuando se detenga [la mujer] á considerar que la felicidad de su esposo, que el porvenir de sus hijos, que las esperanzas todas de su familia dependen de ella [...] que su patria misma lo espera todo de las madres del presente que deben educar á los hombres del porvenir; eligirá, no lo dudamos, la mejor parte, la que le ha discernido sin duda, la sabia Providencia, al dotarla tan muníficamente (n.º 5).

---

13. Leído desde la experiencia inmigratoria de Lastenia Larriva en Guayaquil y el exilio que sufren varias de sus colaboradoras como Juana Manuela Gorriti o Clorinda Matto, el título de este periódico sugiere una realidad diferente. *El Tesoro del Hogar,* primer periódico femenino ecuatoriano, no solo que no fue publicado por una ecuatoriana, sino que fue, de manera fundamental, una publicación transnacional, *extraterritorial,* posible gracias a la compleja red de hermandades literarias femeninas con otros países. ¿Cuál es entonces ese "tesoro del hogar" cuando ya no hay hogar?, o más exactamente, ¿dónde está y qué es el "hogar" desde estas experiencias de dislocación geográfica? Siguiendo las reflexiones de George Lamming, Edward Said y Michael Dash, ese "hogar" producto de la mutilación, pérdida y dislocación tanto geográfica como subjetiva, no puede ser otro para una escritora que su misma escritura. El "hogar" como escritura de refugio, como último lugar posible donde reconstruir los signos de la propia identidad.

En *El Tesoro del Hogar,* educar a las "bellas y pulcras guayaquileñas" en el buen gusto por la moda y la buena cocina fue una tarea moralizadora. Para Larriva, el deseo por ser "bella", "pulcra" y "elegante" es una forma de virtud femenina que tiene como fundamento último la moral religiosa. "El bien parecer moral es antes que el bien parecer físico" (n.º 7), escribe la editora. En realidad, literatura, artes, modas, gastronomía, todo el universo de la cultura femenina está subordinado a estrictos principios católico-moralizadores. La defensa de la mujer doméstica transforma la misma participación literaria de la mujer ilustrada en otro talento, otra *monería femenina* de la mujer virtuosa y educada. Larriva no deja de reprimir el caso de la mujer literata que ha abandonado su primera misión en la vida social:

> el tipo de la literata que descuida ó abandona por completo sus más sagrados deberes de mujer por dedicarse únicamente á los trabajos intelectuales, en que las más de las veces no pasará de una pobre medianía, es uno de los tipos más antipáticos que se conocen, y más justamente censurados (*TH* n.º 19).

Es necesario matizar, en este sentido, lo afirmado por Goetschel, quien al buscar una genealogía de los orígenes del feminismo en el Ecuador, ubica a *El Tesoro del Hogar* —fechado en 1890—, entre aquellas publicaciones favorecidas por la ideología liberal de finales del siglo XIX. Este periódico femenino y su editora fueron más cercanos al proyecto de "modernidad católica" de García Moreno (Maiguashca 388), que a los principios laicos y liberales que impulsó la Revolución alfarista. Para Maiguashca, en efecto, "el término 'modernidad católica' pretende rescatar una corriente de pensamiento que se desarrolló en Europa desde los años cuarenta del siglo pasado y llegó a su apogeo en 1892 con la *Rerum Novarum*, encíclica de León XIII" (388). Se insistía, explica Maiguashca, en un catolicismo interesado en el progreso material, social y político, que intentaba apartarse, en contraste, de una modernidad puramente individualista y liberal-protestante. En 1887, Larriva de Llona consagra un número especial de su periódico "A la celebración del jubileo sacerdotal de su santidad el Papa León XIII". La editora católica escribe:

> Sucédense unos á los otros los días, los años y los siglos, y aquellas puras y vivificadoras enseñanzas cuya sagrada semilla confió el Salvador del mundo al Príncipe de los Apóstoles, siguen transmitiéndose por la palabra infalible de los sucesores de éste, al pueblo católico, y la Iglesia

Romana, cada vez más floreciente, levanta su frente erguida y mages-
tuosa desafiando á las edades, como atalaya indestructible puesta por la
mano de Dios mismo para guardar á su pueblo y defenderlo contra las
negras maquinaciones de la impiedad y el escepticismo [...] Uno de los
más espléndidos triunfos de la Iglesia católica es, sin duda, el que hoy
alcanza con motivo de la Celebración del Jubileo Sacerdotal de nuestro
Santo Padre León XIII [...] Jamás apoteosis semejante ha presenciado el
universo" (*TH* n.° 39).

Al silenciarse moral y políticamente a sí misma y silenciar la voz crítica
de otras escritoras más radicales —como Dolores Veintimilla o Marietta
de Veintemilla—, Larriva de Llona asimila como propias las dimensiones
subjetivas de la dominación masculina (marianismo). Es claro que posicio-
narse como un sujeto letrado femenino en la sociedad patriarcal de la época
implicaba someterse a determinadas formas de control, disciplinamiento y
censura. Tal como lo explicita Judith Butler, ser reconocido como sujeto
implica aceptar estar subyugado a determinada forma de subjetividad. Para
Butler, "el prisionero no está regulado por una relación exterior de poder,
donde una institución toma un individuo preestablecido como el objetivo
de sus fines de subordinación. Por el contrario, el individuo es formado, o
más bien formulado, a través de su 'identidad' discursivamente constituida
como prisionero" (84). La custodia de Larriva de los valores y principios
patriarcales no estuvo exenta, sin embargo, de ciertas amonestaciones, quejas
y aun instancias de desobediencia. Tales "desencuentros" con la ideología
patriarcal que ella misma apoyaba evidencian, como veremos, la existencia de
una subjetividad creativa femenina mucho más problemática y compleja, que
no deja de extrañarse de sí misma y ser conflictiva con el mundo masculino
existente.

Amonestaciones, quejas y transgresiones

A lo largo de este estudio, he sugerido la posibilidad de leer *El Tesoro del
Hogar,* primer periódico femenino ecuatoriano, desde un juego ambiguo y
contradictorio de silenciamientos frente al orden patriarcal instituido; y, a la
vez, una práctica editorial que transgrede los privilegios y exclusiones masculinos. Juego paradójico de silenciamiento ante lo que no se puede decir y
transgresión práctica de lo que se hace siendo una mujer. Vale la pena recordar
a Josefina Ludmer, en este punto, cuando anota que "siempre es posible tomar

un espacio [en nuestro caso, la prensa masculina] desde donde se puede practicar lo vedado en otros [el hogar], siempre es posible anexar otros campos e instaurar otras territorialidades. Y esa práctica de traslado y transformación reorganiza la estructura social dada, social y cultural" (53). Aunque Larriva de Llona defendió con tenacidad el discurso patriarcal de la virtud femenina, hubo también determinados pasajes, momentos y eventos en la vida de su semanario que desencadenaron diferentes formas de amonestación, queja y desencanto ante los logros de su trabajo periodístico y editorial como mujer. Tal parecería que hubo algo anómalo, algo que fatalmente transgredía el mismo apoyo que Larriva de Llona confería a la dominación masculina y la sociedad patriarcal de su época.

El problema básico que surgió para la editora de *El Tesoro del Hogar* es que defendía la primacía de la domesticidad de la mujer, ocupando ella misma en su periódico una posición de autoridad que solo podía ser considerada como masculina. En el reverso material de su visión católico-patriarcal emergía entonces una práctica social antagónica con su propia ideología: Larriva había abandonado el hogar, trabajaba en una mesa de redacción, supervisaba los trabajos de la imprenta, estaba en el límite de ser una excepción, una contravención a su propia regla. El trabajo de escritora, traductora, correctora, editora, e inclusive, a veces, impresora, simplemente problematizaba el tiempo y dedicación a sus responsabilidades como sujeto doméstico. Hacia las dos últimas décadas del siglo XIX, Lastenia Larriva experimentó en su práctica social, en el campo laboral de su periódico femenino, una de las contradicciones cotidianas de la mujer contemporánea. A pesar de su ideología conservadora y patriarcal, ella misma, como mujer escritora y periodista, no podía sino quejarse sobre las imposibilidades de conciliar armónicamente el hogar y su trabajo. La editora confiesa en tono personal:

> Lectora amiga, si amarga, amarguísima es la vida del hombre consagrado á las ingratas labores del periodismo, te aseguro que la de la mujer que se atreve á disputarle los laureles en tan espinoso campo, no sabe, por cierto a jarabe de rosas [...] escribir para el público, dirigir un periódico (dirigirlo, sobre todo en países como los nuestros, en que eso significa también corregir las pruebas, en gran parte, y hacer algunos otros oficios mecánicos amen de los intelectuales) y pretender á la vez cumplir con las obligaciones de esposa y de madre, es echar una sobre sus hombros una carga abrumadora, de tal suerte, que cada paso que se dá, puede considerarse como un verdadero prodigio (n.º 19).

De esta forma, Larriva se descubría a sí misma doblemente constreñida, sujetada en su labor pública como escritora: primero, como una invasora de los
"laureles" masculinos en las "ingratas labores del periodismo", las cuales le
imponían tener listo un periódico cada sábado; y segundo, sentirse abrumada
por "las obligaciones de esposa y de madre", que de acuerdo a su propia ideología católico-patriarcal debían ocupar un lugar prioritario. Larriva evidencia
así la manera ambigua y contradictoria en que, desde su situación privilegiada,
se entremezclaban los mundos de lo privado y lo público. Lo doméstico se volvía también público cuando la queja femenina ante "las obligaciones de esposa
y de madre" aparecían impresas en el periódico. El cautiverio doméstico de la
mujer aparecía ahora entremezclado con "corregir las pruebas" de imprenta y
los "oficios mecánicos" del "espinoso campo" periodístico.

Las "amonestaciones" que Larriva comenta en su periódico, debidas, por
ejemplo, a errores ortográficos cometidos en su impresión, pueden leerse,
también, como un recordatorio patriarcal de ese rol doméstico intrínseco que
como mujer había dejado a un lado y que ahora solo podía usar como excusa.
La editora escribe: "sugiérenos todas estas reflexiones, el haber salido nuestros
últimos números con algunas faltas, debidas en gran parte á diversas aten-
ciones de familia, que nos impidieron velar con la asiduidad de costumbre
á la corrección de los originales" (n.º 19). Irónicamente, Larriva solo podía,
atrapada en su discurso patriarcal, responsabilizar de tales o cuales problemas
de edición a sus tareas domésticas; pero una vez más, en tal caso, tales deberes
aparecían como conflictivos con sus responsabilidades editoriales. Esta situación de postergación y falta de atención de la mujer escritora a sus supuestos
roles naturales de madre, esposa o hija fue precisamente lo que llevó a escritores como Mera o Montalvo a censurarlas. Al comentar sobre la ilustración
de la mujer, Mera afirma:

> Como se vé, no negamos la necesidad de que las mujeres aprendan
> aquellas cosas propias de su sexo y buenas para su condición; sin ellas
> su educación sería viciosa por otro respecto. No hay que pensar en dar-
> las una enseñanza del todo varonil. Se asegura que George Sand decía
> en cierta ocasión que era más difícil hacer una torta que escribir una
> novela [...] !Loor a la escritora que hace tortas y á la reina hilandera!
> (*Ojeada* 17).

En sus desencuentros con la cultura patriarcal de la época, Larriva también se quejó de aquellos hombres injustos que provocaban y a la vez

condenaban el comportamiento repudiable de la mujer coqueta. La doble moral de la que el hombre era parte y juez, causa y norma de lo que juzgaba, era reprensible. Lo significativo del argumento de Larriva de Llona era su inesperado juzgamiento de la culpabilidad masculina, convirtiéndose ella misma ahora en el juez público e implícito de esta conducta. Larriva de Llona escribe:

con esa palmaria injusticia del sexo fuerte para con el débil, el hombre, que deliberadamente o indeliberadamente la incita [a la mujer] á cometerlas, es, sin embargo, su juez más inexorable después de cometidas. No tiene, por lo general, la fuerza de voluntad necesaria para controlar una inclinación mal colocada; pero después de hacer dueña de su nombre y de su honra á una niña mal educada y coqueta, la hará responsable implacablemente de todas las consecuencias que aquellos vicios han de traer, sin recordar que él fue el primero en fomentarlos cuando así convenía a sus propósitos (*TH* n.º 9).

Ambivalente en su crítica, Larriva de Llona no dejó de recriminar a la mujer sin "fuerza de voluntad", de "inclinación mal colocada", "mal educada" y "coqueta" por los males que causaba, reinstaurando así la necesidad de una mujer virtuosa. En sus ocasionales quejas y desencuentros con determinados aspectos de la sociedad patriarcal, la editora de *El Tesoro del Hogar* parecía seguir el mandato que Gorriti habría dado a sus jóvenes discípulas en Lima. Para Peluffo, esta consigna de Gorriti era terminante:

las escritoras debían embellecer sus propuestas transgresoras porque "el mal no debe pintarse con lodos sino con nieblas" [...] Sabía que la figura de la escritora en el siglo XIX estaba bajo sospecha y la consigna para sus seguidoras era tajante: "no herir susceptibilidades, lisonjear, mentir [...]; derramar miel por todas partes" (276).

La editora de *El Tesoro del Hogar*, en efecto, ejerció una crítica oblicua y neblinosa, que se cuidaba siempre de llegar a ser abiertamente hostil y amenazante al patriarcado, y que optaba finalmente por el autosilenciamiento. *El Tesoro de Hogar* fue, después de todo, una publicación estelar en sus casi seis años de actividad, teniendo entre muchos de sus colaboradores a escritores fuertemente conservadores. En agosto de 1887, Federico González Suárez, el influyente arzobispo de Quito, envió una carta a Larriva que ella luego publicó:

Señora de todo mi aprecio y mi estimación. Saludo á Ud. muy atenta-
mente por medio de ésta, y le agradezco la remisión de los números del
'Tesoro del Hogar', con que Ud. ha tenido la amabilidad de honrarme.
Los he leído con no poco agrado, y espero que Ud. continuará haciendo
en adelante el mismo acertado uso de las excelentes prendas, con que el
cielo le ha enriquecido (*TH* n.º 18).

Estos comentarios elogiosos y felicitaciones de González Suárez deben
contrastarse con los casos de otros periódicos femeninos latinoamericanos
clausurados, y de escritoras y editoras bajo el ataque de la violenta censura
masculina y eclesiástica. Un ejemplo de esto es la nota que se publicó en el
mismo *El Tesoro de Hogar*, en que Numa Pompilio Llona se solidarizaba con
Clorinda Matto, "figura inmortal de una guerrera", frente a los ataques que
habría sufrido recientemente en Cuzco. Pompilio Llona escribía:

> Habiendo la señora de Turner fundado en el Cuzco un periódico de
> Literatura y una Sociedad de "Veladas Literarias", á semejanza de las de
> Lima (de Gorriti), fue objeto de violentos ataques, de los que ella supo
> defenderse con vigorosos mandobles que parecían descargados por una
> verdadera Amazona ó una Clorinda de las Letras, como la valiente gue-
> rrera que nos describe el Tasso en su Jerusalén Libertada (n.º 143).

Dos años más tarde, Clorinda Matto, siendo editora en jefe de *El Perú Ilustrado*, era fuertemente censurada por la Iglesia católica a causa de un artículo
polémico publicado en este periódico. Acosada y perseguida por su trabajo
periodístico-literario, y excomulgada por el arzobispo de Lima, Clorinda
Matto decidió autoexiliarse en Buenos Aires, donde murió a los 57 años, en
1909. En contraste, para Isabelle Tauzin-Castellanos lo que mantuvo a flote a
Lastenia Larriva como escritora por más de cuarenta años fue su orientación
a "mantener el orden social, aceptar la dominación masculina y preservar la
ortodoxia religiosa" (5). Una vez más, sin embargo, juzgar a la editora de *El
Tesoro del Hogar* desde su ideología patriarcal, desconoce el carácter problemático de su misma práctica social y pasa por alto las quejas, amonestaciones
y desencuentros que experimenta. En el subterfugio que rompe los límites
del silenciamiento y explícitamente politiza la escritura femenina, Lastenia
Larriva parecería, a momentos, transgredir los límites impuestos, usando
siempre como "treta" la defensa moral de la familia. En uno de sus editoriales
de 1888, la editora declaraba:

Bien habríamos querido mantenernos también prescindentes de la
árdua cuestión que tan acaloradamente se debate, —y que ha llevado
yá á los límites de un verdadero conflicto religioso y social—; como lo
hemos hecho hasta aquí, fieles a nuestro programa, respecto de toda
cuestión política; máxime cuando por nuestro carácter de extranjeros,
nos exponemos, tal vez, á herir susceptibilidades [...] pero por otra parte,
pensamos que la magnitud de los sucesos realizados, haría incalificable
esa prescindencia absoluta en la discusión de asuntos relacionados íntimamente con el bienestar de la sociedad y la tranquilidad de las familias,
de quienes nos hemos instituido voluntarios, aunque indignos persone-
ros (*TH* n.° 43).

Una vez que *El Tesoro del Hogar* se consolidó, adquirió lectores y reconocimiento público, su editora no dejó de asumir nuevos derechos y libertades, incluso en contra de su prometida separación de las "bellas letras" y la
política.[14] Más que una simple aceptación sumisa de la ideología patriarcal
católica hegemónica, la inserción de Larriva de Llona en el emergente mundo
laboral del periodismo burgués y mercantil de la época, así como su actitud
modernizante ante la participación pública de las mujeres católicas ilustradas en la prensa, fracturaban su misma posición como sujeto imaginado del
patriarcado.

Y es este sujeto femenino dislocado, roto, el que empezaría a verse a sí
mismo como una subjetividad liminal o transicional hacia una nueva era.
Desde su exilio en Buenos Aires, Clorinda Matto pasaría revista a todas estas
mujeres anómalas del continente, incluida Lastenia Larriva, considerándo-
las como mujeres-bisagra, mujeres-puente, mujeres-dislocadas, "obreras del
pensamiento" que estaban abriendo las puertas de una nueva era.

La importancia de *El Tesoro del Hogar* no estuvo en el programa moralizante y patriarcal que Larriva de Llona quiso llevar adelante de forma

---

14. Años después de *El Tesoro del Hogar* y de regreso en Lima, Larriva continuaría
participando en el periodismo. N. A. González en su prólogo a *Fe, patria y hogar*
(1902), una recopilación de poesías de la editora peruana, cuenta que por aquellos años *El Comercio* de Lima llegó a publicar una serie de estudios psicológicos
y sociológicos firmados bajo el nombre de "N. Mayer" que causaron curiosidad
científica. Se trató, en realidad, de un seudónimo usado por Larriva de Llona para
evadir la censura.

FIG. 10. Fotografía de Lastenia Larriva de Llona que sugiere la conflictiva subjetividad de la mujer escritora en el siglo XIX.

Tomada de: Lastenia Larriva de Llona, *Fe, patria y hogar. Colección de poesías*. Lima: Librería e Imprenta Gil, 1902. Alteración fotográfica del autor.

deliberada, sino en lo que posibilitó y promovió de forma inesperada al desarrollar el acceso de la mujer ilustrada católica a su participación pública en la prensa ecuatoriana de la época. Este periódico femenino fue verdaderamente un semillero de las nuevas generaciones de escritoras que organizarían la participación femenina y feminista de principios del siglo XX. Situar a *El Tesoro del Hogar* en la genealogía de los orígenes del feminismo ecuatoriano, como propone Goetschel, sugiere pensar en la producción feminista del siglo XX no solo en términos de lucha de nuevos derechos y libertades para la mujer, sino también de continuidades con la defensa de la tradición católica de la maternidad y la conservación de la familia. Esto supone una relectura mucho más problemática y todavía por hacerse de la producción femenina y feminista liberal del siglo XX. El asesinato del "ángel del hogar" (como ideal de una mujer comprensiva, sensitiva, silenciosa y obediente) a manos de la espada reluciente de la escritora emancipada, en la famosa consigna defendida por Virginia Woolf, no parece haber funcionado así en nuestro medio. Mientras que para Woolf, "matar al ángel del hogar era parte de la ocupación de una escritora", es claro que para Larriva, así como para las "feministas marianistas"[15] de principios del siglo XX, la solución no era un "asesinato", sino más bien una "reacomodación" de los roles femeninos domésticos en un escenario de nuevos derechos, educación y participación pública para las mujeres.

El legado de *El Tesoro del Hogar*, hay que insistir en esto, es haber abierto un espacio de participación colectivo inédito para las mujeres ilustradas católicas de la época, si bien dentro de los estrechos límites de la alta cultura letrada y una visión católico-conservadora. A través de su periódico sabatino, Larriva promocionó, por ejemplo, el reconocimiento temprano de poetas como Dolores Flor, Mercedes González de Moscoso o nada menos que Zoila Ugarte de Landívar (Zarelia), quien años más tarde, en 1905, fundó *La Mujer*, la primera revista feminista del Ecuador. En un poema titulado "A Zarelia", la editora de *El Tesoro del Hogar* escribe visionaria:

> Pronto, muy pronto, á tu inspirada fuente
> Aurea corona de laurel fulgente

---

15. En su estudio *Amazonas y artistas*, Michael Handelsman acuña el término "feminismo marianista" para subrayar la manera ambigua en que varias escritoras ecuatorianas del período 1922-1945 defienden la regeneración educativa de la mujer y mayores oportunidades profesionales, al mismo tiempo que dan su apoyo a la maternidad y la dedicación al hogar como centro de su actividad social. "El marianismo ha sido un elemento integral en la evolución del pensamiento feminista del Ecuador", según Handelsman (88). El término "feminismo marianista" permite cuestionar un concepto único de "feminismo" e invita a pensar en la existencia de reivindicaciones femeninas que no siempre fueron radicales. Ya en el siglo XIX, la defensa de la educación femenina en intelectuales como Mera y Montalvo fue una forma enmascarada de dominación ideológica que segregaba a la mujer ilustrada de su participación política y la seguía considerando como buena madre o educadora doméstica. Lo que parece más sugerente de este término es la dimensión de la dominación subjetiva que implica, el tipo de identidad femenina, fracturada y turbia, que implícitamente supone.

El mundo ceñirá;
Y á pomposos epítetos unido,
Y la por la egregia Fama repetido,
Tu nombre escucharás.
Á esos triunfales himnos de tu gloria,
Entonces, se alzaran en mi memoria
Los recuerdos de ayer;
Cuándo en secreto, y trémula, y ansiosa,
Me enviabas tal cual página preciosa
Con dulce timidez;
Y mientras de tu Patria el alto acento
Resuene, con que ensalce tu talento,
Yo elevaré mi voz
Proclamando con gozo y ufanía
Que, antes que ninguna otra, el alma mía
Tu genio adivinó (n.º 158).

El poema de Larriva es un homenaje a la "áurea corona" y "egregia fama" de Zoila Ugarte como nueva promesa de las letras ecuatorianas; sin embargo, puede ser leído también como una manera figurada, alegórica, de ese nuevo espacio abierto por *El Tesoro del Hogar* a las hermandades femeninas literarias del siglo XIX. Si bien la revista feminista de Ugarte de Landívar es reconocida hoy en día como una de las tribunas importantes que las mujeres liberales tuvieron para expresar sus derechos y conquistas en el ámbito social y político de la sociedad ecuatoriana de principios del siglo XX, *El Tesoro del Hogar*, publicación inaugural del periodismo femenino en el país, fue el periódico católico donde se ensalzó su talento y adivinó su genio. Sería ya tiempo de estudiar este semanario para valorarlo y reconocerlo como efectivamente se merece.

VI

La nueva era de la mujer

El siglo 19, vasto laboratorio de las ideas, donde se ha
depurado el adelanto humano con las conquistas de la
ciencia [...] ha exaltado su justicia concediendo á la mujer el
derecho de fecundar su inteligencia con toda clase de
estudios y ejercer la profesión á que aspire, saliendo para
siempre del estrecho círculo en que odiosas y antiguas
preocupaciones la tenían encadenada.
(Lecumberri, "Influencia").

Este siglo podría llamarse, tanto como el siglo de la
electricidad, el del esfuerzo para la emancipación de la
mujer.

(Flores Jijón [ANC] 193).
Es ahora, por primera vez, que en el Ecuador se ha
comenzado a discutir la cuestión de si las mujeres deben ó
nó tener derechos políticos y ocupar puestos en la
Administración pública.
(Carbo, "Disertación").

Para el hombre de acción, examinar la coyuntura equivale a
definir el momento.
(Vilar 81).

HACIA LAS DOS ÚLTIMAS décadas del siglo XIX, la poeta y educadora guayaquileña Rita Lecumberri Robles (1831–1910) proclamaba en un ensayo breve y poco conocido, "Influencia de la educación de la mujer en las sociedades modernas" (1885), el inicio de una "nueva era de la mujer" en el Ecuador.[1] El "bello sexo", caracterizado previamente por su belleza física mistificada, su inocente inferioridad y su insignificancia política, aparecía ahora como un sujeto pensante y luminoso, que tomaba la palabra y se autodefinía a sí mismo por su inteligencia y estudios, así como por la centralidad de sus contribuciones en la vida social. Lecumberri escribe: "*la nueva era de la mujer* que ensancha su horizonte lleno de vivos resplandores y de infinitas promesas para el porvenir, asegura grandes y brillantes conquistas al espíritu de la mujer ecuatoriana, mediante el impulso que reciba su educación" (2; la cursiva es mía). La emergencia de un pensamiento femenino emancipador, por tanto, una subjetividad femenina que se reafirma a sí misma en sus derechos y luchas específicas, y se materializa además en la formación de nuevas leyes, instituciones y formas de participación social y política, es el gran tema de estudio de este capítulo.

La *nueva era de la mujer* proclamada por Lecumberri puede interpretarse aquí no tanto como una idea, una figura retórica o un enunciado verbal, sino

---

1. Lecumberri nació en Guayaquil en 1831. Su apellido correcto termina con "i" y no "y", como consta en su firma personal. Fue autodidacta y pedagoga por vocación, además de poeta y escritora. Ingresó al magisterio en Yaguachi y trabajó luego en Jipijapa y Guayaquil, ciudad esta última donde murió en 1910. Dirigió varias escuelas y fundó otras por cuenta propia, incluyendo la Academia Cultural y la Escuela Rita Lecumberri, luego reconocida por el Estado como Colegio Nacional Rita Lecumberri, y, más tarde, como Instituto Normal. Según Jenny Estrada, Lecumberri "incursionó en la literatura con obras poéticas que aparecieron publicadas en diarios y revistas nacionales; y en 1883 obtuvo el primer premio promovido por la M. I. Municipalidad" (78). El manuscrito "Influencia de la educación de la mujer en las sociedades modernas" consta de cuatro páginas escritas a mano. En su encabezado se indica que fue premiado con una medalla de plata por la Municipalidad de Guayaquil. Se trata así, presumiblemente, del mismo texto mencionado por Estrada. Este manuscrito es también parte de un folio que contiene otros documentos fechados en 1885. El ensayo de Lecumberri, como tal, no tiene fecha. No se ha hallado evidencia tampoco de que fuera publicado por la prensa de la ciudad, pero María Helena Barrera-Agarwal (*Dolores Veintimilla* 100) provee un lugar y fecha de publicación fuera del Ecuador: *Panamá Star and Herald*, Panamá, 16 de noviembre de 1885, p. 5. He reproducido este ensayo, tomado de su original escrito a mano, en la sección de anexos de este libro.

como el señalamiento material de una *coyuntura histórica nueva*,[2] una época efectivamente existente situada entre el asesinato de García Moreno (1875) y la emergencia de la Revolución Liberal de 1895. Tal coyuntura, argumento, articuló de manera heterogénea y singular una serie de discursos, debates, posiciones ideológicas, instituciones, leyes y publicaciones que redimensionaron la participación pública y nuevos derechos de la mujer ecuatoriana en el siglo XIX.[3] Más que un preámbulo o antecedente de la Revolución Liberal, este nuevo contexto histórico permitió, por ejemplo, redefinir, debatir y ampliar los derechos de la mujer ilustrada decimonónica desde una perspectiva católico-modernizadora.

---

2. En la acepción de Pierre Vilar, "la 'coyuntura' es el conjunto de las condiciones articuladas entre sí que caracterizan un momento en el movimiento global de la materia histórica. En este sentido, se trata de todas las condiciones, tanto de las psicológicas, políticas y sociales como de las económicas o meteorológicas" (81). La coyuntura equivale al "momento" que define las relaciones, conflictos, relaciones de fuerza que funcionan de acuerdo con una estructura y, a la vez, pueden modificarla. Lo que rescato de esta noción de Vilar es este carácter siempre cambiante y singular de la coyuntura; es decir, su dimensión de "acontecimiento", potencialmente discontinuo, irruptivo, heterogéneo, tal como lo ha definido Michel Foucault en su *Arqueología del saber*.

3. No existiría tampoco un período intermedio que funcionara como prólogo o antecedente del ascenso del liberalismo radical y la emergencia del feminismo de principios del siglo XX. En *Educación de las mujeres*, Ana María Goetschel explica, por ejemplo, que "una vez muerto García Moreno se impuso un período de crecimiento económico a la vez que de inestabilidad política y social. El último tercio del siglo XIX se caracterizó por una creciente incorporación del Ecuador al mercado mundial en calidad de productor de materias primas (particularmente el cacao) y consumidor de bienes manufacturados [...] Durante todos esos años se desarrolló la lucha política e ideológica del liberalismo radical. El ascenso del liberalismo (1895–1912) se produjo por la vía armada con el apoyo de una amplia capa del campesinado de la Costa, organizado en "montoneras", así como de una intelectualidad progresista de clase media" (31). La existencia de un pensamiento católico retardatario, misógino y patriarcal, defensor del cautiverio doméstico femenino, y otro sui géneris, modernizante y progresista, que apoyaba los derechos sociales y políticos de la mujer, caracterizó dos posiciones católicas en conflicto en las últimas décadas del siglo XIX.

En lo que sigue, analizaré primero cómo el ensayo de Lecumberri formó parte del discurso emancipador de otras mujeres ilustradas de la época y la región. Indagaré, en segundo lugar, las articulaciones de esta "nueva era de la mujer" con los debates parlamentarios de la Convención Nacional de 1883 en torno a la reforma constitucional que convirtió la ciudadanía ecuatoriana en un derecho exclusivo de los varones. Finalmente, examinaré un ensayo desconocido del político guayaquileño Pedro Carbo, "Disertación sobre los derechos de la mujer" (1884), en que desde una perspectiva católico-modernizadora, y quizá por primera vez en todo el siglo XIX, un ecuatoriano defendía de forma explícita, pública y radical el derecho de las mujeres a su emancipación educativa, económica y política. El debate, defensa y ampliación de los derechos sociales y políticos femeninos decimonónicos provocó, como veremos, la reacción violenta de la sociedad patriarcal existente, tanto entre los sectores conservadores como liberales más sexistas.

Rita Lecumberri y el pensamiento femenino sobre la mujer

En "Influencia de la educación de la mujer en las sociedades modernas", Rita Lecumberri Robles defiende el derecho de la mujer a contribuir con su intelecto y educación en el desarrollo de la sociedad ecuatoriana del siglo XIX. Se trata de una defensa audaz y valiente que antagoniza con el discurso patriarcal hegemónico del "ángel doméstico" y converge, además, con el pensamiento femenino y protofeminista de otras escritoras de la época. No pretendo sugerir con esto que haya existido un vínculo directo entre la ilustre guayaquileña y las escritoras aquí seleccionadas para esta comparación; pero, como mostraré, resultan innegables sus cercanías en cuanto a un mismo espíritu de pensamiento. Esta sincronía de ideas, sugiero, coloca a Lecumberri en la vanguardia del pensamiento femenino de finales del siglo XIX; y evidencia, además, la existencia de un debate transnacional de época elaborado por estas mujeres intelectuales.[4]

---

4. Los ensayos que he seleccionado para este análisis comparativo responden a varios criterios: primero, haber sido escritos por otras mujeres ilustradas cercanas en el tiempo al ensayo de Lecumberri; segundo, haber tenido una temática similar, centrada en la educación de la mujer; y tercero, haber pertenecido a un área regional cercana a la del Ecuador. Estos ensayos son: "Influencia de la mujer en la civilización" (Perú, 1874), de Mercedes Cabello de Carbonera; "La mujer" (Ecuador,

El breve manuscrito de la ilustre guayaquileña sorprende desde sus primeras líneas: empieza celebrando los nuevos "adelantos" e "impulsos" científicos y tecnológicos del siglo XIX, simbolizados por la electricidad y las máquinas a vapor, pero integrándolos ahora con el derecho de la mujer ecuatoriana a educarse y participar con su inteligencia en el descubrimiento del mundo. Lecumberri, mujer autodidacta, hace gala de sus conocimientos en botánica, geología, física y astronomía, y sugiere indirectamente que tal mujer de conocimientos científicos es ella misma, como educadora de otras mujeres. Lecumberri observa:

> El siglo 19, vasto laboratorio de las ideas, donde se ha depurado el adelanto humano con las conquistas de la ciencia, que descubre los secretos de la naturaleza en la Botánica, desentraña las riquezas minerales de la tierra en la Geología y en la Física pone en comunicación á las naciones por medio del vapor y la electricidad prestando grandes servicios á la mecánica y dando á las artes vigoroso impulso con sus distintas y útiles aplicaciones; ha determinado asimismo en la Astronomía las condiciones de la vida universal en los infinitos mundos que pueblan el espacio, donde se vé más potente brillar la grandeza y omnipotencia del Creador [...] ha exaltado su justicia concediendo á la mujer el derecho de fecundar su inteligencia con toda clase de estudios y ejercer la profesión á que aspire, saliendo para siempre del estrecho círculo en que odiosas y antiguas preocupaciones la tenían encadenada (1).

Al convertir la ilustración femenina en una fuente de progreso y desarrollo social, Lecumberri se reapropia y resemantiza el imaginario decimonónico-masculino de la "civilización" y la "barbarie" desde una perspectiva de género. Recuérdese que en el discurso fuertemente patriarcal de un escritor como Montalvo, heredero de Faustino Sarmiento, entre otros, la "barbarie" se identificaba fundamentalmente con la corrupción política y la violencia e ilegalidad de los gobiernos tiránicos de la época (García Moreno, Borrero, Veintemilla). La pluma de Montalvo, en este contexto, se convirtió en un arma del combate político del momento: la escritura fue un campo de batalla simbólico y el

---

1875), de Emilia Serrano de Wilson; "Aptitud de la mujer para ejercer todas las profesiones" (Colombia, 1892), de Soledad Acosta de Samper; "Las obreras del pensamiento en la América del Sud" (Perú, 1895), de Clorinda Matto de Turner; y "Nuestro ideal" (Ecuador, 1905), de Zoila Ugarte de Landívar.

propio escritor se autocoronó como representante de una *misión civilizadora*.[5] Las mujeres poco o nada tenían que ver con semejantes hazañas: la lucha política, la escritura, el ejercicio del poder eran territorios que Montalvo y buena parte de la cultura patriarcal de su tiempo definieron como exclusivamente masculinos. En *Las Catilinarias*, el escritor ambateño afirma: "Llora, mujer, y vencerás [...] La mujer vence con las lágrimas" (63), refiriéndose a cómo estas mujeres suplican a los hombres que arreglen sus diferencias en la arena pública y gubernamental. En contraste, en el ensayo de Lecumberri —que es, además, contemporáneo de *Las Catilinarias*—, el futuro de la "civilización" depende de la ilustración de la mujer; y, por el contrario, su atraso, ignorancia y esclavitud doméstica solo pueden conducir a la "barbarie". Lecumberri escribe: "la nueva era de la mujer que ensancha su horizonte lleno de vivos resplandores y de infinitas promesas para el porvenir, asegura grandes y brillantes conquistas al espíritu de la mujer ecuatoriana, mediante el impulso que reciba su educación" ("Influencia de la educación" 2).

La luz de la ilustración es el "tropo cultural" dominante del ensayo de Lecumberri: la mujer educada es un ser luminoso, eléctrico, de "vivos resplandores" y "brillantes conquistas". Significativamente, se trata también de una imagen que se repite constante en el pensamiento femenino de varias escritoras y mujeres intelectuales del último cuarto del siglo XIX.

En "Influencia de la mujer en la civilización" (1874), la novelista peruana Mercedes Cabello de Carbonera[6] afirma, por ejemplo, que el siglo XIX, siglo de la luz, "se nos presenta triunfante enriquecido y engalanado con todos los progresos que las ciencias y las artes le han traido en herencia"; pero "el escepticismo religioso" aparece como un "cáncer mortal" que corroe la sociedad (xxvi). La instrucción de la mujer, en esta encrucijada, es "el enemigo más poderoso" del escepticismo y el fanatismo.

---

5. Para un mayor desarrollo de esta idea, véase mi ensayo *Montalvo: civilizador de los bárbaros ecuatorianos. Una relectura de* Las Catilinarias.

6. Mercedes Cabello de Carbonera nació en Moquegua, en 1845. Formó parte de las "tertulias literarias" de Juana Manuela Gorriti, en Lima, donde aprendió a escribir novelas con un estilo realista. También escribió diversos artículos y ensayos sobre temas literarios y sociales para la prensa. Fue una proponente decidida de la emancipación de la mujer y sus derechos. Contagiada de sífilis por su marido, murió en un asilo para enfermos mentales en 1909.

La viajera española Emilia Serrano Baronesa de Wilson,[7] asimismo, en un ensayo insólito publicado en Quito, titulado "La mujer" (1875), afirma que "el siglo XIX está llamado á ser en la historia un astro de luminosos resplandores" (30 de enero de 1875). Y si bien las "infamias del pasado", el "oscurantismo" y la "ignorancia" siguen amenazando con afirmar sus tiranías y miserias, ahora es cuando "la mujer debe tomar parte en la transformación del mundo y de la sociedad [...] y transmitir de generación en generación los adelantos de cada época y los progresos de cada civilización" (30 de enero de 1875).

El tropo de la mujer luminosa tampoco resulta extraño para la colombiana Soledad Acosta de Samper,[8] quien, un poco más tarde, en "Aptitud de la mujer

7. Emilia Serrano García o Baronesa de Wilson (1833–1922), como se la conoció popularmente, fue una escritora católica ilustrada, autodidacta en buena medida, que desplegó una actividad variada como representante literaria, empresaria cultural, traductora, editora fundadora de varias revistas femeninas en Europa y Latinoamerica, y autora de varios libros monumentales en los que plasmó sus viajes trasatlánticos al continente americano. En *365 Relojes*, Pura Fernández explica que la biografía de Emilia Serrano fue creada y recreada varias veces por ella misma, intentando forjarse así un linaje aristocrático que borrara lo indeseable. No está claro dónde nació exactamente y tampoco ha podido documentarse que haya sido baronesa o que se haya casado. Tuvo una hija natural como fruto de sus amoríos prohibidos con José de Zorrilla. Hizo seis viajes a América, a distintas regiones del continente. Murió en Barcelona, enferma, desamparada y en penuria económica, poco antes de cumplir los 90 años. Experimentó de forma versátil varios géneros: novela, cuento, poesía, ensayo y crónica de viajes. Llegó al Ecuador en 1879 y causó gran conmoción. La prensa de la época delata varios homenajes de bienvenida, así como la publicación de varios libros de su autoría. "La mujer" es la prueba contundente de la existencia de un pensamiento femenino católico decimonónico que abogó, de forma pública, por los derechos intelectuales, laborales y políticos de la mujer.

8. Hoy en día, Soledad Acosta de Samper es considerada como la escritora más importante del siglo XIX en Colombia. Nace y muere en Bogotá, entre 1833 y 1913. Fue una historiadora, periodista, cuentista, novelista y editora prolífica. Católica ferviente, buscó catequizar por medio de la prensa, armonizando sus creencias con ideas y propuestas en torno a los derechos y educación de la mujer. Una idea central de Acosta es que la mujer tiene un apostolado (misión religiosa): moralizar y cristianizar a las nuevas sociedades latinoamericanas; para ello y por

para ejercer todas las profesiones" (1892), afirma que "con las luces que se han difundido al fin de este siglo es preciso que la educación que reciba la mujer sea más adecuada a las necesidades de la época, al grado de civilización de que se disfruta y a las obligaciones que nos impone la patria" (170). Acosta agrega de manera terminante: "El porvenir de la sociedad [...] se halla en manos de *la mujer*" (170).

Pero quizá haya sido la escritora peruana Clorinda Matto de Turner,[9] en uno de sus ensayos más famosos, "Las obreras del pensamiento en la América del Sud" (1895), quien fuera la más categórica en representar a la mujer como un símbolo civilizatorio de luminosidad. Matto anota:

> La lucha se inició. Por una parte batalla el Egoísmo, vestido con las ya raídas telas de la reyecía y el feudalismo; por otra, la Razón, engalanada con atavíos de la Libertad y alentada por la Justicia. Lucha heroica entre lo viejo y lo nuevo: de la noche con la alborada, bajo el cielo republicano [...] Consideremos por este símil la situación de la mujer que está en lucha abierta, entre la ceguera, que amenaza y la luz que es preciso dilatar (247–248).

La ilustración de la mujer defendida por Lecumberri, en efecto, formó parte de una "lucha heroica" entre condenas y estigmas. El prejuicio misógino de la "inferioridad natural de la mujer" fue un obstáculo mayor. Lecumberri escribe: "en el Ecuador no deben omitirse los medios de cultivar su inteligencia y abrir vasto campo a las nobles aspiraciones de su elevado destino, que la ignorancia y el egoísmo oscurecían" ("Influencia de la educación" 2). Serrano, por su parte, lo explica así: "Hoy todavía la mujer es un ser abyecto, despreciable en todos los países que adoran á Mahoma y que siguen las religiones de la India; y, como ántes dije, 200 millones de mujeres se consideran como cosas, en pleno siglo XIX [...] Contra esta abyeccion no hay mas remedio que la educación libre de la mujer" ("La mujer", 30 de enero de 1875). Para Matto,

---

ello, tiene el derecho y la responsabilidad de abrir ella misma sus horizontes, educándose y profesionalizándose.

9. Grimanesa Martina Matto Usandivaras de Turner (Clorinda Matto de Turner) pertenece, se ha dicho, a la generación literaria de 1870 en Perú. Nació en Cuzco, en 1852. Se destacó como una renombrada novelista, periodista, ensayista, editora y activista social. Como novelista, se la identifica generalmente con el indigenismo literario, que denuncia la explotación social y económica del indio desde un tono sentimental. Debido a la censura y la persecución que sufre, muere exiliada en Buenos Aires, en 1909.

se trata de una batalla en que las mujeres escritoras "tienen que luchar contra la calumnia, la rivalidad, el indiferentismo y toda clase de dificultades para obtener elementos de instrucción [...] si algunos hombres de talento procuran acercarse a la mujer, los tontos le tienen miedo" ("Las obreras" 266). Acosta, de hecho, describe específicamente tales abyecciones y desprecios masculinos, poniendo en su propia boca estos prejuicios de la época:

> Ah, me dirían acaso [...] ellas carecen de ánimo y valor personal; de perseverancia; de juicio; de seriedad en las ideas; que la imaginación las arrastra siempre; que no saben dominar las situaciones difíciles, sino que al contrario se dejan llevar siempre por las impresiones del momento, y que con el vaivén de sus sentimientos cambian sin cesar, y nunca tienen fijeza sino cuando obedecen a su capricho ("Aptitud" 171).

¿Cómo refutar, entonces, toda esta ignorancia y desprecio sexistas tan enraizados en la sociedad y la cultura en torno a la mujer como un ser racionalmente inferior al hombre, incapaz de tomar decisiones por sí misma, influenciable, débil, infantil, volátil, etc., etc.? "A estos cargos me limitaré a contestar con ejemplos recientes, fundados en hechos llevados a cabo por personas vivas actualmente, lo que prueba hasta la evidencia que el talento no es patrimonio exclusivo de los hombres", responde Acosta (171). Aquí aparecen los nombres de las "inteligencias femeninas" más notables: las heroínas, las caritativas, las reformadoras, las misioneras, las filántropas, las doctoras, las abogadas, las científicas, las políglotas, las viajeras, las pintoras, las compositoras, las literatas de distintos continentes, lenguas y regiones del planeta.[10] Matto, por

---

10. Aunque "Aptitud de la mujer para ejercer todas las profesiones" identifica de manera erudita y extensa a varias de estas mujeres profesionales e ilustradas en el mundo, la obra monumental y definitiva de Soledad Acosta es *La mujer en la sociedad moderna* (1895). El "mapamundi de la ilustración femenina" trazado en este libro es transnacional, histórico, científico, social y literario, e incluye la mención, país por país, de las latinoamericanas. En Ecuador, Acosta menciona a Dolores Veintimilla de Galindo, Ángela Caamaño de Vivero, Dolores Sucre, Carmen Febres Cordero de Ballén, Carolina Febres de Cordero, Mercedes González de Moscoso, Ángela Carbo de Maldonado, Etelvina Carbo, Ana Cortaire de Diago, Isabel Donoso, Felisa Eguez y Felisa Victoria Nash. Curiosamente, Lecumberri no es mencionada. Según Acosta, "La misión de la mujer hispanoamericana, repetimos, es cristianizar, moralizar y suavizar las costumbres, y la escritora debe morir sobre la brecha si es preciso, más bien que hacer parte del ejército

su parte, replica: "Hoy [...] trabajan millares de mujeres productoras que, no sólo dan hijos a la patria, sino, ¡prosperidad y gloria! Estas son LAS OBRE-RAS DEL PENSAMIENTO, de quienes voy a ocuparme en seguida" ("Las obreras" 250).[11]

Lecumberri usa, precisamente, esta misma lógica de argumentación cuando afirma que Madame de Staël, en Francia, sor Juana Inés de la Cruz, en México, y las poetas ecuatorianas Dolores Sucre y Dolores Veintimilla, entre muchas otras, son evidencia de las mujeres que poseen "ilustrado talento", "notable erudición" y "profundidad de espíritu".[12] Las mujeres ilustradas y, en particular, las mujeres escritoras que habían sido estigmatizadas por la cultura patriarcal como "escueleras" y "marimachas", son ahora parte de un nuevo vocabulario: son "las mujeres profesionales" (Acosta), las "mujeres del porvenir" (Serrano), las "obreras del pensamiento" (Matto), "la crisálida que guarda la brillante mariposa" (Cabello), las mujeres de la "nueva era" (Lecumberri).

El Ecuador, para Lecumberri, no podía quedarse ajeno a la "inteligencia", "precocidad", "talento" y "nobles aspiraciones" de la mujer ilustrada, pues ella "posee las mejores dotes del espíritu para sobresalir en toda clase de estudios" ("Influencia de la educación" 2). La ilustre guayaquileña lamenta, en este sentido, la "irreparable pérdida" del trágico suicidio de Dolores Veintimilla que "tanto impulso hubiera dado con su viril talento á las letras ecuatorianas" (3); y recuerda también que la protección y fomento de la educación de la mujer son una responsabilidad del gobierno y el municipio. Esto es lo que posibilitará que la mujer ecuatoriana acceda a "puestos en el comercio, telégrafos y

---

ateo que procura, inspirado por el genio del mal, destruir las sociedades de que ella hace parte" ("La mujer" 410).

11. A diferencia de Soledad Acosta, Clorinda Matto restringe su mapamundi de la ilustración femenina a las "heroínas" que escriben en Estados Unidos y Latinoamérica. En el caso del Ecuador, la escritora peruana menciona a Dolores Veintimilla, Dolores Sucre y Ángela Caamaño, pero incluye, además, a Rita Lecumberri, Marietta de Veintemilla, Carmen Pérez de Rodríguez y a "la señora de González".

12. Es significativo que Lecumberri recurra nada menos que a Dolores Veintimilla, tan despreciada e injuriada en el pasado; y a sor Juana, poeta mexicana del siglo XVII, como modelos de una virtud femenina ilustrada. La mención a Dolores Veintimilla habla de un momento de relectura valorativa de su obra; asimismo, la referencia a sor Juana, desconocida en Latinoamérica en ese momento, sugiere la recepción contemporánea de la reedición de su obra, hecha por Juan León Mera, en 1879.

otros ramos de industria que están a su alcance y la preservan de la indigencia que puede afectar sus buenas costumbres" (3). Una consecuencia económico-laboral directa de la ilustración de la mujer es su capacidad para proveerse a sí misma de una vida económica con dignidad. Serrano lo plantea así: "¿Por qué la mujer no puede entrar en la senda de la laboriosidad intelectual, que, en un momento dado, la lleve a proporcionar con decoro la subsistencia de sus padres, sus hijos o la suya propia, cosa que hoy le sería casi imposible, puesto que pocos son los caminos que no le están vedados?" ("La mujer", 30 de enero de 1875).

Si el discurso patriarcal había idealizado la ignorancia, cautiverio y silenciamiento domésticos de la mujer como una forma de "virtud femenina", ahora esa ese ideal de virtud se redefinía como un fundamento inherente de su ilustración y profesionalización.[13] Es decir, se trata de una ilustración *para*, *por* y *desde* el desarrollo intelectual y moral de la mujer, y no en función de su "misión doméstica". La independencia intelectual de la mujer, para ser más precisos, no estaba así en contradicción con sus roles maternales, sino que los complementaba. A diferencia del feminismo europeo o norteamericano, Lecumberri, Acosta y Matto, entre otras mujeres ilustradas y católicas de la época, abogan por una fusión, un híbrido social entre la "mujer intelectual" y el "ángel del hogar". Lecumberri escribe: "el hogar doméstico no dejaria nada que desear, sobre todo en Guayaquil, donde tenemos, además, la dicha de poseer, lo decimos en justicia, las mejores hijas, esposas y madres que pueden hacer la felicidad del hombre, así en su prospera, como en su adversa fortuna" ("Influencia de la educación" 3). Y Matto, Serrano y Acosta, concuerdan: "El filósofo Dios [...] patrocina los derechos de la mujer, destinada a ser la compañera del varón, y, como la llama Jacolliot, descanso del trabajo; consuelo de la desgracia" (Matto, "Las obreras" 247). "La mujer es el alma del hogar. Es el puerto donde el hombre busca refugio y consuelo en las tempestades de la vida" (Serrano, "La mujer", 23 de enero de 1875). "La mujer [...] jamás

---

13. En su ensayo Serrano, por ejemplo, introduce nuevos elementos a la manera tradicional de entender la "naturaleza femenina" como pura sensibilidad, argumentando que es su formación intelectual la que va a conducir y alimentar su comportamiento afectivo para el bien del desarrollo social. La "virtud femenina" es redimensionada ahora en función de su ilustración y su responsabilidad social, pues señala que "su educación descuidada influye poderosamente en el porvenir de las familias, en la felicidad doméstica y en los intereses generales de la sociedad" ("La mujer", 23 enero de 1875).

será respetable, nunca será digna [...] si renuncia a ser *mujer* [...] si no hace esfuerzo para personificar siempre la virtud, la dulzura, la religiosidad y la parte buena de la vida humana" (Acosta, "Aptitud" 175). El peso indiscutible de la religión y los valores católicos en la conformación nacional imposibilitaron, muy probablemente, una ruptura total con el "ángel doméstico" en el nuevo pensamiento femenino decimonónico emergente.

Este modelo híbrido de mujer virtuosa-intelectual, a mitad de camino entre la maternidad y el pensamiento crítico, es el que Zoila Ugarte de Landívar defenderá, a principios del siglo XX, en el seno del naciente feminismo ecuatoriano.[14] En "Nuestro ideal", publicado en la revista *La Mujer* (1905), Ugarte dedica uno de sus primeros pensamientos no a sus lectoras, sino a los hombres: "No os escandalicéis, señores, no vamos á abogar por mujeres como Luisa Michel; nuestra campaña será prudente y razonada, queremos que tengáis en las mujeres colaboradoras inteligentes, compañeras amables, esposas e hijas seductoras, que os hagan la vida menos difícil" (1). Y, más adelante, concluye: "Esta modesta revista que principia sin grandes pretensiones, tiene ese laudable fin; aspira a mejorar la condición del hombre, por medio de la mujer" (4). ¿En qué medida, entonces, es posible una ilustración femenina liberadora que se autodefine como feminista, pero es funcional a las necesidades del hombre? Se trata de una pregunta que desborda los alcances de este ensayo, pero exige ser respondida.[15]

No es casual que la ilustración de la mujer, unida a la defensa de sus virtudes maternales, haya justificado su condición femenina idónea para hacerse cargo de la educación pública de las nuevas generaciones. Lecumberri escribe:

---

14. Zarelia, seudónimo literario de Zoila Ugarte de Landívar, nació en El Guabo, provincia de El Oro, en 1867, y murió en Quito, en 1968. Así, su vida y pensamiento se desenvuelven entre siglos. Fue una prolífica escritora, periodista, editora y activista feminista. Hacia finales de 1880, colaboró con el periódico católico *El Tesoro del Hogar*, pero en 1905 fundó, a la vez, *La Mujer*, la primera revista feminista del Ecuador. Esta doble identificación personal, católica y feminista, explican su manera sui géneris de definir la virtud femenina.

15. Desde una perspectiva patriarcal, intelectuales como Montalvo o Mera defienden una posición muy clara al respecto: la mujer se ha de educar, pero para servir mejor a su marido y a sus hijos. Se trata de una ilustración de fines y contenidos domésticos. Todo lo que exceda esos límites se considerará invasivo, corruptor e inmoral.

"Figura actualmente la mujer en el Magisterio, dirigiendo la enseñanza primaria, secundaria y superior; teniendo a su cargo las escuelas normales en Roma, las de párvulos en Bélgica" ("Influencia de la educación" 2). Recuérdese que la misma Lecumberri sería elogiada por su extensa labor docente en Guayaquil, incluyendo como uno de sus mayores legados la creación del Colegio Nacional Rita Lecumberri, aprobado y financiado por el Estado ecuatoriano en 1906. En el "Himno", escrito por ella para este colegio de señoritas, la ilustre poeta guayaquileña le canta a "Minerva", diosa romana de la sabiduría y las artes. La última estrofa, en particular, resalta la preocupación de la poeta guayaquileña por el conocimiento femenino:

> Elevemos un himno á Minerva,
> de las letras eterna deidad:
> todo canto á lo bello conserva
> el amor á lo grande, inmortal.
> [...]
> La instrucción es el alma del mundo,
> que sin élla sin luz estaría;
> la instrucción es la estrella que guía
> al cerebro del hombre hacia á Dios;
> [...]
> Y si el hombre se torna gigante
> cuando estudia, se ilustra y aprende
> [...]
> para gloria del mundo letrado,
> la mujer que se ilustra, tambien?[16]

---

16. El "Himno" es parte del manuscrito "Influencia de la educación...", de Lecumberri. Una versión más moderna de este himno dice así: "Juventud Femenina la Patria/ nos alienta a seguir adelante/ por la línea dorada y brillante/ que es mismo camino del sol./ Compañeras iguales marchemos/ bajo el signo del bien y la gloria/ la mujer es mitad de la historia / y por siempre estandarte de amor./ En las aulas hallamos la ciencia / y en la ciencia, el valor de la vida/ sólo así, la ignorancia vencida/ lograremos que triunfe la paz./ Juventud femenina [...]". Actualmente, el Colegio Rita Lecumberri es una institución mixta, ya no existe como colegio femenino.

El reconocimiento público de las capacidades intelectuales de la mujer, el logro de sus méritos académicos, y aun, la defensa de sus derechos políticos en Estados Unidos y Europa, habrían sido para Lecumberri, así como para muchas otras latinoamericanas de su época, un modelo fuerte de inspiración y diferencia en la defensa de sus propias luchas y conquistas sociales.[17] La ilustre guayaquileña subraya que "la influencia de la educación de la mujer en las sociedades modernas, llevada á un alto grado de esplendor, ha originado en Europa y Norte América la multiplicación de toda clase de institutos de enseñanza" (1). Serrano, por su parte, observa: Norte América es "el país mas civilizado del mundo moderno, donde la mujer vale mas que el hombre, por su educación y sus conocimientos" ("La mujer", 23 de enero de 1875).

La radicalidad de los movimientos feministas y sufragistas en Estados Unidos y Europa fue, sin duda alguna, un parteaguas. La lucha por el derecho político al voto femenino fractura a estas mujeres de lado y lado. Mientras Serrano afirma: "no veo el por qué en los tiempos que alcanzamos, si el hombre rudo tiene voto, no ha de tenerlo su mujer, mas culta casi siempre; ni porqué ha de negársele criterio y opinión propia, ni derechos que la coloquen á la altura de su misión" (30 de enero de 1875). Acosta, por su parte, declara: "Hoy esta idea [la emancipación política de la mujer] nos parece absurda (quizá no sea sino prematura), y nos parece absurda porque las mujeres que la han patrocinado se han puesto en ridículo por sus exageraciones, sus malas ideas morales y religiosas, sus discursos extravagantes y el fervor temerario" ("Aptitud" 174). Lecumberri no se pronuncia al respecto. Su silencio parecería dar cuenta de lo espinoso del tema, pues tal como lo explica Acosta, esta idea "parece absurda", "prematura" y "ha hecho estremecer a muchos hombres", produciendo su "risa", su "odio" y alguna "generosa defensa a unos pocos" (174). La sobrevivencia del "ángel del hogar" en el pensamiento femenino libertario de la época y la autonegación de ciertas mujeres a ejercer sus derechos políticos muestran lo intricado de la dominación patriarcal, y sugieren la

---

17. Recuérdese, tal cual se ha explicado en capítulos anteriores, que la existencia de mujeres alfabetas e ilustradas era algo defendido tanto por los sectores conservadores como liberales de la época; lo que estaba en cuestión eran los límites y misión de tal educación femenina: se trataba de una finalidad doméstica, que tenía el objetivo de promover mejores madres y esposas. Por tanto, la instrucción superior en las ciencias y la política resultaba innecesaria en el caso de las mujeres.

existencia de formas de pensamiento femenino que reproducían lo que buscaban cuestionar.

Reapropiarse del imaginario civilización-barbarie desde un punto de vista femenino, si bien permitió la inclusión de la mujer ilustrada dentro de la cultura letrada de la época, no dejó de reproducir un orden cultural que siguió siendo dual y antinómico (luz/oscuridad; progreso/atraso, etc.), tampoco llegó a cuestionar necesariamente las exclusiones de clase y raza que subyacían en la base del sistema de explotación económica existente —y que incluía al trabajo intelectual— en una economía capitalista emergente. La mayor contribución del ensayo de Lecumberri, en cualquier caso, fue que visibilizó la voz de la mujer ilustrada y católica emergente, y defendió su derecho a la emancipación intelectual y su participación ilustrada en el desarrollo social de la nación ecuatoriana.

La Convención Nacional de 1883 y el voto femenino

La "nueva era de la mujer" no solo estuvo orientada, internacionalmente, por movimientos políticos, luchas civiles y logros culturales de muchas mujeres sobresalientes en Estados Unidos y Europa, e inclusive las contribuciones y reflexiones de varias intelectuales latinoamericanas destacadas; existió, a la vez, un ensamblaje heterogéneo de realidades nacionales en que la participación pública de la mujer ilustrada ecuatoriana empezaría a discutirse y ampliarse. Este es un primer acercamiento a algunas de las articulaciones legales y políticas más emblemáticas de este momento histórico; y de los antagonismos que provocó en el orden patriarcal-estatal dominante.

En lo que sigue exploro, en particular, los debates parlamentarios que tuvieron lugar el 23 y 24 de noviembre en la Convención Nacional de 1883, en torno al derecho de la mujer al sufragio, y la consiguiente reforma del artículo 12 de la *Constitución* de 1878, en que se impone como nuevo requisito de ciudadanía el ser "varón".[18] Antes que una lectura jurídica o político-partidaria, lo que me propongo hacer aquí es un análisis cultural de estos debates parlamentarios sobre *cómo se argumentó a favor o en contra* del derecho de la mujer

---

18. Mi análisis toma como base las actas originales, escritas a mano, disponibles de manera digital en el Archivo del Congreso Nacional del Ecuador. En adelante, usaré el código ANC (Asamblea Nacional Constituyente) para citar de manera exacta el lugar de mis fuentes. Todas las citas corresponden al archivo 023.

al sufragio. Como metodología, he distinguido tres perspectivas culturales en mi análisis: 1. una línea de argumentación jurídico-constitucional que apela al sentido legal-semántico de las palabras; 2. una segunda línea centrada en la lucha por los derechos de las mujeres como expresión de un movimiento de época; y 3. una perspectiva religioso-patriarcal fundamentada en la supuesta "naturaleza doméstica" de la mujer. A través de este recorte metodológico, no solo muestro cómo las posiciones político-partidarias existentes se entrecruzan y producen zonas de alianza común; este análisis cultural provee también algunas pistas importantes para entender las articulaciones de la "nueva era de la mujer" con el mundo legal y político de la época.[19]

La Convención Nacional que se instaló en Quito el 11 de octubre de 1883 surgió de las borrascas de un país fracturado. Luego de la cruzada nacional que derrocó a Ignacio de Veintemilla como jefe supremo de facto,[20] el Ecuador quedaba dividido en tres gobiernos regionales paralelos: un Gobierno Provisorio en Quito, liderado por un pentavirato (14 de enero a 15 de octubre); una Jefatura Suprema en Manabí y Esmeraldas, asumida por Eloy Alfaro (5 de junio a 15 de octubre); y una Jefatura Suprema en el Guayas, presidida por Pedro Carbo (10 de julio a 15 de octubre). La Convención de 1883 tuvo así como objetivos urgentes la reunificación nacional, la elección de un nuevo presidente interino provisional y la promulgación de una nueva Constitución, la décima, en apenas cinco décadas de vida republicana.[21] El mismo día de su

---

19. Podría distinguirse, en realidad, un doble nivel de articulación en este análisis: uno discursivo, en que la "nueva era de la mujer" es parte de los argumentos, de lo que se dice, en el debate parlamentario; y otro histórico, referido a los eventos y realidades sociales existentes a las cuales esta "nueva era" se encuentra asociada. Aunque uno podría también afirmar que la realidad discusiva, como tal, es ya en sí misma un evento histórico.

20. Ignacio de Veintemilla gobernó el Ecuador del 8 de septiembre de 1876 al 10 de enero de 1883. Se declaró como jefe supremo de facto dos veces, de 1876 a 1878, y de 1882 hasta que fue derrocado militarmente.

21. En una carta pública al país, Pedro Carbo explica tales acontecimientos: "MANIFESTACIÓN que a sus compatriotas hace el ciudadano PEDRO CARBO, AL CESAR EN EL MANDO SUPREMO DE LA PROVINCIA DEL GUAYAS. Compatriotas: Cuando el veinticinco de Julio último, me hicisteis el honor de elegirme Jefe Supremo de esta provincia, comprendí que las obligaciones que me imponiais, eran demasiado arduas para mi, por las dificilísimas circunstancias

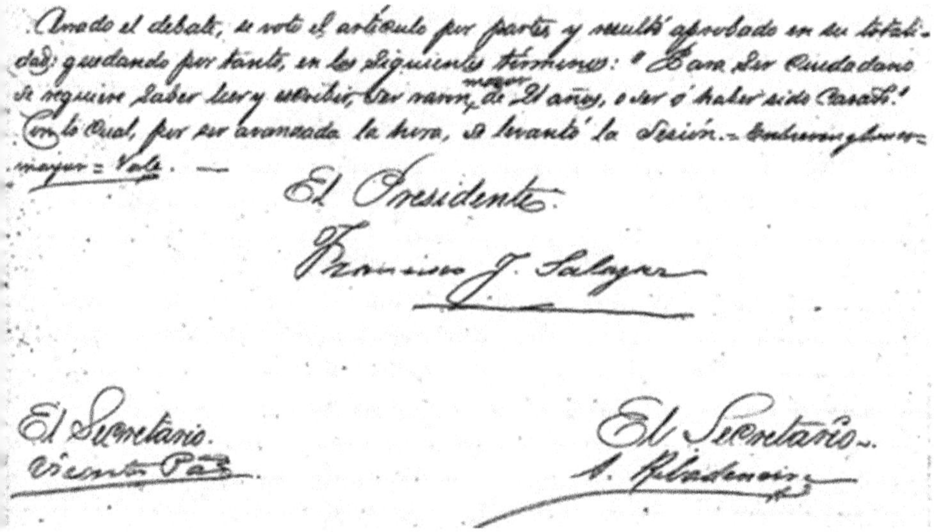
Cerrado el debate, se votó el artículo por partes y resultó aprobado en su totalidad; quedando por tanto, en los siguientes términos: "Para ser Ciudadano se requiere saber leer y escribir, ser varón, mayor de 21 años, ó ser ó haber sido Casado." Con lo cual, por ser avanzada la hora, se levantó la Sesión.– Entrerrenglones – mayor = Vale. —

El Presidente
Francisco J. Salazar

El Secretario.
Vicente Paz

El Secretario.

FIG. 11. Resolución del Acta de Debates de la Convención Nacional, 23 de noviembre de 1883. "Cerrado el debate, se votó el artículo por partes y resultó aprobado en su totalidad, quedando, por tanto, en los siguientes términos: 'Para ser ciudadano se requiere saber leer y escribir, ser varón, mayor de 21 años, o ser o haber sido casado'. Con lo cual, por ser avanzada la hora, se levantó la sesión".

Fuente: Asamblea Nacional Constituyente, archivo 023, 311. Congreso Nacional del Ecuador, archivo digital.

instalación, Ramón Borrero, que había sido nombrado vicepresidente de la Convención, es designado también encargado del poder Ejecutivo; y unas semanas más tarde, José María Plácido Caamaño es elegido como presidente interino.[22] En sus múltiples atribuciones ejecutivas, legislativas y judiciales,

que atravesábamos, con la presencia en esta ciudad de dos ejércitos vencedores de la Dictadura, y la permanencia de los Excmos. Señores Delegados del Supremo Gobierno Provisional residente en Quito, y del Excmo Encargado del Mando Supremo de las Provincias de Manabí y Esmeraldas [...] Al fin se ha realizado la grande esperanza de los pueblos, es decir, la instalación de la Convención Nacional, que ha comenzado por elegir un Presidente interino de la República, y por lo cual han cesado los tres Gobiernos seccionales, y se ha restablecido el anterior orden administrativo" (*La Bandera* n.º 14).

22. Meses más tarde, Plácido Caamaño será elegido y posesionado como presidente de la República (1884–1888).

la Convención Nacional, hoy llamada Asamblea Constituyente, es la encargada de dictaminar las nuevas reglas que rigen la relación entre gobernantes y gobernados, así como el funcionamiento y organización del poder, fundamento del sistema político y social. En *El Regenerador* (1877), Juan Montalvo se refiere a las facultades políticas de la Convención como absolutas e ilimitadas. Montalvo escribe:

> La Convención es el verdadero soberano; su poder no tiene límites. El Congreso obra sujeto a cierta regla; la constitución es el término de sus facultades; la Convención tiene el derecho de dar otra, y se reune cabalmente para darla. La Convención, si lo quiere, abraza y ejerce todos los poderes: es Poder Legislativo, Ejecutivo, Judicial [...] El poder de la Convención es sublime, si es pacífico; terrible, si guerrero [...] Un emisario de la Convención es un procónsul cuyo poder se iguala con el de un rey [...] el pueblo ha delegado sus poderes en él; no hay quien le resista (4–5).

Una primera observación sobre los debates parlamentarios que tomaron lugar el 23 y 24 de noviembre en torno a la reforma de los requisitos para ser ciudadano es que sucedieron de manera caótica. El debate del día 23 terminó aprobando, en medio de una discusión superficial y desordenada, la decisión de incluir la palabra "varón" como nuevo requisito de ciudadanía. En la resolución del Acta de Debates de la Convención Nacional del 23 de noviembre de 1883 se lee: "Cerrado el debate, se votó el artículo por partes y resultó aprobado en su totalidad, quedando por tanto, en los siguientes términos: 'Para ser ciudadano se requiere saber leer y escribir, ser varón, mayor de 21 años, o ser o haber sido casado'. Con lo cual, por ser avanzada la hora, se levantó la sesión" (ANC 311). Al día siguiente, el 24, el objetivo de la discusión parlamentaria no pudo ser más paradójico: eliminar o no la palabra "varón" de un artículo que había sido ya modificado y aprobado. En otras palabras, los caballos se habían puesto detrás de las carretas. Este caos de procedimiento recuerda la clase de burlas sarcásticas con que Montalvo cuestionara la Convención de 1878, unos años antes, y que parecían tener pleno sentido una vez más en 1883. En *Las Catilinarias*, Montalvo escribe sobre las leyes que reforman los diputados:

> Las leyes [...] Hásenos ido nuevamente de las manos, pero no hemos hecho infracción de ellas. Una vez que los convencionales las hubieron llevado á felice cima, pusiéronse á roerlas ellos mismos, y echáronlas

abajo de raíz. Leyes, buenas ó malas, ya estaban hechas: gracias á Dios
[...] Dura labor la de esos legisladores: comer, beber, dormir, jugar
muchos de ellos y firmar todos. Constitución y leyes, hélas allí (73–74).

Aunque el debate parlamentario del 24 de noviembre ratificó, una vez más,
la inclusión de la palabra "varón" en el artículo ya aprobado, la discusión parlamentaria de este día tomó un giro inesperado. La falta de una agenda de
discusión clara, pero, sobre todo, la coyuntura histórica existente, dio paso a
un debate no deseado, especialmente por los diputados conservadores, sobre
la posible participación electoral de las mujeres y sus derechos políticos en el
Ecuador. Una primera línea de análisis, he dicho, tiene que ver con los argumentos jurídico-constitucionales en torno a las ambigüedades del lenguaje.
Recuérdese que el artículo 12 de la *Constitución* de 1878 tenía establecido
que las condiciones para ser ciudadano eran básicamente dos: "ser casado ó
mayor de veintiún años, y saber leer y escribir" (3). Una primera propuesta
de modificación de este artículo planteó entonces la eliminación del requisito de "saber leer y escribir", buscando legalizar así el voto de los analfabe-
tos. El *Proyecto de Constitución*[23] redactado por los diputados de Esmeraldas,
Guayas y Manabí propuso que: "Son ciudadanos, los ecuatorianos casados ó
mayores de veintiún años" (3). Una reforma mucho más conservadora, sin
embargo, fue planteada por el *Proyecto de Constitución* de los independientes,[24] que proponía que la ciudadanía se extendiera a los divorciados: "Todo
ecuatoriano de veintiún años de edad, ó que es ó haya sido casado, y que sepa
leer y escribir puede ejercer los derechos de ciudadano" (2–3). El problema
de estas enmiendas para el diputado liberal Francisco Andrade Marín, quien
inició el debate del 23 de noviembre, fue que "hay un vacío en ambos artículos
[en ambos proyectos de Constitución, se entiende], pues puede creerse que

---

23. Este *Proyecto de Constitución* fue redactado por Pedro Camacho, Rafael Portilla,
    Ricardo Cucalón y Wilfrido Venegas, diputados por la provincia del Guayas;
    Manuel Antonio Franco, José Martínez Pallares y Luis Vargas Torres, diputados
    por la provincia de Esmeraldas; José Moreira y Marcos A. Alfaro, diputados por
    la provincia de Manabí. En una nota aparte aparece también el diputado Miguel
    Valverde, quien discrepa con muchos puntos del proyecto.
24. "Dado en la Sala de Sesiones &a. Francisco Javier Salazar, Ramón Borrero, Pedro
    Ignacio Lizarzaburu, Gabriel Arsenio Ullauri, Francisco X. Aguirre Jado, Angel
    Polibio Chaves" (*Proyecto de Constitución independientes* 40).

las mujeres tienen también el carácter de ciudadanía, y que, por tanto, debe decirse expresamente que se necesita ser varón" (ANC 181). Existía, en definitiva, una distinción fundamental entre "nacionalidad" y "ciudadanía": toda persona nacida en Ecuador era ecuatoriana (nacionalidad), pero no necesariamente ciudadano, pues para ello se exigían otros requisitos. La nacionalidad era un "derecho natural"; el ser ciudadano no lo era.[25]

El liberal Luis Felipe Borja, en apoyo a lo ya manifestado por Andrade Marín, afirma: "En la constitución todo debe ser claro y determinado para que no haya lugar a interpretaciones, como puede suceder con el artículo que se discute [...] por consiguiente, debe decirse, expresamente: 'todo ecuatoriano varón'" (ANC 181, 82). Para Andrade Marín y Borja, la existencia de esta ambigüedad (que solo se diga "ecuatoriano") podía leerse como una invitación a que las mujeres reclamen en el futuro sus derechos políticos. El Código Civil de 1860, según Borja, hacía explícita esta distinción sexual, y así debía hacerlo también la Constitución.[26] En *Constitucionalismo en Ecuador*, Agustín Grijalva observa que el debate propuesto por Borja es "uno de los casos más interesantes sobre las relaciones entre interpretación jurídica e ideología en la historia del Derecho político ecuatoriano" (130). Grijalva, citando a Luis Alberto Warat, se justifica en el hecho de que "No puede haber significación sin ideología [...] La claridad de las 'palabras de la ley' surge exclusivamente de una coincidencia axiológica; si esta no existe, la norma aparece como oscura.

---

25. La ciudadanía era considerada como un derecho político, y por ello podía incluso perderse. Según el artículo 10 de la *Constitución de 1884*, este es el caso, por ejemplo, de los traidores a la patria y los que se han naturalizado en otro Estado: nadie puede ser ciudadano de dos naciones. La *Constitución* actual (2008) elimina esta diferenciación discriminatoria: "Art. 6.- Todas las ecuatorianas y los ecuatorianos son ciudadanos y gozarán de los derechos establecidos en la Constitución", permitiéndose, además, la doble nacionalidad.

26. El *Código Civil de la Republica del Ecuador*, publicado en Quito, en 1860, establece en el artículo 20 que "Las palabras *hombre, persona, niño, adulto* y otras semejantes, que en su sentido general se aplican á individuos de la especie humana, sin distincion de sexo, se entenderán comprender ambos sexos en las disposiciones de las leyes, á menos que por la naturaleza de la disposicion ó el contesto se limiten manifiestamente á uno solo. Por el contrario, las palabras *mujer, niña, viuda* y otras semejantes que designan el sexo femenino, no se aplicarán al otro sexo, á menos que la ley las estienda á él espresamente" (4).

La interpretación de la ley es, en gran medida, un fenómeno de atribución ideológica" (130).

El esfuerzo por eliminar las posibles interpretaciones de la ley y sancionar de manera explícita cualquier interés de las mujeres por querer ejercer sus derechos políticos, lo que afirmaba, en el fondo, era una ansiedad cultural (valorativa) de desconfianza patriarcal hacia las mujeres ilustradas que, como Lecumberri, desbordaban las restricciones legales anteriormente establecidas para ser ciudadano. *Masculinizar* la ciudadanía ecuatoriana significaba, en realidad, hacer explícita una exclusión política y jurídica que ya existía socialmente de hecho, como parte de una larga tradición constitucional que se basaba en el Código Napoleónico, y que equiparaba a las mujeres casadas con los menores de edad y los dementes, incapacitándolas como seres racionales e independientes. Grijalva anota:

> En este mismo sentido, otro antecedente normativo esencial lo hallamos en el Código Napoleónico, base del primer Código Civil ecuatoriano, vigente desde 1861. El Código francés, siguiendo en esto al derecho romano, establece la incapacidad legal de la mujer; en las discusiones sobre el Código de Napoleón la comisión correspondiente informaba en estos términos: 'hemos resuelto [...] seguir las huellas de Pothier y catalogar a las mujeres casadas junto con los menores de edad y los dementes. Carecen de la capacidad de contratar sin la venia de sus esposos' (128–129).

Estos valores, ideas e instituciones patriarcales, heredadas del derecho colonial, continuaron formando parte de las constituciones de las nuevas repúblicas y de las mismas representaciones colectivas en lo social y cultural. Novelas como *La Emancipada* o *Cumandá*, como se ha analizado en este libro, alegorizaron en las ficciones literarias de la época dichas formas de subordinación femenina, sea para sublimarla o cuestionarla. Las representaciones de las heroínas de estas novelas estuvieron determinadas por las leyes que pesaban sobre la mujer, sus prohibiciones y castigos, sus deberes y derechos mínimos en la sociedad existente. La masculinización de las leyes de las nuevas repúblicas no fue, en realidad, algo nuevo ni reciente, sino que aparece ya de manera visible en Latinoamérica muchas décadas antes. Una escritora como Juana Manso, desde Buenos Aires, por ejemplo, cuestiona ya en 1854 el carácter masculino de la ley. Manso declara frontalmente:

la sociedad es el hombre: él solo ha escrito las leyes de los pueblos, sus códigos; por consiguiente, ha conservado toda la primacía para sí; el círculo que traza en derredor de la muger es inultrapasable, lo que en *ella* clasifica *crimen* en él lo atribuye á *debilidad humana* [...] Por qué se condena su inteligencia á la noche densa y perpetua de la ignorancia? Por qué se ahoga en su corazón desde los más tiernos años, la conciencia de su individualismo, de su dignidad como ser, que piensa, y siente? repitiéndole: no te perteneces á tí misma, eres cosa y no muger ("Emancipación moral" 3).

La argumentación jurídica que abogó por la supresión de la palabra "varón", en los debates de la Convención de 1833, no llegó a ser tan radical como la crítica de Manso, pero cuestionó, al menos, que se trataba de una inclusión innecesaria y odiosa. Para Jacinto I. Caamaño, "la costumbre hace la ley", y esta claramente ha restringido la ciudadanía a los varones, además de que "las mujeres jamás la han pretendido" (ANC 191). Francisco Javier Salazar, por su parte, afirmó que se trataba de "una diferencia odiosa y contraria a la igualdad [...] pues la ciudadanía es un derecho natural que no puede negarse á nadie, ni á las mujeres ni á los niños" (ANC 188). Otros diputados consideraron esta restricción como una "falta de decoro", de "mal gusto" o una "afrenta" a las mujeres. La argumentación jurídica de Borja, Andrade Marín, Enriques, Chaves y otros, buscó, a pesar de estas críticas, crear dudas y desconfianza frente a las posibles ambigüedades de la ley, y específicamente a lo que la palabra "ecuatoriano" podía significar.

La argumentación de tipo cultural en este debate político no fue menos importante. Es Antonio Flores quien se destaca aquí por su vasta argumentación de época a favor de la creciente participación y nuevos derechos de las mujeres. En primer lugar, Flores observa que en países como Francia, Inglaterra y Estados Unidos, pensadores como Édouard de Laboulaye (1811–1883), John Stuart Mill (1806–1873) o los publicistas norteamericanos, han creído "injusto privar a la mujer del voto" (ANC 193). En Canadá, asimismo, "la mujer goza del derecho natural electoral"; y en Inglaterra, la "mayor gobernante ha sido una mujer, la actual soberana" (ANC 193). A decir de Flores, quien parecería seguir el ensayo de Lecumberri al pie de la letra, se ha iniciado "un movimiento de la época en favor de los derechos de la mujer" (ANC 193). La creciente educación universitaria de la mujer en Estados Unidos le ha permitido, por ejemplo, desempeñarse laboralmente en varios cargos públicos. Solo en Washington, continúa el diputado, habría más de 3000 mujeres empleadas por el gobierno y más de 1000 trabajando en las oficinas de correos, algunas de ellas con salarios de 4000 pesos.[27] Flores declara:

> (Hay) un movimiento de la época en favor de los derechos de la mujer, y que, en efecto, este siglo podría llamarse, tanto como el siglo de la electricidad, el del esfuerzo para la emancipación de la mujer, especialmente en Estados Unidos, donde existe una organización poderosa en defensa de la tesis women's rights, siendo de notar que allí, desde la terminación de la guerra, el gobierno federal había creido justo dar decretos para la admisión de las mujeres á varios empleos, á fin de que las viudas y huerfanas de los que se habían sacrificado por la Patria tuviesen un modo de vivir (ANC 193).

En países vecinos como Perú, por otra parte, se ha empezado también a distinguir a las mujeres por su grado de patriotismo y servicio público. "El patriotismo de las más sensibles" es la inscripción que reza en las medallas que recibieron, además de otros privilegios.[28] Pero el Ecuador, según Flores, tampoco ha sido totalmente ajeno a semejantes cambios: aquí sobresalen, por ejemplo, la participación política destacada que tuvieron las "Señoras de Quito" en las protestas contra la dominación de Veintemilla; o el papel

---

27. Flores no llega a profundizar realmente en su defensa de esta "nueva era de la mujer", apenas menciona los nombres de Laboulaye y Stuart Mill. El movimiento de las sufragistas norteamericanas, la "organización poderosa" por los derechos de la mujer, queda apenas sugerido, y las reformas labores del Gobierno norteamericano a que se refiere son importantes, pero superficiales. En todo esto, hay que recordar que se trataba fundamentalmente de un debate legal, y que no tenía por objetivo discutir el derecho al sufragio de la mujer. La intervención de Flores, en este sentido, es sobre todo sintomática de la nueva coyuntura de época. Es sobre la base de estos "cabos sueltos", como veremos más adelante, que Pedro Carbo planteará un debate público en la prensa guayaquileña, al desarrollar estas mismas ideas.

28. Estos homenajes y reconocimientos a las mujeres patriotas se empiezan a realizar en Guayaquil también. Recuérdese, por ejemplo, que el ensayo de Lecumberri fue premiado con una "medalla de plata" por la Municipalidad de la ciudad; y cierta prensa guayaquileña de la época es muy elogiosa de sus mujeres ilustradas.

activo de las "valientísimas guayaquileñas" en el Ejército Restaurador, durante la Campaña de Mapasingue.[29] "No es la época más oportuna para consagrar expresamente una exclusión que existe de hecho, y sobre todo, cuando es innecesaria" (ANC 193), concluye Flores.

Andrade Marín, proponente conservador de la restricción, es quien complementa la visión de Flores sobre este "movimiento de época" en favor de la mujer, esta vez presentándola en términos amenazantes:

> si antes no ha sido necesario exigir expresamente la calidad de varón para ser ciudadano, es porque *las ideas eran distintas*, pues la pretensión de las mujeres de ejercer la ciudadanía no data de mucho tiempo atras, pero ahora *el movimiento civilizador se deja sentir en todas partes*, y puede suceder que algún día se quiera dar derechos políticos á la mujer. Por el decreto de Don Pedro Carbo, añadió, pueden ser ya médicas, abogadas, filósofas, ingenieras; optar en fin, todos los grados académicos; y querrán también ser Senadoras en un Congreso (ANC 194; la cursiva es mía).

La existencia de una "nueva era de la mujer", entendida como "movimiento civilizador" que ha cambiado las "ideas" y "se deja sentir en todas partes", se reafirmaba aquí como una *coyuntura histórica* influyente. La mención de Andrade Marín a la libre profesionalización de la mujer en la Universidad de Guayaquil, apenas fundada por Pedro Carbo el 15 de septiembre de 1883, resultaba un elemento fundamental en los argumentos culturales en este debate. No hay duda de que provocar la aprehensión y rechazo de los parlamentarios más sexistas, imaginándolos, en poco tiempo, sentados al lado de mujeres abogadas, fue una estrategia efectiva para ganar su apoyo.[30] Lo que

---

29. En su artículo sobre "El sufragio femenino en el Ecuador", Jenny Londoño López se refiere al caso de Joaquina Galarza, quien en 1883 "vendió su casa en Guaranda para apoyar a un grupo de jóvenes insurgentes, entre los que estaban varios miembros de su familia, contra la dictadura de Veintemilla. Un grupo de valientes mujeres bolivarenses con cinco luchadoras a la cabeza: doña Joaquina Galarza, doña Felicia Solano de Vizuete, doña Leticia Montenegro de Durango, doña Dolores Vela y doña Tránsito Villagómez declararon defenestrado a Veintemilla y designaron a Eloy Alfaro nuevo Jefe de la República" (214–215).

30. En la prensa y literatura patriarcales de la época, estas mujeres ilustradas y políticas fueron percibidas como "invasoras". En este libro, hay múltiples referencias a

resulta significativo de esta mención, en todo caso, fue la existencia coyuntural del hecho mismo. Investido como jefe supremo del Guayas, Carbo, en efecto, decretó en el periódico oficial, *La Bandera Nacional*, el 1 de octubre de 1883, que "una ciudad de la importancia de Guayaquil no puede carecer por más tiempo de una Universidad tan necesaria para el estudio de las ciencias" (Ayón de Messner 51); pero comprendía, además, que el acceso a la educación pública no podía ser un derecho restringido por el sexo. Así, el artículo 26 de los estatutos de la nueva universidad establecía que "No habiendo razón alguna para negar a las mujeres el derecho a aspirar a las carreras científicas, se les admitirá en la Universidad de Guayaquil, para seguir los cursos que en ella se dicten, i para obtener los grados i diplomas correspondientes" (58).

Este es, sin duda, un elemento fundamental de la coyuntura histórica de la que venimos hablando: la profesionalización universitaria de la mujer dejaba de ser un deseo o un capricho individual femenino para convertirse en un derecho legal y parte de una política cultural pública del mismo Estado. En su discurso de inauguración de la Universidad de Guayaquil, el 9 de octubre, Carbo ratificó, una vez más, que la profesionalización de la mujer era un acto de justicia y que repercutiría en provecho de la misma nación ecuatoriana. Carbo observa:

Otra de las innovaciones, que respecto a nuestro actual sistema de enseñanza, contiene el decreto que funda la Universidad, es la admision de las mujeres a los estudios universitarios, y para obtener los grados y diplomas correspondientes. No hay razon alguna para excluirlas de las Universidades, y sin embargo existe de hecho esa exclusión, privándolas de un derecho, que no dudo sabrían ejercerlo con más o ménos habilidad y lucimiento. Reconocerles ese derecho, no sólo es justo, sinó, que tambien seria útil a la sociedad, porque conocidas como son sus aptitudes, para la enseñanza de las niñas, con la suavidad y discreción que les son propias, mayores y más desarrolladas serían esas aptitudes, a medida que sus inteligencias se ilustraran con el estudio de las ciencias, hasta

---

estas reacciones sexistas. Véanse, por ejemplo, los capítulos dedicados a las representaciones de la mujer escritora en la prensa y a *El Tesoro del Hogar*. Una de las figuras femeninas sobresalientes que condensa los prejuicios de la época es, sin duda, Marietta de Veintemilla, la "generalita", sobrina del depuesto dictador.

ahora patrimonio casi exclusivo de los hombres (*El Telégrafo*, 26 de abril de 1884).

Un último giro de tuerca en el debate parlamentario de 1883 sobre el derecho al sufragio femenino lo estableció la argumentación religiosa y patriarcal. Julio B. Enríquez, Juan de D. Corral y Luis F. Borja defendieron la "naturaleza doméstica" de la mujer. Borja, en particular, afirmó terminantemente que las mujeres "no están llamadas, por naturaleza, para la política, sino para el hogar"; y que Madame de Stäel, la librepensadora de la Revolución francesa, no fue sino un "marimacho del siglo XIX" (ANC 196). Para Borja, que se autodefinía como liberal, votar por la restricción —la conservación de la palabra "varón"— iba más allá de "un interés de partido". En efecto, lo que estaba en juego para muchos diputados conservadores y liberales no era solo el derecho al sufragio de la mujer, sino la misma identidad católica del Ecuador. El artículo 13 de la *Constitución* de 1884 lo declaraba así: "La Religión de la República es la Católica, Apostólica, Romana, con exclusión de cualquiera otra. Los Poderes políticos están obligados a respetarla, hacerla respetar y proteger su libertad y demás derechos" (11).

En este sentido, para Caamaño, "la idea de dar derechos políticos á la mujer es revolucionaria, aceptada únicamente en países protestantes como los Estados Unidos; y que se admiraba que en una República Católica se pretenda introducir tan absurda innovación" (ANC 197). La defensa de la identidad católica y patriarcal del Ecuador era, en realidad, un lugar común de muchos intelectuales, escritores y políticos, tanto conservadores como liberales, de la época. Luego de que la sesión parlamentaria del 24 de noviembre llegó a un empate en una primera votación, el mantenimiento de la palabra 'varón' como requisito de ciudadanía triunfaba, en una segunda votación, por una diferencia mínima: 31 votos en contra de 27. El liberal Julio Matovelle explica, de forma significativa, por qué había cambiado su voto:

> antes estuvo por la supresión de la palabra, pero que la discusión que ha tenido lugar en ésta H. Asamblea, especialmente el discurso del H. Flores (quien no ha querido, en esta vez, estar con la mayoría conservadora, pues asegura que el movimiento liberal del siglo tiende á establecer la ciudadanía de las mujeres) le ha convencido de la necesidad de conservar dicha palabra [...] Que la misión de la mujer, según las sabias intenciones de la Providencia [...] es la de ser el guardián del hogar (ANC 198).

Lo que hoy podríamos llamar la *masculinización constitucional de la ciudadanía ecuatoriana* puede verse, entonces, como una reacción legal y política del Estado patriarcal frente a los avances de la sociedad civil, y especialmente la creciente participación pública de las mujeres ilustradas guayaquileñas. A pesar de sus diferencias ideológicas, políticas y de género, Flores, Andrade Marín, Carbo, Lecumberri, todos convergen en el reconocimiento de que una "nueva era de la mujer" había empezado, y no se trataba solo de transformaciones en naciones foráneas, sino también de cambios visibles nacionalmente. El malestar imaginado de un "ángel doméstico" ejerciendo el oficio de tribuno sería un motivo masculino fundamental del ataque violento a la participación pública, y defensa y discusión de nuevos derechos de las mujeres. Propagar el miedo y la desconfianza hacia la mujer profesional y librepensadora fue el mejor argumento para mantener la exclusión explícita de una ciudadanía masculina. Tal como Estupiñán afirma: "de la falta de aquella palabra [...] se pretenderá deducir que se ha conferido derechos políticos a la mujer [...] y prendidas de la ambigüedad del artículo en cuestión, pretenderán también ocupar un asiento en los tribunales de justicia" (ANC 192). El artículo 9 de la *Constitución* de 1884 instituyó así que: "Son ciudadanos los *ecuatorianos varones*, que sepan leer y escribir, y hayan cumplido veintiún años, ó sean ó hubiesen sido casados" (10; la cursiva es mía). Tal ley se mantuvo en vigencia por catorce años, hasta que la *Constitución* liberal de 1897 la derogó.[31]

---

31. Es interesante notar que la Decimocuarta Enmienda de la Constitución de los Estados Unidos, aprobada el 28 de julio de 1868, también masculinizó, de forma explícita, el derecho político para votar. Luego de la guerra civil, el país enfrentó el reto de su reunificación, la cual incluyó redefinir la ciudadanía, de manera que las antiguas poblaciones negras de esclavos libertos pudieran votar. Las mujeres, sin embargo, continuaron siendo excluidas. La sección 2, dedicada a los derechos de voto, utiliza explícitamente la palabra *male* (masculino) para caracterizar a los votantes. La sección en cuestión dice: "cuando el derecho a votar en cualquier elección por un candidato, para Presidente o Vicepresidente de los Estados Unidos, Representantes del Congreso, oficiales de estado del poder Ejecutivo o Judicial, o cualquier miembro del poder Legislativo, es denegado a cualquier *habitante masculino* de determinado Estado, teniendo veintiún años de edad, y ciudadanos de los Estados Unidos, o de cualquier forma limitado, excepto por participar en una rebelión, u otro crimen, la base de representación de tal Estado se reducirá proporcionalmente al total de *ciudadanos masculinos* de veintiún años

He dejado la última palabra en este debate al diputado Marcos Alfaro, hermano del general Eloy Alfaro Delgado (presidente del Ecuador, 1895–1901 / 1906–1911), quien defendió de manera impecable la necesidad de un voto popular y universal, y propuso eliminar la restricción de saber leer y escribir. La crítica de Alfaro iba al corazón mismo de las desigualdades de la época: el carácter neocolonial del Ecuador republicano. Usando el artículo 4 de la Constitución como base de su argumentación, Alfaro cuestionó la restricción de "saber leer y escribir" como el privilegio de una minoría de élite. La exclusión de la mayoría analfabeta del pueblo, afirma el joven parlamentario, no solo que era injusta, sino que quebrantaba el mismo carácter "popular", "electivo" y "representativo" del gobierno, transformándolo en una oligarquía. Alfaro observó agudamente: "nuestro gobierno no ha sido, ni es, ni será (á menos que se reforme el artículo en debate) popular, electivo ni representativo [...] quedándonos solamente con la verdad amarga de que nuestra forma de Gobierno será una pura i simple oligarquía" (ANC 183).

El voto por la masculinización constitucional, explícita, de la ciudadanía ecuatoriana fue un voto de desprecio, ultraje y contención hacia un nuevo tipo de mujer emergente, alfabeta e ilustrada, ya no limitada a la restricción de saber leer y escribir. Al reverso de esta norma excluyente, lo que se hacía visible era una coyuntura histórica nueva, articulada a ideas, instituciones y reglamentos que buscaron ampliar y proteger los derechos de la mujer, más de una década antes de la Revolución Liberal. En lo que sigue, analizaré la respuesta con la que Pedro Carbo, en un artículo de prensa, continúa los debates parlamentarios de 1883, cuestiona sus tesis más conservadoras y defiende de forma radical y apasionada, y desde una perspectiva católica —quizá por primera vez en la historia del Ecuador—, la emancipación educativa, económica y política de la mujer ecuatoriana.

---

en tal Estado" (San Segundo 156; la cursiva es mía). Véase, también, el ensayo online "Women's Rights and the Fourteenth Amendment", de Jone Johnson Lewis. El derecho al sufragio femenino será implementado de forma federada en todos los Estados Unidos, en 1920. Su legalización nacional tomó 144 años, a partir de la independencia.

Pedro Carbo y la emancipación de la mujer

"Disertación sobre los derechos de la mujer" (1884), ensayo publicado en *El Telégrafo* de Guayaquil por Pedro José Carbo y Noboa (1813–1894), ex-jefe supremo del Guayas, es una defensa apasionada, crítica, cosmopolita y católica de la emancipación educativa, económica y política de la mujer ecuatoriana.[32] El ensayo de Carbo es una pequeña joya del pensamiento social ecuatoriano del siglo XIX, y lo es por varias razones: es un *informe de época* sobre el debate parlamentario ocurrido el 23 y 24 de noviembre en la Convención Nacional de 1833, en torno a la exclusión constitucional explícita del derecho de las mujeres al sufragio y el establecimiento de una ciudadanía exclusivamente masculina; es también una *declaración política* sobre los decretos y acciones legales concretas que el entonces jefe supremo del Guayas instituyó en favor de la ilustración de la mujer; es, a la vez, un *ensayo sociohistórico* que vincula, desde una posición católico-modernizante, las múltiples contribuciones de las mujeres en la historia, sus luchas feministas y movimientos civiles por el derecho al sufragio, el surgimiento de las primeras universidades e institutos exclusivos para su educación y los principios y valores religiosos del cristianismo afines a la emancipación de la mujer. El ensayo de Carbo ofrece, además, un *mapamundi de la ilustración femenina*, país por país, con nombres y apellidos, en las distintas áreas de las ciencias, las artes y las humanidades. La *reflexión teológica, sociológica y política* de Carbo en torno a los derechos de las mujeres pone en juego también una vasta erudición sobre distintos pensadores ilustrados, liberales y católicos de Europa, Estados Unidos y Latinoamérica. Finalmente, este ensayo de Carbo es un *discurso de apología y defensa* de la "nueva era de la mujer" en el Ecuador, anticipándose en décadas a las reivindicaciones del derecho al sufragio femenino en el siglo XX.

---

32. El ensayo "Disertación sobre los derechos de la mujer" fue publicado por entregas en el periódico *El Telégrafo*, en Guayaquil, entre el 19 de abril y el 20 de mayo de 1884. Es posible, sin embargo, que este texto haya sido una re-publicación. Carbo empieza a publicar su ensayo en abril de 1884, cuando la Convención Nacional de 1883 ya había terminado sus labores. Sin embargo, en sus primeras líneas, Carbo dice: "Esta cuestión ha tenido orijen en la Convención Nacional, que actualmente se halla reunida" (*El Telégrafo*, 19 de abril de 1884). Sin embargo, la discusión parlamentaria en cuestión sucede en Quito, el 23 y 24 de noviembre de 1883.

Aunque Carbo no establece de manera explícita sus razones esenciales para esta defensa de los derechos educativos, económicos y políticos de la mujer, es posible sustraer de su ensayo tres postulados esenciales. En primer lugar, porque es un principio básico de justicia social. La inclusión de la palabra "varón" en el artículo 12 de la Constitución de 1884, que aprobaba que "exclusivamente el hombre podía ejercer los derechos de ciudadano, y no la mujer" (*El Telégrafo*, 19 de abril de 1884), había dejado en claro la ignorancia, conservadurismo religioso y despotismo machista que existían en el Estado. Carbo vio esta decisión parlamentaria como la implementación de una ley indigna, que ratificaba un orden social sexista, despótico, antidemocrático e incoherente con la misma historia y principios del cristianismo. Carbo considera que la decisión parlamentaria de la Convención de 1883 era una cuestión fundamental para el país y que la opinión pública guayaquileña y nacional debía estar informada sobre este debate. Y fue precisamente así cómo Carbo empezaba su ensayo: "Es ahora, por primera vez, que en el Ecuador se ha comenzado a discutir la cuestión de si las mujeres deben ó nó tener derechos políticos y ocupar puestos en la Administración pública" (*El Telégrafo*, 19 de abril de 1884).

En segundo lugar, la defensa de los derechos de la mujer, sugiere Carbo, formaba parte de un movimiento social moderno de liberación humana a nivel mundial y que actualizaba los mismos ideales republicanos de la independencia. Carbo veía la lucha por los derechos de las mujeres como una forma particular de la defensa universal de los derechos del hombre. *La declaración de los derechos del hombre. Su origen y fundamentos* (1879) es precisamente un ensayo reflexivo en que Carbo defendió la tesis de que el reconocimiento universal de los derechos fundamentales de la humanidad había nacido de los procesos de independencia de Estados Unidos y Francia, e inspirado sus mismas constituciones. Los derechos del hombre, en suma, "son la base y objeto de las instituciones sociales" (3). La defensa de la emancipación de la mujer podía verse, entonces, como un movimiento de liberación, una segunda forma de independencia referida a la mujer, que concretizaba en el género los principios republicanos de igualdad, fraternidad y solidaridad humanas. Carbo escribe:

Los Estados Unidos el 4 de Julio de 1776, y la Francia en 1789, proclamaron solemnemente los imprescriptibles derechos del hombre. Se inauguró así una nueva era para el género humano, y no podía concluir de un modo más glorioso el siglo décimo octavo. Y ¿no podrá tambien tener igual glorioso término el siglo décimo noveno, proclamando universalmente los derechos sociales y políticos de la mujer? (*El Telégrafo*, 20 de mayo de 1884).

Finalmente, la defensa de los derechos de la mujer contribuía de manera fundamental al desarrollo social de la misma nación. Para Carbo, "La moral, la prosperidad, la libertad de una Nacion estarán siempre en relación directa con la masa de mujeres educadas, laboriosas y trabajadoras" (*El Telégrafo*, 17 de mayo de 1884). Y Carbo justificaba esto no tanto con argumentos, sino con hechos: su ensayo examina país por país, con nombres y apellidos, los múltiples logros profesionales de las mujeres ilustradas en la producción científica, humanística y literaria mundial. Al referirse a la producción literaria femenina americana, por ejemplo, el ilustre guayaquileño menciona a varias de las mujeres más destacadas de Estados Unidos, México, Perú, Bolivia, Brasil, Argentina y Ecuador, entre otros países. El resultado de esta empresa es un pequeño *mapamundi de la ilustración femenina*, que recuerda la clase de argumentación cosmopolita y erudita que escritoras como Clorinda Matto o Soledad Acosta usarían, en esta misma época, para legitimar los derechos ilustrados de sus "hermanas escritoras". Los logros profesionales de las mujeres graduadas en Francia, España, Alemania, Inglaterra, Bélgica o Rusia, así como la creación de nuevas instituciones y universidades de mujeres en Estados Unidos como Packer, en Brooklyn; Rutgers, en Nueva York; Vassar, en Pough-Keepsie; la Universidad de Wellesley, en Massachusetts; y la Facultad de Medicina para mujeres de Filadelfia, ponen en evidencia un movimiento cosmopolita por la emancipación intelectual de la mujer, y las múltiples contribuciones que esta podía y estaba ya haciendo. Carbo añade: "hay tambien escuelas de medicina para mujeres en Boston y Nueva York, en que anualmente se expiden títulos de Doctoras en esa ciencia" (*El Telégrafo*, 3 de mayo de 1884). El Ecuador, pensaba Carbo, simplemente no podía enajenarse a esta tendencia mundial de modernización en marcha por el reconocimiento de los derechos de la mujer, y el progreso y desarrollo de la misma nación.

A continuación, examinaré la argumentación con que Carbo defendió en su ensayo los derechos de la mujer ecuatoriana, a saber: 1. el libre acceso a una educación profesional universitaria, 2. la potestad de tener una propiedad económica personal, y 3. el derecho al sufragio.

En su apología y defensa del derecho de las mujeres a la ilustración, Carbo recurrió a la historia del cristianismo para recordar el caso de varias mujeres notables que fueron modelo ejemplar de moralidad, virtudes y acción redentora; y así, "necesario es que los cristianos confiesen, que con eso [las mujeres] prestaron importantísimos servicios al cristianismo, y casi iguales a los que hicieron los famosos predicadores, como San Agustín y San Jerónimo" (*El Telégrafo*, 26 de abril de 1884). Igualmente, se menciona el pensamiento de "dos respetables Prelados, y grandes lumbreras de la Iglesia Católica": François de Salignac de la Mothe (François Fénelon, 1651–1715), teólogo, poeta, arzobispo de Cambray, autor de *La educación de las jóvenes* (1687); y Felix-Antoine-Philibert Dupanloup (1802–1878), obispo de Orleans, Francia, y autor de *La educación de las hijas de familia y estudios que convienen á las mujeres en el mundo* (1880). Para estos intelectuales católicos, escribe Carbo, la misión familiar de la mujer no justifica ni su ignorancia ni su obediencia irracional, sino que requiere su preparación y desarrollo intelectual en beneficio de otros. En el ámbito latinoamericano, Carbo se apoyó, además, en las reflexiones teológicas de monseñor Martín Avelino Piñero, canónigo de la iglesia metropolitana de Buenos Aires y autor de la obra *Principios de Educación* (1855),[33] quien afirmaba sobre los derechos políticos de las mujeres:

> Atendida la naturaleza de las cosas, no sé por qué a la mitad del género humano, a la que es la ayuda del hombre, se le ha de quitar el derecho de votar [...] ¿No tiene una alma como él? [...] ¿No tiene tambien razon, conciencia y voluntad como él? [...] ¿No forma como el hombre, parte de la Sociedad? [...] ¿Por qué entónces le han de negar los hombres lo que el mismo Dios le ha otorgado? [...] ¿De qué principio de derecho natural se ha deducido esta costumbre que impide a la mujer el poder de elegir y tomar parte en la legislacion? De ninguno. Sólo se ha deducido del despotismo del hombre, despotismo que después se ha convertido en una de las muchas *preocupaciones sociales* [...] (*El Telégrafo*, 17 de mayo de 1884).

El ilustre guayaquileño concluía, en definitiva, que "el cristianismo contribuye mucho a su emancipación, y desde entonces [la mujer] ha ido ganando en la estimación de los hombres, y ocupando el puesto y ejerciendo la influencia que tan justamente le corresponde en la familia y en la sociedad" (*El Telégrafo*, 30 de abril de 1884). La *visión católico-modernizante* de Carbo buscó distanciarse y cuestionar así la ideología católico-patriarcal, tan manifiesta en

---

33. Monseñor Piñero fue un sacerdote jesuita argentino que luego formaría parte del clero secular. Se lo ha considerado como el primer filósofo argentino de la educación.

la Convención de 1883, en torno a la idea de que los derechos sociales y políticos de la mujer resultaban incompatibles con su rol como "ángel doméstico" y la existencia de un país católico. Recuérdese, por ejemplo, cómo el diputado Caamaño afirmaba que la idea de apoyar los derechos políticos de la mujer era únicamente posible en países protestantes como Estados Unidos, pero esta no podía ser más que una "absurda innovación" en una "República Católica" como Ecuador (ANC 197). Para Carbo, el pensamiento católico era un aliado del progreso material, social y político de la mujer; o, cómo Juan Maiguashca ha explicado, existió un catolicismo social, modernizante, que se desarrolló en Europa desde los años cuarenta del siglo XIX y llegaría a su apogeo en 1892 con la *Rerum Novarum*, encíclica del papa León XIII. Bajo esta corriente de pensamiento, "lejos de ser un enemigo del progreso material, social y político [...] el catolicismo había propuesto un concepto más amplio y visionario que el formulado por la modernidad meramente individualista del mundo liberal protestante" (388).

¿Cómo responder, sin embargo, a todos esos prejuicios machistas tan arraigados en la tradición, el hábito, la psicología, la literatura, la política, las mismas leyes y religión, y, en fin, toda la cultura patriarcal establecida que afirmaba, una y otra vez, la inferioridad racional de la mujer? La argumentación de Carbo fue simple y contundente: enfrentar hechos con prejuicios, adelantos con viejos hábitos. Investido como jefe supremo del Guayas, en su "Discurso de inauguración de la Universidad de Guayaquil" (1883), el 9 de octubre de 1883, el político guayaquileño estableció como parte de sus estatutos de fundación que:

No hay razón alguna para excluirlas de las Universidades, y sin embargo existe de hecho esa exclusión, privándolas de un derecho, que no dudo sabrían ejercerlo con más o ménos habilidad y lucimiento. Reconocerles ese derecho, no sólo es justo, sinó, que tambien seria útil a la sociedad" (*La Bandera* n.º 12).

La reforma educativa de Carbo fracasará, desafortunadamente. Su rápida remoción como jefe supremo el mismo año de 1883; la falta de presupuesto estatal para la recién establecida universidad; y, sin duda, la oposición conservadora a la educación profesional de la mujer, impedirán su implementación.[34]

---

34. Desde las filas del conservadurismo sexista de la época, por ejemplo, José Modesto Espinosa responde a la reforma educativa de Carbo en los siguientes términos: "Llegamos, por fin, al sapientísimo, interesantísimo, libérrimo, celebérrimo y

En su ensayo, sin embargo, Carbo presenta su reforma universitaria de forma victoriosa y consecuente con las múltiples contribuciones de las mujeres profesionales en distintos órdenes. En su pequeño *mapamundi de la ilustración femenina*, Carbo identificó además a las mujeres ilustradas que han participado en las independencias, a las profesionales de las ciencias y las artes, a las escritoras y poetas. Su mensaje era clarísimo: la ilustración de la mujer moderna había llegado; no era ya una idea ni un deseo, sino un hecho evidente y universal.

Al igual que las mujeres intelectuales de su época, el ilustre guayaquileño pasaba revista ahora a aquellas americanas "notables por sus talentos y sus obras poéticas, literarias y de educación" (*El Telégrafo*, 3 de mayo de 1884). En el caso del Ecuador, menciona específicamente a las "Señoras Dolóres Veintimilla de Galindo, Angela Caamaño de Vivero, Cármen Cordero de Ballen, Jacinta Peña de Calderón, Cármen Péres de Rodríguez, y señoritas Dolóres Sucre, Juana del Cármen Roca, y Rita Lecumberri, poetisas" (*El Telégrafo*, 3 de mayo de 1884). Los nombres de otras escritoras y poetas de Estados Unidos, México, Cuba, Perú, Bolivia, Brasil, Argentina y Chile completaban esta lista. La defensa de la ilustración femenina de Carbo iba más allá de una visión

---

graciosísimo capítulo 14, que trata de la admisión de las mujeres á los estudios universitarios y para obtener los grados y diplomas correspondientes... pues don Pedro lo tiene dicho: no hay razón alguna para negaros el derecho de ser marisabidillas. Resolveos á cambiar el obscuro y humilde papel de ángeles del hogar, con los brillantes y soberbios títulos de bachilleras en filosofía, doctoras en jurisprudencia, medicina, ciencias físicas y naturales, políticas y administrativas; y licenciadas... en farmacia... Sólo una disposición hace falta en el famoso decreto, y se la proponemos al señor decretista en jefe. Sírvase ordenar que la escuela náutica se incorpore en la universidad á fin de que las mujeres puedan seguir los cursos que en ella se dicten, y optar á los grados y títulos correspondientes; pues no hay razón alguna para negarlas el derecho de ser náuticas, como no la hay para rehusarlas el de ser ingenieras, arquitectas y agrimensoras. ¡Y qué gloria no será verlas, á ellas que en cierta edad parecen ardillas, treparse en un santiamén á las puntas de las vergas, ó columpiarse airosas en el botalón de proa, ó dirigir risueñas las naves, por entre Scilas y Caribdis, burlando vientos y tempestades, como consumadas pilotas y capitanas!" (*Obras completas* 198–200). El ofensivo ensayo de Modesto Espinosa al "Decretista en jefe de la República" fue publicado en el periódico *Los Principios*, en Quito, entre el 5 y 20 de noviembre de 1883.

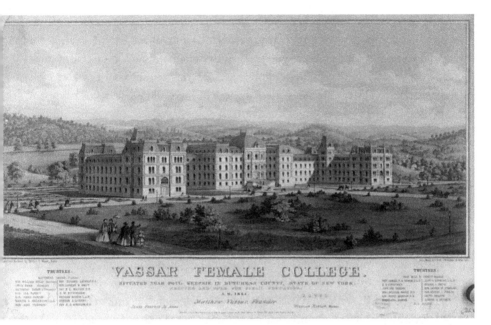

FIG. 12. Vassar Female College, fundado en 1861 como una universidad solo para mujeres, en Poughkeepsie, Nueva York. Fotografía c. 1862.

Fuente: Library of Congress, Prints and Photographs Division, Washington, D. C. Tomado de: Wikipedia.org.

provinciana y de saberes domésticos —como afirmaban Mera y Montalvo—. El político guayaquileño abogaba por la preparación científica de la mujer ecuatoriana, y así, "muy a pesar de los adversarios de la emancipacion intelectual de las mujeres, estas van instruyéndose cada dia más, adquiriendo en algunos países grados académicos o universitarios para el ejercicio de las profesiones científicas, y títulos para la enseñanza popular" (*El Telégrafo*, 3 de mayo de 1884).

Al informar sobre las universidades e institutos creados específicamente para la educación de las mujeres de la época, sobre todo en Estados Unidos, Carbo fue atraído por una en especial: Vassar College, en Pough-Keepsie, Nueva York. Fundada en 1861 por Matthew Vassar, Carbo afirma que la creación de esta universidad de mujeres ha marcado un hito en la historia de la educación pública norteamericana y su majestuoso palacio deja por sentado "el derecho que las mujeres tienen a recibir la instrucción superior, y a participar de todos los estudios reservados hasta entonces a los hombres; pudiendo considerarse con este acto solemnemente proclamada la igualdad de inteligencia de los dos sexos" (*El Telégrafo*, 3 de mayo de 1884).

En Vassar, explica Carbo, los estudios tienen una duración de cuatro años, y sus estudiantes pueden incursionar en materias tan diversas como el estudio del latín, griego, francés, alemán, italiano, matemáticas, física, química, geología, botánica, zoología, anatomía, fisiología, retórica, literatura inglesa, literatura extranjera, lógica y economía política, sin tener la "obligación de estudiar todos los ramos", pues "todos los cursos se hacen por separado, y a horas distintas, de modo que las discípulas pueden elegir los que más les convienen y dedicarse a ellos bajo la direccion de los profesores" (*El Telégrafo*, 3 de mayo de 1884). Vassar College aparecía a Carbo como un ejemplo paradigmático, monumental, de lo que en el Ecuador, de manera mucho más humilde, se empezaba también a gestar con la recientemente fundada Universidad de Guayaquil. Esto es, el derecho de que "cualquiera que sea el género de estudios a que se apliquen aquellas jóvenes, no son inferiores, bajo ningun concepto, a hombres de la misma edad" (*El Telégrafo*, 3 de mayo de 1884).[35]

La independencia económica de la mujer fue el segundo de los derechos fundamentales que Carbo defendió en su ensayo. Para el político guayaquileño, las mujeres casadas sin libertad económica quedaban total y completamente sujetas a la tutela y abusos del marido, pues las leyes existentes le concedían potestad "sobre la persona y bienes de la mujer" (*El Telégrafo*, 7 de mayo de 1884). Carbo observó que la mujer casada no podía demandar ni defenderse legalmente; comprar o vender bienes; no podía contratar, ser contratada, ni podía pagar deudas o aceptar pagos; tampoco podía enajenar,

---

35. En su ensayo, Carbo cita el informe de monseñor M. C. Hippeau, comisionado en 1868 por el ministro francés de Educación Pública para examinar e informar sobre la condición de la educación primaria, secundaria y superior en Estados Unidos. Hippeau, académico reputado de la época, escribió un informe minucioso de más de cuatrocientas páginas, *La Instruccion pública en los Estados Unidos* (1872). Hippeau afirma: "Mientras que en Francia [...] miramos como peligrosa utopía la idea de elevar, aunque no sea más que un poco, el nivel de la instruccion que se ha de dar a las mujeres, tenemos que en una modesta poblacion rural, situada a la margen del río Hudson, se encuentra un palacio levantado expresamente para proporcionarles tanta instruccion (a las mujeres) como la que se dá a los hombres en las universidades más célebres" (*El Telégrafo*, 3 de mayo de 1884).

hipotecar o empeñar ningún bien; "ni tener por sí sola derecho alguno sobre los bienes sociales durante la sociedad" (*El Telégrafo*, 7 de mayo de 1884). Todas estas disposiciones legales garantizaban que "aunque [la mujer casada] llegue á la mayor ancianidad, se le trate siempre como á *menor*" (*El Telégrafo*, 7 de mayo de 1884). Siguiendo la línea de pensamiento del intelectual francés M. Ernest Legouvé (1807–1903), autor de *Historia moral de las mujeres* (1848),[36] Carbo denunciaba que "Ora sea el marido un jugador, ora un especulador, ora un pródigo, la mujer vé disiparse en locos dispendios los bienes comunes que muchas veces constituyen toda su riqueza: prevé la ruina, y aun la quiebra, y no puede hacer nada, absolutamente, ni para sí ni para su familia" (*El Telégrafo*, 10 de mayo de 1884). Por todo esto, junto con Legouvé, Carbo concluía: "creemos como toda gente sensata, que cierta parte de bienes debe ser entregada á un solo administrador; pero ¿por qué la administración del marido no ha de estar sujeta á alguna inspeccion?" (*El Telégrafo*, 10 de mayo de 1884).

No lejos de esta crítica, el publicista inglés John Stuart Mill (1806–1873), autor de *La sujeción de las mujeres* (1861), fue también citado por Carbo: "Ella, [la esposa] jura ante el altar, obediencia á su marido, durante toda su vida, y está obligada por la ley á cumplir ese juramento [...] el marido abarca todo, los derechos, las propiedades, la libertad de su esposa" (*El Telégrafo*, 10 de mayo de 1884). Según Mill, esta subordinación de la mujer era una de las reliquias que sobrevivían de los tiempos antiguos y que impedían, con su agregado de prejuicios, el progreso de la humanidad. Carbo cita: "los defensores de la forma actual del matrimonio se figuran que todo lo que ella tiene de inicuo está justificado, y que las quejas que se levantan, no son más que vanas recriminaciones, respecto del mal con el cual consideran debe pagarse un gran bien [...] Todo lo que se puede decir del despotismo doméstico, se aplica al despotismo político" (*El Telégrafo*, 10 de mayo de 1884). Legouvé y Mill proveyeron a Carbo los argumentos necesarios para cuestionar las formas de "despotismo doméstico" que sufría la mujer ecuatoriana en lo económico y legal. En su alegato final, Carbo invocaba la Constitución de 1849 del

---

36. *L'histoire morale des femmes* es una compilación de conferencias sobre el desarrollo de la educación de la mujer que Legouvé, quien se inicia como dramaturgo, preparó para el Colegio de Francia. Su actividad como conferencista y propagandista de los derechos de las mujeres y el desarrollo de la educación de los niños lo convirtieron en un pionero de estos temas dentro de la sociedad francesa.

Estado de California, en Estados Unidos, que en su artículo XI, sección 14, disponía que:

> Todos los bienes raíces y muebles de la mujer, poseídos ó reclamados por élla antes del matrimonio, y los que adquiera después por medio de donacion, legado ó herencia, le pertenecerán separadamente [...] Tambien se darán leyes para el registro de los bienes separados de la mujer (*El Telégrafo*, 10 de mayo de 1884).

El tercer y último de los derechos femeninos defendido por Carbo fue el derecho político de la mujer a elegir y ser elegida para los puestos públicos. Se trataba, como hemos visto en este estudio, de una piedra fundamental en las formas de exclusión y silenciamiento de la mujer en esta época.[37] Carbo, a diferencia del sexismo y misoginia imperantes, fue un político e intelectual católico-liberal extremadamente instruido y sensible a las transformaciones modernizantes de su época. En sus argumentos, el pensador social y religioso, y el político liberal-radical se fusionan, cuestionando, por un lado, las visiones católicas retardatarias sobre la domesticidad de la mujer; y defendiendo, por otro lado, los cambios educativos, sociales y políticos que las mujeres ilustradas ya estaban liderando en otros países. Así lo detalla cuando informa sobre los movimientos sufragistas de su época:

> La existencia, desde hace algunos años, en los Estados Unidos, de una *Asociacion de los derechos de las mujeres* (*The women's rights association*); y de otra con el nombre de *Asociacion Nacional del sufragio de las mujeres* (*The National Women's suffrage association*), que tiene por Presidente a Mistress Isabel Cady Stanton (*El Telégrafo*, 17 de mayo de 1884).[38]

La existencia de estas organizaciones políticas feministas era, para Carbo, la prueba efectiva de que el derecho de la mujer al sufragio formaba parte de una nueva institucionalidad democrática en las sociedades más modernas, prósperas y civilizadas. Citando al periódico *Sunday Herald*, de Boston, el ilustre guayaquileño advertía sobre cómo, en su misma época, las mujeres de

---

37. La base de la nación patriarcal es la familia, y esta a su vez guarda su cohesión en torno a la maternidad de la mujer como "ángel doméstico". La actividad política es así una ruptura, una contravención de su domesticidad natural y sagrada.

38. Organización fundada en 1869 por Elizabeth Cady Stanton (1815–1902) y Susan Brownell Anthony (1820–1906).

Wyoming ya sufragaban: "Nuestras mujeres votan y ejercen este derecho con el mismo interés que los hombres. Las mujeres, las más instruidas, dan el ejemplo: todas votan con discrecion e independencia [...] Todos empezamos aquí a apreciar y a notar la influencia del derecho de sufragio en las mujeres" (*El Telégrafo*, 17 de mayo de 1884). Ya fuera ejerciendo su derecho al voto, o siendo elegidas y contratadas para distintos empleos públicos —como empleadas de correos, bibliotecas públicas y ministerios, así como instructoras en el ramo de la enseñanza—, las mujeres educadas y laboriosas, argumenta Carbo, son esenciales para el desarrollo social de la nación.

Si las voces políticas más conservadoras y retrógradas de la Convención de 1833 habían afirmado de forma cínica que "el gobierno democrático puro [...] nunca ha existido, ni existirá jamás por ser solo una pura utopía" (ANC 186) y que "la misión de la mujer, según las sabias intenciones de la Providencia, y conforme a la historia del género humano, es la de ser el guardián del hogar, no la de entenderse en los asuntos públicos" (*El Telégrafo*, 17 de mayo de 1884), Carbo recordaba que en la Convención Nacional de Francia, a finales del siglo XVIII, el filósofo, científico y político Nicolás de Condorcet (1743–1794) había ya declarado que:

El derecho de elegir y ser elegido está fundado para los hombres en el solo título de seres inteligentes y libres: ¿por ventura las mujeres no son criaturas libres é inteligentes? [...] el argumento que consiste en decir, que abrir á las mujeres la carrera política, es arrebatarlas a la familia, sólo tiene una apariencia de solidez. Desde luego no es aplicable a la multitud de mujeres que no son esposas, o que han dejado de serlo: a más de que, si fuera decisivo, seria menester prohibirles, por la propia razon, todos los oficios manuales y mercantiles, porque estos las arrancan a millares a los deberes de familia, mientras que las funciones políticas no ocuparían a ciento de éllas en toda la Nacion (*El Telégrafo*, 20 de mayo de 1884).

Enfrentar la ideología católico-patriarcal significaba desnaturalizar la obediencia y sacrificio domésticos de la mujer como un modelo de comportamiento virtuoso. Recuérdese que esta fue la misión novelada de Cumandá como guardiana y protectora de Carlos, fue la causa de la estigmatización de Dolores Veintimilla y Marietta de Veintemilla como mujeres inmorales y corruptoras, así se justificaron también los insultos de Montalvo a las feministas Stäel y André Léo, o el autosilenciamiento político de escritoras como Lastenia Larriva, Sucre o la misma Lecumberri, entre otras. Y la mujer política, sufragista, estaba en la base de todos estos estereotipos, insultos, repudios y desconfianzas, tanto entre los sectores conservadores como liberales.

Siguiendo su argumentación de hechos consumados, Carbo opuso todos estos prejuicios a través de un recuento histórico de aquellas mujeres patriotas que habían participado en los procesos de independencia de Estados Unidos y Latinoamérica, "desde las mas respetables matronas hasta las más humildes, no se hicieron esperar para servir la causa proclamada, ora con sus alhajas y bienes, ora con su cooperacion personal, ora excitando el patriotismo de sus hermanos, esposos e hijos" (*El Telégrafo*, 3 de mayo de 1884). Aquí aparecen, entre muchas otras, Mary Ball Washington y Marta Washington, madre y esposa, respectivamente, de George Washington, primer presidente de Estados Unidos; Mistress Molly (Molly Pitcher), que "reemplazó a su esposo artillero, en la batalla de Monmouth, y por lo cual Washington le confirió el titulo de capitán" (*El Telégrafo*, 3 de mayo de 1884); Policarpa Salavarrieta (Colombia), "que mostró tanto patriotismo como valor, y sufrió con tanto heroísmo la bárbara muerte a que la sentenciaron sus crueles perseguidores" (*El Telégrafo*, 3 de mayo de 1884); Andrea Bellido (Perú), "a quien se dio bárbara muerte, por haberse negado con grande entereza y lealtad a revelar un secreto" (*El Telégrafo*, 3 de mayo de 1884); Trinidad Célis (Perú), "que tuvo banda y pension concedidas por los Generales Bolivar y San Martin" (*El Telégrafo*, 3 de mayo de 1884); y finalmente:

> En el Ecuador, las Vega de Salinas, Sárate de la Peña, y Bou de Larrea y Guerrero, de Quito; y en Guayaquil, las Rocafuertes, Garaicoas, Calderones, Gainzas, Tolas, Laváyenes, Ricos, Gorriebáteguis, del Campo, Plazas, Merinos, Aguirres, Icazas, Casilaris, Moriases, Elizaldes, Noboas, Santistévanes, Luscandos, Urbinas, Decimevillas, Carbos, Roldanes y Boderos (*El Telégrafo*, 3 de mayo de 1884).

Lo que me interesaría resaltar aquí no es la completitud o exactitud de este recuento, sino el tono elogioso, heroico y patriótico con que Carbo recordaba a estas mujeres. En respuesta al sexismo y conservadurismo existentes, el ilustre guayaquileño quería dejar en claro, en los hechos, que la participación política de la mujer no era algo nuevo y que la independencia de las mismas repúblicas le debían su misma existencia. La defensa de los derechos políticos de la mujer en el presente se fundamentaba así en los mismos ideales que habían fundado las nuevas repúblicas. No podían existir gobiernos libres, populares, representativos, electivos, alternativos y responsables, como la Constitución afirmaba, con millares de mujeres viviendo en la ignorancia, la servidumbre económica y la incapacidad de elegir o ser elegidas en los procesos políticos. Debía existir, sugiere Carbo, una línea de continuidad entre los derechos universales del hombre, los derechos universales específicos de la mujer y los ideales sociales de las constituciones de las nuevas repúblicas.

La defensa del derecho de la mujer al sufragio, así como a su independencia intelectual y económica, hacía posible la realización de estos ideales constitucionales y humanitarios. La reflexión política de Carbo impresiona por lo cercana a los procesos de democratización y reconocimiento de los derechos específicos de otras minorías sexuales y étnicas de Latinoamérica en el siglo XXI. Estas luchas contemporáneas se basan también en la coherencia y pleno reconocimiento de las leyes constitucionales, los derechos del hombre y otros derechos humanos específicos. Carbo concluía con firmeza: "como reconozco que ellas [las mujeres] están dotadas como los hombres de inteligencia, y son susceptibles de instruccion, creo que no hay razón para negarles que tengan iguales derechos que los hombres, para ejercer las profesiones científicas y para elegir y ser elegidas para los puestos públicos" (*El Telégrafo*, 17 de mayo de 1884). Aunque Carbo, al igual que Condorcet, se cuidó de defender la actividad política de las mujeres casadas, o de apoyar el derecho al divorcio, el control de la natalidad o el matrimonio interracial, como lo haría Elizabeth Cady Stanton en Estados Unidos; su defensa de los derechos políticos de la mujer ecuatoriana fue excepcional y valerosa, e involucró cambios radicales en la ley, las mentalidades católicas sexistas y las mismas instituciones sociales existentes. Carbo vislumbró así el inicio de un nuevo orden social, una "nueva era", mucho más igualitaria, feliz y próspera. Carbo afirma de manera visionaria:

> es de esperarse, que ántes de terminar el presente siglo [...] la mujer reivindique los derechos que se le disputan, adquiera la instrucción que necesita para ejercerlos con acierto, tenga una parte muy importante en la reforma de las malas leyes, y contribuya así a la mayor armonía social y a la prosperidad, el bienestar y la dicha de la humanidad (*El Telégrafo*, 20 de mayo de 1884).

Es claro que el ensayo de Carbo fue escrito para cuestionar el voto de los diputados que en la Convención de 1883 masculinizaron la normativa constitucional para ser considerado ciudadano ecuatoriano; pero intentó abrir, además, un debate público mucho más amplio, en la prensa de la época, sobre los derechos profesionales, educativos, económicos y políticos de la mujer ecuatoriana. Si la "nueva era de la mujer" fue un tema recurrente en distintos ámbitos de esta época —literarios, educativos y políticos—, lo fue como expresión de una *coyuntura histórica* que se articuló a una diversidad de cambios sociales concretos, como la admisión de las mujeres en la universidad pública de Guayaquil, nuevos espacios para la publicación de escritos femeninos en la prensa liberal y católico-modernizante, que incluye el nacimiento de un primer periódico femenino, o el mismo debate político en torno al sufragio femenino.

La misma masculinización de la ciudadanía ecuatoriana puede entenderse como una reacción autoritaria del Estado patriarcal existente a la emergencia articulada de todos estos cambios sociales, educativos, legales y de mentalidades, en lo nacional e internacional. Es necesario estudiar con mayor detenimiento esta coyuntura histórica que Lecumberri llamó una "nueva era de la mujer", la cual nos invita a esclarecer histórica y culturalmente cuáles fueron sus tendencias, debates e intelectuales más destacados, cuál fue su peso en la lucha por la ampliación de los derechos femeninos, o qué influencias y lazos internos existieron entre el catolicismo progresista de esta época y la emergencia del feminismo de principios del siglo XX.

Este capítulo termina aquí con más preguntas que respuestas. El ensayo de Carbo parecer ser solo la punta del iceberg cuya verdadera magnitud se encuentra todavía sumergida en la oscuridad, esperando ser descubierta.

Cuando ellas son las que juzgan

L
A PRIMERA EDICIÓN DE la novela *Cumandá* como publicación de folletín, desconocida hasta ahora, fue publicada por Juan León Mera en Bogotá, y no en Quito, en 1879, y estuvo prologada por una mujer: la novelista y periodista colombiana Soledad Acosta de Samper.[1] "Una novela ecuatoriana. Cumandá ó un drama entre salvajes por Juan León Mera" no es solamente el único prólogo escrito por una mujer para una obra de Mera, lo es también para el caso de toda la producción literaria masculina del siglo XIX ecuatoriano.

La obra ensayística de Juan Montalvo, al igual que la de Mera, también estuvo sujeta a la evaluación crítica femenina: "Literatura y otras hierbas. Carta al señor Don Juan Montalvo" (1887), ensayo publicado en Madrid por la novelista, periodista, poeta, dramaturga y editora española Emilia Pardo Bazán, es la cima que corona la corta pero intensa amistad entre estos dos escritores.

Finalmente, gracias a los viajes y escritura de otra española, Emilia Serrano de Wilson, una selección de la producción poética y literaria de Dolores Sucre, Dolores Veintimilla, Marietta de Veintemilla, Mercedes González de Moscoso y Ángela Caamaño de Vivero aparecerá publicada y comentada en Barcelona a principios del siglo XX. En *América y sus mujeres* (1890) y *El mundo literario americano* (1903), Emilia Serrano se convierte en una de

---

1. Para esta afirmación tomo como referencia la edición de *Cumandá* de Ángel Esteban Porras del Campo, publicada por Cátedra, en su tercera edición, en 2005. En su sección bibliográfica aparecen todas las ediciones como folletín de esta novela, ubicándose, erróneamente, la primera de ellas, en 1905, publicada en el periódico *La Patria*, de Quito. La primera edición de *Cumandá* como folletín no es ecuatoriana, sino colombiana, y fue contemporánea a su misma publicación como libro.

las primeras mujeres que escribe crítica literaria femenina decimonónica ecuatoriana.

Este es el campo inédito, extraño, poco estudiado, que exploraré en este capítulo final: el ejercicio de la crítica, el comentario y la valoración literaria bajo la pluma de ciertas mujeres escritoras ejemplares, quienes no solo tomaron la palabra de forma pública a pesar de la censura y violencia masculina existentes, sino que la usaron para juzgar la obra de otros escritores y escritoras del siglo XIX.

Si en el Ecuador decimonónico el ejercicio de la literatura (novela, poesía y ensayo, principalmente) era ya de por sí un ámbito cultural reservado a los hombres de educación privilegiada, la crítica de esta producción, esto es, su juzgamiento estético, moral e ideológico, en sentido amplio, implicaba una posición todavía mucho más restringida y selecta entre los mismos escritores varones.[2] El referente colonial más importante de esta práctica de juzgamiento literario fue la censura religiosa y moral que la Iglesia católica, a través de la Santa Inquisición, impuso por siglos al resto de la sociedad novohispana. Recuérdese, por ejemplo, cómo Mera accede a la crítica de la obra colonial de sor Juana Inés: lee la "Aprobación" del padre Diego Calleja a *Fama y obras póstumas* (1700) y encuentra ahí los argumentos para su propia censura moralizadora. La Santa Inquisición, valga redundar, era una institución enteramente masculina, y solo ella permitía la publicación y lectura de libros "aprobados". En el *Diccionario de Autoridades* (1726), el término "aprobación" está definido como la "calificación y abóno que se hace de alguna persóna, ò cosa, dándola por buena, digna de estimación y de ley. Es voz tomada del Latino *Approbatio*. Lat. *Suffragium*" (RAE).

Criticar una obra literaria era así un ejercicio de autoridad, que detentaba el poder de aprobar o autorizar el valor de una obra y reconocer los méritos de su autor. El campo de la crítica literaria decimonónica, en este sentido, importa y mucho: es un escenario complejo y conflictivo en que la emergente mujer escritora de esta época será juzgada, censurada y autorizada a ser leída

---

2. No es casual, por ejemplo, que Mera haya publicado su *Ojeada* (1868), un extenso ensayo crítico de poesía ecuatoriana, luego de haber escrito tres libros poéticos, entre otros escritos, *Poesías de Juan León Mera* (1858), *La virgen del sol. Leyenda indiana* (1856) y *Poesías devotas y nuevo mes de María* (1867). Es decir, el ejercicio de la crítica demandaba experiencia y conocimiento previos en el género en cuestión, lo cual la volvía mucho más difícil de desarrollar.

o publicada. La irrupción de las mujeres ilustradas en el ámbito de su juzgamiento a la producción de otros escritores provocará reacciones violentas; y abrirá, asimismo, un campo de gestión cultural totalmente nuevo para las pocas mujeres que lo practicaron, incluyendo el nacimiento de una crítica literaria femenina entre las mismas escritoras.

Una mujer prologa *Cumandá* (edición desconocida)

La primera edición como folletín de la famosa novela de Juan León Mera, *Cumandá o un drama entre salvajes,* no se imprimió en Quito, sino en Bogotá, Colombia, poquísimos meses después de haberse publicado el libro.[3] *El Deber, Periódico Político, Literario, Industrial y Noticioso* publicó la novela de Mera entre el 3 de octubre de 1879 y el 30 de enero de 1880, es decir, estuvo separada apenas por meses de su primera publicación como libro. *Cumandá*-folletín, como la llamaré de ahora en adelante, no solo altera la organización de su lectura en capítulos, sino la misma manera en que puede ser leída; y viene unida, además, a un hecho inusitado para la época: una mujer escribe su prólogo, la bogotana Soledad Acosta de Samper.[4] El 26 de septiembre de 1879, bajo el ensayo titulado "Una novela ecuatoriana. Cumandá ó un drama entre salvajes por Juan León Mera", la escritora colombiana presenta a los lectores de *El Deber* "la novela de la selva", como la llamaría en algún momento Isaac

---

3. En el periódico *El Fénix*, edición del 10 de enero de 1880, Mera declara en "Algo sobre literatura americana" que su novela *Cumandá* fue publicada hace siete meses, esto es, en julio de 1879. Este dato resulta fundamental para contrastarlo con la publicación de *Cumandá*-folletín, la cual se inicia el 3 de octubre del mismo año en *El Deber*, de Bogotá. *Cumandá*-folletín se publica cuatro meses después de la primera edición de la novela como libro.

4. Las preguntas que suscita esta edición desconocida de *Cumandá* son muchas: ¿qué variantes de formato y contenido tiene esta edición de la novela de su publicación como libro?, ¿cómo afecta este formato a las interpretaciones que se han hecho, por ejemplo, de la voz narrativa omnisciente de la novela, cuando el narrador parece desdoblarse y hablarle directamente al lector (del periódico)?, ¿qué sentido tendría para Mera la publicación casi simultánea de estas dos primeras ediciones, claramente contemporáneas la una de la otra? Por otra parte está el tema del mismo carácter desconocido de esta publicación. ¿Tuvo esto algo que ver con el hecho de que fuera prologada por Soledad Acosta?

J. Barrera. Soledad Acosta escribe: "Recomendamos, pues, muy sinceramente la lectura de Cumandá, que empezará á publicarse en este periódico como folletín desde el próximo número" (n.º 100).

Antes de analizar el prólogo y edición de *Cumandá*-folletín, vale la pena aclarar que esta no era la primera vez que Mera publicaba una novela suya en un periódico. "Los novios de una aldea ecuatoriana. Ensayo de novela de costumbres" ("Los novios", en lo que sigue) apareció publicada siete años antes, entre el 15 de febrero y el 28 de mayo de 1872, en el periódico *La Prensa*, de Guayaquil. Aunque "Los novios" se quedó inconclusa al poco tiempo, el prólogo de Mera a su primera novela es un ensayo significativo sobre el arte de novelar en general.[5] "Los novios", su "obra nueva", es definida como "un ensayo de novela de costumbres, segun comprendo este jénero de literatura; ensayo formado a la lijera, ora a la luz de la lámpara encendida despues de las fatigas del dia, ora al pié de un árbol en los cortos momentos de descanso que dejan las labores de la tierra, ora sobre el caballo que me conduce léjos del hogar en busca del sustento que ha menester mi familia" (*La Prensa*, 2 de abril de 1872).

La calificación de Mera a su novela como un *ensayo* sugería el hecho de que esta narración no solo buscaba capturar el ambiente rural de Ambato en que vivía su autor (imbuido por "las labores de la tierra", "el caballo" y "la lámpara encendida"), sino que también era una escritura producida "a la lijera", entremezclada con el poco tiempo libre disponible y las múltiples demandas vitales y laborales del novelista. Situada en una época, además, en que la división estricta entre los géneros literarios no existía, la identificación de esta novela como un *ensayo* afirmaba también el carácter híbrido existente entre narración, reflexión y poesía.[6]

La escritura de "Los novios", para Mera, se revelaba como una forma de catarsis en que el escritor se liberaba de ciertas "ideas" y "afectos" que abrumaban su espíritu. En una suerte de confesión personal, Mera declara: "Bien por costumbre, bien por pasión, bien por vicio, lo cierto es que escribo porque siento necesidad de escribir" (*La Prensa*, 2 de abril de 1872). El ejercicio de la

---

5. Mera habla de su novela como una obra terminada, y fecha su escritura el 12 de mayo de 1870. "Los novios", sin embargo, quedará inconclusa. La lucha de Mera por avanzar en su narración es patente en los lapsos, cada vez más largos, que se toma para continuar.

6. Recuérdese, por ejemplo, que *La virgen del sol* (1856) es un caso de novela poética o poesía novelada, según se quiera leer.

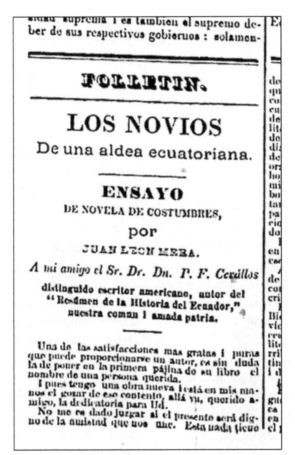

FIG. 13. "Los novios de una aldea ecuatoriana", novela folletín inconclusa de Mera.

Fuente: *La Prensa*, Guayaquil, 15 de febrero de 1872.
Biblioteca Ecuatoriana Aurelio Espinosa Pólit, archivo digital.

escritura, en otras palabras, es una vocación del espíritu y una práctica cotidiana; una forma compensatoria de purgar lo tedioso de la vida y el trabajo.
Al referirse específicamente a la escritura de la novela de costumbres, Mera
observa: "Este jénero de obras, en mi concepto, debe ser popular, i escribir
para el pueblo es casi como escribir para la niñez" (2 de abril de 1872). Simplicidad de lenguaje y rigor de la forma son, pues, dos condiciones de una novela
que aspire a ser apreciable. Lo importante de esta reflexión sobre el oficio del
novelista es que deja entrever una de las razones fundamentales por las cuales

Mera publica "Los novios" como una novela de folletín, lo cual se aplicaría también a la edición de *Cumandá*, algunos años después.

Más allá de la técnica narrativa, más allá de "las descripciones, la pintura de caractéres i pasiones, i el enredar y desenredar dramáticamente las escenas novelescas" (2 de abril de 1872), la novela falta a su esencia si no es una realidad útil, y esa utilidad es ser un instrumento eficiente para la moralización del pueblo. Mera sentencia categórico al respecto: "La moral debe ser el alma de la novela; si no tiene alma, poco importa que se le engalane el cuerpo" (2 de abril de 1872). Publicar "Los novios" en el periódico fue para Mera, entonces, una forma de influir de manera colectiva y cotidiana en la moralidad de la población alfabeta, a través de un lenguaje sencillo y didáctico. Era, además, una publicación de formato grande, de cuatro planas a cuatro columnas, y que se leería tres veces por semana. La misma elección de *La Prensa* no parece casual, siendo este un periódico apenas inaugurado en enero de 1872, que se reclamaba políticamente independiente y cuya misión fundamental era la defensa de la libertad y el orden del pueblo. Para José Antonio Gómez Iturralde, "*La Prensa* desarrolló una destacada actividad periodística, sin descuidar la difusión de las noticias generales más importantes venidas del exterior" (386). *La Prensa* desaparecerá hacia finales del mismo año 1872.

El carácter moralizador de la novela de costumbres, en la visión de Mera, transformaba la ficción novelesca en un campo de lucha simbólica del bien contra el mal, del cielo contra el infierno, de la defensa de la moral y la religión contra todo enemigo. "Los novelistas inmorales e impíos —escribe Mera—, son otros tantos reyes que se complacen en emponzoñar la sociedad en sus magníficos festines literarios" (*La Prensa*, 2 de abril de 1872). En "Los novios", las acciones, escenas y personajes virtuosos están en confrontación constante con sus realidades antagónicas, estableciéndose al final el bien como gran vencedor. "¿Acaso el perseguir de muerte al vicio no es una acción virtuosa?", pregunta Mera. Y él mismo responde: "Patente está pues el pensamiento o intencion moral que me ha guiado desde el principio hasta el fin de este trabajo literario" (*La Prensa*, 2 de abril de 1872). Mera, además, advierte: no existen ángeles ni hadas, ni enredos "dignos de un mago" en su relato novelesco, las escenas son naturales y cotidianas, y los personajes son aldeanos, en su escala humana. "Los novios", en efecto, cuenta la historia de un matrimonio de conveniencia, pactado por las familias de dos jóvenes, Manuel Adame, de 20 años, e Inés, de 18. Al igual que en *La virgen del sol* o *Cumandá*, este idilio amoroso —que no deja de ser impuesto— viene a complicarse con la

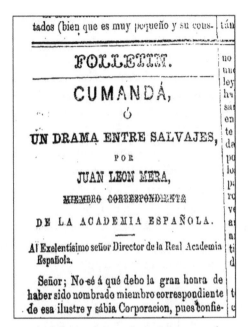

tados (bien que es muy pequeño y su cons- tan

FOLLETIN.

CUMANDÁ,

ó

UN DRAMA ENTRE SALVAJES,

POR

JUAN LEON MERA,

MIEMBRO CORRESPONDIENTE

DE LA ACADEMIA ESPAÑOLA.

Al Exelentísimo señor Director de la Real Academia Española.

Señor; No sé á qué debo la gran honra de haber sido nombrado miembro correspondiente de esa ilustre y sábia Corporacion, pues confie-

FIG. 14. *Cumandá*-folletín, de Juan León Mera, novela en 36 entregas.

Fuente: *El Deber*, Bogotá, n.° 102, 3 de octubre de 1879. Biblioteca Virtual del Banco de la República de Colombia. https://babel.banrepcultural.org/digital /collection/p17054coll26/id/16331.

presencia de un tercero, Felipe, el forastero, quien desea carnalmente a Inés. En la escena en que Manuel salva a Inés de ser violada por Felipe, Mera parecería revelar el principio moral que mueve a su heroína y su misma novela: "El forzador tiene ya lastimadas las manos a mordiscos, arañada la frente i algunos mechones de pelo ménos en la cabeza. ¡El honor i la virtud han hecho de Inés una heroína!" (*La Prensa*, 29 de febrero de 1872). Heroicidad femenina que se entremezcla confusamente, además, con la pasividad obediente de ser buena hija, y la maternidad y domesticidad como ideales sociales, según hemos estudiado páginas atrás.

Siete años después de la novela inacabada de "Los novios", la publicación de *Cumandá*-folletín en la prensa colombiana resultaba totalmente coherente con la visión de Mera de novelar para moralizar al pueblo. Esta publicación no solo complementaba su publicación quiteña como libro, sino que le permitía a Mera tener ambas ediciones de su novela publicadas de manera casi simultánea el mismo año 1879. Es posible imaginar que Mera tuvo que esperar varios años para una posible republicación de su novela como folletín en la prensa ecuatoriana. Ángel Esteban, de hecho, fecha esta "primera edición" en el periódico *La Patria* de Quito, en 1905, un cuarto de siglo después de haber sido publicado el libro. Lo que Mera probablemente nunca imaginó es que la publicación colombiana de su novela quedaría olvidada en su propio país.[7]

El Deber, Periódico Político, Literario, Industrial y Noticioso, dirigido y editado en Bogotá por F. Fonseca Plazas y redactado por Carlos Holguin, era, al igual que *La Prensa* de Guayaquil, un periódico de formato grande, impreso en cuatro planas divididas en cuatro columnas y que se leía dos veces por semana. Imprescindible decirlo, *El Deber* se funda, además, como una tribuna de defensa, opinión y reflexión de la doctrina conservadora, tal como lo advierte su prospecto: "esta sola palabra —el deber— contiene todo un programa político y moral".[8] Así, la doctrina e historia del partido conservador estaba entremezclada con la actualidad política y económica de Colombia

---

7. Las razones para el olvido de esta primera publicación de *Cumandá*-folletín merecen una investigación ulterior. Es posible que el mismo Mera haya preferido publicitar la edición como libro, dejando en la sombra, al menos para los lectores ecuatorianos, la publicación colombiana de su novela como folletín. Algo queda claro: Mera conoció y autorizó esta publicación colombiana. En *El Fénix* del 10 de enero de 1880 (n.° 7), el propio Mera comenta el texto de Acosta de Samper que prologa la edición de *Cumandá*-folletín, en el mismo momento en que *El Deber* todavía la estaba publicando por entregas en Bogotá. La última de ellas data del 30 de enero. Significativamente, el comentario de Mera no dice nada sobre la publicación de *Cumandá*-folletín y tampoco considera al texto de Soledad Acosta como un prólogo a su novela, sino simplemente un comentario de la prensa extranjera. El olvido de esta primera edición deja abierta una serie de interrogantes: quién editó *Cumandá* en su nuevo formato por entregas, cómo fue la recepción de esta novela en Colombia, o qué comunicación epistolar hubo, si hubo alguna, entre Mera y Soledad Acosta. Es posible, por otra parte, que dicha comunicación epistolar no haya ocurrido directamente con Soledad Acosta, sino con su esposo, José María Samper, quien estuvo a cargo de la dirección de *El Deber* entre 1878 y 1881.

8. Gracias a la Biblioteca Virtual del Banco de la República de Colombia, *El Deber* y su publicación como folletín de la novela *Cumandá* de 1879 están disponibles en línea de forma gratuita. Véase la "descripción" de esta publicacion en línea en https://babel.banrepcultural.org/digital/collection/p17054coll26/id/16231.

y la creación literaria, la cual se centraba en la publicación de novelas y poesía, principalmente. Hacia octubre de 1879, las páginas de *El Deber* habían alcanzado una presencia notoria en la escena política y cultural bogotana; se trataba de un periódico que se había establecido y ponía en circulación en su cuarto trimestre el número 102.

La publicación de *Cumandá*-folletín no solo involucró la existencia de un lector colombiano masivo, sino que la misma experiencia de lectura resultaba distinta. Se trataba de una lectura acelerada, simultánea, entremezclada con otros temas y tipos de narración, y que presentaba, además, una organización de la novela única. Mientras que el libro apareció dividido en 20 capítulos, *Cumandá*-folletín fue publicada en 36 entregas. En otras palabras, los cortes de la novela no respondían a los capítulos del libro, sino que eran muchísimo más breves. La publicación semanal de *Cumandá*-folletín favorecía un modo de lectura ágil y pasajero, que se confundía con la extensión de las noticias e información de cada día, y la aceleración del tránsito urbano del lector de un lugar a otro. La lectura de la novela se convertía así en una *forma de viaje*: resulta significativo imaginar al lector de *Cumandá*-folletín siendo transportado al mundo de la selva amazónica ecuatoriana, hogar de la protagonista, mientras se movilizaba al trabajo, visitaba una cafetería o regresaba a su casa. La lectura de *Cumandá*-folletín cruzaba aquí sus caminos con la experiencia lectora del *flaneur*, el paseante urbano.[9]

Todo esto hace pensar en la lectura de *Cumandá*-folletín como una experiencia exótica, tanto en lo espacial como en lo temporal. Las palabras del narrador de *Cumandá*, en este contexto, adquieren una dimensión totalmente nueva: "Lector [...] Pocas veces volveremos la vista a la sociedad civilizada; olvídate de ella si quieres que te interesen las escenas de la naturaleza, y las costumbres de los errantes y salvajes hijos de la selva" (*Cumandá* 33).[10] Es significativo observar, además, que la nueva organización de *Cumandá*-folletín aprovecha los momentos en que su narrador omnisciente le habla

---

9. La selva de *Cumandá* no es solo una selva de papel, hecha de libros y referencias bibliográficas, sino que también forma parte de la experiencia de un lector y lectura urbanos. La figura del *flaneur*, como paseante de la ciudad, resulta así fundamental. Releer a *Cumandá*-folletín a partir no del escenario selvático de su trama, sino del escenario urbano en que la lectura ocurre y el medio masivo-mediático de la prensa que transmite la historia, es una tarea todavía pendiente.

10. Las citas de *Cumandá* corresponden aquí a la edición de Clásicos Ariel.

directamente al lector para engancharlo con la próxima entrega. Así, el último párrafo del primer capítulo de la novela se dirige explícitamente al lector del periódico para invitarlo a seguir leyendo: "Lector, hemos procurado hacerte conocer, aunque harto imperfectamente, el teatro en que vamos a introducirte: déjate guiar y síguenos con paciencia" (33). Más adelante, al final del capítulo tres, el narrador de la novela invita una vez más al lector a continuar su lectura en la próxima entrega del periódico. Así leemos: "La hija de Tongana está, pues, enamorada; de quién? Este misterio trataremos de descubrir, áun ántes que lo trasluzcan en su tribu, siguiéndola en sus excursiones solitarias por las márgenes del Palora" (42).

¿Mera escribió estas interjecciones narrativas previniendo de forma anticipada la publicación futura de *Cumandá* como una novela de folletín? El hecho es que el narrador aparecía ahora como si le hablara al lector del periódico y lo invitara a continuar en la siguiente entrega. Y este gesto se convertía así en una de las marcas discursivas singulares y específicas de la novela-folletín de Mera. En otros pasajes, la narración de la novela aparece además como si esta fuera una nota de prensa, una crónica escrita en primera persona. En *Cumandá*-folletín se lee: "En este punto se hallaban las relaciones y proyectos de nuestros jóvenes al tiempo de la entrevista en que los hemos sorprendido, y en vísperas de la gran fiesta de las canoas á la cual los vamos á seguir" (69).

El narrador de la novela es una voz directa, que le habla de manera personal al lector del periódico, y que, además, da cuenta de los hechos imaginarios de su narración como si fueran un evento real, del cual es un testigo. La narración novelística de Mera, en definitiva, cruza aquí sus caminos, intencionadamente o no, con algunas funciones propias de lo que hoy llamaríamos periodismo narrativo o literatura de no-ficción.[11] Entendida como un instrumento de moralización masiva en la prensa, la novela de Mera es también una historia victoriosa del bien contra el mal: Tongana, el indio irreligioso y violento, se convierte a la fe cristiana antes de morir; el incesto de Cumandá y Carlos, hermanos de sangre, nunca sucede; y la muerte brutal de Cumandá es glorificada como un homenaje a la santidad de la Virgen María, como hemos explicado en un capítulo anterior.

---

11. El periodismo narrativo es una escritura literaria y periodística que entremezcla los formatos de la ficción y los contenidos de la realidad. Es, a diferencia de la novela de Mera, una narración de la realidad, pero contada de manera literaria.

La publicación de *Cumandá*-folletín es excepcional, finalmente, porque viene prologada por Soledad Acosta de Samper, eminente novelista, ensayista, historiadora y periodista colombiana. Aunque no parece existir evidencia de una correspondencia personal entre Acosta y Mera,[12] sus coincidencias como escritores son múltiples y profundas. Los dos, en primer lugar, son plenamente contemporáneos. Mera nació en Ambato, en 1832; y Acosta en Bogotá, al año siguiente. Ambos, igualmente, profesaron un credo fuertemente romántico y católico, siendo reconocidos como novelistas y ensayistas destacados en sus respectivos países. Si para 1879, Mera había ya publicado decenas de artículos políticos, discursos, poemas y ensayos literarios en distintos periódicos del Ecuador; Acosta, de forma análoga, tenía ya inscrito su nombre también sobre docenas de publicaciones de crítica literaria, crónicas de viaje, ensayos, traducciones y otros textos diversos en la prensa nacional y extranjera. Ambos escritores desplegaron a la vez una intensa actividad periodística, usando diferentes seudónimos en sus publicaciones: Alexis, Don Lucas, El Mayordomo, El Tío Geroncio, Hermias, Jenaro Muelán, Pepe Tijeras, Teofrasio, Whipper, entre otros, en el caso de Mera. Aldebarán, Renato, Bertilda, Andina, S. A. de S., en el caso de la escritora colombiana. Aunque Mera, a diferencia de Acosta, no llegó a dirigir nunca una revista literaria, la escritora colombiana tampoco ocuparía, como Mera, cargos políticos gubernamentales. Resulta singular que siendo escritores tan cercanos y notorios en países vecinos, no hayan tenido nunca algún tipo de contacto directo.

El artículo-prólogo de Acosta empieza describiendo las dificultades de escribir una buena novela en español, sea por "la manía de plagiar", sea por los intentos caricaturescos e inverosímiles con que se ha intentado imitar a la novela francesa, inglesa y alemana. Para Acosta, "Esto prueba que debemos buscar una via diferente, adecuada al espíritu del idioma y á las inclinaciones de la raza" (n.º 100). Un modelo ejemplar de esta búsqueda de originalidad americana se halla, afirma Acosta, en el escritor norteamericano James Fenimore Cooper, conocido popularmente por su novela *El último de los mohicanos* (1826); y más recientemente, en *Cumandá*, novela que considera como una obra fundacional, largamente esperada en la región sudamericana. Y así afirma: "Cumandá llena enteramente el objeto que quisiéramos que tuvieran en mira todos nuestros literatos, es decir, que es del género descriptivo y hace

---

12. Así lo confirma la investigadora colombiana Isabel Corpas de Posada, experta en la obra de Soledad Acosta, a quien agradezco esta observación.

conocer a su país" (n.º 100). Acosta añade, además, que el estilo de *Cumandá* es "sencillo", "limpio", "castizo", pero carece de "ampulosidad", mal del que adolecen los "descendientes de los españoles"; y tiene el "don de pintar la naturaleza" con mucho arte y de manera perdurable en la memoria (n.º 100). En palabras de la novelista colombiana, lo que inmediatamente impresiona de *Cumandá* es la localización de su historia: las orillas de los ríos Palora y Pastaza, afluentes del Amazonas, una de las regiones "más agrestes del mundo". Acosta de Samper declara: "el autor describe gráficamente varias fiestas y costumbres raras de los indígenas de aquellas partes, y en medio de esto crece y se desarrolla el drama" (n.º 100).

Al carácter gráfico de este escenario selvático, Acosta observa, además, que se suma la simplicidad de sus personajes: dos jóvenes inocentes, dos jefes indígenas supersticiosos, un fraile caritativo, y los indios, vistos bajo la mirada descriptiva, cándida y poética de sus costumbres salvajes. La única crítica de la escritora colombiana es que si Mera hubiera escrito su novela en otro idioma, quizá esta le hubiera valido mayor reconocimiento en un país extranjero. Y así pregunta la escritora colombiana: "en nuestras Repúblicas ¿qué vale el escritor de un buen libro? Nada absolutamente a los ojos de sus conciudadanos, los cuales en su mayor parte leen muy poco, y en cuanto a los extranjeros nunca lo leerán estando en lengua castellana" (n.º 100). Se trataba de una observación que aplicaba también a sus propias novelas, las cuales tenían el peso negativo adicional del género de su autora.[13]

En su artículo-prólogo, Acosta no dejará de citar de manera textual ciertos pasajes notables, llenos de "maestría", de la novela de Mera. La posición de la escritora colombiana como lectora de *Cumandá* evidenciaba que la publicación de la novela como libro había sucedido pocos meses antes. Esta posición, además, llevaba a Acosta a sugerir el carácter periodístico de su autor. Mera enlaza "la verdad con la ficción con mucho arte, y los hechos bárbaros que

---

13. La prolífica escritora colombiana escribió más de veinte novelas, cincuenta narraciones cortas y cientos de artículos periodísticos, además de fundar y dirigir varios periódicos dedicados al género femenino. Entre algunas de sus novelas se encuentran: *Novelas y cuadros de la vida sur-americana* (1869), *Laura* (1870), *Constancia* (1871), *Los piratas en América* (1886) y *Una holandesa en América* (1895). Para una descripción bien organizada y completa de la obra de Samper remito a la bibliografía proveída por Flor María Rodríguez-Arenas como anexo a su edición de *Novelas y Cuadros de la vida Sur-Americana* (2006).

ejecutan aquéllas tribus indígenas con el fresco-idilio que es el fondo mismo del drama que relata" (n.º 100). La lengua cuidada, la geografía exótica, el estilo descriptivo, el argumento sencillo: para Acosta estas son las claves de *Cumandá*.

La novelista bogotana termina su ensayo-prólogo recomendando de manera entusiasta la lectura de la novela, obra del "poeta y literato distinguido" que había sido nombrado hace poco miembro de la Real Academia de la Lengua Española. Sus últimas palabras están dedicadas al propio Mera, cuando de forma directa escribe: "Y si nuestra débil voz llegára hasta él le diriamos que ya que él transita por una via literaria enteramente original y digna de la jóven América, que no desmaye en ella y que continúe regalándonos con obras como *Cumandá*" (n.º 100). La "débil voz" con la que Acosta se autorrepresenta de forma inesperada, excusándose a sí misma de haber tomado la palabra para analizar la obra de Mera, hace explícita su posición subordinada como mujer ilustrada en la cultura patriarcal dominante. La necesidad de autodefinirse como "débil" puede verse como una estrategia retórica frente a la posible censura de los más "fuertes". Se trataba, como hemos estudiado en este libro, de una forma de *falsa modestia* que había estado presente en la autoría femenina ya desde los tiempos coloniales de sor Juana, pero que continuaba presente en poetas de la época como Dolores Sucre o Dolores Veintimilla. En su prólogo, Acosta usa la debilidad impuesta sobre la mujer, que es idealizada por el propio Mera en su novela, para invertir la fórmula: la "débil voz" deja de ser silencio, mutismo o pasividad femenina para convertirse en una excusa fingida desde donde hablar. Resulta paradójico pensar que el censor ecuatoriano de la obra de sor Juana fuera ahora el que recibiera, en la voz viva de una escritora colombiana contemporánea, la clase de excusas que usara sor Juana, no sin mofa y escarnio de sus interlocutores.

En el artículo "Algo sobre literatura americana", publicado en *El Fénix* el 10 de enero de 1880, Mera responde a Acosta en los siguientes términos: "Ha llegado su voz á mí, como se ve, y ha tenido de mi parte la acogida que se merecia. Ojalá estas líneas, que á tan estimable señora van encaminadas, lleguen á ella á su turno, como muestra de simpatia y respeto" (n.º 7). Se crea así un contrapunteo de ideas singularísimo, en una época en que la participación de las mujeres en la crítica literaria era prácticamente inexistente, teniendo como excepción a Serrano o Pardo Bazán, entre otras pocas extranjeras. Esta respuesta es extremadamente elogiosa, pues como él mismo explica: "si hago especial mencion del articulo de la señora Samper, la insigne escritora colombiana, es sólo porque ella ha comprendido mis tendencias literarias, y la necesidad de la América española en lo tocante á bellas letras, cual es la de sacudirse, en lo razonable y posible, de las influencias europeas y dar á sus obras novedad y carácter propio —esto es, hacerlas verdaderamente americanas" (n.º 7).

El americanismo literario de Mera encuentra en los comentarios de Acosta sobre *Cumandá* una voz compatible, cercana a sus propios principios. Dicho de manera simple: el lenguaje de la "literatura americana" debe ser castizo, universal, correcto, pero su contenido (temas, protagonistas, escenarios, etc.) no puede ser sino profundamente americano, nuevo, original. Mera escribe: "No decimos que la literatura sudamericana debe nunca dejar de ser española por la forma y la lengua [...] Creer que la novedad de una literatura proviene del cambio de su parte material, es tamaño error [...] La originalidad debe estar en los afectos, en las ideas, en las imágenes, en la parte espiritual de las pinturas" (n.º 7). Para Mera, al igual que para Acosta, la falta de originalidad y merito literario, el afán de copia y el extranjerismo son los peores "síntomas del malestar moral e intelectual de los pueblos sudamericanos" (n.º 7).

A pesar de sus elogios y acuerdos con Soledad Acosta, Mera no reconoció el juicio crítico de la escritora colombiana como un "prólogo" a su novela en el periódico *El Deber*, valorándolos simplemente como parte de los comentarios que esta "ha tenido la honra de llamar la atención de la prensa extranjera" (n.º 7). La cita de Mera en el momento en que Acosta habla de su "débil voz" para justificarse en su juicio, exhibe, además, una posición paternalista y de superioridad, bajo la cual, y solo desde la cual, el novelista decide responder. Una correlación, evaluación y comparación crítica entre la obra literaria de Acosta y Mera está todavía pendiente. Tal empresa resulta ineludible, dada la deuda histórica que existe con la escritora colombiana que prologó la primera edición de *Cumandá* como folletín, a pocos meses de haber sido publicada como libro.

Una carta-ensayo de Emilia Pardo Bazán a Montalvo

No existe en toda la obra de Montalvo ni un solo ensayo o comentario importante dedicado a las escritoras ecuatorianas más ilustradas de su época. Este silencio e indiferencia tuvo también su contraparte: ninguna de estas mujeres escribiría tampoco sobre su obra, no al menos en vida del escritor. Una famosa novelista, periodista, dramaturga, poeta, crítica literaria, traductora y editora española, sin embargo, fue la excepción. Considerada en la actualidad como una de las escritoras más importantes del siglo XIX español, Emilia Pardo Bazán daría cabida entre sus múltiples publicaciones al que será el único análisis crítico-literario conocido, escrito por una mujer, sobre la obra de Montalvo. Antes de comentar en extenso este texto sui géneris, sin embargo, es necesario ubicarlo históricamente como el momento cúspide y explosivo de la fugaz amistad y tenso diálogo que entablarían estos dos escritores.

En el *Epistolario de Juan Montalvo*, recopilado y editado por Jorge Jácome Clavijo, una de las primeras cartas de Montalvo a Pardo Bazán aparece fechada en julio de 1886, escrita desde París. Montalvo, nacido en 1832, en 1886 tenía 54 años, y Pardo Bazán, nacida en 1851 en la Coruña, 35. Había una diferencia de casi veinte años entre ambos. En este marco cronológico, Montalvo, en ese momento, está viviendo su exilio más largo en Europa (de 1881 a 1889); la mayoría de sus obras ya han sido publicadas, goza de cierta fama y reconocimiento, y, de hecho, la muerte lo sorprenderá solo tres años después, en 1889. Pardo Bazán, por otra parte, había empezado su carrera literaria a los 28 años, en 1879, con la publicación de su primera novela, *Pascual López. Autobiografía de un estudiante de medicina*. Hacia 1886, la joven escritora española había publicado poesía, ensayo, crítica literaria, editado revistas y, sobre todo, publicado varias novelas. 1886 es el año, precisamente, en que sale a la luz *Los pazos de Ulloa,* obra que la consagraría como novelista.

Montalvo es plenamente consciente de la estatura literaria de Pardo Bazán, y así lo constata en su primera carta cuando escribe: "Los libros de Ud. me embelesan, todo admiro en ellos, y más que todo los nobles y puros sentimientos de su ánimo. Acepte Ud., señora, las expresiones de respeto con que me pongo a los pies de Ud. Juan Montalvo" (Jácome 187). Esta cordialidad, admiración y respeto con que el escritor ecuatoriano se dirige a Pardo Bazán en 1886, poniéndose a sus pies y enviándole como regalo una copia de *El Espectador*, contrasta brutalmente con lo que piensa sobre las mujeres escritoras en general. En un pequeño ensayo titulado "Las invasiones de las mujeres", fechado en París en 1885 —un poco antes de la carta a Pardo Bazán—, y republicado por Darío Lara en su libro *Montalvo en París*, el escritor ambateño se burlaba socarronamente de las mujeres escritoras de su época en los siguientes términos: "Si estas nuevas no son bolas/ De la gente,/ No bajan de cien las damas/ Españolas/ Que están escribiendo dramas/ Actualmente./ Y si esta de norabuena/ Nuestra escena,/ Los varones en vez de trajes de gala/ Debemos vestir crespones,/ Que estamos de noramala./ Señor, por tus cinco llagas/

Reprende á este sexo impío;/ Pues si da en hacer comedias./ ¿Quién, Dios mío,/ Nos remendará las bragas/ Y las medias?" (520). En su ensayo, Montalvo invoca a la reprensión divina y violenta para castigar al "sexo impío" de las mujeres escritoras que descuidaban sus roles domésticos. El hogar y el cuidado de la familia antes que las letras femeninas era la máxima de este orden patriarcal de control y censura en el Ecuador de la época. La mujer educada y escritora fue percibida por Montalvo, así como por Modesto Espinosa, Mera y muchos otros, como una molestia y una posible amenaza al orden público masculino.[14] Montalvo insiste y escribe:

> Las mujeres doctoras son invasoras; invasoras del aula, la universidad, el hospital; y sus pasos atrevidos son invasiones que los hombres de juicio debemos rechazar, a mano armada, si es necesario; entendiéndose por mano armada el declararlas inhábiles para primeras ni para segundas nupcias. Si todos nos sostenemos en este propósito, nos libertaremos seguramente de las médicas, las abogadas, las ingenieras, y más sabias que en Francia, Inglaterra, Alemania, y particularmente en los Estados Unidos están amenazando con echarnos a perder el reposo y felicidad (519).

Así pues, la amistad de Montalvo con Pardo Bazán estuvo condicionada, en realidad, por su visión masculina sexista y autoritaria sobre las mujeres escritoras, y, como veremos, tendrá un desenlace explosivo. En sus primeras cartas, la escritora española elogiaría el estilo de escritura altamente culto del ecuatoriano, que aparece según ella "unas veces esculpido en bronce, otras en terso alabastro, y otras modelado en viva carne" (Jácome 189). A través de esta correspondencia, y por el lapso de un año y medio, aproximadamente, Montalvo y Pardo Bazán compartirán su vida cotidiana, sus ideas sobre sus publicaciones, y descubrirán sus cercanías como escritores: son románticos, católicos, liberales, críticos de la corrupción y fieles devotos de un manejo depurado del lenguaje. En sus cartas a Montalvo, Pardo Bazán se declarará su

---

14. El mismo proceso de formación y consolidación de la nación-Estado ecuatoriana en el siglo XIX transformaría la estructura familiar y la domesticidad de la mujer en medios poderosos para el establecimiento de la integración nacional, la estabilidad política y el control social. La autoridad paterna, en consecuencia, se ampliaría e institucionalizaría hacia todos los órdenes de la sociedad ecuatoriana, incluyendo el mismo aparato estatal.

"amiga" y "admiradora", lo pondrá en contacto con nuevas obras y escritores de la época, y no dudará en confesarle que "es U. de las personas más cabales, inteligentes y simpáticas que me ha deparado la suerte conocer" (199). Montalvo, por su parte, se identificará como su "afectísimo amigo" y "seguro servidor", y luego de leer *Los pazos de Ulloa*, declararía de manera efusiva que "me llenó de gozo el ver que alma tan delicada como la autora de ese libro me fuese favorable por temperamento y convicción" (238).

El análisis crítico de la correspondencia privada entre Montalvo y Pardo Bazán nos permite entender que, a pesar de los elogios y admiración mutuamente compartidos, habrían existido al menos tres causas importantes para la ruptura de esta amistad. Una primera observación es que Montalvo aceptaría el intercambio intelectual que le propone Pardo Bazán siempre y cuando este se mantenga dentro de los estrechos límites de la correspondencia epistolar. En sus primeras cartas, Montalvo parece disfrutar este intercambio de experiencias e ideas con Pardo Bazán, a condición de que se limiten al orden de lo privado, como esas "cartas familiares" de ciertos escritores "que han pasado a la posteridad, y son verdaderos monumentos literarios" (259). En carta del 8 de abril de 1887, el escritor ambateño explícitamente escribe:

> Si por algo consintiera yo en las ausencias de mis mejores amigos, sería por el placer de escribirles y de recibir sus cartas. Por aquí puede usted ver si deseo cultivar con usted la correspondencia epistolar, y si ellas pueden serme fastidiosas, según la poco sincera aprensión de usted. Este género de literatura privada, además, es muy socorrido y tiene sus bellezas (259).

La segunda observación que se desprende de esta correspondencia intelectual de cartas-ensayo a las que aspira Montalvo, es que, progresivamente, ambos escritores van a darse plena cuenta de sus distancias estéticas e ideológicas. Pardo Bazán, a diferencia de Montalvo, es mucho más ecléctica y liberal en su pensamiento, y así, a pesar de sus influencias románticas y católicas, su obra literaria está también fuertemente influida por el naturalismo y el realismo, y su visión grotesca y brutal de la realidad cotidiana. Esta perspectiva estética viene entrecruzada, además, con una posición protofeminista de denuncia social de la situación miserable en que vivían muchas mujeres pobres de su tiempo. Montalvo hace explícito su disgusto al respecto cuando escribe: "Gracias, señora, por los conceptos que Ud. ha expresado en su carta, mas no piense que con esto me ha conquistado para que mande esta noche [por las localidades de] *Le Ventre de París* de su amigo Zola, cuyo sistema no admiraré jamás, aunque reconozca su talento descriptivo" (240). No hay duda, en este punto, de que Pardo Bazán encuentra en Montalvo a un interlocutor informado, culto y que le resulta estimulante en términos intelectuales.

Si bien es cierto que Pardo Bazán no se identificaría a sí misma como naturalista, sí asumiría la defensa de esta corriente estética. En su extenso ensayo, *La cuestión palpitante*, publicado en 1883; y poco después, en el prólogo autobiográfico de su novela *Los pazos de Ulloa*, el naturalismo y el realismo, así como las obras de Gustave Flaubert (1821–1880) y Émile Zola (1840–1902) son consideradas como los mástiles de una producción literaria renovadora y progresista. En la misma introducción a *Los pazos de Ulloa*, en particular, la novelista española se referiría explícitamente sobre Montalvo en los siguientes términos: "También los muy avanzados en política, que suelen ser rabiosos idealistas en arte, la tienen en entredicho. Ahí está Montalvo, el notable prosista ecuatoriano, autor de los *Siete Tratados* y la *Mercurial eclesiástica*, y enemigo de las novelas actuales" (72).

La crítica pública de Pardo Bazán a Montalvo no pasaría desapercibida por éste, quien incluso recibiría una copia de esta novela de las manos de su propia autora. Tres cosas resultan significativas en esta singular referencia de Pardo Bazán a Montalvo en *Los pazos de Ulloa*: la primera tiene que ver, insisto, con las distancias estéticas e ideológicas que estos escritores empezarían a descubrir entre ellos. La crítica de Pardo Bazán a Montalvo como un "rabioso idealista" apunta a la manera cómo este ataca a la novela naturalista y realista, privilegiando el mundo ideal de sus lecturas, sus referencias eruditas y, sobre todo, su visión abstracta de la libertad, la belleza o la felicidad, por sobre la descripción de la realidad cotidiana efectivamente existente, con sus fealdades, inmoralidades y abyecciones.

La segunda cosa significativa es el sentido público que estas discrepancias van adquiriendo. Montalvo experimenta así algo totalmente nuevo, inesperado —y, sin duda, desagradable— en su carrera literaria y vida personal: la existencia de una mujer escritora famosa, extremadamente talentosa, decidida y erudita, que no solo lo trata como a su igual en lo privado, sino también en lo público, y que, además, lo contradice y critica. Es este aspecto público de la discusión estético-literaria entre Pardo Bazán y Montalvo el que me interesa resaltar aquí. En sus discusiones públicas con la escritora española, Montalvo revelará abiertamente una posición sexista, moralizante y autoritaria.

Para Montalvo, y esta es una tercera observación decisiva, este intercambio intelectual público no sucede entre iguales. En *El Espectador*, Montalvo responde molesto al juicio poco razonable y la falta de discreción de Pardo Bazán:

> En uno de sus libros (*Los pazos de Ulloa*) me ha llamado "rabioso idealista", como si entre la rabia y las fervientes reclamaciones del espíritu hubiera correlación moral. Hay vocablos que no admiten vínculos entre sí, porque las ideas que representan no se ofrecen para una combinación razonable. Dudo que un idealista pueda ser rabioso; pero aun así y todo, acepto el juicio, por que él me endereza el tuerto que me hacen pensadores menos discretos que ella (100–101).

Montalvo convierte la acusación de "rabioso idealista" en un elogio, una observación oportuna. En su pensamiento estético-literario, el "bello ideal" es la "forma más perfecta y más elevada" de las cosas que existen. Al cuestionar frontalmente al naturalismo, Montalvo observa: "Si el naturalismo es el arte de escribir según la naturaleza y de presentar las costumbres de los hombres y los pasos de la vida como ellos ocurren, yo no alcanzo la necesidad de presentarla siempre por su aspecto desdichado y criminal" (92). En otras palabras, no solo que el naturalismo ha desvirtuado la realidad natural identificándola con el "mal", el "vicio" y la "desgracia", sino que el "verdadero naturalismo" es en realidad "idealista", en el sentido de que la felicidad, el bien y la virtud son también realidades existentes. ¿Por qué la naturaleza ha de identificarse exclusivamente con la "infidelidad", el "adulterio", el "veneno" o el "suicidio"?, pregunta Montalvo. Y él mismo responde así:

> Yo pienso que un escritor naturalista puede no estar reñido con el bello ideal, que en todas las cosas es la belleza en su forma perfecta y más elevada; y pienso también que el escritor idealista no es adversario implacable del naturalismo, porque tan luego como se aparta de la naturaleza, la idea viene á ser extravagante y monstruosa ("El naturalismo" 101).

Para Montalvo, "Flaubert, Goncourt, Zola y todos los franceses que han fundado el naturalismo y lo defienden con la punta de la espada" (104), han corrompido el género de la novela, convirtiéndola en algo inmoral y grotesco. Y es así, precisamente, cómo juzga a la novela de su amiga española. Montalvo es ahora quien anota en *El Espectador*: "Ninguna de las novelas de Doña

Emilia Pardo vale más, en mi concepto, que esa en donde menos ha seguido á los dramaturgos de la barriga (los naturalistas); esto es, 'Los Pazos de Ulloa'" (99). El realismo de esta novela, para Montalvo, es únicamente aceptable porque es "sencillo", hay "personajes vivos", "escenas, de las que pasan cada día", "diálogo admirable" y "lengua casta y castiza". Lo que salva a Pardo Bazán del burdo naturalismo, juzga Montalvo, es su talento, su sensibilidad refinada. El escritor ambateño anota:

> Su impetuoso talento la arranca de la vil materia y la lleva á las regiones superiores del universo; su corazón no bate fuertemente sino donde reinan el amor puro y las pasiones acrisoladas; y así, será idealista siguiendo fiel y santamente á la naturaleza, como será naturalista sin estrellarse contra la belleza impalpable y el fuego sagrado de la idea (100).

A pesar de estos elogios, la realidad es que novela de Pardo Bazán está manchada, afectada por ciertas influencias indeseables. En su correspondencia privada con la escritora española, Montalvo llegará a sugerirle cambios precisos en su novela ya publicada. En carta de 12 de marzo de 1887, Montalvo escribe:

> Cuando haga la segunda edición de su linda novela de los Pazos, deje, si le gusta, que Sabel salga despeinada y restregándose los ojos del cuarto de su amo; pero en la escena del baño será mejor que la chiquita no le abra los muslos al bellaquino de Perucho. Por aquí puede Ud. ver hasta dónde soy naturalista, y cuán excusado es predicarme, como Ud. lo ha hecho, el naturalismo a lo Flaubert y a lo Zola (Jácome 239).

No es difícil imaginar, además, la incomodidad de Montalvo con el hecho de que haya sido la pluma de una mujer, modelo angelical de la virtud doméstica, la que describiera de manera tan descarnada esta escena novelesca. En carta del 8 de abril de 1887, Montalvo le comenta a su amiga: "Mujeres como usted son siempre colaboradoras de Dios en la felicidad de sus semejantes, porque no en vano a puesto él en ellas corazón delicado y sonoro" (261). La misma idea, en sentido inverso, aparece en *El Espectador*, cuando Montalvo comenta la escandalosa novela de Gustave Flaubert, *Madame Bovary*, en que este novelista parecería estar glorificando el adulterio y vicios de la protagonista. Montalvo pregunta: "¿Qué aprende la esposa honrada en ese libro? ¿Qué la aprovecha ese estudio á la asociación géneral? Esas aventuras son la prueba del agua amarga para los hombres" (95).

Montalvo defiende así una posición moralizante y conservadora con respecto a la novela moderna, y en particular asume un rol autoritario como corrector moral de la novela de Pardo Bazán. Al igual que Juan León Mera con respecto a la poesía femenina de Dolores Veintimilla y sor Juana Inés, Montalvo adopta una posición de superioridad moral frente a los valores y virtudes femeninas de la escritura de Pardo Bazán. Montalvo, dicho de manera más simple, quiere moralizar y educar a su amiga española. Ante esto, Pardo Bazán le responderá a Montalvo públicamente, de igual a igual, haciendo gala de toda su erudición, sentido crítico y fino humor. En carta del 3 de julio de 1887, Pardo Bazán le anticipa a Montalvo, de forma cordial:

> Ud. recordará que le había ya manifestado intenciones de decir algo público, refiriéndome a sus obras de Ud. Me ha parecido que la forma amena de una especie de controversia o respuesta a las alusiones que me dirige Ud. en el segundo tomo del Espectador, interesará más a los lectores que un examen muy de propósito el cual por otra parte exigía más calma (Jácome 288).

"Literatura y otras hierbas. Carta al Señor Don Juan Montalvo" es una carta-ensayo publicada en la *Revista de España*, en Madrid, en 1887, que no busca la confrontación personal y que aspira, de hecho, a que este comentario crítico "no le descontente" al escritor ecuatoriano, pues hay "el elogio entre la réplica" y el reconocimiento de que "he leído a Ud. despacio y con fruición" (Jácome 288). La "respuesta" de Pardo Bazán, como la llamaré aquí en homenaje a sor Juana Inés, busca varios objetivos: debatir las críticas de Montalvo al naturalismo, en particular a Flaubert; defender y definir de manera pública su propia posición como escritora; y evaluar las varias obras que el escritor ambateño le ha enviado y en que este la menciona. La "respuesta" es un texto lúcido, erudito y penetrante. Está escrita de manera coloquial, pero rigurosa y amena, como si se tratase de una "digresión" o "entremés literario" (319). La misma elección de haber usado el formato de la carta —que efectivamente le llega también así a Montalvo, fechada en agosto de 1887—, evidencia el tono íntimo y amigable que se intenta evocar en ella.

Pardo Bazán empieza su carta-ensayo refiriéndose a Montalvo como a su "amigo" y contando cómo estaba entretenida con las cerezas del huerto de su casa, cuando su empleada llegó con una copia de *El Espectador* para ella, la cual tenía varios pasajes "donde me alude Ud.". Por ello, lo primero que establece Pardo Bazán es su derecho a una réplica pública. "No llevará á mal que

le dé la respuesta en letras de molde, ni el público dejará de ver con paz esta
digresión ó entremés literario" (319). En el horizonte patriarcal ecuatoriano
de la época —y en la imaginación patriarcal de Montalvo—, se trataba de
una "respuesta" imposible: refutar de forma pública a un letrado, siendo una
mujer, colocaba inmediatamente a Pardo Bazán al nivel de otras escritoras
ecuatorianas descarriadas y altaneras, como Dolores Veintimilla o Marietta
de Veintemilla.

De forma lúcida, incisiva, Pardo Bazán —quien para ese momento ya es
Pardo Bazán, la reconocida autora— no está para pedir disculpas, ni para
excusarse antes de hablar, sino que convierte la anécdota inicial de las cerezas
de su huerto en uno de los temas centrales de su crítica a Montalvo:

> Si parece irreverente la comparación entre las cerezas y los libros de un
> escritor como Ud., yo me comprometo a demostrar que no es sino muy
> adecuada [...] En los escritos de Ud. la forma es la pulpa, carne y zumo
> dulce; la doctrina, á menudo, el hueso; ya sabe que yo no lo puedo tragar
> [...] Comámonos la cerecita llena, apetitosa, de un sabor agridulce tan
> rico; pero arrojemos el hueso [...] y no en la tierra donde pueda germi-
> nar, producir otro árbol. Al mar será más seguro (320).

En esta comparación, lo que la escritora española pone en cuestión es la misma
doctrina de Montalvo, su ideología estético-liberal y católico-conservadora.
Montalvo, para Pardo Bazán, es un moralista, un escritor para el cual "más
fácil le sería volverse fraile con capucha que negador á la manera de Strauss
ó materialista a lo Büchner. Cree y confiesa la divinidad de Cristo, es acérrimo partidario y severo defensor de la moral católica, no le dan peor rato
que llamarle impío" (321–322). Y este es, para la escritora española, el mayor
problema de los que, como él, tienen "fibra de moralistas": subordinan el arte
a la "dignidad" y el "decoro". Pero el arte es solo arte, "deleite estético, puro y
sagrado". Pardo Bazán le aconseja a Montalvo de manera contundente: "goce
Ud., que gozando reza" (329). En este sentido, la queja de Montalvo sobre
cómo sus enemigos lo han llamado "escritor pornográfico", es ahora retomada por Pardo Bazán para darle la vuelta a este insulto e increparlo por su
moralismo: "Ahí verá Ud. De esa lástima no me compadezco poco ni mucho.
¿Pues no le cuelga Ud. el mismo sambenito a Flaubert?" (334). Las críticas de
Montalvo a la novela y drama naturalistas de Zola, Flaubert y otros, aparecen
ahora, en "la respuesta" de Pardo Bazán, como observaciones moralizantes,

superfluas, anecdóticas y que carecen de los matices, distinciones y comple-jidades que la española le explica a Montalvo en relación con la producción dramática francesa, italiana y española, o las relaciones de influencia entre la novela y el teatro de la época como géneros. La "respuesta" se convierte en una clase magistral de literatura europea.

En este punto, Pardo Bazán establece de manera frontal sus diferencias con Montalvo: "Ud. con su idealismo (suprimo el adjetivo de *rabioso*, del cual tra-taremos), y yo con mi sistema de realismo armónico o sincrético (déjeme Ud. llamarle así; ¡quién sabe si ahorro trabajo á eruditos y clasificadores futuros!)" (320), declara. Y más adelante insiste: "¿Qué se deduce de aquí? preguntará un curioso. Nada: que el autor de los *Siete Tratados* y yo no somos correligio-narios ni en estética" (331). La valoración directa, frontal, vital, de la novela de Flaubert, *Madame Bovary*, aparece ahora como la base de la diferencia entre ambos escritores. Mientras que para Montalvo dicha novela no tiene fondo moral y no hace sino glorificar el pecado en función de su naturalismo, para Pardo Bazán "será libro clásico, si ya no lo es hoy, antes de dos lustros" (328). Y aún más, en "lo cortante de la sátira" y su "ironía", *Madame Bovary* es una novela plenamente moral, es "una novelaza, una señora novela, una joya", sentencia la española (329).

La "respuesta" reserva, finalmente, un comentario apologético para el escri-tor ambateño. Al comparar las cerezas jugosas de su huerta con la forma del lenguaje de Montalvo, Pardo Bazán no bromeaba. La "respuesta" declara efu-sivamente: "Comulgamos, sí, en la devoción y culto del habla castellana, que para él, como para mí, es la reina de las lenguas, cifra y compendio de toda la majestad y hermosura, tesoro y mina inagotable de refinados goces para quien conoce sus arcanidades y misterios, sus propiedades y virtudes" (331). El escritor exótico que viene del otro lado del océano, de las lejanas tierras de la "zona tórrida", y, sin embargo, ha cultivado "tan vigorosos acentos" y "ricas cláusulas" de la lengua materna, la lengua de Cervantes, de Garcilaso, de Que-vedo, provocan la admiración de Pardo Bazán. Lo cual, afirma la española, resulta todavía más inusual, más extraordinario, al haber mantenido Mon-talvo como una lengua en uso, aquellos arcaísmos, vocablos y antiguallas que ya no existen en el lenguaje corriente, o que se usan de manera artificial. Pardo Bazán escribe: "Ud. procede con desenfado y señorío [...] la vida, que al estilo le está chorreando, hierve y remoza las sabrosas antiguallas, entreveradas con arte. Lo que en otros flores de trapo [...] es en Ud. rosas carmesíes abiertas, húmedas y fragantes" (333). En los *Siete Tratados* y *El Espectador* aparece el "instinto de prosista de raza", la "feliz osadía" del idioma. Pardo Bazán compara algunos artículos de Montalvo con la sencillez de Stendhal, y con el estilo clásico barroco de fray Luis de León. "Ud., además de venerar y defender el habla castellana, la quiere con cariño fecundo, generador de páginas que algunas no envidian nada á las mejores que se han escrito en ella" (Jácome 332).

Estos elogios últimos de la "respuesta" de Pardo Bazán no servirán de mucho. El descontento y resentimiento de Montalvo fueron inmediatos. El escritor ambateño responderá a la escritora española con la misma moneda con que habría respondido a otras escritoras ecuatorianas de su época: la despreciará con su silencio. La "respuesta" de Pardo Bazán fue asumida así, muy probablemente, como una traición, un atrevimiento, una invasión al sagrado reino de la escritura, privilegio y valor masculinos. Es posible que Pardo Bazán haya creído ingenuamente que podría establecer con Montalvo una relación entre iguales, en que ambas partes tuvieran el mismo derecho al pensamiento, la crítica, y a hacer públicas sus ideas sobre la obra del otro. En carta del 22 de septiembre de 1887, Pardo Bazán escribe: "¿Qué pasa, amigo mío? [...] no he tenido respuesta, ni sabido de Ud. nada. Sáqueme Ud. de incertidumbres. ¿Está Ud. enfermo, o ya no le agrada la comunicación con su leal y cariñosa amiga?" (350). Y casi un mes más tarde, el 27 de octubre, directamente le expresa: "Ud. me ha borrado ya del libro grande, amigo mío [...] Lo advierto y creo que procede de un malhadado artículo [...] Con dolor veo que es así [...] Y en mis horas de soledad me siento más aislada y más triste" (372). El contacto epistolar entre ambos escritores no continuaría más.

La carta-ensayo de Pardo Bazán fue un ejercicio de crítica literaria y reflexión intelectual femenina en sentido pleno. Fue la única crítica pública que recibiera Montalvo en vida de la pluma de una mujer ilustrada. El silencio final de Montalvo puede leerse aquí, en definitiva, como una forma de borradura, censura y desprecio machistas hacia la escritura y pensamiento femeninos de Pardo Bazán, y el existente hacia la mujer ilustrada de manera general en esta época. La mujer escritora y lectora debía guardarse para sí sus críticas al hombre, y quedarse callada a pesar de sus saberes y conocimientos: pretender que no sabe, silenciarse a sí misma. Montalvo, en este punto, fue un intelectual tremendamente moralizante y sexista; retrógrado frente a la defensa de los nuevos derechos de las mujeres en Europa, y partidario ferviente de una cultura de silenciamiento hacia la mujer ecuatoriana en el siglo XIX.

Emilia Serrano y sus sororidades literarias ecuatorianas

Uso aquí el término "sororidad" para referirme de manera específica a aquellas *redes literarias o líricas* entre escritoras que compartieron nexos de reciprocidad, apoyo, amistad, colaboración, instrucción, influencia y/o admiración, en el gran escenario de la escritura femenina del siglo XIX.[15] Hacia 1890 tales nexos permitieron que los nombres de varias escritoras ecuatorianas se hicieran conocer internacionalmente y entraran a formar parte de una genealogía literaria femenina a nivel continental. Este fue el caso, por ejemplo, de la extensa reseña que la novelista perruana Mercedes Cabello de Carbonera le dedicara a Dolores Sucre en las páginas de *El Perú Ilustrado*, el 12 de octubre de 1889; o los comentarios que la peruana Clorinda Matto de Turner, desde Buenos Aires, ofrecería sobre la obra de Dolores Veintimilla, Marietta de Veintemilla, Rita Lecumberri, Ángela Caamaño de Vivero, Carmen Pérez de Rodríguez y Mercedes González, en su famoso ensayo "Las obreras del pensamiento en la América del Sud" (1895). En su monumental obra *La mujer en la sociedad moderna* (1895), la escritora colombiana Soledad Acosta, igualmente, publicó en París algunas referencias breves sobre Dolores Veintimilla, Ángela Caamaño, Dolores Sucre, Carmen Febres Cordero de Ballén, Carolina Febres de Cordero, Mercedes González, Ángela Carbo de Maldonado, Etelvina Carbo, Ana Cortaire de Diago, Isabel Donoso, Felisa Egüez y Felisa Victoria Nash. Para Acosta, "Éstas [mujeres] forman, pues, una respetable pléyade de poetisas que hacen honor á su patria" (402). Matto las llama "obreras del pensamiento", "mujeres productoras que, no solo dan hijos á la patria, sinó, prosperidad y gloria!" (*Búcaro Americano* 7).

En este acápite me referiré, puntualmente, a los comentarios crítico-literarios y republicación selecta que Emilia Serrano hizo sobre cuatro importantes escritoras ecuatorianas del siglo XIX y su inclusión en las letras del continente: Mercedes González de Moscoso, Dolores Sucre, Marietta de Veintemilla y Dolores Veintimilla.

América y sus mujeres. Crónica del nuevo mundo y homenaje a las mujeres que pueblan tan risueño edén (1890) y *El mundo literario americano. Escritores*

---

15. Según el *Diccionario de americanismos* (ASALE), el término "sororidad" es definido como una "agrupación que se forma por la amistad y reciprocidad entre mujeres que comparten el mismo ideal y trabajan por alcanzar un mismo objetivo".

contemporáneos- Semblanzas-Poesías-Apreciaciones-Pinceladas (1903) son dos
obras monumentales que Serrano publicó en Barcelona y que entremezclan
sus crónicas de viaje con las descripciones geográficas, culturales y humanas
de lo que había vivido, las semblanzas de los escritores y personajes famosos de
la política y la cultura que encontró a su paso, y, en particular, las referencias
biográficas y críticas de las mujeres escritoras, artistas, filántropas y patriotas
americanas que, desde Argentina hasta Estados Unidos, había conocido.

América y sus mujeres, en particular, es una obra que buscó forjar en el
lector europeo la idea de un continente que era necesario redescubrir a pie,
sobre el terreno mismo. El grabado que prologa el libro da cuenta de esa diversidad geográfica, de atuendos y costumbres femeninas que contrastan con las
europeas. Emilia Serrano es retratada en su encuentro con estas mujeres de
manera armónica, casi idílica, creando un balance simétrico entre ellas y su
entorno. Los escudos nacionales de los países visitados por la escritora europea no despliegan armas ni posiciones dominantes; América está identificada
con un mundo natural, exótico, singular, como sus mismas mujeres. Cuatro
escritoras ecuatorianas aparecen mencionadas en estas páginas: Ángela Caamaño de Vivero, de quien se dice que "le fueron fáciles la prosa y el verso, y
á más de la belleza en el concepto, tuvo lo florido y galano del estilo" (286);
Dolores Sucre, que "tiene mucha inspiración, pluma fácil y gran naturalidad
en el decir" (287); Carmen Febres de Ballén, "literata que revela dotes especiales en sus versos *A mi esposo ausente*" (287); y Dolores Veintimilla de Galindo,
poeta "dotada con clarísimo talento, corazón de artista y belleza física [...] se
marchitó bajo el peso de dolores íntimos y que no deben divulgarse. Su vida
fué muy corta y desgraciada" (301). La crítica española da cuenta así de un primer acercamiento al parnaso femenino ecuatoriano de la época. Las mujeres
escritoras que bosqueja tienen las cualidades inequívocas de la inteligencia,
el don de la palabra y la pesadumbre de la tragedia. Es significativo, en este
sentido, el tono respetuoso y reservado que exhibe ante la tragedia, pues los
"dolores íntimos", "no deben divulgarse".

Algunos años más tarde, *El mundo literario americano* comentará mucho
más en extenso la vida y obra de varias escritoras y escritores ecuatorianos,
e incluirá, además, una muestra representativa de sus textos. La ambiciosa
empresa literaria de la escritora española, como veremos más adelante, la
colocaría en una posición tan privilegiada como complicada: definir el canon
literario del Ecuador y seleccionar lo más representativo no pasaría desapercibido. En *El mundo literario americano*, Numa Pompilo Llona, José Joaquín

Olmedo, Juan León Mera y Juan Montalvo están unidos a la presencia de cuatro ecuatorianas: Mercedes González —M. G. de M.—, Dolores Sucre, Dolores Veintimilla y Marietta de Veintemilla. Esta es la primera vez que textos selectos de estas ecuatorianas se republican en Europa; y esto sucede, además, gracias al cuidado y "sororidad literaria" de la escritora española. En lo que sigue, analizaré la manera singular en que Serrano comenta la obra de sus hermanas literatas ecuatorianas.

Lo primero que habría que decir es que, a diferencia de Mera o Montalvo en sus textos de crítica-literaria, Serrano se acerca a estas escritoras de una manera personal e íntima, reconociendo sus afectos por ellas y relatando de forma fraternal su encuentro personal con Dolores (Sucre) y Marietta, en particular. El análisis de sus obras está cruzado así con el *testimonio* de su misma vivencia. Sobre Mercedes (M. G. de M.) escribe: "El velo del misterio cubre su nombre, pero sus versos en los que espeja un corazón apasionado y una mente soñadora, levantan pedestal á la poetisa. Ignoro en qué región del Ecuador se deslizó su infancia" (*El mundo literario* I: 340). Al referirse a Sucre, observa de forma personal: "La conocí en Guayaquil, suelo natal de la noble descendiente del Mariscal de Ayacucho, uniéndome con ella lazo amistoso y fraternal, tanto más fuerte cuanto que la poetisa me cautivaba renovando en mí el sentimiento de admiración que de largo tiempo habíame inspirado el guerrero y el prócer de la independencia" (II: 17). De su encuentro con Marietta, comenta: "La vi por vez primera con todas las gracias de la mujer, con todo el brillo y esplendor de los diecisiete años. Era en 1879 cuando, después de larga estancia en el Perú, pasé á visitar el Ecuador" (II: 27). Y, finalmente, sobre Dolores (Veintimilla), anota: "Parecerá más bien un episodio novelesco que un perfil biográfico este, que se refiere á la cuanto inspirada como infeliz poetisa, nacida al pie del volcán Pichincha en la ciudad de Quito y en el año 1829" (II: 20).

Luego de estos párrafos iniciales, las vidas de estas mujeres parecen bifurcarse; de un lado, Mercedes y Dolores (Sucre); del otro lado, Marietta y Dolores (Veintimilla). La española escribe: Mercedes "tal vez llora perdidas ilusiones; tal vez busca consuelo al lanzar al aire la voz de su quebranto [...] En todas sus composiciones desborda el sentimiento [...] algo como anhelos; recuerdos de un bien lejano; memorias de venturas infinitas; resignación amante, y la fe de una alma cristiana" (I: 340). "Dolores Sucre es de aquellas escritoras que, al par de un ingenio de gracia y donaire, poseen el verdadero talento é imprimen en sus obras el sello especial y la espiritualidad que sabe

conmover y luce como estrella en sus producciones" (II: 17). Dolores Veintimilla es mucho más intensa, más fugaz: "su elevado espíritu, su inteligencia
osada y fecunda brilló como un relámpago; la ardiente y novelesca imaginación le hicieron aspirar á la realización de ideales imposibles" (II 21). Y de
Marietta recordará: "En esa feliz época de su vida me encontré a su lado y
en contacto con la futura heroína y escritora, que parecía estar tan lejos de
conquistar un nombre en campos tan diversos [...] meses después leía con
asombro: los detalles de la revolución que estallo en marzo de 1882 y la actitud
guerrera y heroica asumida por Marietta de Veintemilla" (II: 28).

Los comentarios de Serrano sobre Mercedes, las dos Dolores y Marietta,
antes que observar algo negativo o criticable, expresan una profunda
admiración y respeto hacia sus avatares personales y dificultades como mujeres ilustradas, escritoras apasionadas y mentes soñadoras en la sociedad ecuatoriana de la época. Esta afinidad y sensibilidad de la viajera española con
respecto a sus hermanas escritoras ecuatorianas no era gratuita. No solo que
Emilia Serrano había establecido ya nexos de cooperación amistosa con otras
escritoras latinoamericanas importantes de la época como la argentina Juana
Manuela Gorriti o las peruanas Clorinda Matto de Turner y Mercedes Cabello de Carbonera, entre otras. La escritora española era también plenamente
consciente de la importancia de forjar una suerte de alianza letrada femenina
trasnacional; una red de nexos, cooperación y ayuda mutua con las escritoras
latinoamericanas existentes. La fundación y dirección de la revista *Semanario
del Pacífico* (1877), en Lima, fue posible precisamente gracias a estas redes literarias de sociabilidad femenina. En su estadía ecuatoriana, las redes de poder
e influencia de Marietta de Veintemilla, investida como primera dama, fueron
también fundamentales para republicar *Las perlas del corazón* (Buenos Aires,
1875) y declararlas luego lectura oficial en las escuelas del país, el 24 de diciembre de 1879. Veintemilla fue, sin duda, una aliada fundamental de Serrano en
su inserción en la cultura letrada ecuatoriana de la época.

Al referirse a la incomprensión que sufriera Dolores Sucre, la española
comenta que en sus "canciones" quedan reflejadas "las amarguras que des-
trozaron su corazón" y el "triste sentimiento que la malignidad humana hizo
brotar en su alma, cuando se viera mal comprendida é injustamente juzgada.
Largo tiempo estuvo muda la alondra del Guayas, pero buscando consuelo á
sus pesares volvió á pulsar el laúd" (*El mundo literario* II: 18).

Sobre Marietta, ya exiliada en Lima y tan censurada por su intrusión en el mundo político, observa que "tras largos meses de prisión y de sufrimientos escribió en Lima, en el ostracismo al que la habían condenado las pasiones políticas y los varoniles bríos que demostrara en los supremos instantes del combate" (II: 28). En sus *Páginas del Ecuador*, comenta la española, "están retratados los azarosos momentos de la lucha y aquel periodo agitadísimo de la política ecuatoriana en el que, valiente é indomable, [Marietta] expuso su vida en aras de un sentimiento patriótico á la vez que noble y elevado" (II: 28). Es significativo que ni las críticas a Sucre, ni el suicidio de Dolores, ni el exilio de Marietta son motivo de reproche o escarnio en la prosa de Serrano sobre estas mujeres. Al recordar el trágico final de Dolores (Veintimilla), la española anota: "Dotada de un alma delicada y tierna, se sintió herida en lo más hondo de sus afectos y quiso encontrar en la muerte la tranquilidad y la ventura que en la tierra le había sido vedada" (II: 21). Y más adelante concluye:

Dolores Veintimilla fué perseguida hasta el sepulcro por la intransigencia humana: los sacerdotes la negaron sus preces y todo el rigor de la injusticia social se ensañó contra la desventurada muerta. Sólo años después dio la autoridad eclesiástica permiso para que los restos de la cantora ecuatoriana fueran sepultados en lugar sagrado [...] De sus hermosas producciones consignamos aquellas que gráficamente demuestran la amargura que anidaba en su corazón (II: 22).

La vida de Dolores Veintimilla, que parece confundirse con la de una novela de misterio, pues su muerte es "una tragedia difícil de conocer en sus detalles" (II: 23), lleva a la española —como a Ricardo Palma, que es su referente— a enlazar su suicidio con sus poemas. Al republicar "La noche y mi dolor", Serrano, sin pretenderlo quizá, continúa la tradición de una adjudicación malintencionada: republica uno de sus poemas más famosos, y acaso más adulterados de la poeta.

Tal como explica Barrera-Agarwal en su brillante edición crítica de la obra de Dolores Veintimilla, la versión incompleta de este poema sería encontrada, junto con una nota de suicidio, en su casa, en el pupitre de la poeta. Más tarde, este poema será transcrito, alterado y publicado por Antonio Marchán García, pariente y amigo de la escritora, en el periódico *La Democracia*, en 1857. No sorprende demasiado, en este sentido, que "el documento es [sea] incorporado como evidencia al proceso penal que se inicia para esclarecer las circunstancias del suicidio" (*De ardiente inspiración* 24), convirtiéndolo en una declaración manifiesta de la acción calculada y premeditada de la escritora suicida. La versión completa de "La noche y mi dolor" fue encontrada más de siglo y medio después, por Barrera-Agarwal, en los diarios personales de la poeta. Aquí reproduzco estos versos incriminatorios y falsos, una vez más:

> Llegué al instante postrimero... amiga,
> Que el destino cruel me señaló...
> Propicio el cielo siempre te bendiga...! (Serrano,
> *El mundo literario* II: 26).

Si hay un *leitmotiv* que recorre las vidas y escritura de estas mujeres, Serrano lo deja muy en claro en sus comentarios y selección poética y literaria: fueron mujeres que vivieron y escribieron en torno al "huracán de las pasiones", como las llama Dolores (Veintimilla); "las pasiones políticas y los varoniles bríos que demostrara (Marietta) en los supremos instantes del combate" (II: 28); "bellas ilusiones celestiales (que) toman la forma de sagrados besos" (I: 311) en la poesía de Mercedes; o como de manera nítida lo expresa Dolores (Sucre), cuando anota:

> El martirio de un alma soñadora
> Que en vano busca con tenaz empeño
> La verdad en la vida transitoria:
> Y solitaria en meditar profundo
> Ni aplausos ni piedad le pide al mundo (II: 19).

Más allá de una "lectura sentimental" de los poemas de Dolores Sucre, Dolores Veintimilla y Mercedes González, Serrano sugiere que hay una crítica indirecta en sus poemas a los valores y principios sociales que ocultan el sufrimiento, el desamor, la pérdida, la desilusión o la soledad: es la desigualdad de género, el doble estándar de la moral masculina, la inequidad social, lo que subyace. Sucre lo expresa de manera ejemplar cuando dice: "El martirio de un alma soñadora [...] Ni aplausos ni piedad le pide al mundo" (19). Y, sin duda, Dolores Veintimilla también visibiliza y cuestiona estos males cuando anota:

> ¿Por qué, por qué queréis que yo sofoque
> Lo que en mi pensamiento osa vivir?
> ¿Por qué matáis para la dicha mi alma?
> ¿Por qué ¡cobardes! á traición me herís?
> No dan respeto la mujer, la esposa,
> La madre amante á vuestra lengua vil...

Me marcáis con el sello de la impura...
¡Ay! nada! nada! respetáis en mí! (II: 24).

No hay, sin embargo, solo crítica negativa en estos poemas; aquí se afirma también la creación de lazos afectivos, el sentido afirmativo de la sociabilidad femenina, sus sororidades. La selección poética de Serrano deja relucir que varias de estas mujeres están unidas, vinculadas, aliadas, en cierto sentido, por una *comunidad de afectos*. Este es el caso de Dolores Sucre escribiéndole "A una hija del Rimac" o Mercedes González dedicándole un poema a Lastenia Larriva de Llona. Mercedes escribe:

Mas yo os admiro, señora,
Y obligo á la lira mía,
A que vierta la armonía
De la alondra cuando llora.
...
Lo que hoy mi afecto no alcanza
Os pueda, señora, dar.
Os toca á vos perdonar
Que sin dotes ni talento
Eleve mi pensamiento
Hasta vos tan grande y bella;
Si es mi canto una querella
Yo os ofrezco lo que siento (I: 346).

Aquí aparece esa sociabilidad femenina que tiene como fundamento el afecto, las relaciones de colaboración, instrucción, solidaridad, amistad y admiración entre escritoras. En su acercamiento íntimo, respetuoso y cariñoso a estas ecuatorianas, la misma Emilia Serrano visibiliza estos "lazos inquebrantables de la simpatía" entre escritoras de distintos continentes cuando observa:

El inmenso Océano que separa las personalidades, no puede, no, separar los espíritus que se identifican á través de la distancia y se confunden con el lazo inquebrantable de la simpatía; ella nos ha impulsado á escribir los renglones que anteceden y á consagrar estas páginas á la cantora de las florestas ecuatorianas (I: 350).

¿Qué son las sororidades literarias entre escritoras sino una *comunidad de sentimiento* afianzada en el "respeto", la "simpatía" y la "admiración", capaz de cruzar el "inmenso océano"? No existe todavía un mapa de tales sororidades líricas y literarias femeninas ecuatorianas en el siglo XIX, lo cual sería fundamental para entender cómo estas escritoras estuvieron conectadas nacional e internacionalmente, cómo se construyó la recepción crítico-literaria de sus textos entre ellas mismas, o cómo fueron republicados, incluyendo la misma producción lírica, literaria y editorial que se inspira y/o respalda en sus hermandades femeninas.

América y sus mujeres y *El mundo literario americano* no escaparán, a pesar de sus aportes, a la censura y estigmatización masculinas. *La Palabra* publicará, el 11 de abril de 1891, un extenso artículo de N. Augusto González, en respuesta a la primera obra. Este artículo interesa aquí no tanto por *lo que dice* sobre Emilia Serrano, sino por *cómo lo dice*, cómo disecciona y desautoriza ese decir crítico-literario de la escritora española. Luego de elogiar la "magnifica" edición del libro, González comenta: "confesamos que abrimos el libro con alguna desconfianza, debido á la mala impresión que en nosotros y en todo el que conoce la Historia americana, produjo la lectura de la primera de las obras de la Baronesa sobre nuestros asuntos, titulada: *Americanos Célebres*" (325). El primer libro de Emilia Serrano, de acuerdo con González, yerra por la "falta de datos", sus "lamentables equivocaciones" y, sobre todo, su intromisión en la política, desconociendo la importancia literaria de Carbo, Montalvo, Moncayo, Riofrío, Urbina, Alfaro, García Moreno, "y cien otros en el Ecuador" (326). Por otra parte, *América y sus mujeres,* anticipa González, "no merece la censura" porque se aparta precisamente de los intereses políticos: es más autobiográfico, relata los orígenes de la formación literaria de la escritora española, su vida familiar desafortunada y es capaz de transmitir "el corazón sensible de la mujer inteligente" (326). González admira en Serrano sus apasionadas descripciones de la naturaleza americana en sus viajes a Brasil, Perú o Centroamérica; las pintorescas escenas urbanas de Buenos Aires y Estados Unidos, o los encuentros con famosas personalidades de las artes y las letras americanas. El crítico anota:

> Allí [en Buenos Aires], buscó y trató a la distinguida señora doña Juana Manuela Gorriti, esa noble anciana que inspira cariño y veneración á quienes, como los que escribimos estos renglones, la conocimos y aprendimos á amarla y respetarla en tiempos mejores. Precisamente cuando la Baronesa visitó el Perú, la señora Gorriti daba en Lima sus veladas literarias" (327–328).

Las bellas y apasionadas descripciones románticas de la escritora española, en palabras de González, no la excusan, sin embargo, de nuevas y reincidentes "equivocaciones". Al referirse al Ecuador, en particular, González anota: "el que hayan sido deficientes los datos de todo género; que recopiló la viajera en más de un año de permanencia en nuestro país [...] ¡Pero qué mucho, si Montalvo no le merece ni una sola línea de elogio!" (331). La exclusión de Montalvo del panorama literario de la época hace estallar la indignación del crítico, quien impugna: "Felizmente, para los genios no hay sombras" (331). Y ahí donde Serrano afirma que "el Ecuador es pobre en escritores", González se apresta a reclamar:

> Pues ¿Y Montalvo? [...] ¿Y Riofrío, Piedrahita, Avilés, Castro, los tres Moncayos, Salvador, los dos Espinosas, los dos Proaños, los dos Carbos, Luis Cordero, Crespo Toral, Vásquez, Peña, Borja, Cárdenas, Illingworth, Baquerizo, Tobar, Izquieta, Vela, Andrade, Aguirre, García Goyena, Valverde, los dos Borreros, Gómez Carbo, Carrera, los tres Gallegos, Ortega, Tomás Rendón, Pallares, Mata, etc., etc.? (331–332).

González cuestiona, también, la omisión de varias ecuatorianas ilustres como Josefa Cañizares, Josefa Sáenz de Vergara, Manuela Sáenz, Rosa Campusano, y de escritoras como Rita Lecumberri, Jacinta Peña de Calderón, *y de muchas más*" (331; la cursiva es mía). El crítico concluye: "Indudablemente, los datos recogidos por la escritora fueron deficientísimos en lo que á nuestro país se refiere" (332). La crítica de González a *América y sus mujeres* incurre, sin embargo, en lo mismo que cuestiona: el mismo González demuestra cierta ignorancia, desconocimiento o desinterés con respecto a las escritoras ecuatorianas de la época, pues solo acierta a escribir "y de muchas más", habiendo previamente mencionado solo dos escritoras. Al terminar su evaluación de la obra de Serrano, el crítico concluye:

> Tal es la obra de la Baronesa de Wilson. Los americanos debemos agradecerle su buena voluntad, su cariñoso interés, su entusiasmo por nuestro continente. Pero cumple á nuestra prensa, no dejar inadvertido los muchos vacíos que en el libro se notan, á fin de que, si es posible, sean subsanados en una nueva edición (335).

Las críticas de González a Serrano, los reproches de Montalvo a Pardo Bazán y la falsa modestia de Acosta nos permiten elaborar entonces algunas observaciones generales sobre lo que sucede cuando *ellas son las que juzgan*. Aunque la "excepcionalidad literaria" de ciertas escritoras extranjeras sobresalientes como Emilia Serrano, Juana Manuela Gorriti o Emilia Pardo, entre otras, no pasaría desapercibida por los círculos literarios y culturales del Ecuador de fines del siglo XIX, se trataría de mujeres toleradas como una "anormalidad" y elogiadas solo dentro de ciertos límites. Tales exclusiones exigían, directamente, su no-participación en los asuntos de la administración y política públicas. Por eso la *forma romántica y sentimental* en que González elogia la obra de Serrano: le agradece su "buena voluntad" y su "cariñoso interés", dejando en la sombra sus conocimientos y saberes geográficos, culturales y políticos sobre las múltiples realidades latinoamericanas, las cuales estudió y conoció de primera mano. Lo que se podría llamar aquí la "justicia poética" con que Serrano excluyó a Montalvo del panteón literario ecuatoriano de la época es sintomática, precisamente, de la manera cómo la inteligencia patriarcal pensaba que la institución y canon literarios nacionales podían ser perturbados en manos de una mujer. *América y sus mujeres* no es el ensayo literario que González imagina y critica; su proyecto como libro es otro, por eso sus menciones a Ángela Caamaño, Dolores Sucre, Carmen Febres y Dolores Veintimilla, o las observaciones de la viajera española sobre la personalidad de las quiteñas y guayaquileñas que conoce.

La crítica literaria femenina decimonónica es uno de los ámbitos más abandonados de los estudios literarios del siglo XIX en el Ecuador. Este ensayo solo puede ser un primer acercamiento, ojalá no tan superficial, a algunos de los textos, autoras y autores que demarcaron esta producción crítica. Solo una investigación paciente de las distintas publicaciones de época podría empezar a dar cuenta de que más allá de ser una rareza, esta fue una actividad fundamental de la producción, circulación y consumo de la escritura femenina producida. El prólogo de Soledad Acosta a la edición desconocida de *Cumandá* como folletín, el ensayo crítico-literario de Emilia Pardo Bazán sobre Montalvo, y el comentario y republicación de varias escritoras femeninas a cargo de Emilia Serrano abren un camino de investigación que necesita ser profundizado, sacado de su "rareza" y entendido como una práctica cotidiana e inherente de la actividad femenina literaria de ciertas escritoras y sus múltiples lazos de colaboración, amistad, admiración y contacto con otras. La escritura femenina de los afectos y la sociabilidad —tanto negativa como positiva— resulta fundamental en la producción de Dolores Sucre, Dolores Veintimilla, Mercedes González o, inclusive, Marietta de Veintemilla. No deja de ser significativo que Emilia Serrano cierre el siglo XIX poniendo en manos del lector europeo, por primera vez, la obra selecta de estas ecuatorianas ilustres.

Epílogo

L A CULTURA DE SILENCIAMIENTO femenino que imperó en la literatura y prensa ecuatorianas del siglo XIX convirtió el orden de la escritura, y específicamente la escritura masculina, en una gran maquinaria de disciplinamiento, control, censura, borradura y moralización de la mujer, cuya finalidad última fue la reproducción de sujetos femeninos dóciles y domésticos. Esta investigación ha buscado explicar cómo dicha forma de dominación masculina involucró formas subjetivas de sometimiento. Más allá de un orden patriarcal ya institucionalizado y represivo, he querido insistir en su carácter productivo en el orden de la imaginación: sujetar, interpelar, subyugar el alma femenina requirió su misma complicidad, su consentimiento íntimo, su deseo. La imaginación literaria decimonónica no fue un mundo asexuado, únicamente estético o racial, apartado de la discriminación y desigualdad sexual y de género. La relectura que se hace aquí de Riofrío, Montalvo, Mera, Espinosa, Carbo, García Moreno, entre otros, busca arrojar nuevas luces sobre sus posicionamientos con respecto a la mujer y lo femenino, e intenta también desnaturalizar la "lectura rosa" y heroica con que generalmente se ha encubierto o desconocido su pensamiento en cuanto al género. Este estudio arroja varias posibles relecturas en esta dirección: reevalúa las complicidades sexistas entre escritores y políticos conservadores y liberales, discute los límites y contradicciones de la defensa de la ilustración de la mujer con fines domésticos, destaca la existencia de una "misoginia liberal" que muy poco o nada tenía que ver con los ideales ilustrados, resalta el carácter modernizador de ciertas posiciones progresistas católicas en cuanto a los derechos educativos y políticos de las mujeres, y en el ámbito estético-literario, explora algunos de los mecanismos subjetivos del poder masculino en la prensa y literatura de la época. Nada de esto, por supuesto, sucedería en el vacío: los posicionamientos sexistas existentes fueron, en buena medida, una respuesta reactiva a la participación pública ya emergente de las primeras generaciones de escritoras ecuatorianas durante el último cuarto del siglo XIX, así como reflejaron el impacto de los movimientos sufragistas y feministas, y la defensa de nuevos derechos educativos, económicos y políticos de las mujeres en Estados Unidos y Europa. La subordinación de la mujer, y la mujer escritora en específico, en la prensa y literatura ecuatorianas decimonónicas es también la historia de cómo estas mujeres cuestionaron, defendieron y se reapropiaron e instrumentalizaron sus mismas formas de censura, exclusión y silenciamiento, y conquistaron así, a la misma vez, mayores formas de participación social.

Visibilizar el poder masculino en una época en que éste se encontraba naturalizado como parte de la supuesta inferioridad racional de la mujer se ha asumido aquí como un trabajo histórico-crítico indispensable. No es posible hacer una valoración justa de estas formas de dominación masculina subjetivas sin sus contrapesos, respuestas y resistencias críticas diversas por parte de los mismos sujetos femeninos subordinados. Lo que he llamado aquí la *imaginación patriarcal* abre, en efecto, un campo de investigación enorme tanto en el orden de la dominación masculina subjetiva de la sociedad y cultura del siglo XIX ecuatoriano, como en el ámbito de las múltiples respuestas que la misma producción letrada femenina naciente produjo, incluyendo sus dinámicas variadas de aceptación, critica y resistencia. He querido indagar, parafraseando a Foucault en su *Arqueología del saber* (1979), la existencia de una historia femenina de singularidades, de rupturas y "discontinuidades históricas" frente a la persistencia de larga duración, hegemónica, de la cultura de invisibilización que pesaba sobre las mujeres ilustradas de esta época.

La naciente participación pública y política de la mujer decimonónica, y especialmente la de la mujer ilustrada católica progresista, produjo, en efecto, algunas de estas interrupciones históricas en la prensa y literatura de la época. La publicación cosmopolita de *El Tesoro del Hogar*, primer periódico de mujeres de la historia ecuatoriana, dirigido por Larriva de Llona; la estridente visibilidad lírica de Dolores Veintimilla; la publicación extraterritorial, en Lima, de *Páginas del Ecuador* por Marietta de Veintemilla, además de las publicaciones de Emilia Serrano de Wilson, Emilia Pardo Bazán o Soledad Acosta de Samper sobre distintos escritores y escritoras ecuatorianos de la época posibilitaron una crítica y pensamiento femenino emergentes, abriendo nuevos escenarios de participación y apoyo a los derechos de las mujeres en general. En el horizonte histórico de las últimas décadas del siglo XIX, como escribió Rita Lecumberri, una "nueva era de la mujer" había comenzado en las sociedades modernas, y el Ecuador no era una excepción. Es en esta coyuntura histórica conflictiva de invisibilizaciones sexistas y participación pública femenina que este libro desarrolla una mirada problemática sobre cómo las mujeres —y las mujeres escritoras decimonónicas, en particular— fueron sujetadas y controladas subjetivamente, y, a la vez, llegaron también a defender su emancipación doméstica, social, cultural y política. La discusión legal sobre el derecho al voto de la mujer en los debates parlamentarios de la Asamblea Constituyente de 1883, y la consiguiente publicación del ensayo "Disertación sobre los derechos de la mujer" (1884), de Pedro Carbo, aparecen, en este contexto, como un momento de clímax en los debates públicos existentes sobre la participación pública de las mujeres y sus nuevos derechos, en el contexto de reafirmación de un Estado patriarcal y conservador.

Una mirada transversal de los estudios aquí desarrollados permite visibilizar, además, un conjunto de problemáticas todavía no suficientemente estudiadas en el universo de la cultura letrada femenina decimonónica ecuatoriana. Quisiera referirme aquí de forma explícita a seis cuestiones centrales.

En primer lugar, las maneras heterogéneas cómo las primeras mujeres escritoras e intelectuales que participaron en la prensa y literatura de la época se apropiaron del silenciamiento impuesto, convirtiéndolo en un instrumento ambiguo de autosilenciamiento estratégico y crítica velada. Las estrategias retóricas de silencio fingido, que Ludmer ha llamado "estrategias del débil", atraviesan, sin duda alguna, la obra poética de Dolores Veintimilla, Dolores Sucre o Dolores Flor, entre otras escritoras notables. Lo que podría llamarse aquí una *estética del silencio femenino* en la poesía decimonónica ecuatoriana merece todavía un estudio más desarrollado.

En segundo lugar, el discurso patriarcal de la "rareza" o "excepcionalidad" de ciertas escritoras sobresalientes como sor Juana Inés de la Cruz, Juana Manuela Gorriti, Emilia Serrano de Wilson o Emilia Pardo Bazán, fue motivo también de múltiples reapropiaciones femeninas y sirvió, en un sentido positivo, como inspiración de lo que una mujer educada podía llegar a ser, escribir o imaginar. Marietta lo dice claramente cuando escribe: "Que una mujer así nada tiene de común con las de su sexo, es un error muy vulgarizado y que merece combatirse con la razón" ("Madame Roland" 69). Para el poder masculino, tal excepcionalidad femenina, sin embargo, no era sino justificativo de exclusión, pues evidenciaba una "rareza" que contravenía la normalidad.

En tercer lugar, la escritura femenina se convirtió, progresivamente y de forma heterogénea, en una herramienta de autoafirmación, emancipación y descolonización de la mujer doméstica decimonónica. Si bien es cierto que muy pocas mujeres tuvieron acceso a la palabra escrita en esta época y sus

posiciones ideológicas y políticas no fueron homogéneas, ni fueron siempre
críticas, su escritura fue el comienzo de una práctica social nueva en el orden
letrado y posibilitó, además, la emergencia de un nuevo sujeto que quebrantaba el orden disciplinario hegemónico. El caso de ciertas mujeres escritoras
católicas como Dolores Sucre, Emilia Serrano o Rita Lecumberri es particularmente interesante porque no se ajustó de forma estricta a esquemas ideológicos mecánicos. Ser católicas para estas mujeres no significó defender el
sexismo y la desigualdad de género, si bien podían rendir culto a la Virgen
María, la maternidad o la masculinidad de los héroes patrios. Me parece que
ha existido una lectura ideologizante de la escritora católica decimonónica
que la ha encasillado de manera demasiado fácil en una caracterización social
conservadora. Es necesario mirar a estas mujeres escritoras no solo desde su
ideología religiosa o moral, sino desde sus prácticas sociales materiales modernizantes como editoras e intelectuales, y desde los proyectos y relaciones de
sociabilidad y sororidad transnacional que desarrollaron entre ellas mismas.
En una época en que el cautiverio doméstico femenino lo definía todo, las
sororidades literarias nacionales y transnacionales entre escritoras serían un
punto de inflexión con respecto a la domesticidad imperante.

En cuarto lugar, y relacionado con lo anterior, queda todavía mucho que
decir en el orden de las experiencias de exilio, inmigración y movilidad transnacional de algunas de estas mujeres ilustradas. ¿Cómo las experiencias de
exilio e inmigración transformaron el sometimiento doméstico femenino y
redefinieron lo que se entendía por "hogar" o "nación" en el siglo XIX? No
habría que olvidar que Marietta de Veintemilla escribe *Páginas del Ecuador*
desde Lima, en un largo período de autoexilio; o que *El Tesoro del Hogar* fue
publicado por una extranjera, Lastenia Larriva, junto con otras colaboradoras
internacionales que también sufrieron experiencias de exilio o inmigración
como Clorinda Matto en Buenos Aires o Juana Manuela Gorriti en Lima.

Un quinto punto es cómo la recepción internacional de varias escritoras
ecuatorianas redefinió el cosmopolitismo literario como un privilegio puramente masculino: la poesía de Dolores Veintimilla fue discutida en Perú y
Chile, la obra seleccionada de Marietta de Veintemilla, Dolores Sucre y la
misma Dolores fue republicada en Barcelona, entre otros ejemplos. ¿Por qué
es entonces que Montalvo puede llamarse a sí mismo "El Cosmopolita" de
manera tan solitaria y aislada? Al menos de forma limitada, es necesario reconocer que parte de la producción literaria femenina ecuatoriana decimonónica estaba en relación con el mundo fuera del Ecuador. Uno de los mayores

ejemplos de este cosmopolitismo femenino fue la publicación de *El Tesoro de Hogar*, publicación incomparable de la región andina y latinoamericana que continúa siendo injustamente ignorada y se mantiene como una veta en bruto de nuevas posibles investigaciones y miradas.

Finalmente, la defensa de la participación política de la mujer decimonónica ecuatoriana no solo fue parte de los debates decimonónicos sobre su existencia social, sino que también motivó críticas y distanciamientos entre las mismas escritoras del Ecuador y otros países. La mujer política fue el blanco de tiro predilecto de la censura masculina y la autocensura —o autosilenciamiento— de ciertas mujeres escritoras. Es un error histórico, sin embargo, hablar de la defensa del voto femenino en el Ecuador como un debate liberal-feminista del siglo XX, exclusivamente. El derecho al voto de la mujer se defendió también entre los sectores católicos y liberales decimonónicos más progresistas, como lo dejan en claro los ensayos de Carbo y Emilia Serrano. Esta realidad abre aquí otro campo de investigación mucho más amplio sobre el pensamiento católico modernizador del siglo XIX y sus posibles nexos con las reivindicaciones feministas de las primeras décadas del siglo XX. Hay que recordar que Zoila Ugarte de Landívar, editora de *La Mujer*, la primera revista feminista, fue también una elogiada colaboradora de *El Tesoro del Hogar*.

Tal como Pedro Carbo y Rita Lecumberri lo sugirieron hace más de 130 años, el desarrollo intelectual, educativo, económico y político de la mujer podía y debía contribuir a la construcción de una sociedad ecuatoriana más equitativa y democrática. Visibilizar las formas en que el poder masculino imaginó el auto-sometimiento de las mujeres y las maneras cómo estas, en contrapartida, aprendieron a defender sus derechos sociales y una identidad propia es una tarea histórico-critica fundamental en la construcción de relaciones sociales y humanas más equitativas y horizontales. La lectura y comprensión de la prensa y literatura decimonónicas ecuatorianas en clave de género, y no el culto masculino a ciertos autores canónicos o la historia heroica -también masculina- color de rosa, siguen estando entre nuestros mayores desafíos críticos.

LISTA DE REFERENCIAS

Acosta de Samper, Soledad. "Aptitud de la mujer para ejercer todas las profesiones". *Revista de Estudios Sociales*, n.º 38, enero 2011 (1892).

————. *La mujer en la sociedad moderna*. París: Garnier, 1895.

Acosta, Alberto. *Breve historia económica del Ecuador*. Quito: Corporación Editora Nacional, 1995.

Alatorre, Antonio. "Sor Juana y los hombres". *Sor Juana a través de los siglos (1668–1910)*, 2 vols. Ciudad de México: Universidad Nacional Autónoma de México / El Colegio de México / El Colegio Nacional, 2007.

Albán, Ernesto. "La literatura ecuatoriana en el siglo XIX". *Nueva Historia del Ecuador,* editado por Enrique Ayala Mora. Vol. 8. *Época Republicana II*. Quito: Corporación Editora Nacional / Grijalbo, 1990.

Albuja Galindo, Alfredo. *El periodismo en la dialéctica política ecuatoriana*. Quito: Talleres Gráficos Minerva, 1979.

Alcaraz, Carlos Elizondo. *Presencia de Sor Juana en el siglo XXI*. Toluca de Lerdo: Instituto Mexiquense de Cultura, 2004.

Anderson, Benedict. *Comunidades imaginadas: reflexiones sobre el origen y difusión del nacionalismo*. Ciudad de México: Fondo de Cultura Económica, 1993.

Andrade, Jorge O. "Entre la santidad y la prostitución: la mujer en la novela ecuatoriana en el cruce de los siglos XIX y XX". *Íconos, Revista de Ciencias Sociales*, n.º 28, mayo 2007.

————. "Imaginando la nación y la ciudadanía en las primeras novelas liberales del Ecuador". University of California, 2010 (tesis).

Arendt, Hannah. *On Violence*. San Diego: Harcourt Grace & Company, 1970.

Arrillaga, María. "Resistencia feminista y el Ángel del Hogar". *Caribbean Studies*, vol. 5, n.º 4, 1992: 355–372.

Asociación de Academias de la Lengua Española (ASALE). *Diccionario de americanismos*. https://www.asale.org/damer/sororidad.

Astudillo Figueroa, Alexandra. *La emergencia del sujeto femenino en la escritura de cuatro ecuatorianas de los siglos XVIII y XIX*. Buenos Aires: Corregidor, 2015.

————. "La mujer en Quito durante el siglo XIX". *Quito y la complejidad del orden republicano. El siglo XIX*. Quito: Fundación Museos de la Ciudad, 2008.

Auza, Néstor Tomás. "Estudio preliminar". *La Aljaba. Dedicada al bello sexo argentino*. La Plata: Archivo Histórico de la Provincia de Buenos Aires Dr. Ricardo Levene / Instituto Bibliográfico Antonio Zinny, 2004 (edición facsimilar, 1830).

———. *Periodismo y feminismo en la Argentina 1830–1930*. Buenos Aires: Emecé, 1988.

Ayón de Messner, Digna E. *Trayectoria histórica y cultural de la Universidad de Guayaquil 1867–1967*. Guayaquil: Universidad de Guayaquil, 1967.

Bajtin, Mijail. *La cultura popular en la Edad Media y en el Renacimiento. El contexto de François Rabelais*, versión de Julio Forcat y César Conroy. Madrid: Alianza Editorial, 2003.

Balseca, Fernando. "En busca de nuevas regiones: la nación y la narrativa ecuatoriana". *Procesos: Revista Ecuatoriana de Historia*, n.º 8, II semestre 1995–I semestre 1996: 151–164.

Barrera-Agarwal, María Helena. *De ardiente inspiración. Obras de Dolores Veintimilla*. Quito: Sur Editores, 2016.

———. *Dolores Veintimilla. Más allá de los mitos*. Quito: Sur Editores, 2015.

Barrera, Isaac J. *Juan Montalvo*. Quito: Casa de la Cultura Ecuatoriana, 1954.

Barthes, Roland. *Mitologías*. Ciudad de México: Siglo XXI Editores, 1989.

Batticuore, Graciela. *El taller de la escritora. Veladas literarias de Juana Manuela Gorriti. Lima-Buenos Aires (1876/7–1892)*. Buenos Aires: Beatriz Viterbo, 1999.

Benites Vinueza, Leopoldo. "Don Juan: el anti-amor". *Revista de la Casa de la Cultura Ecuatoriana* (Quito), n.º 1, 1945: 27–32.

Benjamin, Walter. "Paris: Capital of the Nineteenth Century". *Perspecta*, vol. 12, 1969: 165–172.

Berman, Marshall. *Todo lo sólido se desvanece en el aire. La experiencia de la modernidad*. Ciudad de México: Siglo XXI Editores, 2004.

Beverley, John. *Una modernidad obsoleta. Estudios sobre el barroco*. Caracas: Fondo Editorial ALEM, 1997.

Bourdieu, Pierre. "La dominación masculina". Pierre Bourdieu y otros, *Masculinidad. Aspectos sociales y culturales*. Quito: Abya-Yala, 1998.

———. *La dominación masculina*. Barcelona: Anagrama, 2000.

Brotherston, Gordon. "Ubirajara, Hiawatha, Cumandá: National Virtue from American Indian Literature". *Comparative Literature Studies*, IX, 3, 1972: 243–252.

Burgos, Carlos. *Entensión. Olmedo, Riofrío, Montalvo: cultura, literatura y política en el siglo XIX ecuatoriano*. Guayaquil: Universidad Católica de Santiago de Guayaquil, 2008.

Burneo, Cristina. "Cuerpo roto". *La cuadratura del círculo*, editado por Iván Carvajal. Quito: Orogenia Corporación Cultural, 2006. 60–116.

Butler, Judith. *Mecanismos psíquicos del poder. Teorías sobre la sujeción*. Madrid: Cátedra, 2015.

Calleja, Diego. *Vida de sor Juana*, notas de Ermilo Abreu Gómez. Toluca de Lerdo: Instituto Mexiquense de Cultura, 1996 (1936).

Calvo, Hortensia, y Beatriz Colombi. *Cartas de Lysi. La mecenas de sor Juana Inés de la Cruz en correspondencia inédita*. Madrid: Iberoamericana, 2015.

Campana, Florencia. *Escritura y periodismo de las mujeres en los albores del siglo XX*. Quito: Universidad Andina Simón Bolívar, Sede Ecuador / Abya-Yala / Corporación Editora Nacional, 2002.

Cantù, Cesare. *Historia universal*. Madrid: Imprenta y Librería de Gaspar Editores, 1854.

Carbo, Pedro. "Decreto del 15 de septiembre de 1883 creando la Universidad de Guayaquil". Digna Ayón de Messner, *Trayectoria histórica y cultural de la Universidad de Guayaquil 1867–1967*. Guayaquil: Universidad de Guayaquil, 1967.

———. "Inauguración de la Universidad de Guayaquil el 9 de octubre de 1883". Digna Ayón de Messner, *Trayectoria histórica y cultural de la Universidad de Guayaquil 1867–1967*. Guayaquil: Universidad de Guayaquil, 1967.

———. La declaración de los derechos del hombre. Su origen y fundamentos. Guayaquil: Imprenta de la Nación, 1879.

Carrera Andrade, Jorge. *Reflexiones sobre la poesía hispanoamericana*. Quito: Casa de la Cultura Ecuatoriana, 1987.

Castellanos, Rosario. *Mujer que sabe latín...* Ciudad de México: Fondo de Cultura Económica, 2003.

Catalina, Severo. *La mujer. Apuntes para un libro*. Madrid: Editorial A. de San Martín, 1861.

Cochancela Placencia, Delfa Leonor. "Presencia de la mujer en la narrativa. Posibles ecos feministas en *La emancipada*". Universidad Técnica Particular de Loja, 2015 (tesis).

Colombi, Beatriz. "Sor Juana Inés de la Cruz ante la fama". *Prolija Memoria*, 2.ª época, 1 (1), 2017: 9–30, http://www.revistaselclaustro.mx/index.php/prolijamemoria2e/article/view/214.

Cordero, Luis. "Las letras en el Ecuador", *Revista Ecuatoriana* (editada por Vicente Pallares Peñafiel y J. Trajano Mera), n.º 13, tomo II, 1890: 257–263.

Cornejo-Polar, Antonio. "El indigenismo y las literaturas heterogéneas: su doble estatuto socio-cultural". *Revista de Crítica Literaria Latinoamericana*, año 4, n.º 7/8, 1978: 7–21.

———. "El indigenismo y las literaturas heterogéneas: su doble estatuto socio-cultural". *Sobre literatura y crítica literaria latinoamericanas*. Caracas: Universidad Central de Venezuela, 1982.

Corral, Miguel Anjel. "A la infausta memoria de la señora Dolores Veintemilla". *Lira ecuatoriana: colección de poesías líricas nacionales, escojidas i ordenadas con apuntamientos biográficos*, compilado por Vicente Emilio Molestina Roca. Guayaquil: Impr. y Encuad. de Calvo i Cª, 1866.

Cruz, Juana Inés de la. *Inundación castálida de la única poetisa, Musa Decima, sóror Juana Inés de la Cruz, religiosa profesa en el Monasterio de San Jeronimo en la Imperial Ciudad de Mexico, que en varios metros, idiomas y estilos fertiliza varios asuntos con elegantes, sutiles, claros, ingeniosos, útiles versos, para enseñanza, recreo y admiración*. Madrid: Juan García Infanzón, 1689.

———. *Obras completas, I. Lírica personal*, edición, introducción y notas de Antonio Alatorre. Ciudad de México: Fondo de Cultura Económica, 2012 (Kindle Edition).

———. *Obras completas*. Ciudad de México: Porrúa, 1997.

———. "Protesta de la fe y renovación de los votos religiosos que hizo y dejó escrita con su sangre". *Los cinco últimos escritos de Sor Juana*, editado por Guillermo Schmidhuber de la Mora. Toluca de Lerdo: Instituto Mexiquense de Cultura, 2008 (1695).

Cueva, Agustín. *Entre la ira y la esperanza (ensayos sobre la cultura nacional)*. Quito: Casa de la Cultura Ecuatoriana, 1967.

———. *Lecturas y rupturas. Diez ensayos sobre la literatura del Ecuador*. Quito: Planeta, 1986.

Current Literature. A Magazine of Record and Review (Nueva York), vol. XVII, 1895.

Dash, Michael. "In Search of the Lost Body: Redefining the Subject in Caribbean Literature". *The Post-Colonial Studies Reader*, editado por Bill Ashcroft. Londres: Routledge, 2006.

Demélas, Marie-Danielle, e Yves Saint-Geours. *Jerusalén y Babilonia. Religión y política en el Ecuador 1780–1880*. Quito: Instituto Francés de Estudios Andinos (IFEA) / Corporación Editora Nacional, 1988.

Denegri, Francesca. *El abanico y la cigarrera. La primera generación de mujeres escritoras en el Perú*. Lima: Instituto de Estudios Peruanos (IEP) / Centro Flora Tristán, 1996.

Destruge, Camilo. *Historia de la prensa de Guayaquil*, tomo I. Quito: Corporación Editora Nacional, 1982.

Ecuador. *Código Civil de la Republica del Ecuador*. Quito: Imprenta de los Huérfanos de Valencia, por M. R. Jiménez, 1860.

———. Proyecto de Constitución presentado a la Asamblea Nacional de 1883 por los diputados independientes. Quito: Fundición de Tipos de M. Rivadeneira, 1883.

———. *Proyecto de Constitución*. Quito: Imprenta de Manuel Velasco Polanco, 1883.

Espinosa, José Modesto. "Las literatas". *Obras completas*, tomo primero. *Artículos de Costumbres*. Friburgo de Brisgovia: Tipografía Pontificia de B. Herder, 1899. 83–91. También en *Revista de la Sociedad Jurídico Literaria* (Quito), n.° 24, 1904: 356–363.

———. "Petición justificada". *Obras completas*, tomo segundo. *Miscelánea*. Friburgo de Brisgovia: Tipografía Pontificia de B. Herder, 1901. 188–215. También en *Los Principios* (Quito), n.° 66, 67, 74 y 79, 5–20 de noviembre de 1883.

Esteban Porras del Campo, Ángel. "Introducción". *Cumandá*. Madrid: Cátedra, 2005.

Estrada, Jenny. *Mujeres de Guayaquil, siglo XIX al siglo XX*. Guayaquil: Banco Central del Ecuador / Archivo Histórico del Guayas, 1984.

Fernández, Pura. *365 Relojes. Vida de la Baronesa de Wilson*. Barcelona: Pinguin Random House, 2022 (Kindle Edition).

Flor, Dolores. "Duelo nacional". *Revista Literaria* (editada por José L. Tamayo y Manuel Tama, Guayaquil), n.° 11, 14 de abril de 1889.

Foucault, Michel. *Arqueología del saber*. Buenos Aires: Siglo XXI Editores, 2002.

———. "El sujeto y el poder". *Revista mexicana de sociología*, vol. 50, n.° 3, julio-septiembre 1988: 3–20.

———. *Vigilar y castigar*. Ciudad de México: Fondo de Cultura Económica, 2005.

García Moreno, Gabriel. "Contestación al discurso del General D. Juan José Flores, Presidente de la Convención Nacional, al posesionarse de la Presidencia constitucional de la República". *Escritos y discursos de Gabriel García Moreno*, editado por Manuel María Pólit Laso. Vol. 2. Quito: Tip. y Encuadernación Salesianas, 1923.

Glantz, Margo. *Sor Juana Inés de la Cruz: ¿hagiografía o autobiografía?* Alicante: Biblioteca Virtual Miguel de Cervantes, 2005, https://www.cervantesvirtual. com/nd/ark:/59851/bmc1r729.

Goetschel, Ana María. *Educación de las mujeres, maestras y esferas públicas. Quito en la primera mitad del siglo XX*. Quito: FLACSO Ecuador / Abya-Yala, 2007.

———. "Educación e imágenes de la mujer". *Y el amor no era todo. Mujeres, imágenes y conflictos*, editado por Martha Moscoso. Quito: Abya-Yala, 1996. 59–83.

———. compiladora. "Estudio introductorio". *Orígenes del feminismo en el Ecuador. Antología*. Quito: CONAMU / FLACSO Ecuador / Alcaldía de Quito / UNIFEM, 2006.

Gomes, Miguel. "Poder, alegoría y nación en el neoclasicismo hispanoamericano". *Hispanic Review*, University of Pennsylavania, Winter 2005: 41–63.

Gómez Iturralde, José Antonio. *Los periódicos guayaquileños en la historia, 1821–1997*, tomos I y II. Guayaquil: Archivo Histórico del Guayas, 2006.

González de Moscoso, Mercedes. "A Eugenia de Jara en su álbum". *Álbum Ecuatoriano. Revista Ilustrada Mensual de Literatura*, n.º 3, marzo 1898.

———. "Balada". Álbum Ecuatoriano. Revista Ilustrada Mensual de Literatura, n.º 9, septiembre 1898.

———. "En el álbum de mi hermana Delia". *Álbum Ecuatoriano. Revista Ilustrada Mensual de Literatura*, n.º 11, noviembre 1898.

———. "Memoria". Álbum Ecuatoriano. Revista Ilustrada Mensual de Literatura, n.º 4, abril 1898.

———. "* * *". Álbum Ecuatoriano. Revista Ilustrada Mensual de Literatura (sin título), n.º 5, mayo 1898.

González Stephan, Beatriz. "Cuerpos de la nación: cartografías disciplinarias", https://gupea.ub.gu.se/bitstream/2077/3213/2/anales_2_gonzalez.pdf.

González, N. Augusto. "América y sus mujeres". *La Palabra. Revista de Literatura Nacional* (dirigida por Amadeo Izquieta, Guayaquil), año 1, n.º 28, Imprenta Mercantil, 11 de abril de 1891: 325–335.

———. "Estudios Literarios". Lastenia Larriva de Llona, *Fe, patria y hogar. Colección de poesías*. Lima: Librería e Imprenta Gil, 1902.

Gorriti, Juana Manuela. *Veladas literarias de Lima 1876–1877*. Buenos Aires: Imprenta Europea, 1892.

Grijalva, Agustín. "Voto de la mujer y extensión del sufragio". *Constitucionalismo en Ecuador*. Quito: Corte Constitucional del Ecuador, 2011.

Grijalva, Juan Carlos. "A Transnational Home in Times of Women's Domesticity. The case of *El Tesoro del Hogar*, First Ecuadorian Women Newspaper, 1887". *Ici, là-bas, ailleurs. Le transnationalisme dans les Amériques (XVIe -XXIe siècle)*, editado por Marie-Christine Michaud, Emmanuelle Sinardet y Bertrand Van Ruymbeke. París: Editions Les Perséides: 2022. 201–212.

———. "El discurso romántico-masculino sobre la virtud femenina: ventriloquismo travesti, censura literaria y violencia donjuanesca en Juan León Mera y Juan Montalvo". *Kipus. Revista Andina de Letras* (Quito), n.º 27, I semestre 2010: 59–83.

———. "El pensamiento". *Enciclopedia del Ecuador*. Barcelona: Océano, 2000. 635–660.

———. "La defensa católica de la emancipación de la mujer en el siglo XIX". *Historia de las mujeres del Ecuador*, editado por Andrea Aguirre Salas y Tatiana Salazar Cortez. Quito: Universidad Andina Simón Bolívar (en proceso de publicación, 2023).

———. "Las mujeres de Juan León Mera. Autoría, autoridad y autorización en la representación romántica de la mujer escritora". *Revista de Crítica Literaria Latinoamericana* (Lima-Hanover), n.º 67, año XXXIV, I semestre 2008: 189–197.

———. *Montalvo: civilizador de los bárbaros ecuatorianos. Una relectura de* Las Catilinarias. Quito: Universidad Andina Simón Bolívar, Sede Ecuador / Corporación Editora Nacional / Abya-Yala, 2004.

———. "Sor Juana en los Andes. Recepción moralizante y patriarcal de la poetisa mexicana en la obra de Juan León Mera". *Ecuador y México. Vínculo histórico e intercultural (1820–1970)*, coordinado por Juan Fernando Regalado Loaiza. Quito: Fundación Museos de la Ciudad, 2010.

Guardia, Sara Beatriz. "Perseguidas, locas, exiliadas. Escritura femenina del siglo XIX". *Puente. Ingeniería, Sociedad, Cultura*, n.º 4, año II, marzo 2007: 30–35.

Gutiérrez Girardot, Rafael. *Modernismo. Supuestos históricos y culturales.* Ciudad de México: Fondo de Cultura Económica, 1987.

Handelsman, Michael. *Amazonas y artistas. Un estudio de la prosa de la mujer ecuatoriana.* Tomo I. Guayaquil: Casa de la Cultura Ecuatoriana, 1978.

———. "Juan Montalvo y su defensa 'semi-bárbara' de Cervantes". Knoxville: University of Tennessee, s. a. (ensayo).

Harrison, Regina. *Entre el tronar épico y el llanto elegíaco. Simbología indígena en la poesía ecuatoriana de los siglos XIX-XX.* Quito: Abya-Yala / Universidad Andina Simón Bolívar, Sede Ecuador, 1996.

Jácome Clavijo, Jorge, editor. *Epistolario de Juan Montalvo.* Ambato: Ediciones Casa de Montalvo, 1995.

Jagoe, Catherine. "Women's Mission as Domestic Angel". *Ambiguous Angels: Gender in the Novels of Galdós.* Berkeley: University of California Press, 1994, http://ark.cdlib.org/ark:/13030/ft0z09n7kg/.

Kennedy-Troya, Alexandra, coordinadora. *Escenarios para una patria: paisajismo ecuatoriano 1850–1930.* Serie Documentos 12. Quito: Museo de la Ciudad, 2008.

Kennedy-Troya, Alexandra, y Carmen Fernández Salvador. "El ciudadano virtuoso y patriota: notas sobre la visualidad del siglo XIX en Ecuador". *Ecuador. Tradición y modernidad.* Madrid: Sociedad Estatal para la Acción Cultural Exterior, 2007.

Kirkpatrick, Susan. *Las Románticas. Women Writers and Subjectivity in Spain, 1835–1850.* California: University of California Press, 1989.

La Alborada: Semanario de las Familias. Literatura, artes, educación, teatros y modas (fundada y dirigida por Juana Manuela Gorriti y Numa Pompilio Llona, Lima), Imprenta de Ángela Carbonell, 1874–1875.

Laclau, Ernesto. *Emancipación y diferencia*. Buenos Aires: Ariel, 1996.

———. "Structure, History and the Political". *Contingency, Hegemony, Universality. Contemporary Dialogues on the Left*, editado por Judith Butler, Ernesto Laclau y Slavoj Žižek. Londres: Verso, 2000.

———. 'The Death and Resurrection of the Theory of Ideology'. *Journal of Political Ideologies*, vol. 1, issue 3, octubre 1996.

Lamming, George. *The Pleasures of Exile*. Ann Arbor: The University of Michigan Press, 1992.

La Mujer. Revista mensual de literatura y variedades (dirigida por Zoila Ugarte de Landívar), 1905.

La Palabra. Revista de Literatura Nacional (dirigida por Amadeo Izquieta, Guayaquil), Imprenta Mercantil, 1890.

Lanche Paltín, Fanny Yadira. "Hegemonía masculina y deseos de liberación femenina en *La emancipada* de Miguel Riofrío Sánchez". Universidad Técnica Particular de Loja, 2015 (tesis).

Lara, Darío, editor. *Montalvo en París*. Tomo II. Quito: Ministerio de Educación y Cultura, 1983.

Larriva de Llona, Lastenia. *Fe, Patria y Hogar. Colección de poesías*. Lima: Librería e Imprenta Gil, 1902.

Lecumberri, Rita. "Lo que soy y lo que anhelo". *Revista Literaria* (editada por José L. Tamayo y Manuel Tama, Guayaquil), n.º 10, 15 de marzo de 1889.

Londoño López, Jenny. "El sufragio femenino en el Ecuador". *Libro de homenaje a Plutarco Naranjo Vargas*, compilado por Jorge Núñez Sánchez. Quito: Academia Nacional de Historia, 2010. 209–240.

Londoño, Patricia. "Las publicaciones periódicas dirigidas a la mujer, 1858–1930". *Boletín Cultural y Bibliográfico*, vol. 27, n.º 23, 1990: 3–23, https://publicaciones. banrepcultural.org/index.php/boletin_cultural/article/view/2487

Loza, Renata. *Dolores Veintimilla de Galindo. Poesía y subjetividad femenina en el siglo XIX*. Quito: Universidad Andina Simón Bolívar, Sede Ecuador / Abya-Yala/ Corporación Editora Nacional, 2006.

Ludmer, Josefina. "Las tretas del débil". *La sartén por el mango: encuentro de escritoras latinoamericanas*, editado por Patricia Elena González y Eliana Ortega. Puerto Rico: El Huracán, 1984.

Maiguashca, Juan. "El proceso de integración nacional en el Ecuador: el rol del poder central, 1830–1895". *Historia y región en el Ecuador, 1830–1930*, editado por Juan Maiguashca. Quito: FLACSO Ecuador / CERLAC York University / IFEA / Corporación Editora Nacional, 1994.

Manso de Noronha, Juana Paula. "Emancipación moral de la mujer". *Álbum de Señoritas. Periódico de Literatura, Modas, Bellas Artes y Teatros* (dirigido por

Juana Paula Manso de Noronha, Buenos Aires), n.º 1, Imprenta Americana, 1854: 2–4.

Marchán, Antonio. "A una amiga suicida". *Lira ecuatoriana: colección de poesías líricas nacionales, escojidas i ordenadas con apuntamientos biográficos*, compilado por Vicente Emilio Molestina Roca. Guayaquil: Impr. y Encuad. de Calvo i Cª, 1866.

Marín Lara, Karina. "Profanar cuerpos / profanar naciones. Acerca de *La emancipada* como novela fundacional de la literatura ecuatoriana". *La Palabra*, n.º 29, julio-diciembre 2016.

Masiello, Francine. *Entre civilización y barbarie. Mujeres, nación y cultura literaria en la Argentina moderna*. Rosario: Beatriz Viterbo Editora, 1997.

———. compiladora. *La mujer y el espacio público. El periodismo femenino en la Argentina del siglo XIX*. Buenos Aires: Feminaria Editora, 1994.

Mata, Rafael M. "Juan Montalvo". *Revista Literaria* (editada por José L. Tamayo y Manuel Tama, Guayaquil), n.º 8, 24 de febrero de 1889.

Mataix, Remedios. *La escritura (casi) invisible. Narradoras hispanoamericanas del siglo XIX*. Alicante: Universidad de Alicante, 2003.

Matto de Turner, Clorinda. "Las obreras del pensamiento en la América del Sud" (1895). *Boreales, miniaturas y porcelanas*. Buenos Aires: Imprenta de Juan A. Alsina, 1902.

Maza, Francisco de la. *Sor Juana Inés de la Cruz ante la historia. Biografías antiguas. La Fama 1700. Noticias de 1667–1892*. Ciudad de México: UNAM, 1980.

Mera, Juan León. "Carta de Juan León Mera al Excmo. Señor director de la Real Academia Española". *Cumandá*. Guayaquil: Clásicos Ariel, vol. 16, s. a. (Quito, 1879).

———. *Cumandá*. Guayaquil: Clásicos Ariel, vol. 16, s. a. (Quito, 1879).

———. *Cumandá o un drama entre salvajes*, editado por Ángel Esteban Porras del Campo, 3.ª ed. Madrid: Cátedra, 2005.

———. "Doña Dolores Veintimilla de Galindo. La educación de la mujer entre nosotros". Guayaquil: Clásicos Ariel, s. a. También en *Ojeada histórico crítica de la poesía ecuatoriana* (1868).

———. *La escuela doméstica*. Quito: Imprenta del Clero, 1880.

———. *La virgen del sol. Leyenda indiana*. Quito: Imprenta de los Huérfanos de Valencia, 1861 (1856).

———. *Obras selectas de la célebre monja de Méjico, sor Juana Inés de la Cruz, precedidas de su biografía y juicio crítico sobre todas sus producciones*. Quito: Imprenta Nacional, 1873.

———. *Ojeada histórico-crítica de la poesía ecuatoriana*. Guayaquil: Clásicos Ariel, s. a. (1868).

————. *Poesías devotas y nuevo mes de María*. Quito: Tipografía Salesiana, 1895 (1867).

————. *Poesías*. Quito: Imprenta de Bermeo, por Julián Mora, 1858.

Michelena, Xavier, editor y compilador. *Juan León Mera : Antología esencial*. Autor: Juan León Mera. Quito: Banco Central del Ecuador, 1994.

Molestina Roca, Vicente Emilio, compilador. *Lira ecuatoriana: colección de poesías líricas nacionales, escojidas i ordenadas con apuntamientos biográficos*. Guayaquil: Impr. y Encuad. de Calvo i Cª, 1866.

Molina, Tirso de. *El vergonzoso en palacio y El burlador de Sevilla*. Madrid: Espasa-Calpe, 1964.

Montalvo, Juan. "Carta de un padre joven". *El Cosmopolita*. Tomo II. Ambato: Editorial Primicias, 1997.

————. *El Cosmopolita*. Ambato: Editorial Primicias, 1973 (1867).

————. *El Cosmopolita*. Libro 4. Quito: Oficina tipográfica de F. Bermeo, por J. Mora, 7 de agosto de 1867.

————. "El naturalismo". *El Espectador*. París: Librería Franco-Hispanoamericana, 1887.

————. *El Regenerador*. Tomo II. Ambato: Ilustre Municipio de Ambato, 1987 (1876–1879).

————. "El último mandato de Matriates". *La Palabra. Revista de Literatura Nacional* (dirigida por Amadeo Izquieta, Guayaquil), n.º 5, Imprenta Mercantil, 1 de noviembre de 1890.

————. *Epistolario de Juan Montalvo*. Tomo I. Ambato: Ilustre Municipio de Ambato, 1995.

————. *Geometría moral*. Ambato: Ilustre Municipio de Ambato, 1986 (1902).

————. *Las Catilinarias*. Quito: Libresa, 1994 (1880–1882).

————. "Las invasiones de las mujeres". *Montalvo en París*, editado por Darío Lara. Tomo II. Quito: Ministerio de Educación y Cultura, 1983 (1885).

————. "Métodos e invenciones para quitarles a las mujeres la gana de meterse en lo que no les conviene". *El Regenerador*. Tomo II. Ambato: Ilustre Municipio de Ambato, 1987.

Montalvo, Yolanda. "Mera y Sor Juana Inés de la Cruz". *Juan León Mera. Una visión actual*, editado por Julio Pazos Barrera. Quito: Pontificia Universidad Católica del Ecuador / Universidad Andina Simón Bolívar, Sede Ecuador / Corporación Editora Nacional, 1995.

Moraña, Mabel. "Sor Juana Inés de la Cruz: letra, lengua, poder". *Políticas de la escritura en América Latina. De la Colonia a la Modernidad*. Caracas: Escultura, 1997.

———. *Viaje al silencio. Exploraciones del discurso barroco*. Ciudad de México: UNAM, 1998.

Moreno, Julio E. *Montalvo*. Quito: Imprenta Municipal, 1962.

Moreno, Segundo E. *Sublevaciones indígenas en la Audiencia de Quito*. Quito: Universidad Andina Simón Bolívar, Sede Ecuador / Corporación Editora Nacional, 2014.

Moscoso Cordero, Lucía. *De cisnes dolientes a mujeres ilustradas. Imágenes de mujeres a través de la literatura (1890–1920)*. Quito: Abya-Yala, 1999.

Moscoso, Gladys. "Las imágenes de la literatura". *Y el amor no era todo. Mujeres, imágenes y conflictos*, editado por Martha Moscoso. Quito: Abya-Yala / DGIS, 1996. 85–116.

Moscoso, Martha, editora. *Y el amor no lo era todo. Mujeres, imágenes y conflictos*. Quito: Abya-Yala / DGIS, 1996.

Nieto, José. *La verdad contra las calumnias de la Sra. Marietta Veintemilla*. Quito: Imprenta del Clero, 1891.

Nina, Fernando. *La expresión metaperiférica: narrativa ecuatoriana del siglo XX. José de la Cuadra, Jorge Icaza y Pablo Palacio*. Madrid: Iberoamericana, 2011.

———. "La letra con sangre entra. *La emancipada* (1863) de Miguel Riofrío, primera novela ecuatoriana". *Kipus: Revista Andina de Letras*, n.° 22, II semestre 2007: 5–22.

Nota (sobre Producciones literarias de Doña Dolores Veintimilla de Galindo). *Álbum Ecuatoriano. Revista Ilustrada Mensual de Literatura*, n.° 5, mayo 1898: 240.

O'Connor, Erin. *Gender, Indian, Nation. The Contradictions of Making Ecuador, 1830–1925*. Tucson: The University of Arizona Press, 2007.

Ojeda, Enrique J. "El universo estético de Juan León Mera". *Cultura. Revista del Banco Central del Ecuador*, vol. X, n.° 28, mayo-agosto 1992.

———. "Juan León Mera y Sor Juana Inés de la Cruz". *Coloquio Internacional Juan León Mera*. Tomos I y II. Ambato: Municipio de Ambato, 1994.

———. "Ticknor y Juan León Mera". *La ciudad sobre la colina*. Quito: Banco Central del Ecuador, 1993.

Pardo Bazán, Emilia. *La cuestión palpitante*. Madrid: Imprenta Central, 1883.

———. "Literatura y otras hierbas. Carta al señor don Juan Montalvo". Revista de España, CXVII, julio-agosto 1887: 133–145.

———. *Los pazos de Ulloa*. Barcelona: Daniel Costezo y C. Editores, 1886.

Patiño Eirín, Cristina. "Aproximación a los prólogos de Emilia Pardo Bazán". Alicante: Biblioteca Virtual Miguel de Cervantes, 2003, https://www .cervantesvirtual.com/nd/ark:/59851/bmct72b1.

Patmore, Coventry. *The Angel in the House*. London: Cassell & Company, 1891
(1854), https://www.gutenberg.org/files/4099/4099–h/4099–h.htm.

Paz, Octavio. *Sor Juana Inés de la Cruz o las trampas de la fe*. Ciudad de México:
Seix Barral, 1987.

Peluffo, Ana. *Lágrimas andinas: sentimentalismo, género y virtud republicana en
Clorinda Matto de Turner*. Pittsburgh: Instituto Internacional de Literatura
Iberoamericana, 2005.

Perelmuter, Rosa. *Los límites de la femineidad en Sor Juana Inés de la Cruz: estrategias retóricas y recepción literaria*. Madrid: Universidad de Navarra / Editorial
Iberoamericana, 2004.

Pineo, Ronn. "Guayaquil y su región en el segundo *boom* cacaotero (1870–1925)".
Historia y región en el Ecuador, 1830–1930, editado por Juan Maiguashca. Quito:
FLACSO Ecuador / CERLAC York University / IFEA / Corporación Editora
Nacional, 1994.

Rama, Ángel. *La ciudad letrada*. Hanover: Ediciones del Norte, 1984.

Ramos, Julio. *Desencuentros de la modernidad en América Latina. Literatura y
política en el siglo XIX*. Ciudad de México: Fondo de Cultura Económica,
1989.

Real Academia Española (RAE). *Diccionario de autoridades*. Tomo I, http://web
.frl.es/DA.html (1726).

———. *Diccionario de la lengua española*, http://dle.rae.es/index.html (versión
digital).

Riofrío, Miguel. *Discurso pronunciado por el Dor. Miguel Riofrío en el cuarto
aniversario de la Sociedad de Amigos de la Ilustración*. Quito: Imprenta de
Bermeo, 1849.

———. *La emancipada*. Quito: El Conejo, 1984 (1863).

———. *La emancipada*. Quito: Libresa, 2009 (1863).

———. "Nina (leyenda quichua)". *Poetas románticos y neoclásicos*, estudio preliminar de José Ignacio Burbano. Alicante: Biblioteca Virtual Miguel de Cervantes,
2004, https://www.cervantesvirtual.com/nd/ark:/59851/bmcvd766.

Roca, Ignacio Casimiro. "La mujer liviana". *Lira ecuatoriana: colección de poesías
líricas nacionales, escojidas i ordenadas con apuntamientos biográficos,* compilado
por Vicente Emilio Molestina Roca. Guayaquil: Impr. y Encuad. de Calvo i Cª,
1866.

Rodríguez-Arenas, Flor María. "Ideología, representación y actualización: el realismo en *La emancipada* de Miguel Riofrío (1863)". *La Emancipada*. Buenos
Aires: Stock Cero, 2005.

Roggiano, Alfredo A. "Para una teoría de un Barroco hispanoamericano". *Relecturas del Barroco de Indias*, editado por Mabel Moraña. Hanover: Ediciones del
Norte, 1994. 1–15.

Rojas, Ángel F. *La novela ecuatoriana*. Guayaquil: Clásicos Ariel, vol. 29, s. a.

Sabat de Rivers, Georgina. *Estudios de literatura hispanoamericana. Sor Juana Inés de la Cruz y otros poetas barrocos de la Colonia*. Barcelona: PPU, 1992.

——. "Sor Juana Inés de la Cruz". *Historia de la literatura hispanoamericana*, coordinado por Luís Iñigo Madrigal. Vol. I. *Época colonial*. Madrid: Cátedra, 2008.

Sáenz Andrade, Bruno. "La literatura en el período". *Historia de las literaturas del Ecuador*. Vol. 3. *Literatura de la República 1830–1895*, coordinado por Diego Araujo Sánchez. Quito: Universidad Andina Simón Bolívar, Sede Ecuador / Corporación Editora Nacional, 2002. 71–90.

Said, Edward. *Reflexiones sobre el exilio. Ensayos literarios y culturales seleccionados por el autor*. Barcelona: Debate, 2000.

San Segundo Manuel, Juan Magín. *El sistema electoral: una reforma obligada*. Barcelona: Bosh Editor, 2016.

Segovia, Tomás. "Homo seductor". *Cuaderno inoportuno*. Ciudad de México: Fondo de Cultura Económica, 1987.

Serrano de Wilson, Emilia. *América y sus mujeres. Crónica del nuevo mundo y homenaje a las mujeres que pueblan tan risueño edén*. Barcelona: Establecimiento Tipográfico de Fidel Giró, 1890.

——. *El mundo literario americano. Escritores contemporáneos-Semblanzas-Poesías-Apreciaciones-Pinceladas*, 2 tomos. Barcelona: Casa Editorial Maucci, 1903.

——. *La ley del progreso (Páginas de instrucción publica para los pueblos sudamericanos)*. Quito: Imprenta Nacional, 1880.

——. *Las perlas del corazón. Deberes y aspiraciones de la mujer en su vida íntima y social*. Quito: Fundición de Tipos Manuel Rivadeneira, 1880.

——. *Una página en América*. Quito: Imprenta Nacional, 1880.

Sommer, Doris. *Ficciones fundacionales. Las novelas nacionales de América Latina*. Ciudad de México: Fondo de Cultura Económica, 2009.

Stacey Chiriboga, Marcia. *Miguel Riofrío Sánchez. Entre la patria y la pluma*. Quito: s. e., 2001.

Stendhal. "Werther y Don Juan". *Del amor*. Ciudad de México: Compañía General de Ediciones, 1955.

Stevens, Evelyn P. "Marianismo: The Other Side of Machismo in Latin America". *Female and Male in Latin America: Essays*, editado por Ann Pescatello. Pittsburgh: University of Pittsburgh Press, 1973. 90–101.

Tauzin-Castellanos, Isabelle. "Acerca del conformismo de Lastenia Larriva de Llona". *Writing from the Margins. Nineteenth Century Latin American Women Writers and the Critics*, editado por Claire Emile Martin y Nelly Goswitz. California: California State University, 2010, http://halshs.archives-ouvertes.fr/docs/00/46/56/02/PDF/Lastenia.pdf.

Terán-Najas, Rosemarie. "La escolarización de la vida; el esfuerzo de construcción de la modernidad educativa en el Ecuador: (1821–1921)". Universidad Nacional de Educación a Distancia, 2015 (tesis).

Ticknor, George. *Historia de la literatura española*, traducido por Pascual de Gayangos y Enrique de Vedia. Tomo III. Madrid: Imprenta de M. Rivadeneyra, 1854.

——. *History of Spanish Literature*. Vol. III. Nueva York: Harper Brothers, 1849.

Torres-Pou, Joan. "Clorinda Matto de Turner y el ángel del hogar". *Revista Hispánica Moderna*, año 43, n.º 1, junio 1990: 3–15.

Ugarte de Landívar, Zoila. "Nuestro ideal". *La Mujer, revista mensual de literatura y variedades*, n.º I, 15 de abril de 1905.

Vega y Vega, Wilson. "Corpus bibliográfico de Don Juan León Mera". *Juan León Mera. Una visión actual*, editado por Julio Pazos Barrera. Quito: Pontificia Universidad Católica del Ecuador / Universidad Andina Simón Bolívar, Sede Ecuador / Corporación Editora Nacional, 1996.

Veintemilla, Marietta de. "Madame Roland". *Revista de la Sociedad Jurídico-Literaria*, 1904.

——. *Páginas del Ecuador*. Lima: Imprenta Liberal de F. Masias, 1890.

Veintimilla de Galindo, Dolores. "Al público". *La Palabra. Revista de Literatura Nacional* (dirigida por Amadeo Izquieta, Guayaquil, Imprenta Mercantil), n.º 25, 21 de marzo de 1890.

——. "A mi madre". *La Palabra. Revista de Literatura Nacional*, n.º 23, 7 de marzo de 1890.

——. "A mis enemigos". *La safo ecuatoriana. Dolores Veintimilla Carrión de Galindo. Estudio histórico-literario*, editado por Ricardo Márquez Tapia. Cuenca: Casa de la Cultura Ecuatoriana, 1968.

——. "Deseos". *La Palabra. Revista de Literatura Nacional*, n.º 11, 13 de diciembre de 1890.

——. "Mi fantasía". *La Palabra. Revista de Literatura Nacional*, n.º 5, 1 de noviembre de 1890.

——. "Mis visiones". *La Palabra. Revista de Literatura Nacional*, n.º 26, 28 de marzo de 1890.

——. "Producciones literarias", compilado por Celiano Monge. Quito, 1908 (folleto).

——. "Tristeza". *La Palabra. Revista de Literatura Nacional*, n.º 7, 15 de noviembre de 1890.

Vidal, Hernán. "Cumandá: apología del Estado teocrático". *Ideologies and Literature: Journal of Hispanic and Lusophone Discourse Analysis*, 3 (15), enero-marzo 1981: 57–74.

Vilar, Pierre. *Iniciación al vocabulario de la historia*. Barcelona: Crítica, 1999.

Wiener, Charles. "Viaje al río de las Amazonas y a las cordilleras". *América pintoresca. Descripción de viajes al nuevo continente*. Barcelona: Montaner y Simon Editores, 1884.

Zorrilla, José. *Don Juan Tenorio*. Madrid: Editorial Cátedra, 1991.

Periódicos y documentos

Acosta de Samper, Soledad. "Andrés Noguera. Rasgos de la vida de un guerrillero pastuso". *Los Andes*, n.º 2159, 16 de diciembre de 1884 (Guayaquil, varios números, el texto fue publicado por entregas).

———. "Una novela ecuatoriana. Cumandá ó un drama entre salvajes por Juan León Mera". *El Deber. Periódico Político, Literario, Industrial y Noticioso*, n.º 100, 26 de septiembre de 1879 (Bogotá).

———. *Cumandá, o Un drama entre salvajes* (*Cumanda*-folletín). *El Deber, Periódico Político, Literario, Industrial y Noticioso*, 3 de octubre de 1879–30 de enero de 1880 (Bogotá), https://babel.banrepcultural.org/digital/collection /p17054coll26/id/16331.

Álbum de Señoritas. Periódico de Literatura, Modas, Bellas Artes y Teatros, 1854 (dirigido por Juana Paula Manso de Noronha, Buenos Aires).

Ascásubi, María. "Monsieur Le President". *El Correo del Ecuador*, n.º 26, 26 de agosto de 1864.

Cabello de Carbonera, Mercedes. "Dolores Sucre. Nuestros grabados". *El Perú Ilustrado. Semanario para las familias*, año 3, n.º 127, 12 de octubre de 1889, 758–759 (dirigido por Clorinda Matto de Turner, Lima, 1887–1892).

———. "Influencia de la mujer en la civilización". *Correo del Perú*, año IV, n.º extraordinario, 31 de diciembre de 1874.

Carbo, Pedro. "Discurso de inauguración de la Universidad de Guayaquil". *La Bandera Nacional*, n.º 12, serie 1.ª, 9 de octubre de 1883.

———. "Disertación sobre los derechos de la mujer". *El Telégrafo*, n.º 19 y ss., 19 de abril-20 de mayo de 1884 (Guayaquil, publicación en varios números).

———. "Manifestación que a sus compatriotas hace el ciudadano Pedro Carbo al cesar en el mando supremo de la provincia del Guayas". *La Bandera Nacional*, n.º 14, 18 de octubre de 1883 (Guayaquil).

"Definiciones científicas de la muger". *El Gladiador*, n.º 10, 21 de septiembre de 1883.

"Discurso pronunciado por la niña Ignacia Borja y Yerovi, en la noche de certamen del Colejio de Santa María del Socorro". *El Industrial*, n.º 12, 10 de enero de 1861.

Doña Prudencia. Publicación ocasional, n.° 1, 27 de septiembre de 1893 (Quito).

"Economía doméstica". *El Tren*, 25 de junio de 1897.

Ecuador. Asamblea Nacional Constituyente (ANC). *Constitución ecuatoriana de 1884*, 13 de febrero de 1884.

———. Asamblea Nacional Constituyente (ANC). Convención Nacional. Archivo del Congreso Nacional del Ecuador. Archivo 023, 1883. Asambleístas consultados: Marcos Alfaro, Francisco Andrade Marín, Luis Felipe Borja, Jacinto I. Caamaño, Juan de Dios Corral, Julio B. Enríquez, José J. Estupiñán, Antonio Flores, Julio Matovelle y Francisco Javier Salazar.

"Educación de la mujer". *La Instrucción Escolar*, 2, 9 y 16 de julio de 1893 (Guayaquil).

"Eduquemos a la mujer". *Los Andes*, n.° 1663, 17 de marzo de 1880 (Guayaquil).

El Fénix, n.° 1, 19 de noviembre de 1879 (Quito).

El Perú Ilustrado. Semanario para las familias, 9 de junio de 1888– 11 de agosto de 1888 (dirigido por Clorinda Matto de Turner, Lima).

El Tesoro del Hogar. Semanario de Literatura, Ciencias, Artes, Noticias y Modas, 1887–1893 (dirigido por Lastenia Larriva de Llona, Imprenta La Nación, Guayaquil).

Espinosa, José Modesto. "Las literatas". *La Verdad*, 11 de marzo de 1872.

Exequiel, Uriguen. "Importancia de la educación de la muger". *Diario de Avisos*, n.° 168, 30 de agosto de 1888 (Guayaquil).

Gómez de Avellaneda, Gertrudis. "A la luna". *Diario de Avisos*, n.° 236, sábado 24 de noviembre de 1888.

González de Moscoso, Mercedes. "A Eugenia de Jara en su álbum". *Álbum Ecuatoriano*, n.° 3, marzo 1898.

———. "Balada". *Álbum Ecuatoriano*, n.° 9, septiembre 1898.

———. "En el Álbum de la Sra. Lastenia L. de Llona". *El Scyri*, n.° 116, 2 de julio de 1896.

———. "En el álbum de mi hermana Delia". *Álbum Ecuatoriano*, n.° 11, noviembre 1898.

———. "Memoria". *Álbum Ecuatoriano*, n.° 4, abril 1898.

———. "* * *". *Álbum Ecuatoriano*, n.° 5, mayo 1898 (sin título).

González Suárez, Federico. Carta a Lastenia Larriva. *El Tesoro del Hogar. Semanario de Literatura, Ciencias, Artes, Noticias y Modas*, n.° 18, 6 de agosto de 1887.

Herrera, Matilde. "Discurso". *El Correo del Ecuador*, n.° 26, 26 de agosto de 1864.

Homenaje a Dolores Sucre. *El Perú Ilustrado. Semanario para las familias*, 12 de octubre de 1889 (Lima, 1887–1892).

Johnson Lewis, Jone. "Women's Rights and the Fourteenth Amendment". *Thoughtco.com*. 23 de junio de 2019, https://www.thoughtco.com/womens-rights-and-the-fourteenth-amendment-3529473.

"La educación de la mujer". *Diario de Avisos*, n.º 53, 9 de abril de 1888 (Guayaquil).

"La Sta. Dolores R. Miranda". *El Combate*, redactado por Juan Benigno Vela, n.º 85, 24 de octubre de 1885 (Ambato).

Larriva de Llona, Lastenia, directora. *El Tesoro del Hogar. Semanario de Literatura, Ciencias, Artes, Noticias y Modas* (*TH*), n.º 1, 9 de abril de 1887 (Guayaquil).

———. *TH*, n.º 5, 7 de mayo de 1887.

———. *TH*, n.º 7, 21 de mayo de 1887.

———. *TH*, n.º 8, 28 de mayo de 1887.

———. *TH*, n.º 9, 4 de junio de 1887.

———. *TH*, n.º 19, 13 de agosto de 1887.

———. *TH*, n.º 39, 31 de diciembre de 1887.

———. *TH*, n.º 43, 28 de enero de 1888.

———. *TH*, n.º 47, 25 de febrero de 1888.

———. *TH*, n.º 52, 31 de marzo de 1888.

———. *TH*, n.º 140, 12 de noviembre de 1892.

———. *TH*, n.º 142, 26 de noviembre de 1892.

———. *TH*, n.º 158, 18 de marzo de 1893.

"Las mujeres pintadas por los hombres". *Scyri. Diario liberal de la mañana*, n.º 41, 27 de marzo de 1896 (Quito).

"Las Veintemillas". *Los Principios*, n.º 6, 10 de febrero de 1883.

Lecumberri, Rita. "Influencia de la educación de la mujer en las sociedades modernas", documento n.º 194, 1885. Museo Municipal de Guayaquil, sección histórica (manuscrito original). También en *Panamá Star and Herald*, 16 de noviembre de 1885, 5 (Panamá).

Llona, Numa Pompilio. "A la joven escritora cuzqueña Doña Clorinda Matto de Turner". *El Tesoro del Hogar. Semanario de Literatura, Ciencias, Artes, Noticias y Modas*, n.º 143, 3 de diciembre de 1887.

Manso de Noronha, Juana Paula. "Emancipación moral de la mujer". *Álbum de Señoritas. Periódico de Literatura, Modas, Bellas Artes y Teatros*, n.º 1, 1854, 2–4 (dirigido por Juana Paula Manso de Noronha, Imprenta Americana, Buenos Aires).

Matto de Turner, Clorinda. "Las obreras del pensamiento en la América del Sur". *Búcaro Americano. Periódico de las familias*, año 1, n.º 1, 1 de febrero de 1896 (Buenos Aires).

———. "No hay Pedro Bueno". *Diario de Avisos*, n.º 46, 2 de agosto de 1888.

Mera, Juan León. "A la Señora Baronesa de Wilson, en su visita a la República del Ecuador". *El Fénix*, n.º 3, 13 de diciembre de 1879 (Quito).

———. "Algo sobre literatura americana". *El Fénix*, n.º 7, 10 de enero de 1880.

———. "Cumandá, o Un drama entre salvajes" (*Cumanda*-folletín). *El Deber, Periódico Político, Literario, Industrial y Noticioso*, 3 de octubre de 1879–30 de enero de 1880 (Bogotá), https://babel.banrepcultural.org/digital/collection /p17054coll26/id/16331.

———. "Los novios de una aldea ecuatoriana. Ensayo de novela de costumbres". *La Prensa*, año 1, n.º 20, 15 de febrero-28 de mayo de 1872 (Guayaquil).

Montenegro, Francisca. "Composición declamada". *Diario de Avisos*, n.º 11, 16 de febrero de 1888.

Narváez, J. Amelia. "A Matilde. Al Partir". *La Palabra*, n.º 20, 14 de febrero de 1891.

———. "En el destierro a unos niños". *La Palabra*, n.º 25, 21 de marzo de 1891.

———. "¡Entonces!". *La Palabra*, n.º 5, 1 de noviembre de 1890.

———. "La hora de la Plegaria". *La Palabra*, n.º 2, 11 de octubre de 1890.

———. "Recordando". *La Palabra*, n.º 11, 13 de diciembre de 1890.

Nota sobre homenaje a Lastenia Larriva de Llona. *El Perú Ilustrado. Semanario para las familias*, 9 de junio de 1888 (dirigido por Clorinda Matto de Turner, Lima, 1887–1892).

Noticia sobre la llegada de Emilia Serrano a Ecuador. *Los Andes*, n.º 1618, 11 de octubre de 1879 (Guayaquil).

O Jornal das Senhoras. Modas, Litteratura, Bellas Artes, Theatros e Critica (editado por Juana Paula Manso de Noronha, Río de Janeiro), 1852–1855.

Paggi, Isabel. "La mujer en la sociedad". *El Comercio*, n.º 221, 12 de junio de 1877 (Guayaquil).

Salazar, Manuel Eloi. "El 23 de mayo de 1857". *El Artesano*, 11 de junio de 1857 (Quito).

Sánchez, Quintillano. "A la Baronesa de Wilson en su llegada a Quito". *Los Andes*, n.º 1637, 17 de diciembre de 1879 (Guayaquil).

Sarmiento, Domingo Faustino. "Al oído de las lectoras". *El Mercurio*. Citado por Francine Masiello, *Entre civilización y barbarie. Mujeres, nación y cultura literaria en la Argentina moderna*. Rosario: Beatriz Viterbo Editora, 1997.

Serrano de Wilson, Emilia. "A mi buena amiga, Doña Carmen Martin de Morales, en el aniversario de su enlace". *El Fénix*, n.º 9, 24 de enero de 1880 (Quito).

———. Carta. *Los Andes*, n.º 1617, 8 de octubre de 1879 (Guayaquil).

———. "D. Juan León Mera". *El Scyri*, n.º 96, 7 de junio de 1896.

———. "El padre de los pobres". *El Fénix*, n.º 5, 27 de diciembre de 1879 (Quito).

———. "La Cruz". *El Fénix*, n.º 3, 13 de diciembre de 1879 (Quito).

———. "La mujer". *El Ecuador*, n.º 8–9, 23 y 30 de enero de 1875 (Quito). También incluido como prólogo en *Las perlas del corazón*.

———. "La purificación de nuestra señora". *El Fénix*, n.º 10, 31 de enero de 1880 (Quito).

————. "La rosa del Valle". *El Fénix*, n.º 16–17, 13 y 20 de marzo de 1880; n.º 20–21, 10 y 17 de abril de 1880 (Quito).

Sinués, María del Pilar. "La belleza y la gracia". *Los Andes*, n.º 1288, 12 de agosto de 1876 (Guayaquil).

Sucre, Dolores. "En la inauguración de la estatua de Rocafuerte". *El Fénix*, n.º 12, 14 de febrero de 1880 (Quito).

"Un suicidio". *El Artesano*, 11 de junio de 1857.

Valencia, Soledad. "Discurso". *El Combate*, redactado por Juan Benigno Vela, n.º 51, 23 de agosto de 1884 (Ambato).

ANEXO BIBLIOGRÁFICO

ARCHIVOS HISTÓRICOS CONSULTADOS
Banco Central del Ecuador, Quito
Archivo Fotográfico
Fondo Isaac J. Barrera
Biblioteca Ecuatoriana Aurelio Espinosa Pólit, Quito
Hemeroteca
Archivo Histórico de la Asamblea Nacional del Ecuador, Quito
Biblioteca de Autores Nacionales Carlos A. Rolando, Guayaquil
Archivo Histórico Camilo Destruge, Municipio de Guayaquil
Biblioteca Nacional del Perú, Lima.
Biblioteca Nacional de Colombia, Bogotá
Archivo Histórico Luis Ángel Arango, Bogotá
Biblioteca Nacional Mariano Moreno de la República Argentina, Buenos Aires
Biblioteca del Colegio Nacional, Buenos Aires
Biblioteca Hillman, Universidad de Pittsburgh, Estados Unidos
Biblioteca W.E.B. Du Bois, Universidad de Massachusetts-Amherst, Estados Unidos
Biblioteca Widener, Universidad de Harvard, Estados Unidos
FUENTES HISTÓRICAS PRIMARIAS, 1875–1900
(Biblioteca Aurelio Espinosa Pólit, BEAEP)

Periódicos publicados en Quito

Al Alba, 1875.
Álbum Ecuatoriano, 1898.
Aquí fue Troya, 1890.
Boletín de la Basílica Nacional de Smo. Corazón de Jesús, 1888.
Boletín de la Escuela de Música, 1885.
Boletín de la Escuela Médica. Quito, 1884.
Boletín del Comercio, 1884.
Boletín del Ejército de Operaciones, 1891.
Boletín del Observatorio Astronómico, 1878 y 1895.

Boletín Eclesiástico, 1892.
Boletín Oficial, 1885.
Boletín Republicano, 1882.
Crónica del Teatro, 1877.
D. Camilote de Calumniote, 1891.
Diario de Quito, 1895.
Don Venancio, 1891.
Doña Prudencia, 1893.
El Ají, 1891.
El Amigo de las familias, 1878.
El Amigo del Pueblo, 1876; 1886.
El Anunciador, 1894.
El Arete, 1891.
El Artesano, 1892.
El Atalaya, 1883.
El Bien Social, 1887.
El Bota Fuego, 1878.
El Carihuayrazo, 1885.
El Censor, 1883.
El Centinela, 1890.
El Clarín, 1895.
El Comercio, 1886.
El Cometa, 1888.
El Constitucional, 1889.
El Corneta, 1888.
El Correo Nacional, 1895.
El Cronista, 1894.
El Dardo, 1889.
El Diarito, 1899.
El Diez de Agosto, 1881 y 1898.
El Ecuador Literario, 1898.
El Ecuador, 1874.
El Ecuatoriano, 1890.
El Elector, 1896.
El Escolástico, 1878.
El Fénix, 1879–1890.
El Ferrocarril, 1897.
El Foro, 1888; 1898.

Periódicos publicados en Guayaquil

Diario de Avisos, 1888.
El Comercio, 1877.
El Telégrafo, 1884.
El Tesoro del Hogar, 1887–1893.
La Instrucción Escolar, 1893.
La Palabra, 1891.
La Revista Literaria, 1889.
Los Andes, 1876, 1879.

REFERENCIAS TEMÁTICAS, 1875–1900

Prensa de Quito y Guayaquil
Religiosa
Larriva de Llona, Lastenia. "Viernes Santo". *Los Principios*, n.º 153, jueves 10 de abril de 1884.
Mendoza de Vives, María. "Jerusalem". *Diario de Avisos*, n.º 44, martes 27 de marzo de 1888.
Serrano de Wilson, Emilia (Baronesa de Wilson). "El padre de los pobres". *El Fénix*, n.º 5, sábado 27 de diciembre de 1879.
———. "La Cruz". *El Fénix*, n.º 3, sábado 13 de diciembre de 1879.
———. "La purificación de nuestra señora". *El Fénix*, n.º 10, sábado 31 de enero de 1880.
———. "La rosa del Valle". *El Fénix*, n.º 16–17, sábados 13 y 20 de marzo; n.º 20–21, sábados 10 y 17 de abril de 1880.
Familiar y amistosa
D. C. de D. "A mi esposo Eduardo. En su ausencia". *La Palabra*, n.º 24, 14 de marzo de 1891.
———. "A mis padres". *La Palabra*, n.º 30, 25 de abril de 1891.
Dalia (seudónimo). "Señorita Rosa García Moreno de Irarrazábal". *El Fénix*, n.º 28, sábado 5 de junio de 1880.
Denis, Amelia. "A mi hija Mercedes, en su entrada al colejio". *Los Andes*, n.º 1532, sábado 14 de diciembre de 1878.
Diago, Ana G. de. "Para mis hijas". *Los Principios*, n.º 113, 7 de enero de 1884.
G. C. L. "En el álbum de una amiga". *La Palabra*, n.º 6, 8 de noviembre de 1890.
González de Moscoso, Mercedes (M. G. de M.). "A la señora doña Rosario Sáenz de DZ Granados". *La Palabra*, n.º 1, 4 de octubre de 1990.

———. "A mi amiga Rosa Maria J. de Monge". *La Palabra*, n.º 50, 19 de septiembre de 1891.

———. "A mi hermano, con motivo de haber leído su composición. Consejos a los padres". *La Palabra*, n.º 7, 15 de noviembre de 1890.

———. "A mi hermano". *La Palabra*, n.º 44, 1 de agosto de 1891.

———. "Ayer y hoy. A mi hermano". *La Palabra*, n.º 17, 24 de enero de 1891.

———. "En el Álbum de la Sra. Lastenia L. de Llona". *El Scyri*, n.º 116, jueves 2 de julio de 1896.

———. "¡Solo tú! *La Palabra*, n.º 36, 6 de junio de 1891.

Lecaro, Zoila Clemencia. "Para el álbum de la señorita Angelina del Campo". *Diario de Avisos*, n.º 2051, jueves 14 de marzo de 1895.

Lecumberri, Rita. "A Don Francisco Campos". *Diario de Avisos*, n.º 46, jueves 2 de agosto de 1888.

———. "A la trájica muerte del Sr. Dr. Vicente Piedrahita". *Los Andes*, n.º 1510, sábado 28 de septiembre de 1878.

Olnacira. "A mi mui querida amiga la señora Isabel Villamil de Darquea, en su dia". *Los Andes*, n.º 1806, sábado 30 de julio de 1881.

Peña de Calderón, J. H. "A la señora doña Mercedes de Calderón de Ayluardo en la sentida muerte de su querida hija". *Los Andes*, n.º 2161, martes 23 de diciembre de 1884.

Serrano de Wilson, Emilia (Baronesa de Wilson). "A mi buena amiga, Doña Carmen Martin de Morales, en el aniversario de su enlace". *El Fénix*, n.º 9, 24 de enero de 1880.

Valdez, María A. "En la tumba de mi padrino Vicente Piedrahita". *Los Andes*, n.º 1508, sábado 21 de septiembre de 1878.

Literaria

Amézaga, Juana Rosa de. "Apariencias y realidades". *Diario de Avisos*, jueves 2 de agosto de 1888.

Berenice (seudónimo). "Una noche de Luna". *El Fénix*, n.º 11, sábado 7 de febrero de 1880.

Cabello de Carbonera, Mercedes. "Las consecuencias" (novela por entregas). *Diario de Avisos*, n.º 649, 30 de abril de 1890 (existen varios números antes y después de esta fecha).

Celis Ávila, Trinidad. "La tempestad". *Los Andes*, n.º 22, miércoles 29 de febrero de 1888.

Febres Cordero, Carolina. "A". *La Palabra*, n.º 1, 4 de octubre de 1990.

———. "Mariposas". *Diario de Avisos*, n.º 275, sábado 12 de enero de 1889.

Febres Cordero, J. L. "A su retrato". *La Palabra*, n.º 25, 21 de marzo de 1891.

———. "Amargura". *La Palabra*, n.º 9, 29 de noviembre de 1890.

Gómez de Avellaneda, Gertrudis. "A la luna". *Diario de Avisos*, n.º 236, sábado 24 de noviembre de 1888.

González de Moscoso, Mercedes. "A Eugenia de Jara en su álbum". *Álbum Ecuatoriano*, n.º 3, marzo de 1898.

———. "A la distinguida señora Da. Lastenia L. de Llona". *La Palabra*, n.º 6, 8 de noviembre de 1890.

———. "Balada". *Álbum Ecuatoriano*, n.º 9, septiembre de 1898.

———. "En el álbum de mi hermana Delia". *Álbum Ecuatoriano*, n.º 11, noviembre de 1898.

———. "Ensueños y realidades". *La Palabra*, n.º 3, 18 de octubre de 1990.

———. "Memoria". *Álbum Ecuatoriano*, n.º 4, abril de 1898.

———. "* * *" (sin título). *Álbum Ecuatoriano*, n.º 5, mayo de 1898.

Herminia. "Amor inmortal". *El Comercio*, n.º 78, miércoles 29 de septiembre de 1886.

Lelia (seudónimo). "Pobre mujer". *El Cronista*, n.º 3, 5 de enero de 1895.

Matto de Turner, Clorinda. "No hay Pedro Bueno". *Diario de Avisos*, n.º 46, jueves 2 de agosto de 1888.

Miranda, Dolores R. (traductora). "Alejandro en Áirica". *El diez de agosto*, n.º 13, 23 de julio de 1881.

———. (traductora). "El avaro y la urraca". *El Diez de Agosto*, n.º 7, 30 de abril de 1881.

Montenegro, Francisca. "Composición declamada". *Diario de Avisos*, n.º 11, jueves 16 de febrero de 1888.

Narváez, J. Amelia. "A Matilde. Al Partir". *La Palabra*, n.º 20, 14 de febrero de 1891.

———. "En el destierro a unos niños". *La Palabra*, n.º 25, 21 de marzo de 1891.

———. "¡Entonces!". *La Palabra*, n.º 5, 1 de noviembre de 1890.

———. "La hora de la Plegaria". *La Palabra*, n.º 2, 11 de octubre de 1890.

———. "Recordando". *La Palabra*, n.º 11, 13 de diciembre de 1890.

Pazos, Lucinda. "Correspondencia literaria". *La Palabra*, n.º 32, 9 de mayo de 1891.

Reybaud, Madame Ch. "Sin dote" . *Diario de Avisos*, n.º 1, 1 de febrero de 1888 (novela por entregas; esta publicación se extiende un año, aproximadamente).

Rosa (seudónimo). "Quejas". *El Comercio*, n.º 34, martes 27 de abril de 1886.

Serrano de Wilson, Emilia (Baronesa de Wilson). *América y sus mujeres*. Barcelona: Fidel Giró, 1890.

———. "D. Juan León Mera". *El Scryri*, n.º 96, domingo 7 de junio de 1896 (Quito).

———. *El mundo literario americano. Escritores contemporáneos. Semblanzas. Poesías. Apreciaciones. Pinceladas*. Tomos 1 y 2. Barcelona: Casa Editorial Maucci, 1903 [contiene referencias a Antonio Flores, Nicolás Augusto González, Numa Pompilio Llona, M. G. de M., Juan León Mera, Juan Montalvo, José Joaquín Olmedo, Dolores Sucre, Dolores Veintimilla, Marietta de Veintemilla].

Veintimilla de Galindo, Dolores. "A mi madre". *La Palabra*, n.º 23, 7 de marzo de 1891.

———. "Deseos". *La Palabra*, n.º 11, 13 de diciembre de 1890.

———. "Mi fantasía". *La Palabra*, n.º 5, 1 de noviembre de 1890.

———. "Mis visiones". *La Palabra*, n.º 26, 28 de marzo de 1891.

———. "Producciones literarias", editado por Celiano Monge, 1898 (folleto).

———. "Tristeza". *La Palabra*, n.º 7, 15 de noviembre de 1890.

Social y política

Acosta de Samper, Soledad. "Andrés Noguera. Rasgos de la vida de un guerrillero pastuso". *Los Andes*, n.º 2159, martes 16 de diciembre de 1884 (varios números, el texto fue publicado por entregas).

E. de L. "La mujer". *Los Principios*, n.º 143, jueves 13 de marzo de 1884.

Esther (seudónimo). "La educación de la mujer". *El Diarito, Publicación Literaria y Noticiosa*, n.º 8, 20 de abril de 1889.

Febres Cordero, Carolina. "A Bolívar". *La Palabra*, n.º 45, 8 de agosto de 1891.

Hartwigsen, Anjela. "La educación de la mujer". *Los Andes*, n.º 1546, sábado 1 de febrero de 1879.

Lecumberri, Rita. "A Guayaquil". *Diario de Avisos*, n.º 198, sábado 6 de octubre de 1888.

———. "Influencia de la educación de la mujer en las sociedades modernas", documento n.º 194, 1885. Museo Municipal de Guayaquil, sección histórica (manuscrito original). También *Panamá Star and Herald*, 16 de noviembre de 1885, p. 5 (Panamá).

Matto de Turner, Clorinda. "Apuntes históricos. Doña Francisca Zubiaga de Gamarra". *Los Andes*, n.° 1278, sábado 8 de julio de 1876.

N. "El asesinato de Sucre" (en referencia a la obra de S. A. de Samper). *Los Andes*, n.° 2163, martes 30 de diciembre de 1884.

Serrano de Wilson, Emilia (Baronesa de Wilson). "La mujer". *El Ecuador*, n.° 8–9, sábados 23 y 30 de enero de 1875.

Sucre, Dolores. "En la inauguración de la estatua de Rocafuerte". *El Fénix*, n.° 12, sábado 14 de febrero de 1880.

———. "En la inauguración a la estatua de Rocafuerte". *Los Andes*, n.° 1644, sábado 10 de enero de 1880.

Veintemilla, Marietta de. "Celebres documentos de la dictadura". *Los Principios*, n.° 10, 10 de marzo de 1883.

———. "La Verdad", 5 de enero de 1889 (documento ilegible).

Veintimilla de Galindo, Dolores. "Al público". *La Palabra*, n.° 25, 21 de marzo de 1891.

Índice de referencias, 1875–1900

1. Publicaciones de autoría femenina en la prensa quiteña

Berenice (seudónimo). "Una noche de Luna". *El Fénix*, n.° 11, sábado 7 de febrero de 1880.

Dalia (seudónimo). "Señorita Rosa García Moreno de Irarrazábal". *El Fénix*, n.° 28, sábado 5 de junio de 1880.

Diago, Ana G. de. "Para mis hijas". *Los Principios*, n.° 113, 7 de enero de 1884.

E. de L. "La mujer". *Los Principios*, n.° 143, jueves 13 de marzo de 1884.

Esther (seudónimo). "La educación de la mujer". *El Diarito. Publicación Literaria y Noticiosa*, 20 de abril de 1889.

González de Moscoso, Mercedes (M. G. de M.). "A Eugenia de Jara en su álbum". *Álbum Ecuatoriano*, n.° 3, marzo de 1898.

———. "Balada". *Álbum Ecuatoriano*, n.° 9, septiembre de 1898.

———. "En el Álbum de la Sra. Lastenia L. de Llona". *El Scyri*, n.° 116, jueves 2 de julio de 1896.

———. "En el álbum de mi hermana Delia". *Álbum Ecuatoriano*, n.° 11, noviembre de 1898.

———. "Memoria". *Álbum Ecuatoriano*, n.° 4, abril de 1898.

———. "* * *" (sin título). *Álbum Ecuatoriano*, n.° 5, mayo de 1898.

Herminia. "Amor inmortal". *El Comercio*, n.º 78, miércoles 29 de septiembre de 1886.

Larriva de Llona, Lastenia. "Viernes Santo". *Los Principios*, n.º 153, jueves 10 de abril de 1884.

Lelia (seudónimo). "Pobre mujer". *El Cronista*, n.º 3, 5 de enero de 1895.

Miranda, Dolores R. (traductora). "Alejandro en África". *El Diez de Agosto*, n.º 13, 23 de julio de 1881.

——. (traductora). "El avaro y la urraca". *El Diez de Agosto*, n.º 7, 30 de abril de 1881.

Rosa (seudónimo). "Quejas". *El Comercio*, n.º 3, martes 27 de abril de 1886.

Serrano de Wilson, Emilia (Baronesa de Wilson). "A mi buena amiga, Doña Carmen Martin de Morales, en el aniversario de su enlace". *El Fénix*, n.º 9, 24 de enero de 1880.

——. "D. Juan León Mera". *El Scyri*, n.º 96, domingo 7 de junio de 1896.

——. "El padre de los pobres". *El Fénix*, n.º 5, sábado 27 de diciembre de 1879.

——. "La Cruz". *El Fénix*, n.º 3, sábado 13 de diciembre de 1879.

——. "La mujer". *El Ecuador*, n.º 8–9, sábados 23 y 30 de enero de 1875.

——. "La purificación de nuestra señora". *El Fénix*, n.º 10, sábado 31 de enero de 1880.

——. "La rosa del Valle". *El Fénix*, n.º 16–17, sábado 13 y 20 de marzo; n.º 20–21, sábados 10 y 17 de abril de 1880.

Sucre, Dolores. "En la inauguración de la estatua de Rocafuerte". *El Fénix*, n.º 12, sábado 14 de febrero de 1880.

Veintemilla, Marietta de. "Celebres documentos de la dictadura". *Los Principios*, n.º 10, 10 de marzo de 1883.

——. "La Verdad", 5 de enero de 1889 (documento ilegible).

Veintimilla de Galindo, Dolores. "Producciones literarias", compilado por Celiano Monge, 1898 (folleto).

2. Publicaciones quiteñas de autoría masculina sobre mujeres escritoras y notables

Anónimo. "A Josefa Vivero de González". *Los Principios*, n.º 71, 10 de noviembre de 1883.

——. "Estados Unidos: Las mujeres en el territorio de Washington". *El Foro. Revista jurídica, económica y literaria*, n.º 8, sábado 25 de febrero de 1888.

——. "Las Veintimillas". *Los Principios*, n.º 6, 10 de febrero de 1883.

——. Nota (sobre Producciones Literarias de Doña Dolores Veintimilla de Galindo). *Álbum Ecuatoriano*, n.º 5, mayo de 1898.

Anónimo. "La vida de... Mercedes de Jesús". *El Comercio*, n.º 100, miércoles 15 de diciembre de 1886.

A. R. "Soneto a Matilde Serrano". *Los Principios*, n.º 132, martes 19 de febrero de 1884.

Beuve, Sainte. "Amistades literarias de las mujeres". *Los Principios*, n.º 132, martes 19 de febrero de 1884.

Bolet Peraza, Nicanor. "Dolores Sucre". *El Diarito*, n.º 4, 14 de abril de 1889.

Chaves, A. P. "Doña Manuela Cañizares". *El Independiente*, n.º 40, sábado 23 de agosto de 1890.

———. "Matilde Serrano". *Los Principios*, n.º 132, martes 19 de febrero de 1884.

Chica, Vicente P. "Señorita Marietta de Veintemilla". *Los Principios*, n.º 15, 31 de marzo de 1883 (carta).

Mera, Juan León. "A la Señora Baronesa de Wilson, en su visita a la República del Ecuador". *El Fénix*, n.º 3, sábado 13 de diciembre de 1879.

Pástor, Vicente Daniel. "Señora Baronesa de Wilson". *El Fénix*, n.º 5, 27 de diciembre de 1879 (carta).

P. F. C. "A la señora Baronesa de Wilson". *El Fénix*, n.º 1, sábado 22 de noviembre de 1876.

P. H. "Mujeres notables del Ecuador en tiempo de la Colonia". *El Pichincha. Periódico literario*, n.º 1, 1 de febrero de 1876.

3. Publicaciones extranjeras de autoría femenina sobre escritoras ecuatorianas

Acosta de Samper, Soledad. *La mujer en la sociedad moderna*. París: Garnier Hermanos, 1895.

Matto de Turner, Clorinda. "Las obreras del pensamiento en la América del Sud". *Boreales, miniaturas y porcelanas*. Buenos Aires: Imprenta de Juan A. Alsina, 1902.

Pardo Bazán, Emilia. "Literatura y otras hierbas. Carta al señor don Juan Montalvo". *Revista de España*, CXVII, julio-agosto 1887: 133–145.

Serrano de Wilson, Emilia (Baronesa de Wilson). *América y sus mujeres*. Barcelona: Fidel Giró, 1890.

———. *El mundo literario Americano. Escritores contemporáneos. Semblanzas. Poesías. Apreciaciones. Pinceladas*. Tomos 1 y 2. Barcelona: Casa Editorial Maucci, 1903 [contiene referencias a Antonio Flores, Nicolás Augusto González, Numa Pompilio Llona, M. G. de M., Juan León Mera, Juan Montalvo, José Joaquín Olmedo, Dolores Sucre, Dolores Veintimilla, Marietta de Veintemilla].

4. Publicaciones de autoría femenina en la prensa guayaquileña

Acosta de Samper, Soledad. "Andrés Noguera. Rasgos de la vida de un guerrillero pastuso". *Los Andes*, n.º 2159, martes 16 de diciembre de 1884 (varios números, el texto fue publicado por entregas).

Amézaga, Juana Rosa de. "Apariencias y realidades". *Diario de Avisos*, n.º 46, jueves 2 de agosto de 1888.

Cabello de Carbonera, Mercedes. "Las consecuencias". *Diario de Avisos*, n.º 649, 30 de abril de 1890 (novela por entregas, existen varios números antes y después de esta fecha).

Celis Ávila, Trinidad. "La tempestad". *Los Andes*, n.º 22, miércoles 29 de febrero de 1888.

D. C. de D. "A mi esposo Eduardo. En su ausencia". *La Palabra*, n.º 24, 14 de marzo de 1891.

———. "A mis padres". *La Palabra*, n.º 30, 25 de abril de 1891.

Denis, Amelia. "A mi hija Mercedes, en su entrada al colejio". *Los Andes*, n.º 1532, sábado 14 de diciembre de 1878.

Febres Cordero, Carolina. "A Bolívar". *La Palabra*, n.º 45, 8 de agosto de 1891.

———. "A". *La Palabra*, n.º 1, 4 de octubre de 1990.

———. "Mariposas". *La Palabra*, n.º 45, 8 de agosto de 1891.

———. *Diario de Avisos*, n.º 275, sábado 12 de enero de 1889.

Febres Cordero, J. L. "A su retrato". *La Palabra*, n.º 25, 21 de marzo de 1891.

———. "Amargura". *La Palabra*, n.º 9, 29 de noviembre de 1890.

G. C. L. "En el álbum de una amiga". *La Palabra*, n.º 6, 8 de noviembre de 1890.

Gómez de Avellaneda, Gertrudis. "A la luna". *Diario de Avisos*, n.º 236, sábado 24 de noviembre de 1888.

González de Moscoso, Mercedes (M. G. de M.). "A la distinguida señora Da. Lastenia L. de Llona". *La Palabra*, n.º 6, 8 de noviembre de 1890.

———. "A la señora doña Rosario Sáenz de DZ Granados". *La Palabra*, n.º 1, 4 de octubre de 1990.

———. "A mi amiga Rosa María J. de Monge". *La Palabra*, n.º 50, 19 de septiembre de 1891.

———. "A mi hermano, con motivo de haber leído su composición. Consejos a los padres". *La Palabra*, n.º 7, 15 de noviembre de 1890.

———. "A mi hermano". *La Palabra*, n.º 44, 1 de agosto de 1891.

———. "Ayer y hoy. A mi hermano". *La Palabra*, n.º 17, 24 de enero de 1891.

———. "Ensueños y realidades". *La Palabra*, n.º 3, 18 de octubre de 1890.

———. "¡Solo tú!". *La Palabra*, n.º 36, 6 de junio de 1891.

Hartwigsen, Anjela. "La educación de la mujer". *Los Andes*, n.º 1546, sábado 1 de febrero de 1879.

Lecaro, Zoila Clemencia. "Para el álbum de la señorita Angelina del Campo". *Diario de Avisos*, n.º 2051, jueves 14 de marzo de 1895.

Lecumberri, Rita. "A Don Francisco Campos". *Diario de Avisos*, n.º 46, jueves 2 de agosto de 1888.

――――. "A Guayaquil". *Diario de Avisos*, n.º 198, sábado 6 de octubre de 1888.

――――. "A la trájica muerte del Sr. Dr. Vicente Piedrahita". *Los Andes*, n.º 1510, sábado 28 de septiembre de 1878.

――――. "Influencia de la educación de la mujer en las sociedades modernas", documento n.º 194, 1885. Museo Municipal de Guayaquil, sección histórica (manuscrito original). También en *Panamá Star and Herald*, 16 de noviembre de 1885, p. 5 (Panamá).

Matto de Turner, Clorinda. "Apuntes históricos. Doña Francisca Zubiaga de Gamarra". *Los Andes*, n.º 1278, sábado 8 de julio de 1876.

――――. "No hay Pedro Bueno". *Diario de Avisos*, n.º 46, jueves 2 de agosto de 1888.

Mendoza de Vives, María. "Jerusalem". *Diario de Avisos*, n.º 44, martes 27 de marzo de 1888.

Montenegro, Francisca. "Composición declamada". *Diario de Avisos*, n.º 11, jueves 16 de febrero de 1888.

N. "El asesinato de Sucre". *Los Andes*, n.º 2163, martes 30 de diciembre de 1884 (en referencia a la obra de S. A. de Samper).

Narváez, J. Amelia. "A Matilde. Al Partir". *La Palabra*, n.º 20, 14 de febrero de 1891.

――――. "En el destierro a unos niños". *La Palabra*, n.º 25, 21 de marzo de 1891.

――――. "¡Entonces!". *La Palabra*, n.º 5, 1 de noviembre de 1890.

――――. "La hora de la Plegaria". *La Palabra*, n.º 2, 11 de octubre de 1890.

――――. "Recordando". *La Palabra*, n.º 11, 13 de diciembre de 1890.

Olnacira. "A mi mui querida amiga la señora Isabel Villamil de Darquea, en su dia". *Los Andes*, n.º 1806, sábado 30 de julio de 1881.

Pazos, Lucinda. "Correspondencia literaria". *La Palabra*, n.º 32, 9 de mayo de 1891.

Peña de Calderón, J. H. "A la señora doña Mercedes de Calderón de Ayluardo en la sentida muerte de su querida hija". *Los Andes*, n.º 2161, martes 23 de diciembre de 1884.

Reybaud, Madame Ch. "Sin dote". *Diario de Avisos*, n.º 1, 1 de febrero de 1888 (novela por entregas, esta publicación se extiende un año, aproximadamente).

Sucre, Dolores. "En la inauguración a la estatua de Rocafuerte". *Los Andes*, n.º 1644, sábado 10 de enero de 1880.

Valdez, María A. "En la tumba de mi padrino Vicente Pidrahita". *Los Andes*, n.º 1508, sábado 21 de septiembre de 1878.

Veintimilla de Galindo, Dolores. "A mi madre". *La Palabra*, n.º 23, 7 de marzo de 1891.

———. "Al público". *La Palabra*, n.º 25, 21 de marzo de 1891.

———. "Deseos". *La Palabra*, n.º 11, 13 de diciembre de 1890.

———. "Mi fantasía". *La Palabra*, n.º 5, 1 de noviembre de 1890.

———. "Mis visiones". *La Palabra*, n.º 26, 28 de marzo de 1891.

———. "Tristeza". *La Palabra*, n.º 7, 15 de noviembre de 1890.

5. Publicaciones guayaquileñas de autoría masculina sobre mujeres escritoras y notables

Athos. "Otra poetisa". *La Palabra*, n.º 44, 1 de agosto de 1891 (sobre la poesía femenina).

B. C. "La señorita Dolores Flor". *Los Andes*, n.º 1813, miércoles 24 de agosto de 1881.

Bartolomé, Huerta. "Josefina R. Villavicencio". *Diario de Avisos*, n.º 71, lunes 30 de abril de 1888.

Bolívar, Simón. "Cartas de Bolívar a la Mariscala de Ayacucho". *Los Andes*, n.º 1640, sábado 27 de diciembre de 1879.

Calle, Manuel J. "La mujer según Quevedo". *La Palabra*, n.º 49, 5 de septiembre de 1891.

Carbo, Pedro. "Disertación sobre los derechos de la mujer". *El Telégrafo*, n.º 19 y ss., 19 de abril-20 de mayo de 1884 (Guayaquil, publicación en varios números).

Cárdenas, V. "La mujer cristiana". *Los Andes*, n.º 1659, miércoles 3 de marzo de 1880.

De la Coba, Juan. "Carta". *La Palabra*, n.º 23, 7 de marzo de 1891 (sobre Dolores Veintimilla de Galindo).

"Eduquemos a la mujer". *Los Andes*, n.º 1663, miércoles 17 de marzo de 1880.

[El Bien Público]. "Educación de las niñas". *Los Andes*, n.º 1541, miércoles 15 de enero de 1879.

El Zipa. "La mujer fina". *Los Andes*, n.º 1717, miércoles 22 de septiembre de 1880.

Exequiel, Uriguen. "Importancia de la educación de la mujer". *Diario de Avisos*, n.º 167–168, miércoles 29 y jueves 30 de agosto de 1888.

González, N. Augusto. "América y sus mujeres". *La Palabra. Revista de Literatura Nacional*, n.º 28, 11 de abril de 1891.

Henao, Januario. "Consideraciones sobre la educación práctica". *Los Andes*, n.º 2074, viernes 22 de febrero de 1884.

Herrera, Pablo. "Mujeres notables del Ecuador en tiempo de la conquista". *Diario de Avisos*, n.º 42, sábado 24 de marzo de 1888.

"La Baronesa de Wilson". *Los Andes*, n.º 1618, sábado 11 de octubre de 1879.

"La educación de la mujer". *Diario de Avisos*, n.º 53, lunes 9 de abril de 1888 (tomado de la *América Ilustrada*).

Merchán, Rafael M. "A la mujer". *Los Andes*, n.º 1660, sábado 6 de marzo de 1880.

Moscoso, Aurelio. "Carta a Athos". *La Palabra*, n.º 45, 8 de agosto de 1891.

P. Pereira. "La mujer paraguaya". *Los Andes*, n.º 1662, sábado 13 de marzo de 1880.

Pelliza, M. A. "El bello sexo de la revolución arjentina". *Los Andes*, n.º 1532, sábado 14 de diciembre de 1878.

Sajipa. "Don Juan Montalvo i la ruina prematura de la belleza de las bogotanas". *Los Andes*, n.º 2073, martes 19 de febrero de 1884.

Sánchez, Quintiliano. "A la Baronesa de Wilson en su llegada a Quito". *Los Andes*, n.º 1637, miércoles 17 de diciembre de 1879.

6. Publicaciones extranjeras de autoría femenina sobre escritoras ecuatorianas

Matto de Turner, Clorinda. "Las obreras del pensamiento en la América del Sud". *Boreales, miniaturas y porcelanas*. Buenos Aires: Imprenta de Juan A. Alsina, 1902.

Serrano de Wilson, Emilia (Baronesa de Wilson). *América y sus mujeres*. Barcelona: Fidel Giró, 1890.

———. *El mundo literario Americano. Escritores contemporáneos. Semblanzas. Poesías. Apreciaciones. Pinceladas*. Tomos 1 y 2. Barcelona: Casa Editorial Maucci, 1903 [contiene referencias a Antonio Flores, Nicolás Augusto González, Numa Pompilio Llona, M. G. de M., Juan León Mera, Juan Montalvo, José Joaquín Olmedo, Dolores Sucre, Dolores Veintimilla, Marietta de Veintemilla].

a. "Monsieur Le President" (1864), La señorita Ascásubi.

b. "La mujer" (1875), Emilia Serrano Baronesa de Wilson.

c. "Una novela ecuatoriana. Cumandá ó un drama entre salvajes por Juan León Mera" (1879), Soledad Acosta de Samper.

d. "Discurso en la sesión inaugural de la Universidad de Guayaquil" (1883), Pedro Carbo.

e. "Disertación sobre los Derechos de la Mujer" (1884), Pedro Carbo.

f. "Influencia de la educación de la mujer en las sociedades modernas" (1885), Rita Lecumberri.

g. "Himno" (1885), Rita Lecumberri

h. "Las invasiones de las mujeres" (1885), Juan Montalvo.

i. "Duelo nacional" (1889), Dolores Flor.

j. "Juana Manuela Gorriti" (1892), Lastenia Larriva de Llona.

k. "Mi fantasía" (1890), Dolores Veintimilla de Galindo.

"Discurso de inauguración de la Universidad de Guayaquil" (1883), Pedro Carbo.

Guayaquil, La Bandera Nacional, n.º 12, serie 1.ª,
9 de octubre de 1883.

SEÑORES:

Me felicitó de hallarme aquí reunido con vosotros en el aniversario del magno día de nuestra independencia. Esta nos dió Patria y Libertad, nos facilitó la comunicación con las naciones civilizadas del antiguo mundo; nos abrió el comercio libre con ellas, y nos puso en estrechas y fraternas relaciones con la gran República del Norte, Fundada con el valor y dirigida en sus primeros pasos por el patriotismo y las virtudes incomparables del inmortal Jorge Washington.

Los próceres de nuestra independencia, nuestros primeros conductores en la vida pública, nos dieron también ejemplos de heroísmo, de constancia coma de patriotismo coma de abnegación y de puras virtudes republicanas.

Todo nos hacía creer que nuestros pueblos en el pleno goce de sus derechos políticos marcharían por el sendero de las luces, de la moralidad y del progreso. Pero tan halagüeñas esperanzas solo se han realizado en parte.

Frecuentemente hemos sido víctimas del despotismo de los malos gobernantes, enemigos de las libertades públicas coma y nada dispuestos a favorecer el desarrollo de las luces, porque el despotismo aspira a conservar en los pueblos la ignorancia, para mejor dominarlos.

Muy recientemente ha sufrido el país los atentados de una dictadura oprobiosa, de lo cual ha podido al fin librarse merced a los heroicos esfuerzos de los defensores del derecho. Obtenido ese gran triunfo se hace indispensable atender a la reorganización de la República, cómo está llamada a hacerlo la Convención Nacional.

pero junto con las buenas instituciones políticas que el país necesita, es indispensable que se adopte un buen sistema de instrucción pública que promueva el desarrollo, de las luces y propenda al progreso de las ideas modernas.

La Universidad de Guayaquil fundada por decreto de 15 de Setiembre y que hoy se inaugura, está llamada a dar a la juventud estudiosa la instrucción superior que necesita, y que corresponda al espíritu de nuestra época y al carácter de nuestros pueblos.

La Universidad de Guayaquil, tal como se ha organizado, no se limita a los estudios que se hacen en otros establecimientos de su especie, pues además de las Facultades de Filosofía y Literatura, de Ciencias Físicas y Matemáticas, de Jurisprudencia, de Medicina y Farmacia, se enseñarán en ella las Ciencias Políticas y Administrativas, cuyo estudio es tan necesario en países regidos por instituciones republicanas, en que el pueblo está llamado a tomar parte en la cosa pública, lo cual no puede hacer con acierto sin haber adquirido cierto grado de instrucción

En la Universidad la Ingeniería Civil, la Agrimensura y la Telegrafía Eléctrica que son tan útiles y provechosas en la vida de los pueblos civilizados.

Otra de las innovaciones que respecto a nuestro actual sistema de enseñanza contiene el decreto que funda la Universidad, es la admisión de las mujeres a los estudios universitarios y para obtener los grados y diplomas correspondientes. No hay razón alguna para excluirlas de las universidades, y sin embargo existe de hecho esa exclusión, privándolas de un derecho que, no dudó, sabrán ejercerlo con más o menos habilidad y lucimiento. Reconocerles ese derecho, no solo es justo, sino que también sería útil a la sociedad, porque conocidas como son sus aptitudes para la enseñanza de las niñas, con la suavidad y discreción que les son propias, mayores y más desarrolladas serán esas actitudes, a medida que las inteligencias se ilustrarán con el estudio de las ciencias, hasta ahora patrimonio casi exclusivo de los hombres.

Otra de las innovaciones que contiene el decreto sobre la Universidad es la facultad que se da a los estudiantes de elegir uno de los miembros del Consejo Universitario. Esta facultad tiene por objeto acostumbrar a los alumnos desde sus primeros años, a hacer uso del libre sufragio para más tarde, y cuando hayan de usarlo como ciudadanos en las elecciones populares, lo ejerzan con toda la independencia de hombres libres.

En fin, la Universidad de Guayaquil no carecerá de defectos, pero con todo, es de esperarse que, con el auxilio de las luces de los distinguidos superiores y profesores que han sido nombrados para formarla contribuirá a popularizar entre nosotros los estudios serios y a impulsar la instrucción general, que es una de las necesidades más premiosas del siglo en que vivimos.

¡Pueda ser ella Fecunda en útiles enseñanzas y corresponder en todo al patriótico objeto con que ha sido fundada!. Declaró instalada la UNIVERSIDAD DE GUAYAQUIL.

"Disertación sobre los derechos de la mujer" (1884),
Pedro Carbo.

Guayaquil, El Telégrafo Semi Diario Político, Comercial, Noticioso y Literario, Colaboración, 19 de abril a 20 de mayo de 1884.

I

Es ahora, por primera vez, que en el Ecuador se ha comenzado a discutir la cuestión de si las mujeres deben ó nó tener derechos políticos y ocupar puestos en la Administración pública. Esta cuestión ha tenido orijen en la Convención Nacional, que actualmente se halla reunida. Se propuso en ella, que en el artículo 12 de la Constitución, que espresa las cualidades que se requieren para ser ciudadano, se añadiese la palabra *varón*, á fin de que se comprendiera que exclusivamente el hombre podía ejercer los derechos de ciudadano, y no la mujer.

En las sesiones del 23 y 24 de noviembre de 1883 se discutió largamente sobre la palabra que se quería añadir creyéndola algunos diputados superflua, pues en las constituciones anteriores no se había puesto tal palabra, y sin embargo las mujeres no se habian creido con derecho a ejercer la ciudadanía; mientras que otros Diputados la consideraban indispensable, para que en ningún caso hubiese duda acerca de ese punto importante.

El Honorable Estupiñan que abogaba porque se conservara la palabra varón en el artículo 12 de la constitución, dijo: que creía necesario añadir esa palabra, porque talvez, por la falta de ella, se pretendería deducir, que se habia conferido derechos políticos a la mujer. Que además debia tenerse en cuenta que en el decreto que expidió el ex-Jefe Supremo del Guayas, creando una Universidad, se faculta á las mujeres para concurrir á élla y optar grados académicos; de manera que podrían llegar á ser abogadas; y prevalidas de la ambiguedad del artículo en cuestion, pretenderían también ocupar un asiento en los tribunales de justicia.

El H. Fióres dijo, entre otras cosas: Que como no se trataba en ese momento de la cuestion del sufrajio de la mujer, no pretendia discutirla: ni queria citar á varios publicistas europeos y americanos, que creian injusto privar á la mujer del derecho electoral : que este siglo podria llamarse tanto el siglo de la electricidad, el del esfuerzo para la emancipación de la mujer ; especialmente en los Estados Unidos, donde existe una organizacion que se titula defensora de los derechos de la mujer; que en ese pais habia ya un considerable número de mujeres desempeñando destinos públicos; y que lo que el opinaba era, que no se hiciese innovacion que pareciera contraria á las mujeres, y que no se apartasen del sendero trillado que señalan todas las constituciones anteriores del Ecuador y todas las de América, con la única excepción de Colombia, y esto, sólo en lo tocante á puestos públicos: que aquella innovacion es innecesaria, lo demuestra el hecho de que, sin necesidad del requisito de varon por el ejercicio de los derechos de ciudadanía, jamás habian pretendido estos las mujeres en más de medio siglo de vida independiente: ... que tampoco en Colombia, donde según el H. Salazar (Luis A) tienen las mujeres el derecho de votar, habían querido ellas hacer uso de tal derecho; lo que prueba lo innecesario de la precaución que quiere tomarse..... Que por estas razones, estaba contra la innovacion, la cual podia considerearse odiosa para las mujeres".

El H. Andrade Marin, manifestó. "Que si antes no sido necesario exijir expresamente la calidad de varon para ser ciudadano; es porque las ideas eran distintas, pues la pretension de las mujeres de ejercer la ciudadanía, no data de mucho tiempo atrás; pero ahora se deja sentir en todas partes y puede suceder que algun dia se quiera dar derechos políticos á la mujer. Por el decreto de don Pedro Carbo, añadió, "puden ser ya médicos, abogados, filósofos, injenieros, optar, en fin, todos los grados académicos; y querrian tambien ser Senadores en un Congreso"...

El H. Caamano dijo: "que la idea de dar derechos políticos á la mujer es revolucionaria, aceptada únicamente en países protestantes como los Estados Unidos; y que se admiraba de que en una República católica, se pretendiera introducir tan absurda innovacion.

Cerrado el debate se procedio a votar nominalmente, y el resultado fue que estuvieron porque se conservara la palabra *varon*, veintinueve Diputados y otros tantos porque se suprimiera, quedando empatada la votación, se abrió de nuevo el debate.

El H. Matovelle expuso, que antes habia estado por la supresión de la palabra de que se trataba; pero que la discusion que se había suscitado en la Asamblea, lo había convencido de la necesidad de conservar dicha palabra. Que los elementos de la sociedad no son los individuos aislados, sinó las familias, y que sus representantes próximos, los padres de familia, y los demás que se le asimilan, esto es, los emancipados, son los que deben ejercer los derechos políticos. Que la misión de la mujer, según las sábias intenciones de la Providencia, y conforme a á la historia del jénero humano, es la de ser el guardian del hogar como muy bien se habia dicho ya, no ha de entenderse en los asuntos públicos. Que las mismas mujeres han rechazado semejante pretensión; asi lo han hecho en los Estados Unidos y en Méjico.

Finalmente, que ente los sostienen que debe suprimirse la palabra varon, unos lo hacen porque la creen innecesaria, y otros porque juzgan que algún dia se concederá a las mujeres los derechos políticos.

El H. Montalvo (Adriano) expresó: que había votado en contra de la supresion, porque no se trataba de conceder la ciudadanía á la mujer, sinó de redactar con claridad el articulo; pero que entratándose de lo primero él sostendrá que tienen ó deben tener derechos políticos, y que como ya se habia iniciado esta idea, votaria por la supresion.

Cerrado el debate, se procedió á la votacion, y votaron porque se suprimiera dicha palabra veintisiete diputados, y treinta y uno porque no se suprimiera.

En consecuencia quedó el articulo como se habia aprobado el dia anterior, con la añadidura de la palabra varón. El Telégrafo, sábado 19 de abril de 1884.

II

Como en los discursos de los Honorables Estupiñan y Andrade Marin, que dejo extractados, se hace alusión al decreto, que como Jefe Supremo de la Provincia del Guayas, expedí el 15 de septiembre de 1883, fundando la Universidad de Guayaquil, voy a copiar a continuación el articulo que dicho decreto contiene, relativamente a las mujeres: dice así:

Artículo 26 - Artículo 26 – *No habiendo razón alguna para negar a las mujeres el derecho a aspirar a las carreras científicas, se les admitirá en la Universidad de Guayaquil, para seguir los cursos que en ella se dicten, y para obtener los grados y diplomas correspondientes.*

Además de esto, en el discurso que pronuncié en el acto de la instalacion de dicha Universidad, dije lo siguiente:

"Otra de las innovaciones, que respecto a nuestro actual sistema de enseñanza, contiene el decreto que funda la Universidad, es la admision de las mujeres a los estudios universitarios, y para obtener los grados y diplomas correspondientes. No hay razon alguna para excluirlas de las Universidades, y sin embargo existe de hecho esa exclusión, privándolas de un derecho, que no dudo sabrían ejercerlo con más o ménos habilidad y lucimiento. Reconocerles ese derecho, no sólo es justo, sinó, que tambien seria útil a la sociedad, porque conocidas como son sus aptitudes, para la enseñanza de las niñas, con la suavidad y discreción que les son propias, mayores y más desarrolladas serían esas aptitudes, a medida que sus inteligencias se ilustraran con el estudio de las ciencias, hasta ahora patrimonio casi exclusivo de los hombres".

III

No olvidemos que el señor diputado Caamaño, dijo en la Convención Nacional, que la idea de dar derechos políticos a las mujeres es *revolucionaria*, y aceptada únicamente en países protestantes, como los Estados Unidos; y que se admiraba de que, en una república *católica* se pretendiera introducir tan *absurda innovación*.

Para que la idea de que se trata fuera realmente revolucionaria, era preciso que las mujeres tuvieran disposiciones naturales para lanzarse en revoluciones y que sólo aguardaran para hacerlo que se les concedieran los derechos políticos, que algunos hombres les niegan y otros creen justo se les reconozcan.

Empero, los que son cristianos, deberían recordar, que en las épocas más notables de la Historia, en que ellas han figurado, en ninguna se mostraron más entusiastas, y ejercieron más influencia moral, que en los primeros tiempos del cristianismo, en que *Melania* sostenía cinco mil confesores de la fé en Palestina; en que *Fabiola*, descendiente de Fabio, vende todos sus bienes, y con el producto de esa venta, funda en Roma el primer Hospital del mundo, en el cual hasta entonces no habia habido esa clase de asilo de caridad; en que Paula, vendía tambien cuanto tenía para socorrer a los pobres; en que *Marcela, Fabia, Eustaquia* y otras heroinas cristianas ejercían con ferviente celo la caridad, daban ejemplo de las más severas virtudes, y se empeñaban con ardor en la obra de regenerar las relajadas costumbres de aquella época, y de contribuir al triunfo del cristianismo. Si ellas se mostraron entonces revolucionarias, pues que trabajaron por un cambio radical en el estado religioso y social de aquellos pueblos, necesario es que los cristianos confiesen, que con eso prestaron importantísimos servicios al cristianismo, y casi iguales a los que hicieron los famosos predicadores, como San Agustin y San Gerónimo. A más de una de ellas tributó este último, en sus *Epístolas*, los más grandes elogios, por su valiosa colaboracion en la redentora obra del cristianismo.

Se me opondrán a los ejemplos de esas heroínas cristianas los hechos de algunas mujeres que han tomado parte en las transformaciones políticas de los pueblos, principalmente en la revolución francesa del siglo pasado; pero si hubo malas mujeres en ella, como hubo hombres malos, hubo tambien, mujeres buenas y virtuosas, distinguiéndose entre éllas las *Städel*, las *Rolland*, y las *Condorcet*, que si se adhirieron a la revolucion, fue porque creyeron ver en ella el principio de una regeneracion moral y provechosa al género humano; pero que tambien supieron reprobar los excesos cometidos por algunos de sus caudillos.

No puede negarse que en esa revolucion se cometieron grandes crímenes, se derramó sangre a torrentes; pero tambien es incontestable que se hicieron reformas tan importantes que ni el omnipotente poder de Napoleon 1°, ni la omnímoda autoridad de otros soberanos que le sucedieron en el gobierno de la Francia han podido destruirlas.

Ménos riesgo de que desaparezcan esas reformas hay ahora que aquella Nacion se halla constituida en República, cuya existencia parece estar asegurada.

IV

Acá, en América, una causa que mereció las simpatías y el entusiasmo de las mujeres, fué el de la revolución por la Independencia de las antiguas colonias, anglo e hispano-americanas.

Habia sonado ya la hora de que los pueblos americanos rompieran para siempre el yugo colonial y se constituyeran en Estados Soberanos, libres e independientes. La razón y la justicia los apoyaban en esta magna empresa; y muchas mujeres, desde las mas respetables matronas hasta las más humildes, no se hicieron esperar para servir la causa proclamada, ora con sus alhajas y bienes, ora con su cooperacion personal, ora excitando el patriotismo de sus hermanos, esposos e hijos.

Difícil seria citar los nombres de tantas célebres mujeres que figuraron en ese grandioso drama. Pero recordaré siquiera los de algunas de ellas.

En los Estados Unidos del Norte, María y Marta Washington, madre la primera y esposa la segunda de Jorge Washington, el hombre más ilustre de los tiempos modernos.

Y Mistress Molly, que con gran heroísmo reemplazó a su esposo artillero, en la batalla de Monmouth, y por lo cual Washington le confirió el titulo de capitan.

En la antigua Nueva Granada, hoy Estados Unidos de Colombia, las Santos, Revollos y Narvaes, y esa renombrada Policarpa Salavarrieta, que mostró tanto patriotismo como valor, y sufrió con tanto heroísmo la bárbara muerte a que la sentenciaron sus crueles perseguidores.

En Venezuela, las Padron y Palacios de Rivas, las Mantillas y Tobares.

En el Ecuador, las Vega de Salinas, Sárate de la Peña, y Bou de Larrea y Guerrero, de Quito; y en Guayaquil, las Rocafuertes, Garaicoas, Calderones, Gainzas, Tolas, Laváyenes, Ricos, Gorriebáteguis, del Campo, Plazas, Merinos, Aguirres, Icazas, Casilaris, Moriases, Elizaldes, Noboas, Santistévanes, Luscandos, Urbinas, Decimevillas, Carbos, Roldanes y Boderos.

En el Perú. Andrea Bellido, a quien se dio bárbara muerte, por haberse negado con grande entereza y lealtad a revelar un secreto relacionado con la causa de la independencia de su patria. Y las Estacio, Sanchez, Alvarez, Sanchez de Pagador, Caballero, Nogarela, Ferreiros, Alcázar, Silva, Campuzano, Arnao, Noriega de Paredes, Gómez, Pérez de Seguin, Ullata de Gómez, Agüero, Iturregui, Bonifaces, Egusquizas, y Trinidad Célis, que tuvo banda y pension concedidas por los Generales Bolivar y San Martin.

En Bolivia, las Lemoine, Tapia y Matos.

En Chile, las Rosales, Jara, Quemada de Martínez, Monasteo, Carrera, Recabarren, Vicuñas, Pérez, Sánchez, Larraines, Rojas, Macallanes, Salas de Errazuris y Olivares.

En la República Argentina, las Quintana, Quintanilla, Castro, Castelli de Igarzabal, Alvear, Escalada, Andonaegui, Calvimonte de Agrelo, Cordero, Sanchez de Thompson, Esquival y Aldao, Ortega, Haedo de Paz, Arias de Correa.

v

La Historia, que nos refiere con aplauso todo lo que las mujeres han hecho por la religión, la piedad, la independencia y la libertad racional de los pueblos, nos instruye igualmente de la parte que en diversas épocas han tenido algunas de ellas en la enseñanza y en los progresos de la literatura y de las ciencias.

Citaré, aunque sea unos pocos nombres de esas mujeres notables.

Aspacia, maestra de elocuencia, que enseñó filosofía a Sócrates, y la Política a Pericles, su esposo.

Cornelia, que enseñó en Roma filosofía y retórica, de quien dijo Ciceron, que debió ocupar el primer puesto entre los filósofos.

Victoria Colonna, italiana, que cultivó las letras con lucimiento, en el siglo décimo quinto.

Dorotea Bueco, profesora en la Universidad de Bolonia, en el mismo siglo.

Santa Teresa de Jesus, doctora, teóloga y escritora celebre, del siglo décimo sexto.

Ana María Schurmann, nacida en Colonia, en 1607, que tuvo conocimientos en música, teología, geometría, filosofía, historia sagrada y grabado, y que hacía versos en doce lenguas; y de quien el sabio español Feijóo dijo, que no se conocía hasta entonces, capacidad más universal en ninguno de los dos sexos.

Isabel Córdova, española del siglo décimo sétimo, célebre por sus conocimientos en el latin, griego y hebreo; que obtuvo el grado de doctora en filosofía y luego en teología.

Isidra Guzmán y la Cerda, doctora en filosofía y letras humanas, y catedrática honoraria de la Universidad de Alcalá en el año de 1700.

Catalina Cockburn, inglesa, que a los diez y siete años escribió su tragedia intitulada Ines de Casto, y que más tarde publicó su Defensa del Ensayo sobre el entendimiento humano de Locke.

Battista Gozzadina, famosa italiana, que estudió leyes, fué graduada de doctor, obtuvo una cátedra en la Universidad de Bolonia, y publicó varias obras de derecho.

Elena Cornaro, que enseñó filosofía en la Universidad de Padua, y compuso varias obras sobre matemáticas, astronomía y teología.

Laura Bossi, sábia italiana del siglo décimo octavo, que fué profesora de física y filosofía en la Universidad de Bolonia.

Sofía Germain, célebre matemática, nacida en Paris, en 1776, y cuyas principales obras son: *Investigaciones, Anales de física y química,* y *Memoria sobre la curvatura de las superficies.*

Maria Pelegrino, sábia italiana que a los veintiun años fué recibida de doctor en derecho en la Universidad de Pavia.

Señorita Lizardiere, que escribió en el siglo décimo octavo, un libro, con el título de *La Teoría política de las leyes francesas,* que M Guizot apreciaba como la obra más instructiva que existe sobre el antiguo derecho francés.

Madame Nechur de Saussure, Madama de Remusat y Madama Guizot, notables escritoras francesas sobre educacion.

Ann Necker, Baronesa de Stäel, célebre escritora francesa, que defendió brillantemente con su pluma la causa de la libertad, y fue autora de varias obras literarias y políticas muy estimadas.

Miss Martiness, escritora inglesa, notable por sus trabajos sobre economía política.

Acá en América ha habido y hay también muchas mujeres notables por sus talentos y sus obras poéticas, literarias y de educación.

Mencionaré algunas de ellas.

En los Estados Unidos del Norte:

Mistress Hale, Mistress H. F. Gould, y Miss Sedgcik, poetisas.

Mistress Lydia Sigourney, de Connecticut, poetisa y escritora en prosa sobre educacion.

Mistress Gilman, poetisa y escritora en prosa.

Mistress Stephens, Soutichouth, Warner, Farrrison, Smith, novelistas; y Mistres S. Becker, también novelista y autora de La Cabaña del Tio Tom...

Mistress Faraham, literata y filántropa.

Miss Beecher, escritora sobre educacion.

En Méjico:

Sor Juana Inés de la Cruz, monja del siglo décimo sétimo, y tan célebre poetisa, que mereció ser llamada *décima musa.*

Señoras, Isabel A. Prieto de Landázuri, y Mercedes Salazar de Cámara, poetisas.

En Cuba:

Señora Gertrudis Gómes de Avellaneda de Sabater, poetisa.

En los Estados Unidos de Colombia:

Señora Agripina Samper de Amizar, poetisa.

Señora Silveria Espinosa de Reados, poetisa y escritora en prosa sobre educación.

Señora Josefa Acevedo de Gómez, escritora en verso y en prosa.

En el Ecuador:

Señoras Dolóres Veintimilla de Galindo, Angela Caamaño de Vivero, Cármen Cordero de Ballen, Jacinta Peña de Calderón, Cármen Péres de Rodríguez, y señoritas Dolóres Sucre, Juana del Cármen Roca, y Rita Lecumberri, poetisas,

En el Perú:

Señoras Carolina Garcia de Bambarén, Carolina Freire de Jaime, Maria Natividad Cortez, Jesus Sánchez de Barreto, Justa García Robledo, Manuela Varela de Vildoso, Manuela Villaran de Placencia, Manuela Autoria Márquez, y señoritas Leonor Sauri y Leonor Manrique, poetisas.

En Bolivia:

Señoras María Josefa Mejía, Mercedes Bélzu de Dorado, y señorita Natalia Palacios, poetisas.

En el Brasil:

Señora María Joaquina D. de Seizas, poetisa.

Señora Gracia Hermelinda, autora de un libro intitulado *Sentencias.*

En la Republica Argentina:

Señora Juana Mando de Noroha, autora de varios escritos sobre instrucción publica.

Señora Juana Manuela Gorriti de Belzu, autora de varios interesantes escritos.

En Chile:

Señoras Mercedes Marín del Solar, Quiteria Varas Marin, Rosario Orrego de Uribe, poetisas.

VI

En la obra intitulada, *La mujer apunte para un libro,* su autor, Severo Catalina, dice lo siguiente:

"Se necesita todo el talento de las que en realidad son mujeres de talento, para no abatirse y sucumbir ante esa especie de cruzada que en ciertas épocas han mantenido los críticos (...) contra las autoras de versos y de libros"

Este lenguaje, propio de un escritor imparcial y justo, contrasta con el de otros, que niegan a las mujeres hasta el derecho de dedicarse a serios estudios.

El Conde José de Maistre, el autor de las *Consideraciones sobre Francia* y del *Ensayo sobre el principio generador de las constituciones políticas y de las otras consideraciones humanas*, en cuyas obras se manifestó adversario de los derechos del hombre, y de los derechos de los pueblos a elegir sus legisladores y mandatarios, también se mostró opuesto a la ilustración de las mujeres. (...) y fue que cuando una de sus hijas manifestó su afición por la pintura, y otra le declaró su inclinación a los estudios literarios, les dijo que las mujeres no deben acostumbrarse a los conocimientos que contrarían sus deberes: que el mérito de las mujeres consiste en hacer felis a su marido... ninguna mujer debe ocuparse de la ciencia, so pena de ser ridiculizada y desgraciada, y que por consiguiente más facil es que sea una coqueta, que una sabia.

Pero a pesar de su opinión depresiva de la mujer, expresada por el representante del absolutismo y del (...), hay razones para sostener, que la mujer posee todas las facultades características de la humanidad; que comprende tanto como el hombre, lo bueno, lo justo y lo verdadero, y que es capaz como el de adquirir sólida instrucción en literatura, ciencias y artes.

A despecho de las preocupaciones y de las leyes que le fueron adversas en otros tiempos, porque la tenían en una sujeción casi igual a la del siervo o del esclavo, ha ido mejorando cada día su condición.

El cristianismo contribuyó mucho a su emancipación y desde entonces ha ido ganando en la estimación de los hombres, y ocupando el puesto y ejerciendo la influencia que tan justamente le corresponde en la familia y en la sociedad.

VII

Como algunos de los miembros de la actual Convención Nacional, que mas celosos se muestran en materias religiosas, han expresado opiniones que apocan o limitan la misión de la mujer sobre la tierra, voy a oponer a esas opiniones las de dos respetables prelados y grandes lumbreras de la Iglesia Católica: la del Arzobispo de Cambray, Fenelon, y la del Obispo de Orleans, Monseñor Dupauloup.

El primero en su precioso libro de *La educación de las jóvenes*, despues de protestar contra la idea de que debe instruirse poco a la mujer, y criticar a los que dicen que no es necesario que las mujeres sean sabias, que la curiosidad las vuelve vanas y presuntuosas, y que hasta que sepan gobernar un día sus casas y obedecer a sus maridos sin razonar, sostiene, que no hay razón para dejarlas en la ignorancia y sí para instruirlas; que es necesario estimularlas y aplicarlas a los muchos estudios que les convienen y pueden fortificar su espíritu; que en cuanto a las madres de familia, todo lo que ellas deben saber para la educación de sus hijos, toda la extensión de los conocimientos que serían necesarios para llenar convenientemente esta gran misión, es considerable; y hablando de los hijos agrega: "Pero los hijos ¿qué harán, qué llegarán a ser, si las madres les dan mala dirección desde sus primeros años, e ignorantes ellas mismas, les dejan languidecer en la ignorancia, sin darles ni el gusto ni la aficion a la instruccion y a las cosas útiles". El ilustre prelado expresaba también la opinión de que las mujeres entre otros conocimientos, deben poseer algunas nociones de Derecho.

Monseñor Dupauloup en su muy importante obra *La educación de las hijas de familia* demostrando las ventajas del trabajo intelectual en las mujeres, para la familia para la sociedad y para todos, dice:

"Lo que pedimos aquí ¿lo (...) únicamente para la satisfacción personal de la mujer, para el placer de su inteligencia y la consideración de su vida? No por cierto; es sobre todo, porque el estudio le es util, necesario hasta el cumplimiento de sus deberes mas importantes con relación a los otros y mas adelante agrega:

"Ahora bien, sí admitia que se debe fortalecer el desarrollo intelectual de las mujeres, bajo el punto de vista mismo de la utilidad de la familia, decimos, que es necesario aceptar este desarrollo completo, y no ponerle de antemano límites arbitrarios".

No convenimos con M. De Maistre, en que la ciencia en enaguas, como él la llama, o los conocimientos de cualquier naturaleza que sean, hagan a una mujer menos buena esposa, o madre menos útil; todo lo contrario.

Entiéndase bien: la mujer cristiana es más que la compañera del hombre, es su socia. Es ademas para él un auxiliar, un apoyo, un consejo adjutorium. La religión que ha elevado su alma y su corazón ha hecho también su inteligencia capaz de comprender, y alguna vez de igualar, y sobre todo de ayudar a la inteligencia del hombre. Dejandola debil de cuerpo, Dios hizo de ella la base de todas las fuerzas, de todas las grandezas morales. No hay nobles decisiones en las cuales las mujeres no hayan figurado; primero, como instructoras del hombre, luego como inspiradoras, y frecuentemente como compañeras de sus trabajos.

VIII

Muy a pesar de los adversarios de la emancipacion intelectual de las mujeres, estas van instruyéndose cada dia más, adquiriendo en algunos países grados académicos o universitarios para el ejercicio de las profesiones científicas, y títulos para la enseñanza popular.

En los Estados Unidos de América, donde ya se les ha reconocido el derecho de una instruccion igual a la de los hombres considerando que tienen la misma inteligencia y las mismas aptitudes que ellos, existen ya varios colegios, donde reciben la instruccion superior y científica.

M. Hippeau, en su informe al Ministro de Instruccion pública de Francia, publicado en 1872, sobre *La Instruccion pública en los Estados Unidos*, menciona los diversos establecimientos de instruccion superior, destinados para señoritas; tales como el Instituto o colegio de Packer en Brooklyn, el colegio de niñas de Rutgers en Nueva York, y sobre todo el colegio de Vass en Pough-Keepsie.

El colegio Packer debe su existencia a la generosidad de la señora Packer, cuyo memoria honra y cuyo nombre lleva: ese colegio dispone de todos los recursos necesarios para dar gran extension a los estudios científicos y literarios. La casa en que está instalado vale cien mil pesos fuertes, y sus gastos anuales ascienden a más de cuarenta y cinco mil. En Octubre de 1868 contenia el Instituto setecientas cincuenta alumnas.

Hablando M. Hippeau de su visita al colegio de niñas de Rutgers, de Nueva York (*Rutgers female college*) dice que lo primero que llama la atención es el vasto edificio en que que esta el colegio: que los estudios en el ramo de matemáticas, que en él se hacen son más profundos que en el Instituto Packer: que las muchachas de cuarto año aprenden trigonometría, geometría analítica y cálculo diferencial: que el griego y el latin lo estudian lo bastante para poder traducir autores fáciles; y que a las lenguas modernas, al frences y al alemán, dedican mucho más tiempo.

En cuanto al colegio Vassar, refiere, que M. Mateo Vassar, enriquecido en el comercio, concibió el pensamiento de consagrar su caudal a la creación de un gran establecimiento de educación para niñas, a fin de que estas pudieran recibir en él la misma instruccion que se dá a las jóvenes en los mejores colegios de Estados Unidos; y que en 1861 puso en practica este proyecto, y que el día en que la Legislatura de Estado de Nueva York, aceptando la oferta de M. Vassar, incorporó este colegio de niñas a la Universidad, es una fecha importante para la historia de la educación pública en los Estados Unidos: que desde entónces quedó reconocido en ese país el derecho que las mujeres tienen a recibir la instrucción superior, y a participar de todos los estudios reservados hasta entonces a los hombres; pudiendo considerarse con este acto solemnemente proclamada la igualdad de inteligencia de los dos sexos.

"Este final, añade M. Hippeau, de una larga y honrosa carrera, lo ejecutó M. Vassar sencilla, y dignamente. Eigió con esmero veintiocho administradores, que compusieran la comision de vigilancia (board of trustees) del establecimeinto; los reunió el 26 de Febrero de 1861, en un salon público de la ciudad de Pough-Keepsie, y despues de haberles expuesto con emoción, el fin a que aspiraba, al fundar el Instituto que confiaba a su vigilancia, les entregó una caja, sobre la que habia tenido apoyada la mano, miéntras estuvo hablando; y dentro de la cual había quinientos mil *dollars*, equivalentes a igual cantidad en pesos fuertes. Con este regalo hecho a su patria por un simple cervecero, agrega M. Hippeau, debía construirse, siguiendo el plano del palacio de las Tullerías, una casa a la cual ni siquiera se acerca en magnificencia ningun otro establecimiento destinado a la educacion pública, ni en el nuevo mundo ni en el antiguo. Y este palacio es un colegio para niñas...

"Mientras que en Francia, continúa diciendo M. Hippeau, miramos como peligrosa utopía la idea de elevar, aunque no sea más que un poco, el nivel de la instruccion que se ha de dar a las mujeres, tenemos que en una modesta poblacion rural, situada a la margen del río Hudson, se encuentra un palacio levantado expresamente para proporcionarles tanta instruccion como la que se dá a los hombres en las universidades más célebres. Allí se reunen cuatroscientas jóvenes de todos los Estados de la Union: cuantos descubrimientos ha hecho la ciencia en estos ultimos tiempos, contribuyen a su bienestar material, y a su alrededor tienen acumulados cuantos recursos pueden apetecer para la adquisicion de los diversos ramos de conocimientos humanos que se ponen a su alcance...

"Las niñas entran en el establecimiento a la edad de catorce años, y el curso de los estudios dura cuatro años...

La enseñanza de los cuatro años abraza: latin, griego, francés, aleman, italiano, matemáticas, física, química, geología, botánica, zoología, anatomía, fisiología, retórica, literatura inglesa, literatura extranjera, lógica y economía política.

"No hay que asombrarse del formidable aspecto de este programa, que comprende, según se usa en los Estados Unidos de América, una verdadera enciclopedia: pues no hay obligación de estudiar todos los ramos. Todos los cursos se hacen por separado, y a horas distintas, de modo que las discípulas pueden elegir los que más les convienen y dedicarse a ellos bajo la direccion de los profesores...

"La observacion más importante que pude hacer en el colegio de Vassar, fué que, cualquiera que sea el género de estudios a que se apliquen aquellas jóvenes, no son inferiores, bajo ningun concepto, a hombres de la misma edad".

Además de los establecimientos para la enseñanza de las niñas, a que se refiere M. Hippeau en su Informe, son dignos de mencionarse, la Universidad de mujeres de Wellesley en el Estado de Massachusetts, que cuenta con un gran número de estudiantes, y más de ocho institutoras por cada institutor; el colegio de niñas de Baltimore, y el colegio médico para mujeres de Filadelfia (Female medical college of Pennsylvania) destinado a procurar a la mujer el estudio de los principios y la práctica de la medicina y de la cirugia, y especialmente de las enfermedades de mujeres y niñas.

Se asegura que quince señoras obtuvieron en ese colegio el diploma de Doctoras de medicina, en 1877.

Hay tambien escuelas de medicina parra mujeres en Boston y Nueva York, en que anualmente se expiden títulos de Doctoras en esa ciencia.

Fuera de la multitud de escuelas primarias, secundarias y superiores, destinadas a la enseñanza de las niñas y dirigidas principalmente por preceptoras. *El Telégrafo*, 3 de mayo de 1884.

IX

Los variados y sérios estudios, a que se dedica en los Estados Unidos un gran número de mujeres, ha hecho a éstas aptas y competentes para diversas profesiones.

Muchas de ellas ejercen con gran crédito la Medicina.

Otras practican la abogacía, y se cita una de ellas, Mistress Gordon, que defendiendo en San Francisco de California a un individuo acusado de asesinato, logró hacer triunfar su causa, en medio de los entusiastas aplausos del auditorio.

En el Estado de Yowa, la Academia de ciencias, eligió a Mistress Putnan para que la presidiera; eleccion que fue muy bien recibida.

En el Estado de Illinois, el colegio de Simpson de Indianópolis, nombró profesora de griego a la joven miss Jossie Backer, que además de leer y habla correctamente ese idioma estaba familiarizada con la lengua francesa, la alemana y la latina.

La señora Darwin fué nombrada profesora de lógica y de retórica en la Universidad de Burlington. *El Telégrafo*, 3 de mayo de 1884.

x

Indudablemente, es en los Estados Unidos donde más ensanche y protección se ha dado a la instrucción de las mujeres.

Sin embargo, algo se ha adelantado sobre eso mismo, en estos últimos tiempos en el viejo mundo.

Hace pocos años que se han establecido en el famoso colegio de la Sorbona, de Paris, cursos de enseñanza superior para señoritas.

En los últimos diez y ocho años, se han expedido en Francia, a treinta y seis mujeres, los siguientes títulos: - De doctoras en medicina, 5.- De licenciadas en ciencias, 2.- De Bachilleras en ciencias y letras, 2.- De Bachilleras en ciencias, 7.- De Bachilleras en letras, 20.

Se calcula que hay en Paris, como cuatro mil maestras de literatura, de inglés é italiano, fuera del gran número de preceptoras de las escuelas primarias.

En el *Hotel de Ville* de Paris (casona del Ayuntamiento ó de la Municipalidad), cada año, un jurado compuesto de señoras inspectoras y de inspectores, expide diplomas de primero ó segundo grado, á dos o trescientas jóvenes que se destinan a la enseñanza; lo cual manifiesta que se ha comenzado á dár en Francia á las mujeres una parte muy importantes en el ramo de instruccion pública.- En España, la Universidad de Barcelona, confirió el grado de doctor á la señorita doña Dolores Aleu despues de brillantes exámenes.

Doña María Piedad López se matriculó en el Instituto de Valladolid, despues de un notable exámen, con el fin de seguir la carrera de la abogacia.

En la Universidad de Lóndres, pueden recibir las mujeres los mismos grados que los hombres.

En la misma ciudad de Lóndres, se inauguró en 1877 una escuela de medicina para mujeres.

En Cambridge, es cada dia mayor el número de las jóvenes que concurren á estudiar, en la célebre Universidad que lleva ese nombre.

En Suiza, las mujeres tienen opcion á estudiar en la Universidad: aprenden artes y oficios; estudian Medicina y Química, y adquieren cuantos conocimientos se refieren á la curacion de los enfermos y heridos. Hace poco tiempo que en Zurich recibió una señorita el título de Doctora en Farmacia.

En Bélgica y Alemania, tienen tambien las mujeres el derecho de seguir las carreras profesionales y científicas.

En Rusia, en la *Facultad de Medicina y Cirujía* de San Petersburgo, se matricularon en 1877 más de doscientas señoritas, para dedicarse á los estudios médicos.

Como se vé, tanto en el nuevo, como en el antiguo mundo, las mujeres van cada dia adquiriendo mayores conocimientos, desarrollando sus facultades intelectuales, ocupando un puesto distinguido en la carrera de la enseñanza y ejerciendo profesiones científicas. Se les ha reconocido, pues, un derecho, que sin injusticia no podía negárseles.

Pero ¿cuánto se necesita hacer todavía para reformar o derogar las leyes que las (...) y las privan hasta de sus mas esenciales derechos?

La legislación de muchos países reconoce á las jóvenes que han salido de la patria potestad, de la tutela legal, por haber llegado á la mayor edad, el derecho de disponer de sus personas y bienes. Pero limita esa facultad á las mujeres casadas, en cuanto estatuye, que la potestad marital es el conjunto de derechos que las leyes conceden al marido sobre la persona y bienes de la mujer; que sin autorizacion escrita del marido, no puede la mujer casada parecer en juicio, por si, ni por procurador, sea demandando ó defendiéndose; y que tampoco puede sin autorizacion del marido, celebrar contrato alguno, ni desistir un contrato anterior, ni remitir una deuda, ni aceptar ó repudiar una donacion, herencia ó legado, ni alquirir á título alguno oneroso ó lucrativo, ni enajenar, hipotecar o empeñar; ni tener por sí sola derecho alguno sobre los bienes sociales durante la sociedad.

Escritores y escritoras notables vienen, de algun tiempo á esta parte, criticando esas disposiciones respecto á la mujer casada, y que á esta, aunque llegue á la mayor ancianidad, se le trate siempre como á *menor*.

Y contrayéndose particularmente á las prescripciones que le prohíben disponer de sus bienes, sin el consentimiento de su marido, lo consideran como una de las más injustas.

Se dice que esta prohibicion es para que no pueda ella disipar esos bienes, que pertenecen á la sociedad conyugal; pero ¿no podrá tambien hacerlo un marido vicioso, ó que se desentienda del cumplimiento de sus deberes de proveer al bien presente y futuro de su familia?.

Como la legislacion de varios países, inclusive la del Ecuador, en cuanto á la sociedad conyugal, está basada en las disposiciones del Código civil frances, voy á extractar las observaciones y criticas que acerca de esas disposiciones contiene la *Historia Moral de las Mujeres*, por M. Ernesto Legouré. Dice así:

"El legislador establece la comunidad como regla del matrimonio; bajo este régimen, el marido, no solamente administra todos los bienes comunes, sino además los inmuebles propios de la mujer. Si se le otorga un arrendamiento, sólo él tiene el derecho de firmarlo... Si su marido está ausente, no puede vender los bienes de la comunidad, ni aún para la colocacion de sus hijos, sin la autorizacion judicial...

"La mujer no puede disponer, por donación entre vivos, de sus riquezas...

"Además la mujer no puede aceptar una donación sin el permiso marital... La prohibicion de donar es una tiranía, la de aceptar una injuria... *El Telégrafo*, 7 de mayo de 1884.

"Ora sea el marido un jugador, ora un especulador, ora un pródigo, la mujer vé disiparse en locos dispendios los bienes comunes que muchas veces constituyen toda su riqueza: prevé la ruina, y aun la quiebra, y no puede hacer nada, absolutamente, ni para sí ni para su familia. Es verdad que la ley le permite solicitar en justicia la separacion, si la mala conducta de su marido pone su fortuna ó sus derechos en peligro; pero ¿sabe ella lo que debe hacer para conseguir ese fin? ¿La misma (...) que crea el mal no es lo que impide reconocerlo? ¡No acontece mil veces que la mujer no tiene noticia de su ruina, sinó en el mismo dia en que está arruinada?... La educacion de las mujeres, tan facticia como es todavía, las ha inculcado de tal manera un horror á las cosas sérias, y hemos interesado tanto su vanidad y sus propias virtudes en su ignorancia, que la sola palabra negocios las espanta. Al entrar una mujer en una escribanía, y compareciendo ante un tribunal, se creería más bien deshonrada que ridiculizada. Muy á menudo, al fin, su bondad la impone silencio, y temerosa de ajar á su marido con un acto público, prefiere contener sus lágrimas, é inclinar la cabeza, convencida de su próxima ruina; y ved aquí una familia reducida á la miseria por causa de esa autoridad y unidad que debieran sostenerla.

"A tantos excesos, á tantos dolores, se oponen por excusa una regla de órden y la necesidad de un jefe.

"Creemos como toda gente sensata, que cierta parte de bienes debe ser entregada á un solo administrador; pero ¿por qué la administración del marido no ha de estar sujeta á alguna inspeccion? Todos los poderes sociales son inspeccionados, ¿por qué, pues, repetimos, el marido administrador obra sólo, y es inviolable é inamovible?

"Esta injusticia es patente, se dirá, esos males incontestables; pero ¿qué se ha de hacer? ¿Cómo evitarlos, sin destruir la misma familia?"

Lo que en las líneas que dejo copiadas dice M. Legouvé, es muy exacto. Pero no por esto dejaré de reconocer que hay muchos hombres buenos y justos que no abusan del poder que la ley des dá respecto de sus esposas.

Con voz autorizada y elocuente desarrolla estas mismas ideas el eminente publicista inglés Mr. John Stuart Mill, en su libro, que tengo á la vista, intitulado *La Sujecion de las Mujeres*. Dice así: "Ella, (la esposa) jura ante el altar, obediencia á su marido, durante toda su vida, y está obligada por la ley á cumplir ese juramento... Ella no puede nada sin el permiso, al menos tácito, de su marido...

"En la mayor parte de los casos, no hay disposicion legal particular; el marido abarca todo, los derechos, las propiedades, la libertad de su esposa.

"No quiero exagerar, por que no lo necesito. Sólo he explicado la posicion legal de la mujer, y no el trato que se le dá realmente. Las leyes de la mayor parte de los países, son peores que las gentes que las ejecutan, y muchas de esas leyes sólo deben su duración á los raros casos en que se les aplica. Si la vida conyugal fuera todo lo que pudiera ser, bajo el punto de vista legal solamente, la sociedad seria un infierno sobre la tierra. Felizmente, hay al mismo tiempo sentimientos é intereses, que en muchos hombres excluyen, en la mayor parte de ellos moderan, los impulsos y las inclinaciones que conducen á la tiranía; de todos esos sentimientos, el vinculo que une un marido á su esposa, es incomparablemente el más fuerte; el único que se le acerca, el que liga un padre á sus hijos, tiende siempre, salvo los casos excepcionales, á estrechar el primero, en lugar de relajarlo. Pero porque las cosas pasan así, porque en general, los hombres no hacen sufrir á las mujeres todas las miserias, como pudieran hacerlo, haciendo uso del poder que tienen para tiranizarlas, los defensores de la forma actual del matrimonio se figuran que todo lo que ella tiene de inicuo está justificado, y que las quejas que se levantan, no son más que vanas recriminaciones, respecto del mal con el cual consideran debe pagarse un gran bien. Pero el alivio que la practica puede conciliar con la conservación rigurosa de tal ó cual forma de tiranía, en lugar de hacer la apología del despotismo, no sirve sinó para demostrar la fuerza de la naturaleza humana para reaccionar contra las instituciones más vergonzosas, y la vitalidad con la cual los gérmenes del bien, como los del mal, contenidos en el carácter del hombre, se difunden y propagan. Todo lo que se puede decir del despotismo doméstico, se aplica al despotismo político". *El Telégrafo*, 10 de mayo de 1884.

XI

Pero ántes de que *Legouvé* y *Stuart Mill* publicaran sus obras respecto á las mujeres, ya uno de los Estados Unidos de América, el de California, habia adoptado en su Constitución, sancionada en Octubre de 1849, una disposicion, que mejora bastante la condición de la mujer en la sociedad conyugal. En el Artículo XI, seccion 14 de dicha Constitución, se lée lo siguiente:

"Todos los bienes raíces y muebles de la mujer, poseídos ó reclamados por élla antes del matrimonio, y los que adquiera después por medio de donacion, legado ó herencia, le pertenecerán separadamente; y se darán leyes para definir más claramente los derechos de la mujer con respecto, tanto á sus bienes separados, como á los que tiene en común con su marido. Tambien se darán leyes para el registro de los bienes separados de la mujer.

La Constitucion que contiene la disposicion que dejo copiada, se dio poco tiempo después de creado el Estado de California, y del descubrimiento de los prodigiosos veneros de oro, que atrageron de todas partes del mundo infinidad de inmigrantes, y que tanto contribuyeron al extraordinario y rapidísimo progreso de esa tierra privilegiada.

Pero lo que más admira en esa disposicion de la Constitucion californiana, es que en medio del afán y del general entusiasmo por buscar el oro apetecido, los legisladores de ese país se hubiesen consagrado generosamente á estatuir sobre un punto tan delicado, que ni en las naciones europeas, ni en otros Estados de la Federación, á la cual pertenece el de California, se habia resuelto todavía; dejando un bello ejemplo de rectitud y humanidad en el paso avanzado que habían dado para resolver un problema social de los más importantes y trascendentales.

El Telégrafo, 10 de mayo de 1884.

XIII (CONTINUACIÓN)

Voy ahora a ocuparme de la cuestion tan discutida de los derechos políticos de las mujeres.

Como reconozco que ellas están dotadas como los hombres de inteligencia, y son susceptibles de instruccion, creo que no hay razón para negarles que tengan iguales derechos que los hombres, para ejercer las profesiones científicas y para elegir y ser elegidas para los puestos públicos.

Hay quienes sostengan que la inteligencia de las mujeres es limitada e inferior a la de los hombres, y que por tanto, no son aptas para el ejercicio del derecho de sufragio en las elecciones populares, y para el desempeño de los empleos públicos.

(ilegible varias líneas)

el hombre más fuerte, más inteligente, no tiene más derechos que el hombre más débil o ménos inteligente, pues ámbos, aunque desiguales en facultades intelectuales y fuerzas físicas, no son por eso mismo ménos iguales ante la ley respecto a sus personas.

He recordado ya que el Honorable Matovelle, dijo en la tribuna de la Convencion Nacional: "Qué la mision de la mujer, según las sabias intenciones de la Providencia, y conforme a la historia del género humano, es la de ser el guardián del hogar, no la de entenderse en los asuntos públicos. Que las mismas mujeres han rechazado semejante pretension, y que así lo han hecho en los Estados Unidos y en México.

Y como el Honorable señor Matovelle es sacerdote, voy a oponer a sus opiniones sobre las mujeres las de otro sacerdote católico, Monseñor Piñero, P c onotario Apostólico, Canónigo de la Iglesia metropolitana de Buenos Aires, Examinador Sinodal y ex-Juez conciliador de la misma Arquidiócesis &a. &a. &a.

Dice así Monseñor Piñero en su obra de los *Principios de Educacion*:

"Atendida la naturaleza de las cosas, no sé por qué a la mitad del género humano, a la que es la ayuda del hombre, se le ha de quitar el derecho de votar...

"¿No tiene una alma como él?. Por consiguiente,

"¿No tiene tambien razon, conciencia y voluntad como él?

"¿No forma como el hombre, parte de la Sociedad?

"¿Qué quieren decir aquellas palabras de Dios, *hagámosle al hombre una Ayuda semejante a él*?

"¿En qué debía la *mujer ayudar* al hombre?

"¿Sólo en la ayuda material?

"¿Por qué entónces le han de negar los hombres lo que el mismo Dios le ha otorgado?

"Yo no veo en esto sinó una falta de lógica en la aplicacion de los principios *democráticos y naturales*; no veo sinó un despotismo del hombre...

"¿De qué principio de derecho natural se ha deducido esta costumbre que impide a la mujer el poder de elegir y tomar parte en la legislacion?

"De ninguno.

"Sólo se ha deducido del despotismo del hombre, despotismo que después se ha convertido en una de las muchas *preocupaciones sociales....*"

En cuanto a aquello que tambien dijo el Honorable Matovelle de que en algunas partes las mujeres han rechazado la idea de darles participacion en los asuntos públicos, yo no dudo que asi haya sucedido, como sucede que muchos hombres no quieren ejercer sus propios derechos políticos. Creo más y es, que donde quiera que se reconozca a las mujeres esa clase de derechos, no los ejercerán muchas, y aun la mayor parte de ellas: unas porque no se lo permitan sus ocupaciones domésticas, otras por no exponerse a los odios de los partidos políticos, y a que les falte en su decoro y su dignidad.

Pero esta no es la cuestion, sinó la de si se debe o no reconocerles los derechos de que se trata.

Una objeción que se hace a la idea de reconocer a las mujeres derechos políticos es la de que si con el reconocimiento (...) quedarían ellas iguales al hombre en ese punto, no sucedería lo mismo, en cuanto al cumplimiento de los deberes, porque no podrían servir en el ejército; pero bien podrían los legisladores declararlas excentas de ese servicio, ya por su debilidad física, ya por su destino especial sobre la tierra, principalmente cuando llegan a ser madres de familia, y tienen que contraerse a alimentar y educar a sus hijos, y ya en fin, por lo que esa ocupación militar, si se les exigiera, pudiera afectar la moralidad pública, en que todo sér racional debe tener interés.

Felizmente, y para honra del linaje humano, la idea respecto a los derechos de las mujeres, como todas las ideas que tienden al progreso humano, va haciendo su camino en el mundo. Pruebas de esta asercion son los hechos siguientes:

La existencia, desde hace algunos años, en los Estados Unidos, de una *Asociacion de los derechos de las mujeres* (*The women's rights association*); y de otra con el nombre de *Asociacion Nacional del sufragio de las mujeres* (*The National Women's suffrage association*), que tiene por Presidente a Mistress Isabel Cady Stanton.

El sufragio de las mujeres ha sido ya reclamado por las convencionales de algunos Estados de la Federacion; en algunos puntos de ella, las mujeres practican ya ese derecho.

Hablando un corresponsal del periódico *Heraldo Dominical* de Boston (*Sunday Herald*) sobre el modo con que las mujeres del territorio de Wyoming, ejercen el derecho de sufragio, dice:

"Nuestras mujeres votan y ejercen este derecho con el mismo interés que los hombres. Las mujeres, las más instruidas, dan el ejemplo: todas votan con discrecion e independencia; no están sujetas como algunos hombres a dejarse llevar por la oferta de un vaso de vino, o por compromisos en los corillos...

"Todos empezamos aquí a apreciar y a notar la influencia del derecho de sufragio en las mujeres. Cualquiera que sea el que ambicione un cargo público en el territorio de Wyoming, tiene que poseer una buena conducta privada y una reputación sin tacha. Inútil es que uno se proponga ser candidato, si tiene inclinacion al vicio, al juego o a la embriagues. En tal caso, la decepción es segura".

En el mismo territorio de Wyoming, fueron nombradas para el cargo de Jurado, varias mujeres; y segun la declaracion del Presidente del Consejo Supremo de dicho territorio, esas mujeres desempeñaron el mencionado cargo, no sólo con independencia, sinó con tino, rectitud y dignidad.

En la Legislatura del Estado de Wisconsin se presentó un proyecto de ley, reconociendo a las mujeres casadas el derecho de ser electoras y elegibles para todos los cargos públicos

... (ilegible, varias líneas)

El número de mujeres empleadas en las oficinas de correos es como de cinco mil, poco más o menos.

Muchas son Bibliotecarias en la multitud de Bibliotecas que hay en la República.

Hay tambien algunas empleadas en los Ministerios de Estado.

Y todo esto, aparte de los empleos que las mujeres tienen en el ramo de enseñanza.

En el Informe sobre la instruccion en los Estados Unidos, de M. Hippeau, (...) hay un interesante (...) de los establecimientos de instruccion pública en los Estados, en los territorios y en el distrito de Columbia, en que se halla situada la ciudad de Washington, capital de aquella República.

... (ilegible, varias líneas)

Aunque en mucho menor escala que en los Estados Unidos, en las Repúblicas hispano-americanas no hay población de alguna importancia, inclusive la de Guayaquil donde esto escribo, que no tenga una o más escuelas primarias, dirigidas por señoras o señoritas, con mas o ménos inteligencia y acierto.

Y á propósito de esto recordaré un hecho notable, cual es el de que apenas hace dos años que en la ciudad de Buenos Aires, la noble patria del célebre (...), que durante su ilustrada y patriótica Administración entregó la direccion de la infancia a la mujer, se reunió en 1882 un *Congreso Pedagógico*, compuesto de Delegados, no sólo de las Provincias de la Republica Argentina, sinó de las del Uruguay, Paraguay y Boliva, y destinado a discutir y resolver los problemas de la instrucción popular, para procurar a ésta mayor desarrollo y más provechosos resultados. En ese Congreso, inaugurado con un brillante discurso del doctor Victorino de la Plaza, entonces Ministro interino de Justicia, Culto e Instruccion pública, el señor don Jacobo A. Verela, Director de Instruccion pública del Uruguay, y Delegado a dicho congreso, pudo asegurar ante el él, en un hermoso discurso sobre la *Educación de la Mujer*, que las señoras y señoritas que en su patria se habían dedicado a la carrera de la enseñanza primaria, ejercían su profesion con notable habilidad; concluyendo el señor Varela por recomendar las disposiciones especiales de la mujer para ese importante magisterio, y para continuar ejerciéndolo en gran provecho del linaje humano en lo provenir.

La señora de A.., Directora de la Escuela Normal de Maestras del (...) pronunció también estas notables palabras:

"La moral, la prosperidad, la libertad de una Nacion estarán siempre en relación directa con la masa de mujeres educadas, laboriosas y trabajadoras;" concluyendo por insinuar a los Gobiernos la conveniencia de utilizar sus inteligencias en varios ramos de la administración pública, comenzando por la importantísima misión de institutoras de la infancia.

El Telégrafo, 17 de mayo de 1884.

XIII (CONCLUSIÓN)

Se vé, pues, que hasta en el memorable *Congreso Pedagógico* de Buenos Aires, el primero de su clase, que se ha realizado en la América del Sur, no faltaron quienes recomendaran las dotes intelectuales de las mujeres, y abogaron por sus derechos en la sociedad moderna y civilizada.

En Europa, además de que desde tiempos atrás se vienen apreciando en las mujeres sus peculiares aptitudes para la enseñanza primaria, se han dado ya pasos para procurar ponerlas al nivel del hombre, en cuanto á los derechos civiles y políticos.

Más de una vez se han presentado, en la Cámara de los Comunes de Inglaterra, proposiciones para reconocerles esos derechos.

Conforme a una ley dada en 1870, sobre *propiedad de las mujeres casadas*, las mujeres inglesas gozan de ciertos derechos, como son: los de que las ganancias y los sueldos de una mujer casada, adquiridos por ella, en cualquier destino ó industria que ejerza, independientemente de su marido, deben ser considerados como de su propiedad, y empleados en su uso particular, sin la intervención de aquél, siendo esta misma disposición aplicable a todo dinero y toda propiedad que adquiera (...) Los depósitos hechos en una de ahorros ántes del matrimonio, continúa siendo, después, exclusiva propiedad suya.

En el mes de Marzo de 1877, la señora Mazzoni, habló en la sociedad democrática de Milan, sobre el derecho electoral de la mujer, con gran aplauso del auditorio. *El Telégrafo*, 20 de mayo de 1884.

XIV

En la tribuna de la Convencion Nacional de Francia, á fines del siglo pasado, el sabio y virtuoso *Condorcet*, pronunciaba en favor de los derechos de la mujer, estas frases:

"¿En nombre de qué principio, en nombre de qué derecho, se elimina a las mujeres, en un estado republicano, de las funciones públicas? No lo comprendo. El nombre representacion Nacional significa representacion de la Nacion. ¿Acaso las mujeres no forman parte de ella?. Esta Asamblea tiene por objeto constituir y mantener los derechos del pueblo. ¿Acaso las mujeres no forman parte de él? El derecho de elegir y ser elegido está fundado para los hombres en el solo título de seres inteligentes y libres: ¿por ventura las mujeres no son criaturas libres é inteligentes?...

"¿Se alegará la debilidad corporal de las mujeres?

"Entónces seria necesario someter a los diputados a un jurado médico y reformar cada invierno a los que padecieran de gota. ¿Se opondrá a su defecto de instruccion y á su falta de genio político?

"Me parece que hay muchos representantes que carecen de la una y del otro. Cuanto más se consulta el buen sentido y los principios republicanos, ménos fundamento se encuentra para excluir a las mujeres de la política. La misma objecion capital, esa objecion que sale de todos los labios, el argumento que consiste en decir, que abrir á las mujeres la carrera política, es arrebatarlas a la familia, sólo tiene una apariencia de solidez. Desde luego no es aplicable a la multitud de mujeres que no son esposas, o que han dejado de serlo: a más de que, si fuera decisivo, seria menester prohibirles, por la propia razon, todos los oficios manuales y mercantiles, porque estos las arrancan a millares a los deberes de familia, mientras que las funciones políticas no ocuparían a ciento de éllas en toda la Nacion".

XV

Los Estados Unidos el 4 de Julio de 1776, y la Francia en 1789, proclamaron solemnemente los imprescriptibles derechos del hombre.

Se inauguró así una nueva era para el género humano, y no podía concluir de un modo más glorioso el siglo décimo octavo.

Y ¿no podrá tambien tener igual glorioso término el siglo décimo noveno, proclamando universalmente los derechos sociales y políticos de la mujer?

Como el impulso está ya dado, tanto en el nuevo como en el viejo mundo, es de esperarse, que ántes de terminar el presente siglo, que tanto ha avanzado en el camino de la civilizacion, la mujer reinvindique los derechos que le disputan, adquiera la instruccion que necesita para ejercerlos con acierto, tenda una parte muy importante en la reforma de las malas leyes, y contribuya así a la mayor armonía social, y a la prosperidad, el bienestar y la dicha de la humanidad. *El Telégrafo*, 20 de mayo de 1884.

"Influencia de la educación de la mujer en las sociedades modernas" (1885), Rita Lecumberri. Composición premiada con una medalla de plata.

Museo Municipal de Guayaquil, Sección histórica, clasificación 161, documento 194.

El siglo 19, vasto laboratorio de las ideas, donde se ha depurado el adelanto humano con las conquistas de la ciencia, que descubre los secretos de la naturaleza en la Botánica, desentraña las riquezas minerales de la tierra en la Geología y en la Física pone en comunicación á las naciones por medio del vapor y la electricidad prestando grandes servicios á la mecánica y dando á las artes vigoroso impulso con sus distintas y útiles aplicaciones; ha determinado asimismo en la Astronomía las condiciones de la vida universal en los infinitos mundos que pueblan el espacio, donde se vé más potente brillar la grandes y omnipotencia del Creador.

El siglo 19, repetimos, foco de luz que irradia en todas las inteligencias, para estrechar los lazos de unión que á la humanidad prescribe su propia naturaleza, ha exaltado su justicia concediendo á la mujer el derecho de fecundar su inteligencia con toda clase de estudios y ejercer la profesión á que aspire, saliendo para siempre del estrecho círculo en que odiosas y antiguas preocupaciones la tenían encadenada.

Este generoso movimiento en favor de la mujer que tanto se ha hecho esperar, cuando siempre ha sobresalido por su ilustrado talento y por la profundidad de su espíritu, como Mme. de Stael en Francia, Sor Juana de la Cruz en Méjico y otras muchas, notables por su erudición en las ciencias y en las letras, que habrían podido producir hace tiempo una reforma en las ideas, favorable á la mujer; ahora cambia radicalmente su destino y repara el descuido y olvido en que yacía sumergida, promoviendo ardorosamente su valiosa cooperación al progreso universal.

La influencia de la educación de la mujer en las sociedades modernas, llevada á un alto grado de esplendor, ha originado en Europa y Norte América la multiplicación de toda clase de institutos de enseñanza, para elevar la cultura de la mujer hasta el doctorado, previas las pruebas de su competencia, igual a la del hombre en cualquiera facultad. Y por la iniciativa individual de los Municipios y Gobiernos, figura actualmente la mujer en el Magisterio, dirigiendo la enseñanza primaria, secundaria y superior, teniendo á su cargo las escuelas normales en Roma, las de párvulos en Bélgica, regentando en Inglaterra cátedras de matemáticas superiores, y alcanzando, además, títulos universitarios para desempeñar distintas profesiones, á las que tiene libre acceso; contando solo en los EEUU del Norte con siete universidades para su enseñanza superior y facultativa.

Las erogaciones de ingentes sumas que hacen los Estados, Corporaciones y aun particulares, para difundir y sostener la educación de la mujer, son extraordinarias; y admira la multitud de señoritas que reciben sus diplomas de peritas en el comercio y todo género de industrias y profesiones como la medicina, á cuya carrera se dedican en gran número tanto en Europa, como en Norte América

Generalmente reconocida la aptitud de la mujer para poder utilizar su talento, mejorar su condición y procurarse un honroso porvenir, en el Ecuador no deben omitirse los medios de cultivar su inteligencia y abrir vasto campo a las nobles aspiraciones de su elevado destino, que la ignorancia y el egoísmo oscurecían, siendo la religión y la moral, base indispensable á la esmerada educación de la que debe conducir á la humanidad en sus primeros pasos, por el sendero del honor y de la virtud.

La mujer ecuatoriana con una precocidad que asombra, posee las mejores dotes del espíritu para sobresalir en toda clase de estudios; y sin la punible desatención al ingenio femenino que antes se notaba, por desgracia, entre nosotras; contariamos hoy con notables producciones de ilustradas matronas que habrían enriquecido la literatura nacional. Pero, cuando apénas se permitia en el país la débil expresión del genio de la mujer, sin el generoso estímulo que exita a nuevas y vigorosas concepciones no es extraño que desalentado su espíritu, la mujer se encerrara en un sensible y modesto silencio.

El vértigo político que todo lo absorbe en Sud América pudiendo arrastrar a los hombres tal vez á la ruina y desolación de los pueblos, es la causa principal de que el movimiento europeo por la elevación de la mujer, no haya llegado tan tarde. Acaso, anticipándose esa feliz iniciativa, no habríamos tenido que lamentar la irreparable pérdida de la ilustrada señora dona Dolores Veintimilla, que tanto impulso huniera dado con su viril talento á las letras ecuatorianas. Y la Srta. Dolores Sucre, digna hija del Guayas, cuya inspirada musa posee los tintes del brillante cielo que nos alumbra y de la feroz y espléndida naturaleza que enriquece y adorna nuestro suelo; habría sido mas pródiga, obsequiándonos con paciencia esos bellos y armoniosos cantos que tanto deleitan al espíritu, como aumentan la gloria y esplendor de la patria.

Pero la nueva era de la mujer que ensancha su horizonte lleno de vivos resplandores y de infinitas promesas para el porvenir, asegura grandes y brillantes conquistas al espíritu de la mujer ecuatoriana, mediante el impulso que reciba su educación.

Al Gobierno y Municipio, cumple particularmente protejer y fomentar con la enseñanza primaria, secundaria y superior, de las bellas artes y de los idiomas reinantes, la cultura de la mujer en todos los grados, que le faciliten el modo de ejercer su inteligencia en beneficio de la sociedad y suyo propio. Y la iniciativa individual y de la misma mujer, debe procurarle puestos en el comercio, telégrafos y otros ramos de industria que estén á su alcance y la preservan de la indigencia que puede afectar sus buenas costumbres.

Estableciendo las escuelas normales indispensables para la enseñanza superior de la mujer, los estudios científicos bajo el sistema práctico, darán muy buenos resultados, y serán más útiles las nociones que ahora adquieren las alumnas en las escuelas primarias, debiendo dar tambien las asociaciones privadas mas impulso a la instrucción superior de la mujer, prestándole su generosa protección.

La educación de la mujer es el mejor termómetro de un pueblo para saber el grado de bondad a que pueden llegar las costumbres. No hay duda que éstas ganan en moralidad y pureza, desde que la mujer, saliendo del abismo de la ignorancia, sabe que su importancia y elevación se fundan, principalmente, en la práctica de las virtudes domésticas y sociales.

Desterrando el lujo, como pernicioso y corruptor, y observando una buena economia para el desahogo de la familia, el hogar doméstico no dejaria nada que desear, sobre todo en Guayaquil, donde tenemos, además, la dicha de poseer, lo decimos en justicia, las mejores hijas, esposas y madres que poder hacer la felicidad del hombre, así en su prospera, como en su adversa fortuna.

Y como las prendas que más realzan el hogar doméstico y dan más lustre a la mujer en la sociedad, son la modestia, la gracia y laboriosidad que tanto distinguen a nuestras guayaquileñas, pueden estas servir de ejemplo a la exaltación de la mujer en el grado que se desee.

Si la poderosa iniciativa de la I. Municipalidad Cantonal y de la prensa de Guayaquil alcanza a levantar á la mujer ecuatoriana al rango de ilustre colaboradora en los destinos de la patria, con la educación científica, literaria y profesional que le suministre el bien entendido patriotismo y progreso del país; el Ecuador habrá dado un grande y gigantesco paso en la senda de la civilización actual, y sus preclaras hijas, con el recuerdo de sus altas virtudes, podrán legar en la historia patria, las gloriosas producciones de su ingenio fecundo y vigoroso, á las futuras generaciones.

"Himno", Rita Lecumberri

Escrito para el Colegio de Señoritas "Rita Lecumberri".
Museo Municipal de Guayaquil, Sección histórica, clasificación 161, documento 194.
Coro:
Elevemos un himno á Minerva,
de las letras eterna deidad:
todo canto á lo bello conserva
el amor á lo grande, inmortal.

Estrofa 1a.
La instrucción es el alma del mundo,
que sin élla sin luz estaría;
la instrucción es la estrella que guía
al cerebro del hombre hacia á Dios;
es la fuerza que sube más alto,
es la fuerza que avanza más lejos,
es un astro de grandes reflejos
que lo tornan del orbe otro sol.

Elevemos un himno á Minerva, etc.

Estrofa 2a.
Sin sus rayos, del hombre, qué fuera?
Si su luz no brillara, qué habría?
La carencia terrible del día
en la esfera del mundo mora;
y la noche y las sombras y el limbo;
las tinieblas y el caos y el misterio,
donde solo se siguiera el imperio,
el imperio funesto del Mal.

Elevemos un himno, etc.

Estrofa 3a.
Y qué fin elevado alcanzara
la infeliz criatura ignorante
si en la tierra encontrárase errante
como nave sin nauta en el mar?
Abriría los ojos tan sólo
con instintos de vida, y su suerte
la buscara, feliz, en la muerte
preferible á la vida del animal.

Elevemos, etc.

Estrofa 4a.
Oh!, qué ideas tan horribles sugiere
el pensar que no exista en el mundo
aquel árbol grandioso y fecundo
y de fruto sin par: la instrucción.
Oh, qué negra y qué triste esa idea
que al espíritu enferma su ensayo,
mas, para dicha, deshácela el rayo
que despide triunfal la razón.

Elevemos, etc.

Estrofa 5a.
Bendigamos el dón que Natura
á su propio monarca le diera,

bendigamos á Dios que pusiera
en la frente del hombre esa luz;
esa luz que se agranda y extiende
á medida que el hombre se instruye
y que nada en el mundo destruye...
¿quién podrá destruir la virtud?

Elevemos, etc.

Estrofa última
Y si el hombre se torna gigante
cuando estudia, se ilustra y aprende
en el raudo caudal que desprende
de la fuente de luz del saber,
cuál la talla magnífica y noble
que consigue á su ser delicado,
para gloria del mundo letrado,
la mujer que se ilustra, tambien?.

"Monsieur Le President", María Ascásubi (texto original en francés).

El Correo del Ecuador, n.º 26, 26 de agosto de 1864.

SEÑOR PRESIDENTE:

Está brillando para nosotras este momento solemne que nos llena al mismo tiempo de temor y de esperanza; este día pone en todo corazón bien nacido un deseo loable, el de una noble ambición: Ah qué felices son aquellas de entre nosotras que van a dar, con su propio éxito, a su Excelencia, satisfacción, felicidad y contentamiento pleno. Nosotras (se trata de un colegio de niñas) somos sus hijas privilegiadas, Bueno y Venerado Padre: ¡Qué no deberíamos nosotras hacer para realizar las intenciones de su corazón tan noble y tan generoso! ¡Cuántas horas, en este año que acaba de pasar, no ha sacrificado Ud. para instruirnos! Después de haber seguido el ejemplo del gran Carlomagno por su celo admirable para la juventud, Usted sigue dignándose con una devoción tan poco común en este siglo nuestro, Usted se digna – como digo - rebajarse a nuestro nivel para interrogarnos, animando nuestros débiles esfuerzos con el testimonio de la más conmovedora bondad. ¡Oh muy digno Presidente!, tenga la bondad de perdonarnos, si, por nuestra poca aplicación, nosotras no siempre hemos respondido a sus expectativas, aquellas que Usted se había propuesto creando este Establecimiento; si la ligereza de nuestra edad algunas veces nos ha hecho olvidar todo eso que nosotras le debemos a Usted. Más tarde, eso lo esperamos, cuando nuestra razón haya hecho madurar nuestro juicio, habiendo crecido también nuestro reconocimiento, esta cualidad de almas grandes, nosotras comprenderemos entonces todo el valor de los beneficios que recibimos en este albergue de bendición; para nosotras será placentero repetir su bendito nombre; y hasta siempre, en esta capital, así como en todo el Ecuador, sus bendiciones serán publicadas por nosotras. En este momento, nosotras sentimos más intensamente que nunca el premio de su generosidad; y si esta obra tan bella que Usted instauró no ha tenido todo el éxito que Usted esperaba, nosotras tenemos la esperanza de que, en el futuro, Usted solo vea en nosotras el más intenso reconocimiento y la más grande emulación.

¡Oh Dios de bondad! Tú que gustas de realizar los deseos de las niñas, dígnate acoger estos de una pequeña familia, que en este momento rodea a su Padre bien amado; quizás nunca te hayan dirigido más ardientes votos que estos, ni que merezcan ser más escuchados.

Esta juventud que se forma en las ciencias y en la virtud, ¿a quién debe ella estos beneficios inapreciables? Sin duda alguna, a aquel cuya felicidad entera consiste en hacer felices a las personas, y que cada día nos muestra un interés más vivo y más marcado. ¡Oh Señor! Nosotras te imploramos, conserva mucho tiempo, sí, por mucho tiempo todavía, a este Benefactor tan generoso, a este Presidente tan digno de serlo, cuyos pasos vienen acompañados de nuevas bondades. Dígnate recompensar, ampliamente en este mundo y en el otro mundo, a aquel cuya dicha aquí abajo en la tierra es aliviar las penas de los infelices, consolar al huérfano y hacer el bien a todos.

"La mujer" (1880), Emilia Serrano de Wilson.

Las perlas del corazón. Deberes y aspiraciones de la mujer en su vida íntima y social. Quito: Fundición de Tipos Manuel Rivadeneira, XXIX-XLII.

Hace algunos años que he dedicado mi pluma, mi pensamiento y mis aspiraciones á desarrollar en la mujer el deseo de instruirse, por que su educación descuidada influye poderosamente en el porvenir de las familias en la felicidad doméstica y en los intereses generales de la sociedad.

Mas que nunca, estoy dispuesta á continuar por el camino emprendido, y si la forma que empleo no fuere todo lo profunda, florida y poética, que deseara, el fondo será útil y ventajoso, para la mas hermosa mitad del género humano.

Decia una ilustre amiga mia, orgullo de su patria y de las letras -Gertrudis Gómez de Avellaneda- que la privilegiada capacidad de la mujer, necesitaba campos vastos ó inmensos horizontes para su inteligencia, si había de hacer la felicidad del mundo con los tesoros de su corazón.

¡La preocupación no cede! Las corrientes de la tradición continúan considerando á la mujer como á un ser muy inferior; y en estos dias ha aparecido un libro de altas pretensiones científicas, tratando de probar, por medio de consideraciones sacadas de la fisiolojía que las mujeres deben retirarse avergonzadas ante la superioridad de sus señores, los seres del sexo masculino.

Perdóneme el sapientísmo fisiólogo. Aun cuando sus atrevidas aseveraciones fuesen una verdad, en modo ninguno se deduciría de ellas la inferioridad de la mujer. Cada ser tiene un fin que llenar en el mundo, y es muy poco científico comparar los unos con los otros, cuando son heterojéneos ó profundamente distintos. ¿No seria ridículo preguntar: "¿Cuál de estas dos cosas es superior á la otra; el pan ó el agua? "¿Cuál de estos dos artefactos es inferior al otro: el lápiz ó la aguja?"

El pan es útil y el agua también: la pluma es necesaria y la aguja igualmente: pero ni el agua es superior al pan, ni el lápiz á la aguja, porque cada una de estas cosas tiene distinto fin. En la gran solidaridad humana, el hombre y la mujer se completan para todos los fines de la sociedad; y revela muy poca ciencia, y hasta muy poco buen sentido, el intento de hacer un libro fundado en comparaciones imposibles, de seres incomparables.

Sírvenme de consuelo, algún tanto, el respeto y la consideración, que la mujer va alcanzando en algunos países. En Schwitzá se han concedido derechos políticos.

Las mujeres con aplauso y conformida de todos los partidos políticos. En Inglaterra los han pedido 18,000 señoras, y nadie se ha reido. Al cabo pues, de una larga serie de siglos, puede hoy la mujer aspirar al cetro de la ilustración y penetrar sin temor alguno por ese camino, en el cual, si bien encontrará algunas ridiculas, pero muy punzantes espinas, no por eso serán menos perfumadas, bellas y purpúreas, las flores que puede recojer.

Sé que hay una obra de altas matemáticas, escrita por una mujer, por Mad. Willis, y que en España hay muy pocos profesores, capaces de estudiarla y entenderla. Hace poco ha muerto Mad. Sommerville, á quien era familiar la mecánica de Laplace. Tres señoras inglesas estaban cuatro años há, haciendo exploraciones en el interior del Africa. En Francia, hay señoritas, á quienes se encomienda las graduaciones de los instrumentos de precisión. En Inglaterra, hace tiempo los telégrafos están á cargo de mujeres. En España, honran á las letras castellanas Gertrudis Gómez de Avellaneda, Carolina Coronado, Concepción Arenal, Fernán Caballero, Angela Grassi, la anónima autora de *El Hilo del Destino*, y tantas otras, admiración de propios y de extraños. ¿No ha hecho una revolución la autora de *La Cabaña del tío Tom*?

¿Por qué despreciar á la mujer? Edúquesela; que no sabemos todo lo que el mundo ganará.

Pero, demos que la mujer no sirva para las ciencias y las artes. ¿Por eso debeis mirarla como á un ser inferior? Demos que la pluma no sirva para coser; ¿por eso la pluma ingeniosa ha de ser inferior á la útilísima aguja? Nó: no es eso.

La mujer tiene un puesto social que el hombre no puede disputarle sin absurdo y sin visible tiranía. La mujer es el alma del hogar.

Es el puerto en donde el hombre busca refugio y consuelo, en las tempestades de la vida; ¿cuál no será su influencia, cuando, rotos los diques levantados por la preocupacion, se eleve á espacios mas dignos y menos superficiales? A la mujer no pueden, no deben ser vedadas las artes: le son indispensables, en el actual estado del mundo; la geografía, los elementos matemáticos, la física, la química, y muchas de las demas ciencias naturales. Con una ilustración menos limitada, sería, no solo la compañera del hombre y su igual para la educación de los hijos en el hogar doméstico, sino su hermana, su consejera y su cariño. ¿Por acaso la belleza física, realzada por estensos conocimientos, perdería algo de sus brillantes atractivos?. No: que si el tiempo marchita las gracias concedidas por la naturaleza, las del ingenio, las del talento y las de la educación, vivirán siempre y se trasmitirán á los hijos y á los nietos.

Léjos de mí la exageración; pero no veo el porque en los tiempos que alcanzamos, si el hombre rudo tiene voto, á la mujer ha de negársele criterio y opinión suya propia, y derechos que la coloquen a la altura de su misión y de su dignidad en las clases sociales. ¿No puede la mujer, como hija, madre y esposa, llegar á ser un individuo de esos centros, en donde el hombre descuella por el estudio, por lo florido, por lo grandioso ó por lo útil? ¿Por qué la mujer no puede entrar en la senda de la laboriosidad intelectual, que, en un momento dado, la lleve á proporcionar con decoro la subsistencia de sus padres, sus hijos, ó la suya propia, cosa que hoy le seria casi imposible, puesto que pocos, muy pocos, son los caminos que no le están vedados? Al verse huérfana ó viuda, ¿ por qué ha de dedicarse á un trabajo mecánico, con el cual, apenas si consigue atender á sus mas apremiantes necesidades? Esa es la emancipación, nada exagerada por cierto, que nosotros deseamos, que defendemos y aconsejamos.

¡Si el siglo XIX está llamado á ser en la historia un astro de luminosos resplandores; si hemos visto en él pensamientos gigantescos y al parecer irrealizables, puestos en prática; si el oscurantismo y la ignorancia, se hunden en las profundas cimas del olvido; si el vapor y la electricidad han centuplicado las fuentes de la vida, y han descubierto nuevos horizontes; si este siglo, tan grande, quiere ser la admiración eterna de los siglos del porvenir, preciso le es comprender que la mujer tiene, que reinar en la familia no como inferior al hombre, sino que por lo tanto, se le debe la ilustración de su inteligencia, porque tal es su derecho, necesidad imprescindible de la sociedad moderna.

Pero ¡ay! ¡Cuanto queda por hacer! ¡Cuanta es la fuerza del error! ¡Cuanto penetran en las sociedades las infamias de los siglos, del pasado, y las terribles enfermedades de la historia! Las tiranías á que hoy está sugeta la mujer son nada, comparadas con las horribles injusticias de la sociedad antigua; pero estas tiranías son sus restos infamantes.

Antiguamente la mujer, no era una persona, era un mueble, era una cosa que se podía vender y destruir; y todavía, ¡horror causa el decirlo! son muebles, son cosas, ¡son acaso algo peor! mas de 200 millones de mujeres en el mundo.

¿Quién no sabe que entre los babilonios, fenicios, tracios, mongoles y espartanos, era obligatorio en los hombres el servicio militar y en las mujeres los oficios mas infamantes!

¿Quién ignora que entre los armenios ya hubo algún adelanto, que los hombres eran dueños de su persona al cabo de algunos años de servicio militar, y las mujeres se podían ya casar, después de vivir cierto número de años en la degradación.

¡Ah! El matrimonio era un tormento, -del que todavía dura mucho- entre los antiguos habitantes de la India y de la Tartaria.

Los tártaros tenían amarrada con cadena a la mujer, como á sus perros; todavía peor, porque al perro podian soltarlo, pero á la mujer nunca. En la India, si la mujer se hacia vieja, el marido la mandaba matar, usando de su derecho. Y si el marido se moría, su mujer mas querida, -caso de no ser todas sus mujeres- era quemada viva con el cadáver en los brazos. Y ¿por qué? Por que la mujer era un ser impuro, que no podía entrar en el Paraíso (ó en su equivalente, según las diferentes religiones) como no muriera en honor de su marido.

Recuerdo que entre los antiguos partos, el hecho de matar un hombre á su mujer, á su hermana ó á su hija, era una acción tan indiferente como matar á un animal inmundo. Los antiguos árabes cuando habia muchas mujeres en la tribu, mataban á las recien nacidas, y si esto sucedía en los pueblos de la bárbara antigüedad, ¿cómo calificaremos á los griegos y á los romanos, á quienes nos complacemos en llamar civilizados, atendiendo mas á sus obras que á sus usos! Enseñaban en Grecia los filósofos que todo en el mundo procedía de dos principios: uno bueno y otro malo. El principio bueno habia creado el orden, la luz y el hombre; y el principio malo había hecho el desorden, las tinieblas y la mujer. De aquí la mezquina condición de la mujer en aquel gran pueblo de poetas, estatuarios y filósofos. Pero, ¿y la antigua Roma? Allí, la hembra del tigre, era de menor condición que la mujer.

Yo me he horrorizado al leer que cuando nacia un niño, lo ponían en el suelo á los pies del padre; si el padre lo levantaba para devolverlo á la nodriza, el niño tenia derecho á vivir, al ménos por entónces, pues siempre el padre podía venderlo ó matarlo; pero, si el padre lo dejaba en el suelo, el niño a pesar de los gritos de la madre, era estrangulado, ó bien quedaba expuesto en el Velabrum , mercado que entonces había de frutas y de queso, ó bien era arrojado á la llamada Cloaca máxima.

¡Que hombres aquellos! ¡Que infelicidad la de las madres de entónces!

El número de niños expósitos abandonados en el Velabrum , llegó á ser tan grande que de ellos se formaron industrias espantosas; y todas las mañanas acudían allí unos raros industriales, -que se parecían á nuestros traperos,— á recojer los recien nacidos: a las niñas las criaban, cuando eran hermosas, y á los niños, cuando robustos, para formar gladiadores.

Quisiera acabar, pero el abismo tiene atracción.

Había entónces una industria, de que no quiero dejar de hacer mención; la hechicería. Había hechiceros que criaban á los expósitos del Velabrum ; y cuando estaban en sazón, es decir, á los siete ú ocho años, hacían un hoyo en el suelo, donde cupiesen las criaturas, pero dejándoles fuera el cuello y enterrados con solo la cabeza fuera, le esponian manjares y bebidas muy olorosas á poca distancia de la nariz, pero á donde no pudiesen llegar con la boca, y así los dejaban morir de hambre; porque el hígado y el corazón de un niño muerto de este modo, tenia grandísimas virtudes, y hasta poder para hacer milagros.

¿Cómo en aquellos tiempos las madres no morían de dolor? ¿No es verdad que si no se leyesen estos horrores en autores dignos de fé, tendría cualquiera derecho á creer que leía invenciones de crueldades imposibles? Pues, cosas como estas han sucedido en la humanidad. ¿No tenia yo razón en decir que la hembra del tigre no pasaba en Roma, lo que la mujer con sus hijos?.

Pues, lo peor del caso es que estos horrores subsisten todavía en pleno siglo XIX. Las georgianas, las circasianas y las minglerianas, mujeres las mas hermosas de la tierra, son vendidas aun para los serrallos de los turcos, y en algunas ocasiones la mercancía abunda tanto, que se venden las jóvenes de quince años á cinco rublos la pieza, á escojer. ¡Cinco rublos, es decir algo menos que cinco pesos!.

En muchos lugares de Rusia, todavía hace muy poco, cuando la mujer llegaba á cumplir cuarenta años, cesaba de ser esposa y madre de sus hijos, y si se quedaba en la casa, era tan solo en calidad de esclava de la nueva mujer, y por lo tanto juzgada mas digna, del cariño de su señor.

Actualmente, en nuestros dias, en el iNorte de América, en el país mas civilizado del mundo moderno, donde la mujer vale mas mucho mas que el hombre, por su educación y sus conocimientos, ha surjido una extraña secta religiosa. Segun la religión de los mormones, la mujer nace fuera de la gracia, y no puede ganar la gloria si un hombre no la santifica.

Hoy todavía la mujer es un ser abyecto despreciable en todos los países que adoran á Mahoma y que siguen las religiones de la India; como antes dije, 200 millones de mujeres, se consideran como cosas, en pleno siglo XIX.

Quiza hay cosas aún mas despreciables. El Coran autoriza al marido para que apalee á su mujer y para repudiarla, con tal de que le entregue previamente un gallo y dos reales ¡Qué insulto!.

Contra esta abyección no hay mas remedio que la educación dé la mujer; y para que la educación sea un hecho, es necesario que la prensa hable, que donde quiera que haya un oido benevolente, se oiga la voz de la ilustración de la mujer.

No es posible que hoy nos contentémos las mujeres, con los restos de la galantería romántica de la Edad Media. Mucho vale, reinas de la hermosura, presidir los torneos y otorgar el premio al vencedor, ciñéndole preciada banda á la antigua, ó alargándole medalla de oro á la moderna. Mucho es que alentemos el amor de la patria y de la independencia, bordando los sagrados estandartes contra la media luna entonces, ó los de la Cruz Roja en favor de los heridos de ahora. Mucho es que ahora seamos consideradas en el hogar doméstico, que no nos separen de los hijos, y que éstos deban á nosotras las ideas de virtud y de hidalguía; pero el mundo no puede adelantar miéntras sea la ignorancia nuestro lote en la moderna civilización, y miéntras no tengamos la independencia necesaria para no temer los horrores de la miseria y las asechanzas de los vicios, por hallársenos vedados todos los medios independientes del vivir.

En esta inmensidad de restricciones que por todas partes cierran el paso á la mujer, es mas infeliz la pobre dé la clase media que la pobre de lo que se llama pueblo. La mujer del pueblo, esa admirable criatura, que, guardiana de su honra, esposa de un soldado, vive sufriendo mil privaciones en el interior de una humilde choza ó de un reducido sotabanco, se constituye á la par que en madre cariñosa y amante, en providencia varonil que alimenta y provee á las necesidades de sus hijos. La mujer del pueblo tiene doble mérito, pues que, careciendo generalmente de grandes recursos, puede sin embargo, hacer llevadera su suerte al laborioso artesano.

La mujer del pueblo suele hacer prodijios logrando que en su hogar se alberguen la felicidad y el bienestar, y á veces la abundancia relativa por medio de milagros, de ahorro y prevision, que contrastan con su escasez y su pobreza; la mujer del pueblo inventa en una nada purísimos goces, y suele hacer mil veces mas dichoso á un pobre trabajador, que lo es quien mora en dorados palacios. Y es que para la mujer del pueblo, no están cerradas tantas puertas como para la infeliz que, nacida en cómoda cuna, langidece en la escasez, exigiéndolo todavía su posición blondas para salir á la calle.

Y si tales resultados obtiene la mujer aun sin cultivar su inteligencia, ¿que no podrá esperarse cuando con sólida instrucción pueda aspirar á legítimos triunfos por su talento, y cautivar con sus encantos físicos tanto como con los tesoros de su inteligencia? ¿Que elevado puesto no podrá ocupar en el reino de la familia y de la sociedad, la que tan indisputable influencia ejerce en los destinos del hombre?

No: no podemos contentarnos.

La mujer tiene delante de sí horizontes infinitos, sendas sin término; mundos desconocidos; espacios vastísimos, en donde siguiendo los impulsos del corazón, el grito de su entusiasmo y la voz de su deber, poseyéndose de la sublime misión que puede cumplir, encontrará, no ese superficial y frívolo elogio debido á la belleza física, no el efímero aplauso que se prodiga en los salones, y que á la mujer ilustrada halagan nada ó poco; no ese recuerdo de un instante que deja la mujer hermosa, engalanada con joyas y encajes; nó; la mujer debe tomar parte en la trasformacion del mundo y de la sociedad, y ver eternizadas las galas de su ingenio y las siempre-vivas de la instrucción en sus hijos y en sus nietos, y trasmitir de generación en generación, los adelantos de cada época y los progresos de cada civilización. Esta será la misión de la mujer del porvenir.

Y, como ahora nos espanta la cadena de la mujer en la antigua Tartaria, y la pira de la mujer en la ludia portentosa, y el Velabrum de los romanos, y el niño muerto de hambre para que su corazón haga milagros... del mismo modo, llegará un día ¡acaso no lejano! en que el mundo se espante de la sujeción de la mujer de estos tiempos y halle oprobioso, las trabas puestas á su inteligencia.

Mi pluma no será bastante hábil para desarrollar en las "Perlas del Corazón" los vastísimos pensamientos que tiendan á consolidar el derecho que tiene la mujer para pretender una educación extensa y profunda, pero con la fe y la moral por basé, procuraré inculcar en las niñas sus deberes; en las jóvenes el deseo de ser útiles; en las esposas y las madres, el respeto al hombre, pero al propio tiempo sin que padezca la dignidad de la mujer. Dése á respetar por su moralidad, por su virtud y por su talento. Y será respetada y considerada; severa en sus costumbres, sabrá colocarse á la altura de su misión y ser para sus hijos la madre cariñosa y el preceptor inteligente.

"Una novela ecuatoriana. Cumandá ó un drama entre salvajes por Juan León Mera" (1879), Soledad Acosta de Samper.

El Deber. Periódico Político, Literario, Industrial y Noticioso (Bogotá).

La novela no es un género de literatura que manejan con facilidad los escritores de raza española,- por consiguiente, con poquísimas excepciones, rara es la novela verdaderamente artística que se encuentra en lengua castellana. Ademas tenemos la mania de plagiar el estilo frances exajerándolo y *caricatureándolo*, y cuando procuramos pintar costumbres nos hacemos vulgares é inverosímiles. En nada se parecen las novelas en lengua española á las ideológicas y artísticas escritas en frances, ni podemos imitar el genero familiar de los ingleses, ni el sentimentalismo aleman. Esto prueba que debemos buscar una via diferente, adecuada al espíritu del idioma y á las inclinaciones de la raza. En la América del Sur sobre todo, en donde la naturaleza es tan sorprendente, y que produce sensaciones tan diversas, ya deliciosas, ya terribles, deberíamos usar preferentemente del género descriptivo. Cooper con sus novelas descriptivas ha tenido más parte en hacer conocer la naturaleza de su pais, que todos los mejores libros que se han escrito sobre Norte-América.

Estas reflexiones nos vinieron á la mente al leer una nueva novela del conocido literato ecuatoriano Juan León Mera, cuyo título es "Cumandá ó un drama entre salvajes". Cumandá llena enteramente el objeto que quisiéramos que tuvieran en mira todos nuestros literatos, es decir, que es del género descriptivo y hace conocer á su pais. Es ademas novela recomendable en primer lugar por su estilo, el que aunque limpio y castizo, no hace alarde de imitar el español antiguo, (moda que se está haciendo fastidiosa entre nosotros); su manera de expresarse tiene el mérito de una grande sencillez y carece de aquella ampulosidad de que adolescemos los descendientes de los españoles; aunque usa frecuentemente de imágenes, no las exajera nunca, y por lo general tiene el don de pintar la naturaleza con tal arte, que queda en la memoria la descripción de los sitios, de suerte que no los olvidamos.

Aquel drama ecuatoriano tiene por único escenario las orillas de los rios Palora y Pastaza, cuyas aguas van á aumentar las del Amazónas. Los principales personajes son dos cándidos é inocentes jóvenes primeramente; dos jefes indígenas plagados de supersticiones, propias de las tribus incultas que habitan los bosques, y de odio a los blancos que han tratado de dominarlos; y por último un anciano fraile, lleno de abnegación y de sublime caridad; y de algunos indios subalternos que ayudan en los sucesos que tienen lugar en medio de esos lugares tan bellos é imponentes, cuanto distantes de la civilización.

Las bárbaras y al mismo tiempo cándidas y poéticas costumbres de los indios y los caractéres de algunos de los personajes están pintados con arte y originalidad. Si ésta obra hubiera sido escrita en lengua francesa ó inglesa, de seguro llamaría la atencion, y el autor de ella se haria notable. Pero en nuestras Repúblicas ¿qué vale el escritor de un buen libro? Nada absolutamente á los ojos de sus conciudadanos, los cuales en su mayor parte leen muy poco, y en cuanto a los extranjeros nunca lo leerán estando en lengua castellana, idioma que es desconocido en los paises que forman una reputacion y cuyos elogios no son solamente estériles aplausos.

Hablando el señor Mera de las tribus que se derraman por aquellos sitios, poblando los lugares más agrestes del mundo, el autor hace una ligera, aunque gráfica descripcion de las más notables, y como muestra de su estilo reproducirémos aquí algunos acápites:

"Há más de un siglo, la infatigable constancia de los misioneros habia comenzado á hacer brillar algunas ráfagas de civilizacion entre esa bárbara gente; habíala humanado en gran' parte á costa de heroicos sacrificios. La sangre del martirio tiñó muchas veces las aguas de, los silenciosos rios de aquellas regiones, y la sombra de los seculares higuerones y ceibas cobijó reliquias dignas de nuestros devotos altares; pero esa sangre y esas reliquias, bendecidas por Dios como testimonios de la santa verdad y del amor al hombre, no podían ser estériles, y produjeron la ganancia de millares de almas para el cielo, y de numerosos pueblos para la vida social. Cada cruz plantada por el sacerdote católico en aquellas soledades, era un centro donde obraba un misterioso poder que atraía las tribus errantes para fijarlas en torno, agregarlas á la familia humana y hacerlas gozar de las delicias de la comunion racional y cristiana. ¡Oh! qué habria sido hoy del territorio oriental y de sus habitantes á continuar aquella santa labor de los hombres del Evangelio!. Habido habria en América una nacion civilizada más, donde ahora vagan, á par de las fieras, hordas divorciadas del género humano y que se despedazan entre sí. Un repentino y espantoso rayo, en forma de Pragmática sancion, aniquiló en un instante la obra gigantea de dilatadísimo tiempo, de indecible abnegacion y cruentos sacrificios. El 19 de agosto de 1767 fueron expulsados de los dominios de España los jesuitas, y las Reducciones del Oriente decayeron y desaparecieron. Sucedió en lo moral en esas selvas lo que en lo material sucede: se las descuaja y cultiva con grandes esfuerzos; mas desaparece el diligente obrero, y la naturaleza agreste recupera bien pronto lo que se le habia quitado, y asienta su imperio sobre las ruinas del imperio del hombre. La política de la Corte española eliminó de una plumada medio millon de almas en sólo esta parte de sus colonias".

"Numerosas tribus de indios salvajes habitan las orillas de los rios del Oriente. Algunas tienen, residencia fija, pero las más son nómadas que buscan su comodidad y subsistencia donde la naturaleza les brinda con más abundancia y menos trabajo sus ricos dones en la espesura de las selvas ó en el seno de las ondas que cruzan el desierto. Su carácter y costumbres son diversísimos como sus idiomas, incultos pero generalmente expresivos y enérgicos".

Hé aquí una descripción de un Jefe indígena pintado con mano maestra:

"El curaca Yahuarniaqui contaba el número de sus /victorias por el de las cabezas de los jefes enemigos que i habiu degollado, disecadas y reducidas al volumen de -una pequeña naranja. Estos y otros despojos, además de las primorosas armas, eran los adornos de su aposento. Se acercaba á los setenta años y, sin embargo, tenia el cuerpo erguido y fuerte como el tronco de la chonta (1); su vista y oidoeran perspicaces, y firmísimo el pulso: jamas erraba el flechazo asestado al colibrí en la copa del árbol más elevado, y percibía cual ninguno el són del tundali (2), tocado á cuatro leguas de distancia; en su diestra ¡a pesada maza era como un baston de
mimbre que batia con la velocidad del relámpago. Nunca se le vio reir, ni dirigió jamas, ni áun ásus hijos, una palabra de cariño. Sus ojos eran chicos y

ardientes como los de la víbora; el color de su piel era el del tronco del canelo, y las manchas de canas esparcidas en la cabeza la daban el aspecto de un picacho de los Andes cuando empieza el deshielo en los primeros dias del verano. Imperativo el gesto, rústico y violento el ademan, breve, conciso y enérgico el lenguaje, nunca se vió indio que como él se atrajera más incontrastablemente la voluntad de su tribu. Seis mujeres tenia que le habían dado muchos hijos, el mayor de los cuales, previsto para suceder al anciano curaca, era ya célebre en los combates...”

Uno de los sitios en que tienen lugar muchas de las escenas de la novela lo describe así:

“Entre el Palora y el Upiayacu, rio de corto caudal que muere como aquél en el Pastaza, se levanta una colina de tendidas faldas que remata en corte perpendicular sobre las ondas de éste, ántes del Estrecho del Tayo. Del suave declivio setentrional de esa elevación del suelo mana un limpio arroyo que lleva, como si dijéramos su óbolo, á depositarlo^;) el Palora, unos quinientos metros ántes de su conjuncion con el Pastaza. Al entregar el exiguo tributo, parece avergonearse de su pobreza, y se oculta bajo una especie de madres el va, murmurando en voz apénas perceptible, y esto sólo porque tropieza ligeramente en las raices de un añoso matapalo, que ensortijadas como una sierpe sobre la fuentecilla, se tienden hácia el rio. Un poco arriba y por ella bañadas, habían crecido en fraternal union dos hermosas palmeras y dos lianas, de flores rosadas la una y la otra de flores blancas, que subiendo en compasadas es piras por los erguidos mástiles, las enlazaban con singular primor al comienzo de los arqueados y airosos penachos de esmeralda; por manera que bajo de éstas columpiaban en graciosa mezcla los festones de las trepadoras plantas y los pálidos racimos de llores de las palmeras”.

Como no queremos quitar el interes de la novela refiriendo la trama, apénas añadirémos que el autor describe gráficamente varias fiestas y costumbres raras de los indígenas de aquellas partes, y en medio de esto crece y se desarrolla el drama que le ha servido para ser agradable é interesante su novela, -enlazando la verdad con la ficción con mucha arte, y los hechos bárbaros que ejecutan aquéllas tribus indígenas con el fresco-idilio que es fondo mismo del drama que relata.

Recomendamos, pues, muy sinceramente la lectura de Cumandá, que empezará á publicarse en este periódico como folletin desde el próximo número, y felicitamos al señor Mera por su última obra, que es digna de las anteriores que ha publicado, puesto que cuando la escribió ya la Academia Española le habia nombrado miembro correspondiente de aquella docta

Corporación, como una recompensa propia de un literato y poeta tan distinguido como se habia manifestado hasta ahora. Y si nuestra débil voz llegára hasta él le diríamos que ya que él transita por una via literaria enteramente original y digna de la jóven América, que no desmaye en ella y que continúe regalándonos con obras como Cumandá. Setiembre 12 de 1879.

"Las invasiones de Las mujeres" (1885), Juan Montalvo.

A. Darío Lara. *Montalvo en París.* Ambato: I. Municipio de Ambato, 1983.

Aun cuando los hombres no están de acuerdo todavía respecto de las facultades intelectuales de la mujer para las ciencias, las artes y la política, lejos se hallan esos tiempos en que un concilio ecuménico ponía en duda el alma de la mitad del género humano; y sujetaba á votación ese que entonces parecía problema. En su empeño por destruir los grandes recuerdos del paganismo, ó acaso ignorando los hechos de la historia, los clérigos de aquel famoso Concilio olvidaron que desde el principio del mundo la mujer ha comparecido en primera línea en la obra de la civilización y en los grandes pasos de los pueblos hacia el perfeccionamiento y la felicidad. Las mujeres de los patriarcas son personajes augustos que tienen parte principal en el papel que desempeñan sus maridos, cuyas virtudes habrían sido incompletas sin el santo apoyo que Dios les prestaba por medio de sus esposas. La majestad de Sara, la cordura de Abba, no provenían, ciertamente de un cuerpo sin espíritu, de un animal sin conocimiento de sí mismo ni de las cosas que estaba dirigiendo.

Entre los griegos las mujeres no tenían derecho de sufragio, es verdad, pero tenían derecho de filosofía, digamos así; y por las armas de la elocuencia se enseñoreaban del alma de Pericles y se hacían adorar como entes divinos por los jefes de las escuelas filosóficas. Aspadia, para dominar sobre Pericles, alma habrá tenido, y Pythia, para alcanzar el culto que le rindió Aristóteles, fue, sin duda, un sér por lo menos igual al Filósofo.

Los padres del Concilio de Trento, con ser italianos y romanos muchos de ellos, olvidaron que en Roma habían nacido y vivido mujeres como Lucrecia, que se quita la vida por no vivir como una mancha, y libertan su patria con su muerte; mujeres como Cornelia, madre de los Gracos, que infunden en sus hijos el amor de las virtudes y los impelen a las grandes hazañas; mujeres como Octavia que sirven de ejemplo de pureza a un siglo entero.

Para los padres del Concilio que pusieron en duda el alma de la mujer, las mujeres que han recibido el homenaje Supremo, habiendo sido canonizadas, debieron de ser santas sin alma ó ídolos imaginarios que viven en la memoria del mundo por ignorancia de los antiguos ó por abuso de los presentes.

No hay una sola época en que las mujeres no se hubieran hecho representar en la escena del mundo por algunos altos personajes de su sexo, y descollado en los puestos más eminentes; Hipatia en la sabiduría, Corina en la poesía, sin que la guerra las vea ausentes, con alma fiera y luminosa, á esas amables repudiadas de los concilios.

Decimos mal cuando decimos repudiadas, pues ganaron el escrutinio con un voto. De suerte que, para la Iglesia, no tienen alma sino con un voto; ¡pero qué provecho han sabido sacar de ese voto en todos los Ramos de la actividad humana y en todas las naciones! Como patriotas, como heroínas, Juana de Arco; como sabias, doña Olivia de Sabuco, quién hizo mil descubrimientos; como artistas, en los tiempos modernos se han hecho notar más que en los antiguos.

Si bien es verdad que en este departamento de la inteligencia y el saber humano las mujeres no han sido siempre muy inferiores á los hombres. No hay una sola en la antigua Grecia a quien podamos poner al lado de Melanto, de Fidias; ni en la Italia del siglo de oro hallamos una que pueda entrar en parangón con Miguel Ángel ó con Rafael de Urbino.

Ahora es cuando algunas artistas se llevan el primer premio y ahora cuando Rosa Bonheur es la admiración y el embeleso de los cultos franceses. Esta vocación de las mujeres del día por las Bellas Artes en ciertas naciones de Europa, no causa ninguna apresión desagradable en los hombres; la inclinación que algunas manifiestan á los estudios científicos, es ya más dudosa; y nosotros sujetaríamos á votación en concilio laico, si conviene ó no, sí suena bien ó no una médica, una boticaria, una jurisconsulta. En esto entra ya poco de impertinencia y hay algo de feo y desagradable.

Pase todavía el que las mujeres se ordenen y ejerzan el sacerdocio; á lo menos esta no sería invención moderna, puesto que la sacerdotisa es tan antigua como el sacerdote, pero, si no lo llevan a mal las señoritas, les diremos francamente que nosotros huiremos siempre de pedir la mano de una médica ó de una química. Porque dígannos Uds. ¿qué efecto produciría en nosotros el que á media comida la llamen para un caso urgente, y se vaya por la posta, dejándonos plantados con nuestros chiquitos, quienes se ponen a llorar y

gritar tras su mamá-doctora que se tira á la calle arremangándose las faldas?.
No señor; nosotros no queremos medicina tan cerca de nosotros y menos sus-
tancias tóxicas y explosibles, de las cuales no puede dejar de estar rodeada una
química, ni tampoco una picapleitos embrollona que nos revuelva y aturda la
casa con los alegatos de sus clientes. De buena razón, de instrucción escogida,
honesta, diligente pero lega; mujeres sabias, ni pensarlo. Primero, nos casamos con una vieja idiota que con una joven médica.

Las mujeres doctoras son invasoras; invasoras del aula, La Universidad, el
hospital; y sus pasos atrevidos en ciertas Ciencias y ciertos planteles, son invasiones que los hombres de juicio debemos rechazar, a mano armada, si es necesario; entendiéndose por mano armada el declararlas inhábiles para primeras
ni segundas nupcias. Si todos nos sostenemos en este propósito, nos libertare
hemos seguramente de las médicas, las abogadas, las ingenieras y más sabias
que en Francia, Inglaterra, Alemania y particularmente en los Estados Unidos
están amenazando con echarnos a perder reposo y felicidad.

Si se contentaran nuestras dulces enemigas con atormentarnos con su literatura, pudiéramos quizá resignarnos á nuestra suerte; pero no, no quieren ya
ser escritoras, poetizas y dramaturgas solamente; han de ser también eso que
dijimos arriba, y que no repetimos por no decir médicas muchas veces.

Denos un Alfredo de Musset, un Tomás Moore, con enaguas, y nos conso-
laremos de comer con lágrimas el pan de las musas; pero sí sobre ser hembra
nos viene una pretenciosa con sus versos cojos y sordos, insulsos ó majaderos,
la declaramos muerta para su felicidad y la nuestra.

¡Qué de escritoras, qué de literatas en estos tiempos de calamidad pública y
desgracia! Ya nuestros buenos padres, esos sesudos españoles que no querían
sino vivir como Dios manda, se lamentaban de las invasiones, de las mujeres,
quienes dejando en cruel abandono sus lares y penates, que son las calcetas y
los calcetines, hacían sus invasiones, de vándalos muchas veces, en los campos de la comedia, según lo puede ver el lector curioso de buena literatura
castellana.

> Si estas nuevas no son bolas
> De la gente,
> No bajan de cien las damas
> Españolas
> Que están escribiendo dramas
> Actualmente.
> Y si está de enhorabuena

Nuestra escena,
Los varones
En vez de trajes de gala
Debemos vestir crespones,
Que estamos de enhoramala.
Señor, por tus cinco llagas
Reprende á este sexo impío;
Pues si da en hacer comedias.
¿Quién, Dios mío,
Nos remendara las bragas
Y las medias?.

"Mi fantasía" (1890), Dolores Veintimilla de Galindo.

La Palabra. Revista de Literatura Nacional, n.º 5, 1 de noviembre de 1890.

Te amo, porque eres triste como el suspiro de la brisa en las sabanas de la costa: sí, mi dulce fantasía; cuando te contemplo soy feliz, y mi alma siente ese dulce y melancólico placer que experimenta el viajero que ha atravesado un árido camino y después de muchos días encuentra un lirio sobre el cual fija sus ávidas miradas. Te amo como ama el poeta la musa que lo inspira, como el ermitaño la contemplación que lo arrebata hasta los cielos.

Mira: ¿no has oído por la noche el suspiro del viento en el seno de las montañas, y el murmullo de la fuente al caer el sol en las desiertas colinas? Pues más tristes son las horas que paso lejos de tí.

¡Si tu me amaras cual yo te amo, si tú sintieras en tu pecho una chispa del volcán que hay en el mío!!!

En las noches, cuando, fatigada por el insomnio, me pongo a meditar en el cielo y en el infierno, no encuentro para atormentar mi alma en éste, otro suplicio que tu desdén, ni para hacerla dichosa en aquel, otra gloria de tu amor.

Dime: ¿no has visto en la mañanas de invierno caer de los árboles, al choque de los vientos, las gotas de agua, que la lluvia de la noche ha hasinado en el seno de las hojas? Pues más abundantes son las lágrimas que derramo cuando te busco a mi lado y no te encuentro.

Mi dulce fantasía, ¿dónde estás? Mi alma ajitada por el entusiasmo que la inflama te busca por doquier y no te encuentra. Ah! delirio pensando en ti: mis ojos extraviados recorren el firmamento y creen encontrarte en una de sus brillantes estrellas. Entónces, absorta de felicidad, vuelvo en alas de mi ilusión hasta tí, y allá en los cielos donde la felicidad y las miserias de la tierra no existen, soy feliz como los angeles delante del trono de Dios, pasándome anonadada delante de tí y deslumbrada con tu brillo.

Dónde estás mi dulce fantasía!! ¿Existes, eres una realidad o un sueño de mi mente? Por la mañana, cuando la tierra no es aún dorada por la aurora, creo escuchar tu voz en los acordes gemidos que modula el órganos del templo, en los lúgubres acentos que en esas horas despide la campana, que invita a los fieles a invocar a la Virgen. Entonces, trémula de emociones, mi alma se aniquila y quiere responderte, pero el alma que sufre carece de lenguaje.

"Duelo nacional" (1889), Dolores Flor.

Revista Literaria, n.º 11, 14 de abril de 1889.

Hoy, día Sábado, acabo de leer en "El Globo", una noticia que me ha sorprendido y agobiado: La de haber fallecido don Juan Montalvo.

Como si los hombres superiores no debieran morir, he quedado muda de asombro.

Yo qué, -no habiendo tenido la dicha de conocerlo; de mirar esa frente espaciosa en qué fulguraría el talento; esos ojos mostrarían su espíritu grande y elevado; esos labios, cuya sonrisa estaría impregnada de noble orgullo,- me forjaba la ilusión de verlo llegar un día á las riberas ecuatorianas; de verlo colmado de merecidos honores por sus justicieros compatriotas; y de ser yo, sino la primera, á lo menos, no la última en manifestarle personalmente mi humilde admiración á su talento, al encontrarme de repente con una aspiración, con un deseo, como un anhelo para siempre perdidos, he quedado agobiada bajo el peso de uno de esos dolores que al corazón es dado sentir, mas no á la pluma el poder de expresarlo.

En mis horas de horrible desaliento, he tomado los sublimes e inmortales "Siete Tratados", heme extasiado en su lectura y gozado al ver aparecer al través de esas páginas de ardiente, enérgico, vigoroso lenguaje, al hombre cuyo corazón, rebosando de amor y de justicia, comunica al mío su sagrado fuego; al escritor cuya inteligencia abriendo á la mía vastos y luminosos horizontes, la arrebata á la inmensa altura, en que se cierne potente y majestuosa, semejante á las águilas que en la cumbre de nuestra cordillera contemplan serenas los mares y la tierra, Y parecen elevarse al firmamento cuando tienden su vuelo en el espacio.

Esa alma entusiasta, noble y generosa, amante de lo bello y de lo bueno, cómo habrá sufrido en sus postreros instantes! Lejos la patria, la diosa de sus amores; lejos de la familia, cuyas dulzuras amaba más que la gloria; sin una mano cariñosa, tierna, que en el último instante esa cabeza, morada de grandes ideas y levantados pensamientos. Morir lejos, tan lejos de la Patria, en medio de extraños, sin que llegaran á sus oídos los acentos suaves y armoniosos del propio idioma en unos labios de alguien muy caro al corazón!

Bien dije, no hace mucho: Para los grandes hombres, las grandes amarguras.

Don Juan Montalvo en esos años de destierro y de obligada ausencia, sosteniendo doblemente sus principios; sufriendo la pobreza y "privaciones de todo género", antes que traicionarlos; no inclinando la cerviz ante ningún mandatario; elevándose por el dominio de la razón, por la rectitud de miras, por la elevación de sus propósitos, por la entereza de su carácter, en suma, por la inteligencia y la virtud, sobre sus enemigos y calumniadores-es una figura grandiosa que honra no solamente á nuestro país sinó a la humanidad entera.

Los hombres de esa talla no debieran morir, cómo no mueren la Verdad y la Justicia.

Mañana, cuando la envidia y las pasiones de partido hayan fenecido, se le hará completa justicia; se reconocerá, por todos las grandes cualidades del escritor que allá, en el Viejo Continente, nos dio honra y fama.

Pero, qué justicia, Dios mio! qué reconocimiento! Lauros y triunfos, estátuas y coronas, después de haberlo dejado morir en la pobreza, ausente de los suyos, aspirando el ambiente de extranjeros climas, en vez del perfumado por los jardines de su Ambato! Estatuas y coronas, cuando ya no siente, cuando ya no es, cuando ha apurado en secreto quién sabe cuántas amarguras; cuando no se le ha dado el puesto que reclamaban sus méritos y el bien de la República.

Por qué escribo estas líneas? No lo sé! Ellas no pueden añadir á su memoria un átomo de gloria.

Yo sé que mi voz se perderá. Pero, qué importa? Los pesares ahogan, no pueden estar encerrados: es preciso hacerlos salir y satisfacer la necesidad que siento de llorar al grande hombre que acaban de perder la lengua española y todas las gentes de corazón y de talento. Baba, febrero 23 de 1889.

"Juana Manuela Gorriti" (1892), Lastenia Larriva de Llona.

El Tesoro del Hogar. Semanario de Literatura, Ciencias, Artes, Noticias y Modas, dirigido por Lastenia Larriva de Llona, Imprenta La Nación.

Por un diario de esta ciudad al que supongo bien informado, hemos recibido aquí la noticia,- funesta para los que la conocimos de cerca, sino para cuántos en Hispano américa amamos las Bellas Letras,- del fallecimiento de la ilustre escritora Argentina cuyo nombre sirve de epígrafe al presente artículo.

De pocas glorias literarias de nuestro Continente enorgullecerse con tanta justicia como de la que alcanzó esta eminente novelista, que á la avanzada edad de setenta y cuatro años acaba de cerrar los ojos para siempre, á orillas del Plata, de ese mismo hermoso y amado río que riega las comarcas que la vieron nacer.

Fué en Lima, y por el año de 1850, cuando publicó Juana Manuela Gorriti sus primeras producciones, que, aunque pudieran llamarse ensayos, atrajeron favorablemente la atención sobre su persona de todos los inteligentes en la materia; Y desde entonces comenzó para ella la serie de triunfos y de ovaciones que sólo la muerte a interrumpido.

Hay que tener en cuenta para poder apreciar debidamente el mérito de la autora de *Sueños* y *Realidades*, que la literatura americana, á la que aun hoy se le niega por alguno la "carta de naturaleza en la literatura universal", estaba en mantillas hace medio siglo, cuando por primera vez apareció el nombre de Juana Manuela Gorriti al pie de algunas bellas fantasías ó novelas cortas. Y si sembrado de escollos y rodeado de tinieblas se encuentra aun al presente en nuestra América el camino que á la gloria literaria conduce, ¿cómo lo estaría en aquella época, y sobre todo para una débil mujer que en la desconocida y temerosa senda se lanzaba sin más auxilio que sus propias fuerzas?

Nada arredró, sin embargo á la valerosa joven, que, guiada por la luz de su poderoso cerebro y por el instinto de su corazón, dotado á la vez del fuego de las más ardientes pasiones y de escepcional delicadeza de sentimientos, supo hallar el derrotero que al Templo de la Fama conduce, y allí, con tan buenos derechos, tomó posesión desde muy temprano de uno de los asientos más eminentes.

Con muy justa razón, á mi ver, se ha dado á la escritora Argentina el nombre de Jorge Sand AmericanaEn verdad que su inteligencia parecía hermana gemela de la inteligencia poderosa de la eminente mujer que durante casi medio siglo ha sostenido con esas bellas manos que tan virilmente sabían manejar la pluma, el cetro de la novela en Francia.

Sentimiento verdadero, brillante imaginación, y, sobre todo, un estilo nítido y naturalmente elegante eran las cualidades distintivas de la escritora argentina; cualidades que la han acompañado hasta los últimos años de su existencia, en que verdaderamente causaba asombro verla trazar con mano trémula por la edad, páginas llenas de juvenil frescura y ardores primaverales. Era una de esas almas extraordinarias que tienen el don, no sé si precioso o fatal, de no envejecer jamás. El rostro, bello y atractivo como pocos en la época de su florida juventud, machito por los años y por los hondos pesares que afligieron su azarosa existencia, apenas revelaba ahora en tal cual rasgo lo que primitivamente debió ser; el cuerpo, de líneas esculturales un día, se había encorvado bajo el peso del tiempo abrumador; pero el corazón y la mente permanecían jóvenes y aun enviaban rayos de luz á sus cansados ojos, y afectuosas sonrisas y espirituales frases á sus labios descoloridos. Era que el alma vivía, siempre joven y lozana dentro de ese cuerpo envejecido, y á través de la materia moribunda pasaban efluvios de vida. A los setenta años, conservaba todavía la gracia y la distinción que la hicieron brillar desde que era niña en los más aristocráticos salones, y con las que se conquistaba universalmente las simpatías.

Después de la República Argentina, en cuyo suelo vió por primera vez la luz del día la autora de *Los panoramas dé la vida*, la nación que mayores motivos de cariño tiene por ella es el Perú, al que la noble escritora consideró siempre como su segunda patria, en cuya capital que amaba entrañablemente residió por espacio de más de cuarenta años, y cuyas vicisitudes políticas, ya felices ya desgraciadas, la preocuparon siempre en tal alto grado como las de su tierra nativa.

Fue la señora Gorriti la que creó las *Veladas Literarias* que tuvieron por órgano "La Alborada", que tan extraordinario éxito alcanzaron, y en las cuales hicieron su *debut* muchos de los escritores de uno y otro sexo que hoy ocupan los puestos en la literatura hispano americana.

Digno de notarse era en la señora Gorriti el entusiasmo con que alentaba á los principiantes. No sólo se complacía en reconocer y adivinar el verdadero mérito, por mucho que lo ocultaran la timidez ó la modestia de los neófitos del arte, sino que aun solía suceder que su fantasía optimista y su ingénita benevolencia en materias literarias, la hicieran imaginarse genios las que

apenas si alcanzaban a ser medianías humildes, vaticinando con la más sincera
buena fé apoteosis triunfales y coronas de laurel y de oro á la mayor parte de
los noveles escritores que le mostraban sus ensayos, sobre todo cuando pertenecían al sexo femenino. Así, en cualquiera autora de un mal rimado cuar-
teto veía ella una Safo en ciernes, en la primera zurcidora de cuatro líneas en
burda prosa, una Madame d'Stael futura!... Y cuando la triste realidad venía
al fin a echar por tierra una de esas ilusiones que su mente soñadora se había
forjado, solía brotar una nueva tan rozagante, aunque con tan vanos fundamentos como la antigua...

Si no me hubiera propuesto hablar en estas líneas únicamente de la escritora, sin tocar á la mujer, diría que ésta, como aquella, vivió siempre forján-
dose ideales; revistiendo a seres humanos con atributos y cualidades que su
imaginación soñaba y á que aspiraba ardientemente su alma sedienta de perfección; pero que por desgracia el ropaje de brillantes y dorados colores que
daba á sus creaciones el prisma de sus anhelos, se desgarraba presto y tal vez
aparecía un deforme esqueleto donde hubo una bella ilusión.

Hoy en las regiones de la eterna verdad y de la eterna luz en donde mora ya
Juana Manuela Gorriti, habrá saciado su gran espíritu el ansia de amor y de
perfección que acá en la tierra no pudo satisfacer jamás...

El distinguido escritor español D. Casimiro Prieto y Valdés, que tanto
se complace en enaltecer las glorias hispano-americanas, engalanó el tomo
correspondiente al presente año de 1892 de su lindo y artístico almanaque
Sud-Americano, con un admirable retrato de Juana Manuela Gorriti, debido
al talento del notable artista D. Ponciano Ross.

Este retrato es la realidad idealizada. Jamás he visto una anciana tan bella.
La novelista argentina, con la pluma en la mano, sentada ante su mesa de
escribir, tiene los ojos cerrados, y está en actitud de meditar antes de trasla-
dar al papel sus impresiones. Un Rayo de luz desciende de lo alto, al estilo
Rembrandt y baña con una claridad suave y transparente, por decirlo así, la
frente inspirada de la escritora, toda la parte del rostro que vuelve hacia el
espectador, y los brazos que apoya en el pupitre. Parece imposible que un sem-
blante en que no hay mirada, pues se halla con los párpados bajos, tenga, sin
embargo, tanta expresión!...

Hace pocos meses recibí de la ilustre autora de *El mundo de los recuerdos*,
una carta cuyos renglones casi ininteligibles por la parálisis que agarrotaba los
dedos que los habían trazado, probaban elocuentemente el cariño que pro-
fesaba á aquella á quien, haciendo tan gran esfuerzo, habia querido escribir.

¡Bien pobremente le pago en estas líneas escritas con el desaliño que lo exije el escaso tiempo de que puedo disponer, pero con verdadero luto en el corazón, las manifestaciones de afecto que debí á la eminente escritora argentina cuya desaparición llora toda América! Guayaquil, Noviembre 24 de 1892.

9 781469 679426